富媒体 智能化

"十四五"普通高等教育核心规划教材
高等院校教育教学改革融合创新型教材
高等院校应用技能型精品规划教材

外贸跟单实务

（第二版）

李 贺 ◎ 主 编

PRACTICE FOR FOREIGN TRADE MERCHANDISER

应用 · 技能 · 案例 · 实训

上海财经大学出版社
SHANGHAI UNIVERSITY OF FINANCE & ECONOMICS PRESS
上海学术·经济学出版中心

图书在版编目(CIP)数据

外贸跟单实务:应用·技能·案例·实训/李贺主编. -- 2版. -- 上海:上海财经大学出版社, 2025. 2.
("十四五"普通高等教育核心规划教材)(高等院校教育教学改革融合创新型教材)(高等院校应用技能型精品规划教材). -- ISBN 978-7-5642-4585-6

Ⅰ. F740. 4

中国国家版本馆 CIP 数据核字第 2025GA8733 号

□ 责任编辑　汝　涛
□ 书籍设计　贺加贝

外贸跟单实务
——应用·技能·案例·实训
(第二版)
李　贺　主编

上海财经大学出版社出版发行
(上海市中山北一路 369 号　邮编 200083)
网　　址:http://www.sufep.com
电子邮箱:webmaster@sufep.com
全国新华书店经销
启东市人民印刷有限公司印刷装订
2025 年 2 月第 2 版　2025 年 2 月第 1 次印刷

787mm×1092mm　1/16　19 印张　523 千字
印数:5 001—9 000　　定价:56.00 元

前　言

在国际贸易中，外贸企业的生存和发展与订单息息相关，一旦签订了外贸合同，就要严格按外贸合同的要求做好交货准备。外贸跟单员是在外贸企业业务流程中，以客户订单为依据，跟踪产品（服务）运作流向并督促订单落实的专业人员。作为订单的跟进者，要想成为一名合格优秀的外贸跟单员，就必须不断提升自己的专业能力和业务能力，这样才能赢得客户。为了适应我国对外贸易事业的需求，培养更多的应用技能型人才，编者组织了校企合作单位"双元"共建开发教材，教材以习近平新时代中国特色社会主义思想为指导，深入贯彻中共二十大精神，以教育部《关于印发〈高等学校课程思政建设指导纲要〉的通知》（教高〔2020〕3 号）为指导依据，修订了这本实用性很强并具有一定前瞻性的富媒体·智能化教材——《外贸跟单实务》（第二版）。在本次修订中融入了课程思政建设，以增强学生的理想与信念，并结合当前教育部对高校教学改革的要求，注重理论联系实际，以及财经类高等院校应用技能型学生教学培养目标的创新；以工作过程为导向，依照"原理先行、实务跟进、案例同步、实训到位"的原则进行编写，目的在于提高学生理论知识的应用能力、实践能力和创新能力，将理论知识实践化。

本着二十大、二十届三中全会精神进教材的立场，本版教材把知识要素、技能要素、素质要素和思政要素落实到具体内容中，实现了课堂教学与实践应用的零距离对接；把二十大精神中的新思想、新观点、新论断融入教材，以习近平新时代中国特色社会主义思想启智润心，力求在内容上有所突破，在注重培养的同时，把社会主义核心价值观教育融入教材内容，以课程思政工作贯穿全过程，营造全员育人环境，全面提升人文素养，强化职业道德素质。本书按照应用技能型人才培养模式，以基于工作过程为导向，采用"项目引领、任务驱动、实操技能"的方式，每一个项目都有"知识目标""技能目标""素质目标""思政目标""知识精讲"；内容上有"同步案例""职场指南""做中学""学中做""思政吾身""拓展阅读""知识链接""动漫视频"；课后编排了"应知考核"（包括单项选择题、多项选择题、判断题、简述题）、"应会考核"（包括观念应用、技能应用、案例分析）、"项目实训"（包括实训项目、实训情境、实训任务、实训要求）。这样使学生在学习每个项目的内容时做到有的放矢，增强学习效果，应知和应会考核对学生巩固加深所学内容大有裨益；案例和实训又能帮助学生加深对外贸跟单业务的理解，学会将基本的理论和实操技能付诸实践。

本书以产教融合、校企合作"双元"育人项目为依托，力求体现如下特色：

1. 结构合理，体系规范。本书针对应用技能型高等院校财经类课程的特点，将内容庞杂的外贸跟单理论与实务基础知识系统性地呈现出来，力求做到理论知识必需、够用，体系科学规范，内容简明实用，帮助学生今后从事相关工作打下基础。为满足课堂教改、创新的需要，本书在教学课件等资源的基础上，将相关内容制作成二维码，以二维码的形式呈现在书中。

2. 内容求新，应用性强。本书从高等教育的教学规律出发，与工作实际接轨，介绍了最新的理论知识和实践案例，在注重外贸跟单必要理论的同时，强调外贸跟单实务基本技能的应用；主要引导学生“学中做”和“做中学”，做学合一，一边学理论，一边将其加以应用，实现理论和实训一体化。

3. 与时俱进，紧跟政策。本书及时反映外贸跟单业务的实操技能，并将外贸跟单业务所涉及的最新法律、法规、制度及政策，如《中华人民共和国关税法》(2024 年)、《中华人民共和国市场主体登记管理条例》《中华人民共和国海关法》《中华人民共和国民法典》等相关动态内容和业务要领融入所涉及的项目及任务中，做到及时与国家的相关政策规定、实践同步。

4. 栏目丰富，形式生动。本书栏目丰富多样，项目中所设的“同步案例”“案例精析”“职场指南”“拓展阅读”等栏目，丰富了教材内容与知识体系，也为教师教学和学生更好地掌握相关知识提供了可操作性方法。

5. 课证融合，双证融通。本书以中国国际贸易学会外贸跟单员资格认证为目标，在注重实践操作的同时，为与外贸跟单员考证内容相配套，在每个项目后设计了与考证对接的相关习题及实训题目，从而为资格认证打下基础。

6. 课程资源，配套上网。为了配合课堂教学，编者设计制作了教学课件、教师教案、参考答案、教学大纲、学习指南与指导、模拟试卷等，并附有综合出口跟单操作、综合进口跟单操作、综合计算题、案例题等，充分发挥网络课程资源的作用，探索课堂教学和网络教育有机结合的新途径。

本书由李贺主编。赵昂、李虹、王海涛、王玉春和李洪福五人负责全书教学资源包的制作。本书在编写的过程中，编者参阅了参考文献中的教材及相关网站等资料，在此向各位作者表示衷心的感谢！同时，感谢上海财经大学出版社以及校企合作单位马广俊、王海涛对本书出版给予的大力支持。由于编写时间仓促，加之编者水平有限，本书难免存在一些不足之处，恳请专家、学者批评指正，以便改进与完善。

内容更新与修订

编　者

2025 年 1 月

目　录

项目一　外贸跟单岗位与外贸跟单员

● 知识目标

理解：外贸跟单与外贸跟单员的概念。
熟知：外贸跟单的工作范围及特点。
掌握：外贸跟单的分类；外贸跟单员的知识构成；外贸跟单员的跟单工作流程。

● 技能目标

能够了解外贸跟单岗位的基本素质要求以及外贸跟单员的知识构成；熟知外贸跟单员的基本业务范围；运用外贸跟单员业务能力构成评估自身的知识技能储备，并运用已学外贸课程，规划外贸跟单工作流程。

● 素质目标

具有运用国际贸易基础知识了解外贸跟单员在外贸业务中的重要作用的能力，做到学思用贯通、知信行统一；激发对外贸跟单岗位的好奇心和求知欲，对成为外贸跟单员具有职业向往，做出职业生涯规划；树立外贸强国、外贸大国自豪感，具有建立中国式现代化贸易竞争力、贸易高质量发展的自信心。

● 思政目标

培养从国际贸易发展趋势中关注外贸跟单业务，具有从事外贸跟单业务的兴趣；深刻理解不忘初心的核心要义和精神实质，塑造自身的品格、品行和品位；树立正确的世界观、人生观和价值观，提升在以后工作中的审美素养，激发创新创造活力。

● 知识精讲

任务一　外贸跟单岗位

一、外贸跟单岗位的产生

自中国加入 WTO 以来，对外贸易迅速发展，外贸行业内分工趋向细化，外贸跟单作为一种新的岗位应运而生。中共二十大报告提出，“推动货物贸易优化升级，创新服务贸易发展机制，发展数字贸易，加快建设贸易强国"，进一步明确了建设贸易强国的目标与路径，为今后一个时期推动对外贸易高质量发展指明了方向。在国际贸易中，外贸企业作为国际化市场运作的实体，要实现企业经营目标，必须拥有中国式现代化的经营理念，懂得国际贸易惯例与规则，要有既熟悉进出口流程又懂得产品生产流程、能够保证合同顺利履行的高素质的业务人员，这就是外贸跟单员。

在外贸企业中，国际贸易业务员的工作是十分重要的。在出口业务中，国际贸易业务员负责寻找国外客户、洽谈业务、签订合同及组织履约；跟单员和单证员从属于业务员，相当于业务员在履行合同过程中的"左膀右臂"。业务员签订合同后，跟单员负责联系生产厂商（这种情况下，该外贸企业应该属于流通型贸易公司），组织货源；单证员负责缮制相关单据，向银行办理结汇。

值得注意的是，外贸跟单员在"跟踪外贸订单"的过程中，有些工作是由其他岗位的工作人员操作完成的，如合同履约过程中的外贸单据需要外贸单证员完成，出口货物运输过程需联系国际货运代理公司的货代员完成，报关报检工作需要专业的报关报检工作人员操作等，外贸跟单员在这些环节中的工作主要是"跟踪、协调"。

外贸业务中的各种专业岗位关系具体如图 1—1 所示。

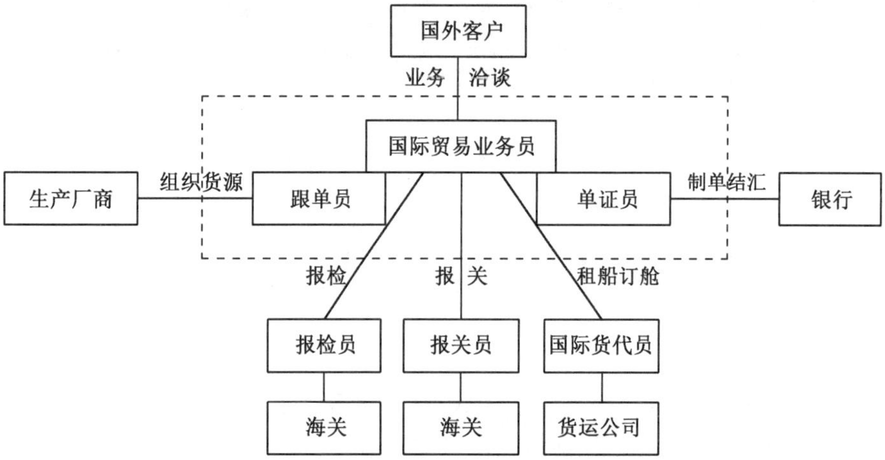

图 1—1 外贸业务中的各种专业岗位关系

外贸跟单岗位的出现既是外贸企业内部管理结构、管理水平和经营效率有效调整与提高的需要，也是外贸企业避免业务操作失误、防范贸易风险的需要，更是当今贸易管理规范化和科学化的表现。

外贸跟单岗位的产生，从系统论的角度看，系统是由若干相互关联的基本要素构成的，系统中各要素不是孤立存在的，要素之间是相互关联的，外贸业务中的各个分工也不是孤立的，是一个有方向性的动态过程。例如，在生产跟单中，原料的采购、工艺流程与技术、生产进度与质量监控等环节，以及在外贸跟单中，"货、证、船、款"的平衡，装运、保险、报关、结汇的操作与监控等环节，都涉及系统的层次性和有机性。从控制论的角度看，控制论通过对系统运动规律的认识，能动地运用有关的信息并施加控制作用以影响系统运行，达到人们预定的目标。外贸跟单员的任务就是落实合同或信用证条款，对生产安排、组织货源、质量管理、报关报检、装运结汇等过程进行全程监控。无论是前程跟单、中程跟单还是全程跟单，任何一个环节的问题处理不当均会酿成风险或损失。因此，跟单员要规避业务进程中的各种风险，积极主动地解决可能产生的问题。

【注意】外贸跟单岗位的作用是有效防止业务基础环节的失误与漏洞。这直接关系到企业风险防范机制的正常运行，对维护客户关系、市场声誉和企业可持续发展都具有重要意义。

拓展阅读 1－1　　外贸跟单岗位与其他外贸岗位的关系

在工作重点方面，外销员主要负责业务操作全过程；跟单员主要负责外销员（经理）交办的涉及业务操作全过程的相关事务，侧重于订单获取后对订单的执行跟踪和操作，根据企业的不同及工作熟练程度不同，其涉及的工作内容也是不同的；单证员主要负责商检、运输、保险、报关、结汇等环节的单证事务；报关员主要负责货物、运输工具、物品进出境时向海关办理进出口报关、纳税等海关事务；报检员主要负责办理货物、运输工具、物品进出境时的商检事务；货运代理员主要负责办理货物进出境运输事务。

二、外贸跟单的概念及分类

（一）外贸跟单的概念

外贸跟单[①]是指外贸公司各部门之间、外贸公司与生产企业之间、外贸公司与客户之间、生产企业与客户之间联系与沟通的"桥梁"，是外贸行业中的一个细分的从业岗位。

（二）外贸跟单的分类

外贸跟单的分类见表 1－1。

表 1－1　　外贸跟单的分类

分　类	内　容
按业务进程	前程跟单是指"跟"到出口货物交到指定出口仓库完毕为止 中程跟单是指"跟"到装船清关为止 全程跟单是指"跟"到货款到账，合同履行完毕为止
按商品类别	纺织品跟单、服装跟单、鞋类跟单、玩具跟单、家具跟单等
按企业性质	生产型企业跟单、贸易型企业跟单、外商办事处跟单
按具体业务环节	运输跟单、原材料跟单、包装跟单、外包跟单、生产跟单、样品跟单
按货物的流向	出口跟单、进口跟单

（三）生产企业跟单与外贸公司跟单

生产企业跟单与外贸公司跟单相比，既有相同之处，又有不同之处，具体见表 1－2。

表 1－2　　生产企业跟单与外贸公司跟单的异同

相同之处	不同之处
（1）跟单目标相同：都是以外贸订单为中心，进行生产进度、产品的质量和数量的跟踪，以保证订单货物能够按时、按质、按量达到信用证的要求。 （2）跟单人员的知识构成相同：不仅需要外贸知识、海关知识、商检知识、运输知识、保险知识、商品知识及相关外语和语言沟通能力，还需要具备使用计算机应用软件的能力。 （3）跟单范围相同：一名合格的外贸跟单员要具备某项商品的专业知识，精通该商品的生产操作要领，能分析和解决生产过程中出现的问题，协调各方（部门）的利益，妥善处理商品的质量问题，满足和达到工艺和客户的要求。	（1）跟单工作侧重不同。生产企业外贸跟单员的跟单工作大部分以生产跟单为主，即以生产过程的商品质量和数量的跟踪为主。因此，对生产企业外贸跟单员的素质要求，偏重产品知识、工艺质量、一般的外语沟通能力以及计算机应用软件操作等方面。由于生产企业从事外贸活动的岗位分工没有专业的外贸公司那么细化，外贸跟单员往往要从事几个岗位的工作，因此对外贸跟单员的要求是能够胜任全程跟单的工作。 （2）所处企业不同。外贸公司外贸跟单员的工作所涉及产品品种、结算方式等比生产企业外贸跟单员要相对多些，接触的企业面比生产企业外贸跟单员相对广些，跟单的主要内容与生产企业外贸跟单员有一定的差异。

---

① "跟单"中的"跟"是指跟进、跟随，"单"是指合同项下的订单（指合同或信用证项下的货物贸易订单）。而外贸跟单中的"单"，是指企业中的涉外合同或信用证项下的订单。

【提示】就我国进出口贸易的实际情况而言，无论是外贸公司的跟单员，还是生产企业的跟单员，不同的企业都存在一定的工作差异，有时分工是交叉的，但目标是明确的。

任务二　外贸跟单员

一、外贸跟单员的概念

外贸跟单员是指在进出口业务中，在贸易合同签订后，依据相关合同或单证对货物生产加工、装运、保险、报检、报关、结汇等部分或全部环节进行跟踪或操作，协助履行贸易合同的外贸从业人员。外贸跟单员是协助本公司外贸业务员开拓国际市场、推销产品、协调生产和完成交货的业务助理。一名优秀的外贸跟单员必须具备全面的生产进度控制能力，要求具有严谨的思维、周密的计划，可以说要做到“一切尽在掌握之中”。

动漫视频

快乐的外贸跟单员

职场指南 1—1　　外贸企业招聘中常用的跟单员英文表示

外贸企业招聘中常用的跟单员英文表示包括：①Order Production Coordinator；②Order Supervisor；③Order Tracker；④Documentary Handler；⑤Merchandiser；⑥Order Follower；⑦Quality Controller。其中，“Quality Controller”常见于报纸、杂志的招聘启事，简称“QC”。

拓展阅读 1—2　　外贸跟单员的工作内容及知识技能要求

跟单员的工作内容主要有：外贸业务跟单、物料采购跟单、生产过程跟单、货物运输跟单及客户联络跟踪（客户接待）。

(1)外贸业务跟单（外贸业务跟进）：了解基本外贸知识，包括谈判、报价、接单、签合同等，以及函电往来。

(2)物料采购跟单（业务跟进）：懂营销、懂产品（包括物料、性能、使用、保养）。

(3)生产过程跟单（生产进度跟进）：懂生产、懂管理、懂沟通。

(4)货物运输跟单（出货跟进）：货物运输知识（包括运输工具、方法、配柜）以及报关知识。

(5)客户联络跟踪（客户接待）：了解对客户的管理，懂国际礼仪知识。

二、外贸跟单员的基本素质

由于外贸跟单员工作范围涉及面非常广泛，因此对其素质也有一定的基本要求，不仅需要有很强的业务技能，而且需要有良好的职业素质、能力素质、知识素质和管理素质。

（一）职业素质

职业素质是劳动者对社会职业了解与适应能力的一种综合体现，主要表现在职业兴趣、职业能力、职业个性及职业情况等。影响和制约职业素质的因素很多，主要包括受教育程度、实践经验、社会环境、工作经历以及身体状况等。一般来说，外贸跟单员通过系统学习和培训，综合掌握外贸跟单的基础知识，将会极大地提高职业素质和就业竞争力。外贸跟单员的职业素质主要包括以下几个方面：

(1)自觉维护国家和企业的利益，关注国内外的政治经济形势，能正确处理好国家、集体和个人之间的利益关系，为对外经济贸易事业勤奋工作。

(2)遵纪守法、廉洁自律，不行贿、索贿、受贿，在对外经济交往中珍视国格和人格。

(3)严守国家机密和维护商业机密，自觉遵守外事纪律，遵守企业的各项规章制度。

(4)对本职工作认真负责，忠于职守；努力学习，勇于实践；积极开拓，锐意进取。

(二)能力素质

外贸跟单员的能力素质是一个综合的概念，它是综合业务能力、市场调研和预测能力、推销能力、语言文字能力和口头表达能力、社交协调能力等能力的有机结合。外贸跟单员的能力素质主要包括以下几个方面：

(1)综合业务能力。熟悉国际贸易各个环节和操作程序，能够辅助外贸业务员进行审证、改证和业务咨询；能准确地判断企业生产加工、质量、交货期等；能懂得产品的特性、工艺、技术要求；熟悉主要货币汇率的换算，会利用商品知识进行成本核算；了解处理异议、理赔、索赔等业务环节的主要内容。

(2)市场调研和预测能力。能运用市场营销学的方法，借助各种渠道收集和整理市场信息，实时了解和掌握市场变化和需求动态；能运用收集整理的市场信息资料，分析市场行情动态和客户需求状况，撰写市场调研报告，提出营销建议。

(3)推销能力。主动寻求市场机会、注意把握客户心理，努力培养和开发客户群体；能利用各种方式和方法进行企业与产品宣传，树立品牌意识，扩大企业和产品的知名度；服务热情、周到；在诚信、平等互利基础上与客户建立长期的、良好的、稳定的贸易关系。

(4)语言文字能力和口头表达能力。基本掌握一门外语，能运用外语独立进行对外洽谈及有关的业务活动；能用外文准确起草有关的贸易合同、协议和日常的业务信函；有较强的文字处理水平，善于运用文字和语言与客户进行沟通和交流，具有较强的口头表达能力。

(5)社交协调能力。了解国际商务活动中的社交礼仪和公共关系学知识，处理好与上级、同事以及有关人员的关系；善于同与业务有关的国内外客户沟通和交流，与之建立起良好的双边和多边关系，能灵活运用各种正当的交际方法和手段，广交朋友。

(三)知识素质

知识素质是指外贸跟单员做好本职工作所必须具备的基础知识与专业知识。

1.外贸跟单员的基础知识

(1)了解我国对外贸易的方针、政策、法律和法规，以及有关国家地区的贸易政策。

(2)了解商品销往国家或地区的政治、经济、文化、地理及风俗习惯、消费水平。

(3)具备一定的文化基础知识，一般要求具有高中(包括中专、技校等)以上学历，具有一定的外语能力，会使用计算机常用软件。

(4)具有一定的法律知识。了解合同法、票据法、经济法、外贸法，以及与外贸跟单员相关的法律知识，做到知法、懂法和用法。

2.外贸跟单员的专业知识

(1)懂得商品学的基本理论，熟悉所跟单商品的性能、品质、规格、标准(生产标准和国外标准)、包装、用途、生产工艺和所用原材料等知识。

(2)了解商品在国际市场上的行情，以及该商品主要生产国家(或地区)和进出口国家(或地区)的贸易差异，及时反馈信息给国内生产商。

(3)熟练掌握国际贸易理论、国际贸易实务、国际金融、市场营销及国际商务法律法规和有关国际惯例等专业知识；熟悉报检、报关、运输、保险等方面的业务流程。

(四)管理素质

管理出生产力，管理出效益。良好的管理水平在很大程度上是衡量外贸跟单员是否称职的重要内容。外贸跟单员既是跟进订单的专职人员，也是业务员(或经理或企业负责人)的助手，因此，外贸跟单员应具备一定的管理素质和能力，即具备良好的合作精神，以及一定的组织、协调、决策能力。

思政吾身

培养有理想敢担当能吃苦肯奋斗的新时代好青年

中共二十大擘画了全面建设社会主义现代化国家、以中国式现代化全面推进中华民族伟大复兴的宏伟蓝图，充分展现了百年大党正青春、新的征程再出发、万众一心齐奋斗的宏阔气象。习近平总书记在中共二十大报告中指出，“当代中国青年生逢其时，施展才干的舞台无比广阔，实现梦想的前景无比光明”，殷切寄语广大青年“立志做有理想、敢担当、能吃苦、肯奋斗的新时代好青年”。这是党的领袖对青年一代发出的伟大号召，为新时代中国青年成长成才指明了方向。党旗所指就是团旗所向，共青团要引领广大青年自觉沿着习近平总书记指引的方向茁壮成长，扛起时代责任，引领凝聚青年、组织动员青年、联系服务青年，让青春在全面建设社会主义现代化国家的火热实践中绽放绚丽之花。

三、外贸跟单员的知识构成

（一）外贸跟单员的外贸基础知识

外贸业务中涉及的基础知识包括国际商务基础理论、运输与保险、报检与报关、国际贸易的规则及政策、金融外汇与银行结算。

（二）外贸跟单员的工厂生产与管理知识

为了能很好地完成订单项下的生产任务，保质、保量地把货物送交客户，顺利安全收回货款，外贸跟单员应该了解和熟悉有关工厂管理方面的知识，主要包括制订生产计划、原材料采购管理、仓库管理、生产管理、品质管理、客户管理等。

（三）外贸跟单员的商品知识

外贸跟单员的跟单工作内容之一是控制商品的质量，因此，外贸跟单员除了掌握国际贸易知识外，还应该具备相应的商品知识。只有把握商品的特性，才能更好地推行生产工艺和生产技术，达到客户对质量的要求，完成跟单业务工作。具体而言，外贸跟单员在跟单过程中，应根据合同或信用证中的相关条款，仔细研究商品的特性与品质要求、商品包装及包装标志、商品计量单位、商品的检验标准和客户的特殊要求、进口国家或地区的风俗习惯等，圆满完成外贸跟单任务。

四、外贸跟单员的工作范围和特点

（一）外贸跟单员的工作范围

外贸跟单员的工作范围包括：

(1)企业（外贸公司和生产企业）生产过程和产品质量控制。

(2)与其他外贸业务相关部门（如海关、货物运输公司等）的业务处理。

(3)协助外贸业务员进行磋商谈判（报价、打样）、理赔索赔、争端解决、仲裁诉讼等业务的处理等。

（二）外贸跟单员的工作特点

1. 较高的责任心

外贸跟单员的工作是建立在订单与客户基础上的。订单是企业的生命，没有订单企业将无法生存；客户是企业的“上帝”，失去了客户，企业就不能持续发展。而订单项下的产品质量，是决定能否安全收回货款、保持订单连续性的关键。执行好订单、把握产品质量需要跟单员的敬业精神和认真负责的态度。

2. 协调与沟通能力

在跟单员的跟单工作过程中，对内需要与多个部门(如生产、计划、检验等部门)打交道，对外要与海关、银行、物流等单位打交道，协调处理在跟单工作过程中遇到的问题，因而跟单员的协调与沟通的能力直接影响着工作效率。

3. 节奏快、变化多

跟单员的工作方式、工作节奏必须适应客户的要求。由于客户来自世界各地，他们有不同的生活方式和工作习惯，因此，跟单员的工作节奏和工作方式必须与客户保持一致，具有高效率和务实性，能吃苦耐劳。另外，不同的客户需求也不同，而且这种需求又随着产品不同而有区别，这些都需要跟单员有快速应变的能力。

4. 工作的综合复杂性

跟单员工作涉及企业所有部门，由此决定了其工作的综合性、复杂性。对外执行的是销售人员的职责，对内执行的是生产管理协调。所以，跟单员必须熟悉进出口贸易的实务和工厂的生产运作流程，熟悉和掌握商品知识和生产管理全过程。

5. 涉外性和保密性

在跟单员的跟单过程中，涉及客户、商品、工艺、技术、价格等信息资料。对企业来说，这是企业的商业机密，对外必须绝对保密。跟单员必须忠诚于企业，遵守保密原则。

五、外贸跟单员的工作界定

外贸跟单员广泛涉足订单型生产企业和进出口外贸企业，其工作性质与特点随企业的规模与性质而有所区别，但总的来说是作为业务跟单与生产跟单而存在的。

(一)业务跟单

对客户进行跟进，尤其是对那些对本公司的产品有兴趣、有购买意向的人进行跟进，开展以缔结业务、签订合同为目标的一系列活动。对外称作业务员或业务助理。

(二)生产跟单

对已接来的订单进行生产安排，并对生产进度进行跟踪，按期将货物送到客户手中。对内称作业务经理、生产主管或总经理助理。

【提示】 不管是外贸公司的跟单员还是工厂企业中的跟单员，他们的基本职责都是由“业务跟单”和“生产跟单”两部分构成的。

六、外贸跟单员的工作定位

(一)跟单员是业务员

跟单员的工作不仅是被动地接受订单，而且是主动地进行业务开拓，对准客户实施推销跟进，以达成订单为目标，即进行业务跟单。因此，跟单员要做到以下几点：①寻找客户：通过各种途径寻找新客户，跟踪老客户；②设定目标：包括主要客户和待开发的客户，以及工作重点及分配的工作时间；③传播信息：将企业产品的信息传播出去；④推销产品：主动与客户接洽，展示产品，以获取订单为目的；⑤提供服务：包括产品的售后服务，以及对客户的服务；⑥收集信息：收集市场信息，进行市场调研；⑦分配产品：产品短缺时先分配给主要客户。

(二)跟单员是业务助理

跟单员在许多时候扮演业务经理助理的角色，他们协助业务经理接待、管理、跟进客户，因此跟单员要做以下几项工作：函电的回复、报价单的计算、订单的验签、账表的填制、目录及样品的寄送与登记、客户档案的管理、客户来访接待、主管交办事项的处理、与相关部门的业务联系等。

(三)跟单员是协调员

跟单员对客户所订购产品的交货进行跟踪,即进行生产跟踪。跟踪的要点是生产进度、货物报关、装运等。因此,在小企业中,跟单员身兼数职,既是内勤员,又是生产计划员、物控员,还可能是采购员。在大企业,则代表企业的业务部门向生产制造部门催单要货,跟踪出货。

七、外贸跟单员的跟单工作流程

(一)外贸公司跟单工作流程

在进出口贸易合同签订后,依据合同或信用证的要求,进入合同履行阶段。外贸公司跟单工作包括选择生产企业、签订收购合同、筹备货物、跟踪进程、商检(客检)、订舱装船、制单结汇等步骤。

(二)生产企业跟单工作流程

具有对外进出口经营权的生产企业是我国外贸进出口的主体之一,随着我国加入 WTO 以及《中华人民共和国对外贸易法》[①]的实施,具有外贸经营权的生产企业越来越多,许多国际买家也热衷于直接从这些生产企业采购商品。

知识链接1-1

中华人民共和国对外贸易法

【提示】工厂跟单,实质上属于生产型企业的内部跟单。其一般流程包括:推销公司产品、签订外销合同、筹备货物、商检(客检)、订舱装船、制单结汇等。

职场指南 1—2　　外贸跟单流程

1. 当业务员和客户在网上进行沟通,确定初步意向后,客户邮寄样品给业务员并将相关加工细节数据告诉业务员。此时,业务员将样品和相关的加工制作的要求通过打样申请单反映出来。之后,经过业务部经理签字,将样品和打样单(打样单要复印一份,正本留自己保存)给打样室进行打样。

2. 样品出来后邮寄给客户,并及时查询是否签收。

3. 客户确认样品并将样品寄回,同时下单。

4. 根据回传样品,制作简单的订货单给技术部。订货单需要业务员和部门经理签字。将订货单和样品留技术部,要求其设计工艺流程。

5. 将合同传给财务部签字和总经理签字,并连同工艺流程样品共三样物品,下正式的订货单。订货单要根据合同来做,把品质要求、包装要求、备注事项和交货日期写清楚。之后把订货单复印 5 份,分别传达生产—品管—财务—物控—出货,并在正本上签字。正本订货单自己保留。把工艺流程书复印 5 份,传达财务—技术—物控—生产—品管。正本留技术部,副本自己保留。

6. 将合同复印 2 份,正本自己归档,副本分别传达经理办公室和财务负责人。

7. 及时反映工厂在生产过程中的问题,并与客户沟通。在业务员和客户沟通达成协议后,通过工作联系单将变更要求传达生产车间。工作联系单正本留己,副本传达。

8. 快出货时,联系货代。做报关单据,并提前寄交货代。若生产有问题,导致不能及时出货要提前通知货代,以便其另做船期安排。

9. 若及时完成,则提前两天将货代传来的进仓单或相关单据交给出货部门。并将出货通知单复印 3 份,传达生产—品管—出货部。正本留己。

---

① 1994 年 5 月 12 日第八届全国人民代表大会常务委员会第七次会议通过了《中华人民共和国对外贸易法》。2004 年 4 月 6 日第十届全国人民代表大会常务委员会第八次会议修订。根据 2016 年 11 月 7 日第十二届全国人民代表大会常务委员会第二十四次会议《关于修改〈中华人民共和国对外贸易法〉等十二部法律的决定》第一次修正。根据 2022 年 12 月 30 日第十三届全国人民代表大会常务委员会第三十八次会议《关于修改〈中华人民共和国对外贸易法〉的决定》第二次修正。

10. 及时做好议付单据连同货运代理送来的提单进行议付。如前 T/T[①] 下，则先传副本给对方，要求其付款；L/C 项下，则交由财务部到银行进行相关事项。

11. 待核销单等相关单据回来后，将单据交由财务部进行结汇，办理核销退税手续。

同步案例 1—1　　外贸跟单业务中需要防欺诈

同步案例1-1

案例精析

某公司 2025 年 2 月向美国 MAY WELL 公司出口工艺品，该公司以前多次与其交往，关系不错，但没有成交。第一笔成交客户坚持用 T/T 付款，称这样节约费用且对双方有利。考虑双方长时间交往，就答应了客户的要求。在装完货收到 B/L 后即传真给客户。客户很快将货款 11 000 美元汇给我方。第一笔交易非常顺利。一个月后客户返单，并再次要求用 T/T 付款，我方同意，3 个月内连续 4 次返单总值 FOB 大连 44 000 美元，目的港为墨西哥。由于我方疏忽在出发后既没有及时追要货款，也没有采取任何措施，使客户在没有正本 B/L 的情况下从船公司轻松提货。待 4 票全部出运后再向客户索款为时已晚，客户以各种理由拖延，半年后客户人去楼空，传真不通，邮件不回，4 万多美元石沉大海，白白损失。

从以上案例，谈谈外贸跟单员应吸取的经验和教训。

应知考核

一、单项选择题

1. 下列关于“外贸跟单”的理解中，错误的是（　　）。

A. 外贸跟单是一个外贸从业人员

B. 外贸跟单是外贸从业人员的岗位设置

C. 外贸跟单是外贸行业一个细分的从业岗位

D. 外贸跟单是“一座桥梁”，在外贸公司各部门之间、外贸公司与生产企业、外贸公司与客户以及生产企业与客户之间起到沟通的作用

2. 外贸跟单按照业务进程划分，“跟”到出口货物装船清关为止的是（　　）。

A. 前程跟单　　B. 中程跟单　　C. 全程跟单　　D. 生产跟单

3. 外贸出口跟单按业务进程可分为前程跟单、中程跟单和全程跟单三大类。前程跟单是指“跟”到（　　）环节为止。

A. 装船清关　　B. 货物入出口仓库　　C. 货款到账　　D. 贸易合同履行完毕

4. 跟单员王某在浙江义乌某玩具有限公司从事玩具跟单工作。从企业性质来看，该跟单属于（　　）。

A. 全程跟单　　B. 商品跟单　　C. 贸易型企业跟单　　D. 生产型企业跟单

5. 外贸跟单员从事外贸跟单工作，必须具备一定的能力，其中“一定的能力”一般不包括（　　）。

A. 推销能力　　B. 综合业务能力

C. 专业的司法调解能力　　D. 语言文字能力和口头表达能力

---

① T/T 分为前 T/T 和后 T/T。前 T/T：卖方发货前买方 T/T 汇款。后 T/T：卖方发货后买方 T/T 汇款。两者的区别是：第一，付款方式不同：卖方发货前，付清 100%货款的，都称作 T/T。发完货后，买方付清余款称作后 T/T。第二，适用范围不同：前 T/T 可以根据不同情况，灵活变通。后 T/T，模式也比较灵活。第三，安全程度不同：前 T/T 是最安全的贸易方式，因为卖方不需要承担任何风险，只要买方付款，卖方就可以发货。后 T/T 安全性相对较差。

6. 下面不属于生产企业跟单与外贸公司跟单相同点的是( )。

A. 跟单目标相同　B. 跟单人员的知识构成相同

C. 跟单范围相同　D. 所处企业相同

7. 下面关于外贸跟单员工作定位的说法中,不准确的是( )。

A. 跟单员是业务员　B. 跟单员是业务助理

C. 跟单员是协调员　D. 跟单员是报关人员

8. 纺织品跟单、服装跟单、鞋类跟单、玩具跟单、家具跟单等是按照( )进行分类的。

A. 商品类别　B. 企业性质　C. 具体业务环节　D. 业务进程

9. 生产型企业跟单、贸易型企业跟单、外商办事处跟单是按照( )进行分类的。

A. 商品类别　B. 企业性质　C. 具体业务环节　D. 业务进程

10. 运输跟单、原材料跟单、包装跟单、外包跟单、生产跟单、样品跟单是按照( )进行分类的。

A. 商品类别　B. 企业性质　C. 具体业务环节　D. 业务进程

二、多项选择题

1. 关于跟单员的工作重点,以下说法中不正确的有( )。

A. 主要负责业务操作全过程

B. 侧重于订单获取后对订单的执行跟踪和操作

C. 负责处理相关如商检、运输、保险的单据事务

D. 负责办理货物、运输工具、物品进出境时的商检事务

2. 跟单员的工作特点包括( )。

A. 较高的责任心　B. 协调与沟通

C. 工作的综合复杂性　D. 涉外性和保密性

3. 跟单员的知识构成包括( )。

A. 外贸基础知识　B. 工厂生产与管理知识

C. 商品知识　D. 车间机器的维修知识

4. 跟单员的能力素质包括( )。

A. 综合业务能力　B. 推销能力

C. 语言文字能力和口头表达能力　D. 社交协调能力

5. 跟单员的基本素质包括( )。

A. 职业素质　B. 能力素质　C. 知识素质　D. 管理素质

三、判断题

1. 中程跟单是指“跟”到指定出口仓库为止。( )

2. 磋商谈判是外销员的工作,与外贸跟单员无关。( )

3. 审核信用证是单证员的工作,因此,跟单员不需要了解信用证的内容。( )

4. 全程跟单是指“跟”到货款到账,合同履行完毕为止。( )

5. 生产企业跟单和外贸公司跟单在跟单工作侧重点上是相同的。( )

6. 跟单员的工作内容主要有外贸业务跟单、物料采购跟单、生产过程跟单、货物运输跟单及客户联络跟踪(客户接待)。( )

7. “跟单”中的“跟”是指跟进、跟随,“单”是指合同项下的订单。( )

8. 对业务(经理)员来说,外贸跟单员是协助他们开拓国际市场、推销产品、协调生产和完成交货的业务助理。（　　）

9."外贸跟单员"一词的英文表述可以是"Quality Controller"。（　　）

10. 金融外汇与银行结算不属于外贸跟单员的知识范围,因此外贸跟单员不需要掌握这方面的知识。（　　）

四、简述题

1. 简述外贸跟单员工作的特点。
2. 简述外贸跟单员跟单工作的流程。
3. 外贸跟单员在签订对外合同阶段的主要工作是什么?
4."生产企业跟单"和"外贸公司跟单"的跟单工作侧重点有何不同?
5. 外贸跟单按业务进程可分为哪三类?具体内容是什么?

应会考核

■ 观念应用

【背景资料】

某年4月27日,"广交会"大会投诉站接到深圳市顺章电器有限公司的投诉,称:宁波昌伦电器有限公司在展位所展出的暖风机,侵犯了深圳市顺章电器有限公司的外观设计专利(专利号为Z101353891.8)。工作人员立即展开调查,发现情况属实。"广交会"组委会根据《涉嫌侵犯知识产权的投诉及处理办法》第25条的规定,决定对宁波昌伦电器有限公司给予取消当届"广交会"参展资格的处罚,并予以大会通报。

【考核要求】

作为一名与国际贸易活动相关的从业人员,外贸跟单员应具备哪些素质和知识?

■ 技能应用

据新华网报道,广州某公司向广州海关驻新风办事处申报进口"黄道益"牌活络油一批。经海关关员调查发现,该公司未经"黄道益"注册商标人(香港黄道益活络油有限公司)的许可,在集装箱内的活络油包装上使用了"黄道益"标识,该案价值达183.6万港元。

【技能要求】

请用本项目的相关知识剖析该案例,从中应该吸取什么教训?

■ 案例分析

【分析情境】

广东佛山陶瓷制品公司与英国汉莎公司凭样品成交出口高级瓷器花瓶,合同规定复验期为60天,货物到英方复验后,未提出任何问题。时隔一年,英方来电称瓷器花瓶上全部釉裂,只能削价出售,因此要求我方按成交价的60%赔偿,我方马上察看留存的复样,也发现裂痕。

【情境思考】

请问我方该如何处理?

项目实训

【实训项目】

外贸跟单员的基本素质。

【实训情境】

大连虹贺外贸公司与日本某公司签订了一份运动服出口合同。合同要求纸箱包装。该公司外贸跟单员小张在大连鑫鑫纸箱厂定制了纸箱，他根据该合同和信用证的要求印刷 Shipping Mark 如下：

OSK

S/C No.:12345

C/No.:1-UP

No.:

MADE IN H.K.

【实训任务】

根据业务背景资料，回答相关问题。

【实训要求】

完成本业务操练时间以不超过 15 分钟为准。

1. 请用已学过的知识分析，如果按此唛头出口报关会产生什么后果？为什么？
2. 如果你是外贸跟单员，该如何处理此项业务？
3. 撰写《外贸跟单员的基本素质》实训报告。

《外贸跟单员的基本素质》实训报告		
项目实训班级：	项目小组：	项目组成员：
实训时间：　　年　　月　　日	实训地点：	实训成绩：
实训目的：		
实训步骤：		
实训结果：		
实训感言：		
不足与今后改进：		
项目组长评定签字：		项目指导教师评定签字：

项目二　出口贸易业务跟单

● **知识目标**

理解：选择合适的生产企业。

熟知：出口跟单业务流程。

掌握：样品、合同及订单、原材料、生产进度、出口产品包装、质量、外包、国际货物运输跟单及 GB2828"逐批检查计数抽样程序及抽样表"在出口贸易跟单中的应用。

● **技能目标**

在了解跟单员在外贸公司和生产企业跟单中的作用与工作重点的基础上，能够结合货物出口的跟单流程，充分理解各个业务环节跟单的要点。

● **素质目标**

能够掌握外贸跟单出口业务中所需要的各种外贸专业知识，从而做到学思用贯通、知信行统一；具有良好的沟通协调能力，注重细节管理，确保每一个流程准确无误，提高工作效率和客户满意度，提升个人的职业竞争力，为企业创造更大的价值。

● **思政目标**

明确外贸跟单员在外贸各个出口业务环节中的作用，提升自己的素质，努力使自己成为一名合格的外贸跟单员；深刻理解不忘初心的核心要义和精神实质，塑造自身的品格、品行和品位，树立正确的世界观、人生观和价值观；培养职业情感，实现效率与效果的结合。

● **知识精讲**

任务一　出口贸易一般工作流程

熟知国际贸易基本流程，是掌握外贸跟单业务要领的关键所在，而外贸跟单工作则是围绕国际贸易基本流程展开的，在不同的时期有着不同的工作内容和工作重心。就国际贸易中出口货物贸易为例，其基本过程如下：

一、选择生产企业(或供应商)

选择合适的生产企业(或供应商),确定出口产品类型,是开展对外贸易的基础。在选择生产企业(或供应商)时,需要注重考察生产企业的资信,看其是否具有生产能力,能否保证质量、保证按期交货,产品是否有对外贸易的竞争力等。

二、生产企业推销本企业的产品出口

生产企业主要面向国内和国外两个市场来推销本企业的产品。国内市场主要目标是向外贸类企业供应,公司产品出口;国外市场主要目标是向境外采购商供应本公司产品,自营出口或代理出口。跟单员必须具备较丰富的产品知识和开发新客户的能力。这一过程中,生产企业跟单员的主要工作内容有:

(1)了解目标市场的需求特点和客户采购偏好。

(2)了解并掌握公司产品的主要性能、工艺、质量标准、原材料构成、生产周期等。

(3)了解并掌握公司产品的包装材料和包装方法。

(4)了解并掌握公司产品的装箱率、集装箱可装数量。

(5)掌握公司产品的价格和相关原材料价格。

(6)了解近期本币对外币的兑换价格及其变化趋势,即汇率及其变化趋势。

三、建立对外业务关系,确定出口贸易对象

贸易对象选择的适当与否,决定着贸易的成败。在一般情况下,双方通过各自的自我介绍或第三者介绍,先要进行资信和主要从事商品品种的调查,以便知己知彼,有的放矢进行实质性的业务洽谈。贸易双方只有在相互了解、彼此信赖的基础上,才能进行积极的合作,并使双方贸易活动得以顺利地开展,任何一家外贸企业都必须通过建立广泛的业务关系去搜索新客户,巩固现有客户,拓展新市场和进入新业务领域。特别是近年来,我国跨境电商快速发展,在"买全球、卖全球"方面的优势持续巩固、潜力持续释放,成为外贸高质量发展的新引擎。跨境电商为全球消费者与优质商品架起"桥梁",搭建连接生产商、品牌商、贸易商等环节的直连通道,成为全球外贸转型发展的新引擎。因此,在建立业务关系时,可以通过信函,电子邮件,传真,参加国内外各种交易会、展销会和展览会,驻外使领馆,商会,企业名录,报纸和杂志上的广告等途径搜寻或结识广大国外客户。

动漫视频

跨境电子商务

四、洽谈业务

洽谈业务是指买卖双方就某一种商品进行洽谈,内容包括价格及价格条件、货物的技术规格、包装、货款的支付方式和时间、运输方式、争议的解决方式和地点、货物数量、交货时间、保险、货物的检验标准和地点等。洽谈业务可以通过信件、传真、电子邮件等不见面的洽谈方式,也可以采用与客户见面洽谈的方式。在洽谈业务前,必须做好充分准备。

五、签订对外合同

在国际贸易中,买卖双方通过洽谈交易达成协议以后,要按照国际贸易的习惯做法,需要签订一定格式的书面合同,并以此作为约束双方行为的法律依据。跟单员在这个阶段,通常是辅助外贸业务员做好以下主要工作:

(1)整理双方达成的事项内容。

(2)将客户的工艺单和要求转换为本公司的制造工艺单。

(3)落实生产企业(车间),并完成确认样。

(4)检查确认样,将符合客户或工艺单要求的样品寄送客户,等待确认消息。

(5)根据客户的确认意见,改进确认样,直至客户确认样品。

(6)做好合同项下订单生产的一切准备工作等。

六、买方开立信用证

动漫视频

跟单信用证

外贸合同中若确定是以信用证方式结算货款的,卖方(出口方)在签订外贸合同后,应及时将开证资料(内容包括出口方的开户银行名称、地址、SWIFT 号码等)通知买方,买方应严格按照合同的各项约定按时开立信用证。这也是买方履约的前提。

卖方在收到买方开立的信用证后,首先要根据合同审核信用证。信用证是依据合同开立的,信用证内容应该与合同条款一致。我们应该在国家对外政策的指导下,对不同国家、不同地区以及不同银行的来证,依据合同进行认真的核对与审查。在实际业务中,银行和进出口公司共同承担审证任务。其中,银行着重进行开证行的政治性审查、开证行资信的审查,以及对信用证的性质与开证行付款责任的审查。

(1)政治性审查:来证国家(或地区)必须是与我国有经济往来的国家(或地区),应拒绝接受与我国无往来关系的国家(或地区)的来证。来证各项内容应符合我国的方针政策,不得有歧视性内容,否则应根据不同情况向开证行交涉。

(2)开证行资信的审查:为了保证安全收汇,必须对开证行所在国家(或地区)的政治经济状况、开证行的资信和经营作风等进行审查。对于资信不佳的银行,应酌情采取适当措施。

(3)对信用证的性质与开证行付款责任的审查:来证应标明“不可撤销”的字样。同时,证内要载有开证保证付款的文句。

【提示】上述三点,是银行审证的重点,进出口公司只需做复核性审查。

(4)对信用证金额与货币的审查:信用证金额应与合同金额相一致。如合同订有溢短装条款,信用证金额应包括溢短部分的金额。信用证金额中单价与总值要填写正确,大、小写并用。来证所采用的货币应与合同规定相一致。

(5)对商品的品质、规格、数量、包装等条款的审查:信用证中有关商品货名、规格、数量包装、单价等项内容必须与合同规定相符,特别是要注意有无另外的特殊条款,应结合合同内容认真研究,做出能否接受,或是否修改的决策。

(6)对信用证规定的装运期、有效期和到期地点的审查:装运期必须与合同规定一致,如国外来证晚,无法按期装运,应及时电请国外买方延展装运期。信用证有效期一般应与装运期有一定的合理间隔,以便在装运货物后有足够时间办理制单结汇工作。关于信用证的到期地点,通常要求在中国境内到期。如信用证将到期地点规定在国外,我们不易掌握国外银行收到单据的确切日期,这不仅影响收汇时间,而且容易引起纠纷,故一般不宜接受。

(7)对单据的审查:对于来证中要求提供的单据种类和份数及填制方法等,要进行仔细审核,如发现有不正常的规定,如要求商业发票或产地证明须由国外第三者签字以及提单上的目的港后面加上指定码头等字样,都应慎重对待。

(8)对其他特殊条款的审查:审证时,除对上述内容进行仔细审核外,有时信用证内加列的许多特殊条款(Special Condition),如指定船籍、船龄等条款,或不准在某个港口转船等,一般不应轻易接受。但若对我方无关紧要,且可以办到,则可酌情灵活掌握。

七、签订内贸收购合同

在确定生产企业后，需要对某个商品的生产规格、价格、数量、质量、交货时间等做出具体的约定，并以书面形式记载，由生产企业（供货方）和收购方的法人代表或其授权代表在合同上签字盖章，以示合同生效。按照我国《合同法》的相关规定，内贸收购合同的基本条款主要包括当事人的基本情况（如买卖双方全称、住所、电话、传真、银行账号等）、合同标的和数量、质量标准、价款及结算方式、履行期限、地点和方式、违约责任、解决争议的办法等。

八、履行合同

履行合同是指进出口业务中买卖双方按合同规定，履行各自的义务。一般而言，卖方的基本义务是交货、交单和移转货物的所有权；买方的基本义务是接货、付款。不论是外贸公司还是生产企业，就出口而言，按时、按质、按量完成信用证或合同条款规定的要求是卖方履行合同的基本任务。这一期间跟单员需要做的主要工作有：企业实际生产能力测算、原材料采购、生产进度跟踪、产品包装、生产质量检验等。

九、商检（客检）与报关

当货物生产完成时，对于法定商检的货物，在备妥货物后，跟单员应在报关前提前向产地海关预约安排商检，必须有经海关签发的检验合格证书，海关才予放行；凡检验不合格的货物，经返修后仍不合格，则不得出口。法定检验商品（简称“法检商品”），是指按《中华人民共和国进出口商品检验法》（简称《商检法》）规定，列入由国家商检部门制定、调整必须实施检验的进出口商品目录的商品。根据《商检法》及其实施条例，海关总署决定对必须实施检验的进出口商品目录进行调整，对涉及非危金属材料及其制品、电子行业加工设备、干燥器设备及器具等 87 个 10 位海关商品编号的商品，取消海关监管条件“A”，海关对相关商品不再实施进口商品检验，自 2022 年 10 月 1 日起实施。对列入实施检验的进出口商品目录的进出口商品以及法律、行政法规规定必须经海关检验的其他进出口商品，用户可登录“互联网＋海关”平台（http://online. customs. gov. cn），进入“商品检验”界面办理，或登录“中国国际贸易单一窗口系统”办理。

全国海关全面启用海关新无纸化平台，企业需通过国际贸易“单一窗口”进行申报，对其他渠道申报的无纸化随附单据，海关新无纸化平台将无法受理。

【注意】根据不同的商品、不同的商品检验项目，规定有不同的检验周期；因企业技术处理或报关企业未能完成的延长时间不计算在规定时限内。

对法检商品以外的进出口商品实行抽查检验，抽查检验重点是涉及安全、卫生、环境保护，国内外消费者投诉较多，退货数量较大，发生过较大质量事故以及国内外有新的特殊技术要求的进出口商品。抽查检验的范围包括以下内容：

（1）进口商品：童装、文具、领带、丝巾、围巾、坐便器、洗碗机、空气净化器、打印机、电热水器、微型计算机、电视机、监视器、垃圾食物处理机、电磁灶、机动车喇叭、机动车、机动车制动软管、汽车内饰件、染料、颜料、着色料等。

（2）出口商品：仿真饰品、儿童自行车、儿童滑板车、电动童车、毛绒玩具、电热水龙头等。

除了海关检验外，还有客户到生产企业进行的检验（简称“客检”）。对于合同约定由买方（客户）检验的，要提前联系买方，确定具体的检验日期。一般而言，经“客检”合格的商品，买方会出具“客检证”。

【注意】不论是国家商检还是“客检”，都是在生产完成并包装入箱后进行的。

十、安排运输与保险

就出口而言，若以FOB或FCA价格术语成交的合同，则是由买方（或其代理人）负责安排租船订仓（舱）运输，并负责办理保险事宜；若以CIF或CFR价格术语成交的合同，则是由卖方负责做好租（配）船订舱工作，并负责办理保险事宜。跟单员在这个阶段，必须做好以下主要工作：

（1）物流运输的跟踪。在订单完成后，经过检验、报关等环节，货物按预定的舱位装船启运。由于货物运输多数是依靠集装箱运输的，跟单员必须了解集装箱的尺寸，合理估算集装箱的货物装载量。

（2）报告最终可出口产品数量（包括外箱等包装数量）、体积、重量等数据，配合其他部门（如单证部、储运部）办理租（配）船订舱工作和保险事宜。

（3）如果是全程跟单，则需向货运代理或船务代理办理租（配）船订舱，并在运输工具启运前完成保险事宜。在货船离港后，需向货运代理（或承运人）取得符合要求的运输单据。

十一、制单结汇

制单结汇是出口贸易的最后一个阶段，也是安全收汇的关键阶段。按信用证付款方式成交时在出口货物装船发运后，发货人应按照信用证规定，及时备妥缮制各种单证（如商业发票、装箱单/重量单、运输单据、产地证、出口许可证/配额证等），并在信用证规定的交单有效期内交银行，办理议付和结汇手续。制单结汇要求做到正确、完整、及时、简明、整洁，以利于及时、安全收汇。在这一阶段中，跟单员必须了解交单议付所需单证的种类，从哪里能得到这些单证；有了单证之后，还需要对单证进行整理，为正确及时制作结汇单证，创造条件。

在外贸跟单的制单结汇过程中，要求：正确、完整、及时、简明、整洁。“正确”要求单据内容准确无误，包括商品的名称、规格、数量、价格、包装等各项信息都必须与合同和信用证严格相符，以确保顺利通过银行审核；“完整”意味着所提交的单据必须涵盖合同和信用证规定的所有必备单据及相关内容，如商业发票、提单、装箱单、保险单等应当俱全且填写完整；“及时”则强调要严格按照合同和信用证规定的时间节点制单并提交银行；“简明”是指单据的内容和格式应简洁明了，使银行和相关方能够快速准确地理解和处理；“整洁”要求单据的书写、打印清晰规范，不得有涂改、污渍等影响单据外观和可读性的情况，确保制单结汇工作的高效、准确进行。

十二、外汇核销与出口退税

按照国家的有关外汇管理规定，出口企业在货物出口收汇后，必须办理出口收汇核销手续；而出口退税是指一个国家（或地区）对已报送离境的出口货物，由税务机关将其在出口前的生产和流通各环节已经缴纳的国内税金（增值税、消费税）等间接税税款退还给出口企业的一项税收制度。

出口退税的主要单证有：出口报关单（出口退税专用联）、银行结汇水单、进货发票、出口销售发票。各种单证的内容（如商品品名、数量、计量单位等）要相互一致、不矛盾，并在规定的时间内向税务机关办理退税手续。报关出口的货物，企业申报出口退税时，外汇管理局对企业货物流、资金流实施非现场总量核查，并对企业实行动态监测和分类管理。税务部门参考外汇管理局提供的企业出口收汇信息和分类情况，依据相关规定，审核企业出口退税。

综上所述，出口跟单业务的基本工作流程如图2—1所示。出口贸易的基本工作流程如图2—2所示。

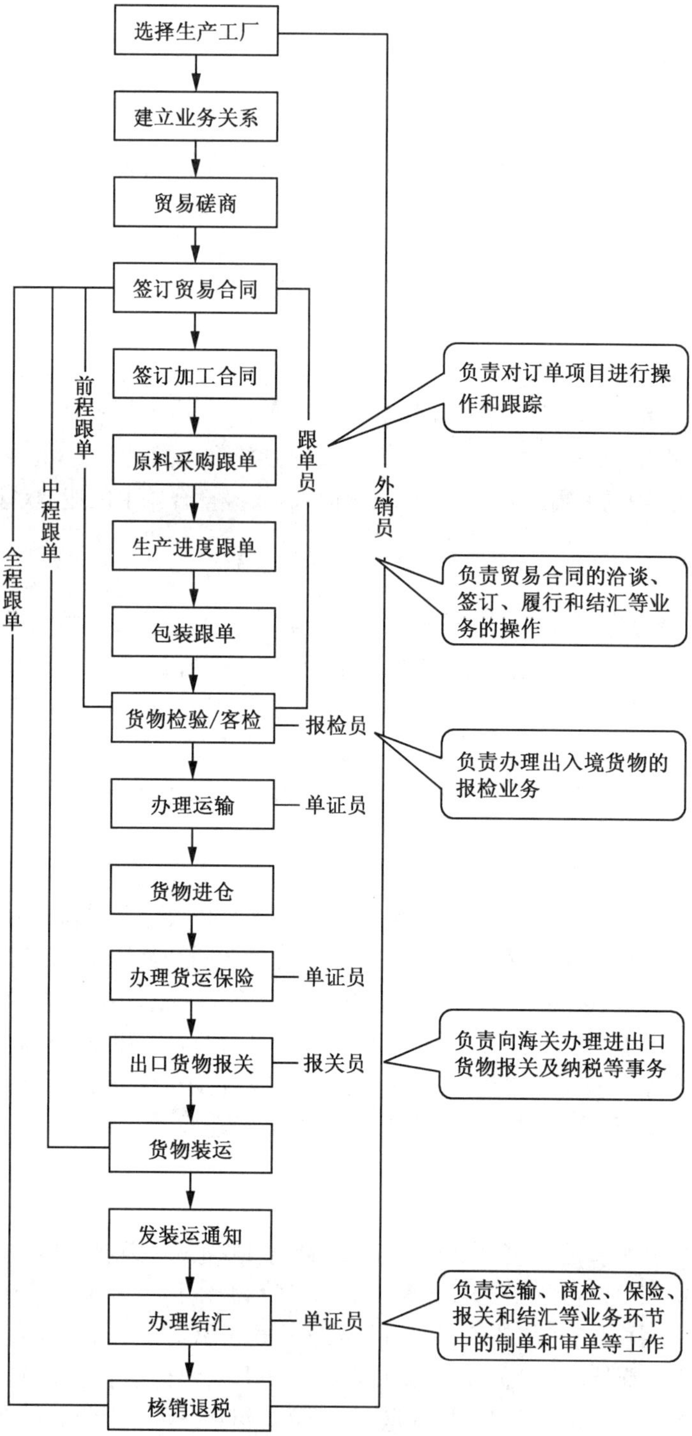

图 2—1 出口跟单业务的基本工作流程

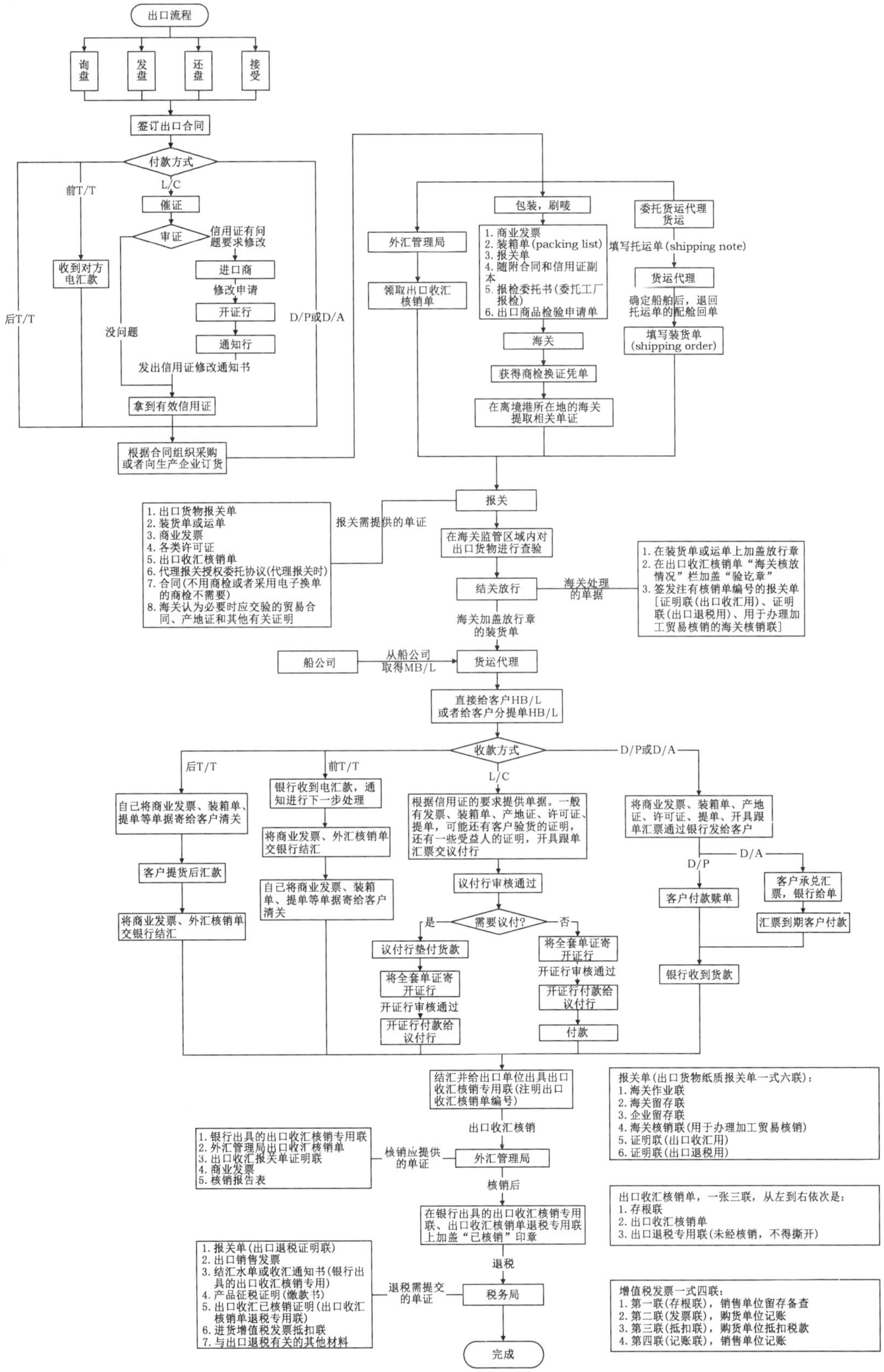

图 2—2 出口贸易的基本工作流程

思政吾身

把牢“有理想”,青年要奋勇前进

理想是指引青年成长进步的灯塔,青年的理想信念关乎国家未来。习近平总书记指出,“青年理想远大、信念坚定,是一个国家、一个民族无坚不摧的前进动力”,对青年坚定理想信念提出重要要求。回首历史,一代代青年坚定信念、紧跟党走,为争取民族独立、人民解放和实现国家富强、人民幸福贡献力量。在党的坚强领导下,在理想信念的指引下,一代代青年踔厉奋发、拼搏奋斗,成为实现中华民族伟大复兴征程上的先锋力量。

强国伟业前景无比美好,但前行道路不会一帆风顺。实现党的二十大确立的宏伟目标、完成党的二十大部署的各项任务,应对更为复杂严峻的风险挑战,需要亿万胸怀远大理想、一辈子坚持为之奋斗的有志青年。青年一代的理想信念、精神状态、综合素质,是一个国家发展活力的重要体现;青年一代有理想、有担当,国家就有前途,民族就有希望。新时代中国青年要树立对马克思主义的信仰、对中国特色社会主义的信念、对中华民族伟大复兴中国梦的信心,把自己的小我融入祖国的大我、人民的大我之中,让理想信念在创业奋斗中升华,让青春在创新创造中闪光。

真理之光照亮理想之路,青年一代坚定远大理想离不开科学理论的指引。习近平新时代中国特色社会主义思想开辟了马克思主义中国化时代化新境界,为新时代党和国家事业取得历史性成就、发生历史性变革提供了科学思想指引,必将指引我们不断夺取全面建设社会主义现代化国家新胜利。共青团要全面贯彻习近平新时代中国特色社会主义思想,组织广大青年深入学习领悟习近平新时代中国特色社会主义思想的世界观和方法论,引导青年自觉运用贯穿其中的立场观点方法观察时代、把握时代,分析问题、解决问题,引导青年正确解答在理想和现实、利己和利他、小我和大我、民族和世界等方面遇到的思想困惑,让对党的真挚信赖、对国家的赤诚热爱、对崇高理想的不懈追求在青年心中深深扎根,自觉把青春梦融入中国梦,立志为打拼出一个更加美好的中国贡献青春的智慧和汗水。

任务二　选择供货商跟单

外贸公司、生产企业、境外机构国内办事处的跟单员,在跟单过程中都需要选择合格的供货商。从广义上而言,供货商是指原材料或出口商品的生产商或供应商。比如,当外贸公司(办事处)在收集样品、落实外销合同时,需要寻找合适的出口商品的生产商;生产企业在接到订单后,也会遇到外协、外包、采购原材料等情况,需要寻找合适的原材料生产(供应)商。选择合适的供应商(生产企业)非常重要,有的企业因供应商选择不当,造成本企业重大损失,甚至破产。

一、核实企业法人登记注册情况

核实企业法人登记注册情况,可以到当地市场监督管理部门查询。跟单员要十分重视这项基础工作,掌握被调查企业特别是初次打交道企业的注册登记情况。这对于真实了解初次打交道的企业现状、核定业务规模、降低经营风险等是很有必要的。

(一)核实营业执照

按照我国法律规定,企业开业前,必须向所在地的市场监督管理部门登记注册,并取得企业法人营业执照,同时办理其他相应的登记注册手续。每年市场监督管理部门要对营业执照进行年检和年审,加贴年检标签。如果跟单员在查看营业执照时发现没有市场监督管理部门的年检标签,应当查明原因。

(二)核实企业法人名称

企业法人名称包括企业所在地行政区域名称、字号(或者商号)、行业或者经营特点、组织形式等。从名称上判断企业的行业、经营特点和组织形式的要点是:

(1)鉴别名称中的行政区划。如辽宁大连某某有限公司,表明该公司在大连市注册,但如果该企业地址不在大连市而在沈阳市,跟单员就得多加留意,需向市场监督管理部门了解真伪,以防上当。

(2)鉴别名称中的行业、经营类型。一般可根据企业名称判断是生产型企业还是贸易型企业。如果在名称中只列明“中大”“东方”等中性内容,跟单员需要认真了解该企业内部具体经营商品的情况。

(3)鉴别名称中的组织形式。“集团公司”一般规模大于“实业公司”,“实业公司”一般规模大于“有限公司”,“分公司”不是独立法人企业(其需要由上一级法人企业授权经营)。

(三)核实企业注册地址及经营场所

2021 年 4 月 14 日,国务院第 131 次常务会议通过了《中华人民共和国市场主体登记管理条例》,自 2022 年 3 月 1 日起施行。《市场主体登记管理条例》第 11 条规定:市场主体只能登记一个住所或者主要经营场所。电子商务平台内的自然人经营者可以根据国家有关规定,将电子商务平台提供的网络经营场所作为经营场所。省、自治区、直辖市人民政府可以根据有关法律、行政法规的规定和本地区实际情况,自行或者授权下级人民政府对住所或者主要经营场所作出更加便利市场主体从事经营活动的具体规定。

跟单员在核实过程中一旦发现营业执照注册地和企业实际经营办公地不一致,要查明原因,具体如下:

1.营业执照企业注册地与企业经营办公地不一致

凡出现不一致的,需要跟单员认真查明原因。例如,有的企业近期搬迁新址,来不及进行注册地变更;有的企业违法经营,有意搬离注册地等。

2.对企业改变地址的要查明原因

企业改变地址主要把握四个方面:

(1)场地改变,条件改善。说明企业经营较好,想加快发展。

(2)场地改变,规模缩小。表明企业前一时期经营状况不好,企业规模正在进行收缩。对这类企业需要多加留意。

(3)跟单员不能被大规模投资的表面繁荣所迷惑,应认真评估该企业搬入新址的资金投入对企业正常经营所带来的资金压力。

(4)要到市场监督管理部门查询变更的原因。

(四)核实法定代表人、授权委托人

在工作中,跟单员对合同、订单等重要经营性文件的法定代表人或被委托人的签字须做到:

(1)企业重要的经营性文件需要法定代表人签字及盖章。不是法定代表人签字的,要由法定代表人的授权委托人签字并加盖公章。

(2)认真对合同、订单等重要经营性文件的对方法定代表人或被委托人的签字笔迹真实性进行审查。对于同一次提交的文件、证件上的同一签字人签字不一致,同一份文件中几个人的签字笔迹都一样,同一姓名的不同文件的签字不一致等,需要认真与印鉴留底核对,查清原因,以避免因此产生问题。

(3)对业务中首次出现的合作企业法定代表人等有效签字印鉴,须做好复印、留底、备查工作。因重要文件中签字不一致,可能会对本企业造成不可挽回的损失,跟单员须特别注意。在以后业务中，每次业务往来须核对印鉴，以防风险。

(4)法定代表人变更时，要注意变更时前后任法定代表人的有效签字权限及授权委托人签字权限，防止出现各种问题。

(5)可直接与需要签字人员取得联系，询问当事人是否亲自签署了××文件，确认是否为其亲笔所签。

(五)核实经济性质(注册类型)

核实供应商或生产企业注册类型是很重要的。与不同注册类型的企业合作，若出现经营问题等，所采取的措施将是不同的。因为企业性质不同，对债务等承担责任的程度不同。如股份有限公司，每个股东以其所认缴的出资额对公司承担有限责任；公司是以其全部资产对其债务承担责任；而私营独资企业投资者对企业债务承担无限责任。

(六)核实经营范围

跟单员需要关注该企业经营范围涉及的经营项目内容，如果该企业没有经有关部门"许可经营项目"批准，或超出一般经营项目范围开展业务，就不能与该企业从事未经许可经营项目和超出一般经营项目范围的业务。

(七)核实注册资金、注册资本

注册资金是企业实有资产的总和，注册资本是出资人实缴的出资额的总和。注册资金随实有资金的增减而增减，注册资本则反映的是公司法人财产权，所有的股东投入的资本一律不得抽回，由公司行使财产权。

【注意】在核实注册资本时，跟单员需要：①严格核实注册资本；②严格核查虚假出资企业；③分析判断能否与其开展业务。

(八)核实成立时间

企业成立时间，是指企业在市场监管部门注册登记批准的日期。通常企业注册成立的年限越长，积累的经营经验、专业经验就越多，内部管理机制就越健全，越值得信赖。对于成立时间在一两年内的生产企业，跟单员需要认真进行实地考察。

(九)核实经营期限

经营范围属"许可经营项目"，有关批准部门有经营期限限制的，跟单员要核实是否在期限之内。

(十)核实联系方式

联系方式包括区号、电话号码、分机号码、手机号码、传真号码、邮政编码、电子信箱和网站地址等。跟单员在核实时要注意以下几点：

(1)查找企业在互联网上披露的所有信息。如果在互联网上搜索到的企业信息相对集中和单一，表明这家企业相对稳定。因为企业需要宣传推广本企业产品，往往会采用网上低成本发布信息这一手段。如果网上查询没有这家企业的任何信息或记录，原则上不宜与其开展业务。事实上，不诚信的企业或想做非法事情的企业，一般会在网上留下"蛛丝马迹"，只要跟单员用心查找，应该会查到对分析判断有帮助的信息。

(2)核实企业的联系方式以前是否被其他单位或个人使用过，以了解企业成立或变更情况。

(3)用好互联网搜索查询功能，直接输入"企业名称"或"区号加电话号码(如：0411－12345678)"或"区号加传真号码"或"企业地址"等分别搜寻网页相关内容，并逐条进行仔细查看，认真寻找疑点。需要注意，采用多个网上搜索引擎查询，有时会出现不同的结果。

(十一)核实企业集团下属公司情况

对于与企业集团开展经营往来，跟单员要核实集团公司下设的独资、控股、参股、联营等企业的数量，核实调查的内容。其目的是根据其有效资产，确定业务经营规模，同时为以后可能出现的经营风险提前做好准备。

二、解读供应商、生产企业财务审计报告

在激烈的市场竞争中，选择合适的企业合作，非常有必要了解企业财务情况。一份完整的财务会计审计报告由三部分组成，即会计报表、会计报表附注和财务情况说明书。通过财务会计审计报告的基本内容，可以了解企业财务状况和经营成果。当跟单员对报表数字产生疑问时，可以看主要报表项目的注释，阅读会计报表附注和企业财务情况说明书。

（一）企业审计报告

跟单员应确认企业所提供的财务会计报告是否真实，从而了解企业真实的财务状况和经营状况。有时因合作企业规模小，或业务涉及金额小等，企业不愿对外提供财务审计报告副本或复印件，跟单员需要坚持，也可妥协不要求企业提供审计报告复印件，但跟单员本人必须查看审计报告，抄录主要审计报告数据，以便回公司整理并向上级汇报。

1.审计报告的作用

审计报告是注册会计师对被审计单位年度会计报表发表审计意见的书面文件，具有法定证明力。审计报告的三个作用是：

（1）鉴证作用。从客观公正的角度，对被审计单位做出评价。

（2）保护作用。随着所有权和经营权的进一步分离，很多投资者不直接参与企业的经营活动。他们可以通过由注册会计师进行审计的方式，来了解这个报表的可信度。所以，审计报告对于保护投资者利益具有十分重要的作用。

（3）证明作用。审计报告证明了注册会计师履行职责的情况，明确企业与注册会计师双方的责任。

2.审计报告的基本内容

以干净的审计报告为例来介绍一下审计报告的基本内容。干净的审计报告就是注册会计师肯定企业时所出具的审计报告，是标准的无保留意见的审计报告。其他报告都是在这一报告的基础上发展起来的。干净的审计报告的内容通常包括两段：范围段和意见段。范围段的基本内容包括：已审报表的名称、日期或期间；会计责任与审计责任；审计的依据；已实施的审计程序。意见段是注册会计师针对会计报表发表的审计意见以及对被审计单位财务会计报表的看法，主要包括以下几个方面：

（1）合法性。合法性是指企业所编制的财务会计报告是否符合企业会计准则和会计制度的基本规定。企业会计准则和会计制度是所有企业都应该遵守的。但不同的行业目前所执行的会计制度是有所差别的，因此应该写清楚企业执行的是哪种会计制度。

（2）公允性。公允性是指被大家公认的会计准则。我国企业会计准则体系包括企业会计的基本准则、具体准则和应用指南等。基本准则是企业会计准则体系的概念基础，是具体准则和应用指南的制定依据，具有重要的地位。

（3）一贯性。一贯性是指会计方法一经选定就不得随意变更，如果确实需要变更，应该将变更的情况、变更的原因以及对财务状况的影响，在财务报告附注中做出说明。

（二）审计报告的四种类型

注册会计师出具的审计报告一般为简式审计报告，有标准格式，分以下四种类型：

（1）无保留意见审计报告。该审计报告表明公司报表的可靠性较高。

（2）保留意见审计报告。该审计报告经注册会计师审计之后，承认已审计单位会计报表，从整

体来说，是公允的，但对个别的重要会计事项持保留意见。

(3)否定意见审计报告。该审计报告说明公司的报表无法被接受，报表已失去其价值。

(4)拒绝表示意见审计报告。该审计报告是指注册会计师在审计过程中，由于受到种种限制，不能实施必要的审计程序，无法对会计报表整体反映的内容发表审计意见。拒绝表示意见的审计报告说明公司经营中已出现重大问题，报表基本不能用。

(三)解读会计报表附注和项目注释

1.会计报表的组成

一份完整的财务会计报告由三部分组成：第一部分是会计报表；第二部分是会计报表附注；第三部分是财务情况说明书。

2.会计报表附注的基本内容

(1)公司的基本情况。公司的基本情况包括：公司的历史沿革、公司所处的行业性质、公司的经营范围、公司的主要产品和提供的劳务及公司在报告期间发生的收购或出售资产，或合并等一些重大的业务。介绍这些内容的目的是让跟单员对公司的基本情况有个了解。比如，如果想了解这个公司的规模，企业的法定代表人是不是经常更换，公司高层领导的更换情况，都可以通过附注查看。再如，想了解这个企业的真假，可以借助法人营业执照号码到市场监督管理局查阅。

(2)主要会计政策及变更情况说明。在会计中，会计政策主要是指会计核算时所使用的方法及计算的基本原则；变更情况说明是对会计政策变更做出的说明，包括会计制度、会计年度、坏账准备、短期投资期末计价、固定资产的折旧问题、存货。

3.主要会计报表项目注释

会计报表中有三个主表，分别是资产负债表、利润表和现金流量表。主要项目注释，就是对报表的项目内容做出具体解释，主要包括：①货币资金；②应收账款；③或有事项说明；④资产负债表日后事项中的非调整事项；⑤其他需要说明的事项等。

(四)判断生产企业经营风险的方法

企业财务危机(或失败)不仅会给企业本身带来困境，而且会给采购企业带来损失。因此，需要用企业经营风险财务预警方法对生产企业的经营风险进行量化判断。

企业经营风险的财务预警，即企业财务失败预警，是指通过对企业日常财务运行情况进行连续有效的监测，来防范生产企业财务恶化给采购企业造成的损失。

1.财务预警的功能

(1)预知生产企业财务危机征兆。

(2)预防生产企业的财务危机发生或控制其进一步扩大。

(3)避免选择再次发生财务危机的生产企业。

2.财务预警的预测方法

(1)单变量模型，是指使用单一财务变量对企业失败风险进行预测的模型。

(2)多变量模型，是指使用多个变量组成的鉴别函数来预测企业财务失败的模型。

三、了解企业的生产经营能力及经营条件

在商务信息有限的情况下，如何正确判断一家企业的真实经营情况，落实好订单、保证按时和按质交货，这对跟单员来说尤为重要。

(一)跟单员分析判断的基本方法

跟单员虽然可以从被调查企业的营业执照、财务审计报告、利润表、资产负债表等财务报表中定量分析企业生产经营能力及经营条件，但不能就此做出企业生产经营能力及经营条件状况好坏

的结论，仍然需要跟单员做出更精确的分析和判断。跟单员应深入被调查企业，进行望、闻、问、切的工作。

1.望

"望"主要是看供应商、生产企业背景，即了解企业出资人背景实力，背后是否有大集团、实业总公司支撑，横向关联企业有多少，企业成立时间，是规范经营的企业还是缺少必要监管的企业；是业务相对专一的企业还是业务范围广而杂、新业务层出不穷的企业；等等。一般而言，新成立的小企业、缺少必要监管的企业、新业务层出不穷的企业出现风险概率较高。因此，跟单员应特别注意供应商、生产企业的经营背景和风险。

2.闻

"闻"主要是了解供应商、生产企业实力。就是对企业在行业中的地位、产品的成熟程度、消费者中的口碑、内部管理、产品受市场欢迎程度、员工的精神面貌、管理层变更等一系列情况进行了解。在信息非常发达的今天，企业已无法完全垄断信息，跟单员可以通过当地新闻和互联网等媒体及周边企业了解这家企业的经营状况。一般而言，企业内部管理不健全、员工精神面貌差、管理层更换频繁等，都是企业经营出现失败的迹象。

3.问

"问"主要是调查供应商、生产企业的管理情况：①"问"企业发展目标（战略目标），了解企业制定的发展目标是否符合国家的产业政策、是否符合企业的实际情况；②"问"企业投资策略，看企业投资业务是否过于分散、投资业务比重是否过大、是否过度扩张等。

4.切

"切"主要是掌握供应商、生产企业现金流。现金流是企业的"血液"，企业利润可以粉饰，但企业现金流难以粉饰。现金流直接反映企业的经营状况和资金链。如果企业资金链绷得太紧，企业就有面临停产的危机或破产的风险，所以需要重点关注企业的现金流会不会出现问题。只要跟单员细心留意自己的考察对象，总会发现一些蛛丝马迹，然后运用专业的分析方法进行判断，从而可以提高自身企业规避风险的能力。

（二）了解企业全年的生产经营情况

了解生产企业的生产经营能力，对于保证对外出口产品按时和按质交货、降低经营风险等具有积极作用。通过对企业生产经营能力指标的调查可以帮助跟单员基本了解企业的总体生产经营情况。对于以下指标的取得应以企业年度财务报表和会计师事务所年检审计报告为准：

1.批发和零售业企业经营能力指标

（1）商品销售总额，是指销售到本企业以外的单位和个人的商品金额（含增值税）。

（2）批发额，是指批发零售企业向境内外的生产经营企业批量销售商品的金额。

（3）零售额，是指销售到城乡居民、行政事业单位、社会团体、军队和武警及企业管理机构等作为生活消费和公共消费商品的金额。

（4）全年营业收入，是指企业全年生产经营活动中通过销售商品、产品或提供劳务等取得的收入。

（5）主营业务收入，是指企业经常性的、主要业务所产生的基本收入。

2.工业企业生产、经营能力指标

（1）工业总产值，是指生产企业在报告期内生产的以货币形式表现的工业最终产品和提供工业劳务活动的总价值量。工业总产值的内容包括三部分：本期生产成品价值、对外加工费收入、自制半成品在制品期末和期初的差额价值。

（2）工业销售产值（当年价格），是指以货币形式表现的，生产企业在报告期内销售的本企业生产的工业产品或提供工业性劳务的总价值量。其内容包括:销售成品价值、对外加工费收入。

(3)出口交货值,是指生产企业交给外贸部门或自营(委托)出口(包括销往中国香港、澳门、台湾地区),用外汇价格结算的在境内批量销售或在边境批量出口的产品价值,以及外商来样加工、来料加工、来件装配和补偿贸易等生产的产品价值。

(4)本年生产量,是指生产企业在一定时期内生产的并符合产品质量要求的实物数量,包括商品量和自用量两部分。

(5)本年销售量,是指报告期内生产企业实际销售的由本企业生产(包括上期生产和本期生产)的工业产品的实物数量,不包括用订货者来料加工生产的成品(半成品)的实物量。

(6)出口交货量,是指生产企业在报告期内交给外贸部门或自营(委托)出口(包括销往中国香港、澳门、台湾地区),用外汇价格结算的在境内批量销售或在边境批量出口等的产品数量,以及外商来样加工、来料加工、来件装配和补偿贸易等生产的产品数量。

(7)本企业自用量,又称企业自产自用量,指生产企业在报告期内生产的、已作本企业产量统计的、又作为本企业生产另一种产品的原材料使用的产品的数量。如钢铁企业用本企业生产的生铁炼钢,这部分生铁应作为企业自用量统计。但是,由本企业验收合格后,作为商品出售给本企业生活用、在建工程用或行政部门用的产品数量,不能作为自用量统计,而作为销售量统计。如钢铁企业将本企业生产的钢材用于本企业房屋维修的数量,应作为销售量而不是自用量统计。

(8)本年销售额,是指产品的销售额,即企业在报告期内按各种价格销售同一种产品所得到的销售总金额,与销售量的口径是一致的,凡是计算了销售量的产品都应该计算其销售额。这里需要注意两点:①产品销售额是按不含增值税(销项税额)的价格计算的,这是为了与现行财税制度对财务会计核算的要求和规定保持一致;②用订货者来料加工生产的成品(半成品)的销售额按加工费计算。

(9)年末生产能力,一般是指产品的综合生产能力,但有时也指其主要设备的能力,分为两种情况:①产品年末生产能力;②设备能力,即一般所称的设备效率或设备生产率。

(10)产品库存量,是指在某一时点上,尚储存在企业产成品仓库中暂未售出的产品的实物数量。

(三)核实企业的生产经营条件

1.核实企业生产设备

企业生产设备包括:各类生产设备数量,生产用工模、夹具、机架数量,运输装卸工具数量,使用及保养记录等。

2.核实经营场地

经营场地主要包括:场地总面积、建筑面积、生产厂房面积、仓库面积、其他辅助用房面积等。

3.核实交通、水电气热供应情况

(1)交通运输条件。距航空港、铁路、公路、码头等距离多远,运输成本如何。

(2)电力供应条件。电力供应能否保证企业用电需求;电力不足的问题能否得到解决;不能保证时,有无自备发电机。

(3)供水、供气、供热情况。是否保证供水;供水量是否会因季节不同而变化;供水是否符合标准;供气能否保证工厂满负荷工作;供热不足的问题能否得到解决;水、电、气等供应是否需要追加投资。

4.核实从业人员情况

从业人员是指在本企业工作并取得劳动报酬的年末实有人员数。核实从业人员情况包括:①生产员工人数,包括半熟练员工多少、熟练员工多少、技术员工多少等;②了解员工工资待遇。

5. 了解环保、安全情况

其包括：①环保设施是否符合要求；②生产、排污过程中，环保是否符合要求；③厂区附近是否有干扰型企业，如食品企业附近有无化工企业、农药企业等；④有无消防安全制度；⑤消防设施是否齐备、有效；⑥疏散通道是否畅通；⑦生产车间发生意外（如起火）等员工能否安全逃生。

6. 核实质量管理情况

其包括：①有无质量检验部门；②有无质检总监，能否对产品质量独立行使职权；③有无独立行使职权的质量控制人员，质量控制人员数量占整个员工人数的比例；④有无计量证书及实验室环境记录；⑤有无 ISO 证书及其他认证证书（如 UL 认证证书、CE 认证证书等）；⑥有无产品产前测试报告及成品试验测试报告；⑦质检程序文件是否完善，是否包括生产机器和设备管理、供应商评估、采购控制、物料进出控制、客供物料控制、仓库物料管理、设计控制、来料/制程/成品品质控制、不合格品控制、质量记录控制、质量手册及年度评审记录等。

7. 了解技术能力情况

技术不等于技术能力，技术可以花钱买到，技术能力难以花钱买到。对技术能力的了解主要有：技术人员是否知道产品在技术上的改进点；是否了解产品的竞争对手在技术上的差异；生产工人是否知道产品技术上的特征，知道产品的技术重点；生产工人是否能迅速地学会产品制造的工艺要求；技术人员是否经常出席产品的技术说明会；公司是否有技术专业杂志及资料；技术人员是否关心行业整体的技术开发动向；技术人员是否关心前沿技术。

8. 了解企业内部经营管理能力

企业内部经营管理能力包括：①物料采购单及供应商来料质量、数量、交货期历史记录；②仓库物料收发货记录，出入账本，物料定期盘点记录及客供物料记录；③生产总计划、各工序生产计划、生产日报、生产周报及生产周会记录；④产品设计会议，设计、设计评审、设计确认及设计更改记录；⑤产品生产流程图、生产指导书、试产后（产前）评审记录及生产绩效记录；⑥来料、过程、最终检验指引及报告，来料、过程、紧急放行及成品仓库定期巡查记录；⑦不合格品记录或检验报告，停产记录及不合格品处理记录，纠正及预防措施记录。

在进行了上述一系列考评后，考察人员对相关信息进行汇总并填写验厂报告。验厂报告样本以纺织服装公司为例，如表 2—1 所示。

表 2—1　　验厂报告

<table>
<tr><td colspan="3">一、公司基础情况</td></tr>
<tr><td>公司名称：</td><td colspan="2">网址：</td></tr>
<tr><td>公司地址：</td><td colspan="2">企业性质：□私营 □外商独资 □合资 □三资 □国有 □其他</td></tr>
<tr><td>统一社会信用代码：</td><td>公司类型：</td><td>企业法人代表：</td></tr>
<tr><td>投资总额：</td><td>注册资本：</td><td>经营范围：</td></tr>
<tr><td>成立日期：</td><td>营业期限：</td><td>联系人及职务：</td></tr>
<tr><td>联系电话：</td><td>传真：</td><td>年销售额：</td></tr>
<tr><td colspan="3">二、公司市场情况</td></tr>
<tr><td>是否有淡旺季节：□是 □否</td><td colspan="2">如果有，分别是几月份</td></tr>
<tr><td>主要国内客户：</td><td colspan="2">主要国外客户：</td></tr>
<tr><td>销售额：</td><td colspan="2">国内客户占　　%　　国外客户占　　%</td></tr>
</table>

续表

预计销售额：			国内客户占 % 国外客户占 %				
三、公司生产产品种类							
档次：□ 普通品牌；□ 中档品牌；□ 高档品牌							
种类	□ 衬衫	□	□	□	□	□	□
	□ 牛仔类服	□	□	□	□	□	□
	□ 长/短裤	□	□	□	□	□	□
四、公司常用的面料及成分							
□ 涤纶	□ 麻	□ 尼龙	□ 棉	□	□	□	□
□	□	□	□	□	□	□	□
五、公司的生产能力							
1. 交货期的准确信息：							
2. 生产量：本厂 /月 外发厂 /月							
3. 水洗量：本厂 /月 外发厂 /月							
4. 生产周期：		厂房面积：		仓库面积：			
5. 工厂占地面积：		厂房面积：		仓库面积：			
		车间面积：		洗水房面积：			
6. 具有的生产线：							
7. 工厂要求的起订量：							
8. 全厂人数：							
六、生产设备情况							
1. 开裁							
2. 车链							
3. 专机							
4. 整烫设备							
七、公司的职员及各部门的管理员							

职别	人数	职别	人数	职别	人数

八、质检部	
1. 是否独立部门： □是 □否	
2. 是否制定 QC 的工作程序：□是 □否	
3. 是否制定检验标准：□是 □否	
4. 抽检的方法和工具：□是 □否	

续表

5. 有否建立检验档案，提供抽检的主辅料、裁片、半成品的初检、中检报告和包装前后的检验报告： □是 □否
九、以下为 ABC Co.，Ltd 填写 该公司是否为 ABC Co.,Ltd. □是 □否 现有供应商 合作年限 ABC Co. Ltd 审计人员 审计时间 审计意见 ABC Co. Ltd 审计人员 审计时间 审计意见
十、验厂意见： 检验人： 日期：

四、测算企业的实际生产能力

企业的实际生产能力是指单一企业的生产设备在一定时间内所能生产的产品的数量。跟单员应学会分析并计算企业的实际生产能力，检查企业生产能否按期、保质、保量交货。

（一）理想产能计算

假定所有的机器设备完好，每周工作 7 天，每天工作 3 班，每班工作 8 小时，中间没有任何停机时间。这是生产设备最理想的生产能力。

（二）计划产能计算

计划产能是对企业理想产能的修正，但是它不代表企业实际的有效产能，此计算应根据企业每周实际工作天数、排定的班次及每班次员工工作时间来确定。

（三）有效产能计算

有效产能是以计划产能为基础，减去因停机和产品不合格所造成标准工时的损失。产品不合格所造成的工时损失，包括可避免和不可避免的报废品的直接工时。

（四）对企业生产能力不足的对策

当发现企业生产能力不足，不能保证订单按时交货时，为了保证交货期，跟单员应当要求企业或生产部门采取以下措施：①延长工作时间，由一班制改为两班制、三班制，或延长员工工作时间；②增加机器设备台数，延长开机时间；③增加其他车间生产支持，或将部分生产任务调拨给其他车间承担；④调整生产计划，将部分生产向后推；⑤部分产品进行外包生产；⑥增加临时工；⑦产能长期不足时，应增加人员和机器设备。

五、核实用印及签字

（一）企业印章

企业印章包括公司法人、财务、合同和部门专用章。公司宣传、企业管理、对外业务、公司决策、行政事务等有关文书（包括各类合同）需加盖公司法人公章或合同专用章。公司财务专用章主要在公司对外开具票据以及与公司相关的金融事务及财务报表中使用。公司内部生产、管理使用部门专用章。部门专用章不直接对外使用，对外不具有法律效力，只在本部门对外的一般业务宣传或代表本部门向公司书面汇报情况或提议时使用。

(二)对合作企业的印章核实及监控

跟单员在核实对方有关经营类文件时,需认真审查对方所使用的印章是否合法、有效。主要包括:

(1)核实对方企业公章名称与营业执照企业名称是否一致。

(2)合同、订单等印章是否符合用印有效性的规定。

(3)对方经济合同用印是否合理、完整。

(4)跟单员对业务中首次出现的合作企业的印章和印鉴样,须做好复印、留底、备查工作。如果重要文件中印章不一致,可能会对本企业造成不可挽回的损失,需要跟单员特别注意。

(三)企业印章的使用范围

(1)凡属以企业名义对外发文、开具介绍信、报送报表等,一律需要加盖公司法人公章。

(2)凡属企业内部行文、通知等,使用公司内部印章。

(3)凡属部门与公司、部门与部门业务范围内的工作文件等,加盖部门印章。

(4)凡属经营类的合同、协议等文本,一般使用企业合同专用章或企业法人公章。

(5)凡属财务会计业务的,用财务专用章。

任务三　样品、合同、订单跟单

一、样品

样品(Sample)是指能够代表商品品质的少量实物。它或者是从整批商品中抽取出来作为对外展示模型和产品质量检测所需,或者是在大批量生产前根据商品设计而先行由生产者制作、加工而成,并将生产出的样品标准作为买卖交易中商品的交付标准。

(一)样品的重要性

1. 样品是一个企业的形象代表

样品直接反映了一个企业的经营推广能力、生产制造能力、售后服务能力。

2. 样品是产品品质的代表

样品能体现一个企业所经营的产品的档次及适合的消费群体。

3. 样品是价格的代表

样品质量的高低直接决定了产品价格的高低。

4. 样品是生产的代表

生产企业是根据确认的样品来生产的,样品的加工难度、工艺要求、结构直接关系到生产的难度、时间、进程。

5. 样品是验货和索赔的依据

验货是根据确认样来检验的,索赔也是根据确认样来进行的。所以,一旦验货不通过或者发生索赔,必须把确认样找出来,作为谈判的依据。

(二)样品的主要种类

1. 推销样(Salesmanship Sample)

推销样是指企业用于境内外参展、对外展示的实物。一般是从一批商品中抽取出来的,或是由生产使用部门设计加工出来能代表今后交货质量的实物,通过样品实物形态向公众反映出商品品质全貌。

2. 参考样(Reference Sample)

参考样是指卖方向买方提供仅作为双方谈判参考用的样品。参考样与成交样的性质不同,不作为正式的检验依据。样品寄给买方只做品质、样式、结构、工艺等方面的参考，为产品的某一方面达成共识创造条件。

3. 测试样(Test Sample)

测试样是交由买方客户通过某种测试检验卖方产品品质的样品。如果样品测试结果不能达到客户的要求，客户可能不会下单订货。

4. 修改样(Amend Sample)

修改样是指买方对样品的某个方面提出修改，修改后卖方又重新寄回供买方确认的样品。

5. 确认样(Approval Sample)

确认样是指买卖双方认可、最后经买方确认的样品。在完成确认样后，必须由技术检验部门评估，只有评估合格的样品才可以发送给客户。评估重点为以下几个方面：①所选的材料是否与客户要求完全一致；②样品各个部位的尺寸是否与客户的图纸完全一致；③样品的颜色和包装是否与客户的要求完全一致；④样品的数量是否与客户的要求完全一致；⑤本企业是否有留样。留样至少要保留一件以上，以便作为日后生产大货订单的实物依据，同时要在留样上做好编号。

6. 成交样(Final Sample)

成交样是指卖方交付的与买方保留的样品具有同一质量标准的标的物。

凭成交样买卖的商品不多，一般限于不能完全使用科学方法和文字数据来表示品质的一些商品，如皮鞋、服装、土特产品、少数轻工产品和工艺美术品等。凭成交样买卖属于特殊买卖的一种，其与一般买卖的区别在于，凭成交样买卖在订立合同时就存在样品，并且当事人在合同中明确约定“标的物的质量必须与样品的质量保持一致”或“按样品买卖”等字样。如果当事人未在合同中明确规定，即使卖方已向买方提示了样品，都不算凭成交样买卖。采取凭成交样买卖时，由于某些商品的特点，事实上难以做到“货”与“样”完全一致。外贸企业在成交时应争取以我方提供的样品为依据，在合同中订明“品质与样品大致相同”的条款，以争取主动。为了判断卖方交付的标的物是否与订立合同时的样品保持同一质量，我国《民法典》①第635条规定，凭样品买卖的当事人应当封存样品，并可以对样品质量予以说明。

成交样的确认有以下几种方式：①由卖方或买方提出，经过双方确认；②由买方提供样品，经卖方复制样品(又称“回样”)再寄给买方确认；③买卖双方会同签封；④申请出入境海关签封，一般以相同的样品一式三份，经审核后签封，买卖双方各执一份，另一份由出入境海关留存，供日后检验时对照。

【注意】跟单员对出口商品的成交样品要慎重把握，成交样必须具有代表性，应当能够代表日后交货的实际质量，不能偏高或偏低。

7. 产前样(Pre-production Sample)

产前样是指生产之前需寄客户确认的样品。一般是客户为了确认大货生产前的颜色、工艺等是否正确，向卖方提出的基本要求之一。

8. 生产样 (Production Sample)

生产样是大货生产中的样品。在随机抽取的前提下，它反映了大货生产的品质等情况。客户根据生产样，可能会提出一些新的改进建议。

9. 出货样(Bulk Production Sample)

出货样也称大货样，是产品已经做好准备出货之前的样品。有些客户会根据这个样品来判断

---

① 2020年5月28日，十三届全国人大三次会议表决通过了《中华人民共和国民法典》，自2021年1月1日起施行。《中华人民共和国民法典》，简称《民法典》，全书采用简称。

这批货的品质。此外，在不同的行业中，还有与该行业对应的其他样品种类。例如，纺织服装中的款式样（Pattern Sample）、广告样（Salesman Sample）、齐色齐码样（Size/Color Set Sample）、水洗样（Washed Sample）、船样（Production Sample/Shipping Sample）、色样（Lap Dip）、绣（印）花样（Embroidery/Printed Sample）、辅料样（Accessory Material Sample）等。

（三）样品管理工作

1. 样品制作费的处理

样品制作会产生费用，主要包括模具费、原材料费、加工费等。样品制作费一般由客户、生产企业或外贸出口企业承担，或通过商谈由多家共同分担等。常见的承担形式有：

（1）国外客户支付模具费用，外贸出口企业承担原材料费，生产企业承担加工费。这种方式是待收到国外客户的模具费用后，将客户提供的样品和工艺要求、完成时间等资料和信息交生产企业，由其在规定的时间内完成样品制作，原材料费由外贸出口企业承担，加工费由生产企业承担。

（2）模具费和加工费、原材料费均由生产企业承担。这种方式是外贸出口企业在收到国外客户提供的样品后，选定某一生产企业制作样品并承担一切相关的费用。此时，生产企业为了维护自身的利益，一般会提出由外贸出口企业先全额垫付样品制作费，待达到一定生产约定量后，生产企业退还所有的样品制作费。

（3）国外客户支付模具费用，生产企业承担原材料费和加工费。这种方式是待外贸出口企业收到国外客户的模具费用后，将国外客户的样品和工艺要求一并交生产企业，生产企业承担原材料费和加工费，并在规定的时间内完成样品制作。

（4）外贸出口企业承担原材料费、模具费和加工费。这种方式的特点是国外客户和生产企业均不承担所有费用，而是由外贸出口企业承担。外贸出口企业为了维护自身的利益，往往要求生产企业妥善保管样品。

【提示】 样品的制作不仅涉及制作费用，而且涉及“知识产权”和所有权，一般应该事先进行约定。

2. 寄送样品的运费处理

在国际贸易中，寄送样品一般通过快递公司进行。其中，从事国际邮递业务的公司主要有EMS、FEDEX、DHL、TNT、UPS、OCS等。这些快递公司邮寄费用一般采用寄件方预付、收货方支付（到付）和第三方支付的方法。

（1）预付（Freight Prepaid）：寄件方支付所需邮寄费用。这种支付方式多用于寄送费用低、客户信誉好或老客户、成交希望大的情况下。

（2）到付（Freight Collect）：收件人支付所需邮寄费用。此支付方式多用于寄送费用高、客户信誉差或新客户、成交希望无法确定的情况下。但需注意，有时收件人会在当地采取拒付的行为，最后快递公司仍要求寄件方支付费用。因此，一般要求收件人必须提供某一快递公司的到付账号。

（3）第三方支付（Third Party Payment）：邮寄费用实际上由寄件方或收件人以外的第三方支付。在实际操作中，发件人虽然选择到付付款方式或第三方付款方式，但收件人或第三方拒付运费的风险始终是由发件人承担的。

3. 样品寄送方式

在完成样品的制作后，要考虑以何种方式寄送。目前，寄送的途径主要有邮政和特快专递。

（1）邮政：在各地通过邮政办理的主要有航空包裹、空运水陆路、水陆路包裹三种方式。邮政方式适用于大宗的低值产品寄送。一般商品（非危险品）可正常寄送；如系普通化工品，仅需要出具一般的品质证书（证明其无毒、无害、无爆破性等），便于海关查验核实；如系危险化工品或者疑似危险化工品（如钛白粉），需要出具特殊的证明，以及特殊托运。

【注意】最小邮寄重量是2千克，20千克为一个限重单位。如超出部分，需要另行打包计费。

(2)特快专递：按区域分为国际特快专递和国内特快专递。国际特快专递的费用高、速度快、运输时间较短。一般而言，运输时间视运输距离、目的地服务区域情况、寄送的内容而定，对于那些寄往近洋国家/地区的中心城市(大城市)的文件类只需要3～5天即可到达(节假日除外)。一般而言，国际特快专递公司对特定物品的寄送有相关要求，可以通过其官方网站或电话查询。

【注意】样品寄送应考虑的问题：①考虑成本问题；②考验客户的诚心；③还要防止一些客户借着样品采购之机，来复制供应商的产品。

跟单员寄送样品的注意事项：

(1)寄送样品的原则：①从企业自身的实际情况出发，来选择样品的寄送原则；②从客户的角度来选择样品的寄送原则；③从费用成本的角度来考虑样品寄送原则；④向客户寄送样品要有端正的心态。

(2)寄样前的准备工作：①样品的确认；②取样原则；③向客户确认寄样地址，以免损失样品和错过商机。

4.样品寄送通知

(1)将邮件或快递底单第一时间通知客户，包括样品跟踪号码、何时发送、大约何时到达等信息。

(2)送交形式发票。形式发票不但是客户清关的必需单据，而且是出口商样品管理的重要记录。

(3)请客户收到样品后确认。

5.样品跟踪

(1)询问样品是否顺利到达。样品是获得订单的有效途径之一，在样品寄出以后，必须跟踪样品在途和客户签收情况，一旦发现样品到达目的地，要提醒客户注意查收。这体现了对客户的重视程度和外贸服务技能，避免被客户忘记。

(2)以质量检测报告跟进客户端的样品进展情况。对于需要进行测试的样品，还需要跟进每一测试项目的进展情况；对于客户参展的样品，要了解市场消费者的反映，当发现样品有瑕疵时，要积极寻找原因(设计、制造、原材料等)，及时回复客户的质询，在规定的时间内完成处理瑕疵，以取得客户或消费者的信任。

(3)跟踪客户反馈意见。获取客户对样品的评估，请客户给出具体满意或不满意的说明。在实际操作中不是每一次提供样品都有订单的，因而每一次寄样后，都要及时倾听客户的意见，了解市场需要何种类型的商品以及客户的目标价格等，可以通过以下方法获得这些信息。

①定期与客户联系。无论短期内有无订单，尽量与拿样客户建立起一种稳定的联系，适时通知新样品(产品)开发的最新情况。此外，把握沟通的时机很重要，要注意沟通节奏的把握，不要引起客户的反感。

②专人与客户联系。国际贸易有一种明显特点，就是喜欢与特定的人联系，一方面是双方都了解贸易的整个过程容易沟通和理解，另一方面也是经过长期的联系产生了感情。因此，要珍惜这种难得的感情，与客户建立稳定持久的联系。跟单员在跟踪样品中，要保持畅通的联系渠道。除了传统的传真外，还有电子邮件、手机、电话等现代联系渠道，养成定时查询邮件的习惯，最好是将电子邮件与手机短信捆绑，一旦邮箱收到邮件就会收到短信通知，以便及时知晓邮件并回复。

③建立稳定的联系渠道。将样品进行分类管理，即按客户号、订单号、信用证号或合同号进行分类，从建立样品管理库和建立样品管理表入手。样品管理库内容包括样品基本资料管理、样品图纸管理、样品材料管理、样品试验管理、样品工时与估价管理、样品进出库管理、样品需求分析管理等。而样品管理表则是一种简化形式，内容包括送样国别、客户、样品名称和材料规格、样品的版本

及生产批次、编号、样品数量、金额、客户对样品评估内容、寄送时间等。

6. 样品管理

(1)建立样品间或样品柜,用以陈列已经寄送国外样品的留样。

(2)可设计样品管理表,包括送样国别、客户、样品名、样品的版本及生产批次、样品数量、金额、客户对样品的评估内容等。

(3)妥善保存好形式发票,用以留档。

【提示】不管短期内有无订单,都应尽量与拿样客户建立起一种稳定的联系,并不间断地通知客户有关产品的最新情况。目前,电子商务的迅速发展,使客户信息更新的速度进一步加快,应与客户时刻保持沟通,让客户不断得到最新的产品信息,让客户产生一种依赖跟单员的感觉。

职场指南 2—1　　样品管理程序

目的:对样品的运输、交接、处置、保护、存储、保留和清理等环节实施有效控制,保证样品的完整性、可识别性及妥善处理。

适用范围:监测人员现场采集的样品和客户委托样品。

职责:①现场采样人员负责样品的采集至送检前的管理,包括现场标识、保存和运输。②样品管理人员负责样品的交接、实验室标识、保存和检毕样品的清理及质控样的编制。③分析人员负责分析过程中样品的管理。

工作程序:

①现场采样人员对采集的样品及时进行标识、加贴标志。加贴标志上应包括采样地点、分析项目及样品编号等信息。

②根据采样规范的要求,妥善保存和安全运输,需要加固定剂的,应现场添加固定剂;需要低温或避光保存的,应立即进行低温或避光保存(包括运输过程中),防止运输过程中的玷污、变质和损坏。

③现场采样人员将样品交样品管理人员,并在“样品交接记录”上双方签字确认。客户委托的样品,交监测分析室管理人员,并在“样品交接记录”上双方签字确认。样品管理人员接收到样品后,检查样品的状况,填写“样品交接记录”,注明样品的编号、数量、特征、状态及是否有异常情况,对接收样品再加实验室编号,及时将样品转交分析人员,并说明是否留样。实验室编号按序排列,加注在采样编号之后,实验室编号每年更新一次。

④测定污染源的颗粒物(含烟尘)的滤筒和测定空气中颗粒物的滤膜,因要求特殊,故先由样品管理员编号,交采样人员进行衡重、采样,按序编号,编号每年更新一次。

⑤对增加的质控样,样品管理员进行室内密码、编制,按采样编号规定执行。

⑥分析人员在样品的制备、分析过程中要严格控制环境条件,对样品加以防护,以免样品混淆、丢失及变质。分析人员应及时在样品标识上将分析完的项目加符号“×”,等完成全部样品的分析测试后,对无须留样的样品,由分析人员按“三废处理规定”进行处置。

⑦对于监督性监测和仲裁性监测的样品以及客户要求留样的样品,检毕后由样品管理人员统一收集,在保存有效期内,按样品的保存要求妥善保存,逾期则予以妥善处置。

⑧“样品交接记录”由样品管理员保管归档,按《档案管理程序》执行。

二、合同、订单的形式

在对外贸易中,跟单员接到的订单形式没有特定的限制,常见的有以下几种:

(一)合同

出口合同根据草拟人员的不同,有销货合同(或者销售合同)(Sales Contract)和购货合同(或称购买合同)(Purchase Contract),前者由卖方草拟,后者由买方草拟。合同的结构分为三部分:①第一部分是合同约首部分,包括序言、合同名称、编号、日期、地点、双方的地址等;②第二部分是合同的主体部分,规定双方的权利和义务,商品的名称、规格、包装、单价,装运港,目的港,交货期,付款方式,索赔,不可抗力,仲裁等条款;③第三部分是合同的约尾部分,包括合同使用的文字、份数、效力的有关说明和买卖双方签字。合同样本如图 2—3 所示。

浙江美欣达印染集团湖州进出口有限公司

ZHEJIANG MIZUDA PRINTING&DYEING GROUP HUZHOU IMP& EXP CO., LTD

ADD: No. 588 MIZUDA ROAD, HUZHOU INDUSTRIAL PARK, HUZHOU, ZHEJIANG, CHINA

TEL: 0086-572-267XXXX FAX: 0086-572-261XXXX

销售合同 S/C NO. DPQ061

SALES CONTRACT DATE: APR. 10. 2021

买卖双方同意按下列条款由买方购进卖方售出下列商品:

The Buyers agree to buy and the Sellers agree to sell the following goods on terms and conditions set forth below:

(1) 货号 ART NO.	(2) 品名及规格 Name of Commodity and Specification	(3) 数量 Quantity	(4) 单价 Unit Price	(5) 金额 Amount
A13047019C	98% COTTON 2% SP 21W CORDUROY 16×21+21+70D/44×134 WIDTH 57/58" Both quantity and amount +/−2% more or less allowed	28080YDS	(FOB SHANGHAI) USD 3. 19/YD	USD 89 575. 20

(6) 包装 Packing
BALE PACKING

(7) 装运期 Time of shipment
2021-05-26

(8) 装运口岸 Port of Shipment
SHANGHAI

(9) 保险 Insurance
To be covered by the buyers for 110% of invoice against

(10)支付方式 Terms of Payment
T/T

备注: Remarks:

(1) 缩率:经缩(2%),纬缩(4%);

(2) 环保染料(AZO FREE),不含致癌物质;

(3) 数量不可多于或少于订货量 2%;

(4) 交货前请提供 6 码船样做测试用;

(5) 洗水及干擦色牢度要达到 3—4 级,湿擦色牢度要达到 2—3 级。

注意:背页条款是合约不可分割的组成部分。

Note: The terms and conditions on the back page constitute an inseparable part of this S/C.

浙江美欣达印染集团湖州进出口有限公司
ZHEJIANG MIZUDA PRINTING&DYEING
GROUP HUZHOU IMP & EXP CO., LTD

买方 (The Buyers)

卖方 (The Sellers)

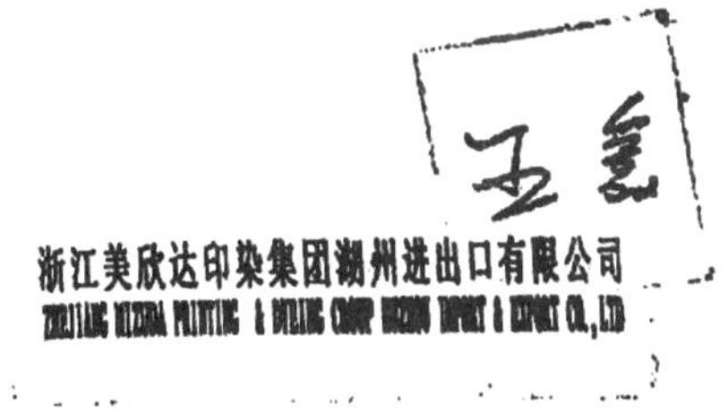

图 2—3 销售合同样本

【提示】合同一般一式两份，一份供对方自留，一份经对方签字认可后寄回。

（二）确认书

确认书(Confirmation)是合同的简化形式，对于异议、索赔、仲裁、不可抗力等一般条款不会列入，使用第一人称语气。根据草拟方的不同，分别命名为售货确认书(Sales Confirmation)和购货确认书(Purchase Confirmation)。

【注意】确认书这种格式的合同，适用于成交金额不大、批次较多的轻工日用品、小土特产品，或已有包销、代理等长期协议的交易。

（三）协议书

"协议书"(或称"协议")在法律上是"合同"的同义词。除非是"初步协议"(Preliminary Agreement)或"原则性协议"(Agreement in General)，且协议内订明"本协议属初步性质，正式合同有待进一步洽商后签订"(This agreement is preliminary nature, a formal contract will be signed after further negotiation)或做出其他类似意义的声明，以明确该协议不属正式有效的合同性质。

（四）备忘录

备忘录(Memo)也可作为书面合同的形式之一，但在跟单中较少使用。如果买卖双方商定的交易条件，明确、具体地在备忘录中一一作出了规定，并经双方签章，那么，这种备忘录的性质与合同无异。但是，如双方经洽谈后，只是对某些事项达成一定程度的理解或谅解，并将这种理解或谅解用"备忘录"的形式记录下来，作为双方今后交易或合作的依据，或作为初步协议供将来进一步洽谈的参考，这种备忘录可冠以"理解备忘录"或"谅解备忘录"(Memorandum of Understanding)的名称。

【注意】备忘录在法律上对双方不具有约束力。

（五）意向书

意向书只是双方当事人为了达成某项协议所做出的一种意愿的表示(Expression of Intentions)。在交易磋商尚未达成最后协议前，买卖双方为了达成某项交易，将共同争取实现的目标、设想和意愿，有时还包括初步商定的部分交易条件，记录于一份书面文件上，作为今后进一步谈判的参考和依据。这种书面的文件可称之为"意向书"(Letter of Intent)。

【注意】意向书不是法律文件，对双方没有约束力。

（六）订单和委托订购单

订单(Order)是指由进口商或实际客户拟制的货物订购单。委托订购单(Indent)是指由代理商或佣金商拟制的代客购买货物的订购单。在出口业务中，我方出口企业于交易达成后，都主动拟制销售合同或确认书正本一式两份，经签署后寄送国外客户，要求其签署后退回一份，以备存查。但是，国外客户也往往将他们拟制的订单或委托订购单寄来一份，以便我方据以履行交货和交单等合同义务。这种经磋商成交后寄来的订单或委托订购单，实际上是国外客户的购货合同或购货确认书。有时，事先并未与我方进行过有关磋商，国外客户径自寄来订单或委托订购单。这类订单或订购单就得按照其具体的内容区分是发盘还是发盘的邀请。我方应认真研究订单或订购单的内容后，决定是否与之进行交易，并及时给予对方答复。如果国外客户是在与我方达成交易、订立合同后寄来的订单或订购单，我方即使不予签退，也应仔细审阅其内容，若发现其中有些条款与双方磋商协议一致的条件不符或另有添加的，则应区分情况予以处理。不符的、情节不严重、性质轻微，我方可以接受的是一种；涉及实质性交易条件、出入较大的又是一种。遇到后一种情况，就应及时向对方明确提出异议，而不能保持沉默，置之不理；否则，就会被对方认为我方默认其订单或委托订购单中所列的条款。因此，遇有订单或订购单中列有为我方所不能接受的添加、修改或其他不符原协议的情形，必须及时提出异议，以维护我方权益。有些国外商人签发的订单或订购单上还列有“限期提出异议，逾期不提出异议作为同意对待”的条款；我方如有异议，则更应在限期内提出，以免造成被动。

三、审查合同、订单

审查合同（包括合同初稿）的内容主要包括审查货物的名称、质量、数量、包装、价格、付款方式、运输方式等要求。

（一）审查货物名称

对于国际货物买卖合同中品名条款的规定，并无统一的格式，可由交易双方酌情商定。

合同中的品名条款一般比较简单，通常是在“商品名称”或“品名”（Name of Commodity）的标题下，列明交易双方成交商品的名称。有时为了省略起见，也可以不加标题，只在合同的开头部分列明交易双方同意买卖某种商品的文句。

品名条款的规定，还取决于成交商品的品种和特点。就一般商品来说，有时只要列明商品的名称即可。但有的商品，往往具有不同的品种、等级和型号。因此，为了明确起见，也可以把有关具体品种、等级或型号的概况性描述包括进去，作进一步限定。此外，有的甚至把商品的品质、规格也包括进去。在此情况下，它就不单是品名条款，而是品名条款与品质条款的合并。

跟单员在审查货物的品名条款时，应注意下列事项：

（1）内容必须明确、具体，避免空泛、笼统的规定。

（2）条款中规定的品名，必须是卖方能够供应而买方所需要的商品，凡做不到或不必要的描述性的词句，都不应列入。

（3）尽可能使用国际上通用的名称，若使用地方性的名称，交易双方应事先就概念达成共识。对于某些新商品的定名及译名应力求准确、易懂，并符合国际上的习惯称呼。

（4）注意选用合适的品名，以利于降低关税，方便进出口和节省运费开支。

（二）审查货物质量

1. 凭规格

规格是指用以反映货物质量的若干主要指标，如成分、含量、纯度、大小、长短、粗细等。用规格来确定货物的质量进行买卖，即“凭规格买卖”。凭规格买卖比较方便、准确，在国际货物买卖中应用最广。

2. 凭等级

等级是指同一类货物，根据长期生产和贸易实践，按其品质差异、重量、成分、外观或效能等的不同，用文字、数码或符号所作的分类。“凭等级买卖”只需说明其级别，即可明确买卖货物的质量。

3. 凭标准

标准是指经政府机关或工商业团体统一制定和公布的规格。为了加强国家标准管理，规范国家标准制定、实施和监督，2022 年 9 月，国家市场监督管理总局发布修订后的《国家标准管理办法》，并于 2023 年 3 月 1 日正式实施。我国标准根据《中华人民共和国标准化法》[①]规定，分为国家标准、行业标准、地方标准和企业标准四种。国家标准由国务院标准化行政主管部门制定。对没有国家标准又需要在全国某行业范围内统一的技术要求，可以制定行业标准。对没有国家标准和行

---

① 1988 年 12 月 29 日第七届全国人民代表大会常务 委员会第五次会议通过《中华人民共和国标准化法》，2017 年 11 月 4 日第十二届全国人民代表大会常务委员会第三十次会议修订，自 2018 年 1 月 1 日起施行。

业标准的，可以制定地方标准或企业标准。

此外，在凭标准买卖时，应明确规定援用标准的版本年份。因为不同年份的版本，其品质标准内容往往不同。

在国际市场上买卖农副产品时，还有一种常见的标准，即“良好平均品质”(Fair Average Quality，F. A. Q.)。“良好平均品质”是指一定时期内某地出口货物的平均品质水平。这种“标准”含义笼统，实际上并不代表固定确切的品质规格。目前，我国出口某些农副产品，也有使用 F. A. Q. 来表示品质的，实际上是指“大路货”，其品质标准一般是以我国产区当年生产该项农副产品的平均品质为依据而确定的。在使用时，除在合同内注明 F. A. Q. 字样外，通常还订明该货物的主要规格。例如，中国桐油良好平均品质，游离脂肪酸不超过 4%。

【注意】假如在合同中只写明“F. A. Q.”，不列明具体规格，则只是为了简化品质条款的规定，这只能适用于交易双方事先已有约定，或对买卖货物的品质有习惯的认识。但这种简化做法，容易引起纠纷，在一般情况下应避免使用。

拓展阅读 2－1　　国际标准化组织(ISO)

ISO9000 是国际标准化组织(International Organization for Standardization，ISO)制定的质量管理和质量保证体系，它包括 ISO9000、ISO9001、ISO9002、ISO9003 等标准。我国是国际标准化组织的理事国。1992 年 10 月，我国技术监督局将 ISO 系列标准等效转化为 GB/T19000 系列，以双编号形式出现，企业根据自愿原则开展企业质量体系认证工作，同时国家质检总局(现为国家市场监督管理总局)负责对出口商品生产企业质量体系评审工作实行统一管理。另外，ISO 还在 1996 年推出了 ISO14000 环境管理系列，符合该标准的企业为绿色企业，其生产的产品经认可成为环保产品。ISO9000 系列标准自 1987 年发布以来，经历了 1994 版、2000 版、2008 版的历次修改，直至现今的 ISO9001:2015 版系列标准。

ISO9001 标准为组织的质量管理体系提出了具体要求，通过目标管理，倡导强调需求、增值、流程绩效、有效性及持续改进的过程方法。新版的 ISO9001 标准更加通用，适用于各种类型、不同规模以及提供不同产品和服务的组织。

4. 凭牌号或商标

在国际市场上信誉良好、品质稳定，并为买方所熟悉的货物，可凭牌号或商标来标明该货物的品质。牌号(Brand)和商标(Trade Mark)与货物的品质规格有密切关系。货物的品质是牌号和商标的物质基础。一定的牌号或商标代表一定货物的品质。牌号和商标是区分与识别货物的标志。所以，在凭牌号或商标的买卖中，即使在合同中不具体规定规格，卖方在交货时仍必须按该牌号或商标所通常具有的品质规格交付货物，否则，不仅构成违约，而且影响“牌子”。在我国出口业务中，不仅要创“名牌”，还要保“名牌”。

5. 凭产地名称

有些商品，特别是农副土特产品，受产地自然条件和传统加工技术的影响较大，其产品质量优异，具有特色；以产地名称命名，也成为代表该货物质量的标志。如金华火腿、龙口粉丝等，这些货物冠以产地名称，与工业品采用牌号和商标一样，同样可起到明确货物质量的作用。卖方凭产地名称销售某种农副土特产品，就必须交付具有为国内外消费者所周知的特定质量的产品，否则，买方可拒收货物并提出索赔。

6. 凭说明书和图样

有些商品，如机械、电器、仪表等，由于结构复杂、型号繁多、性能各异，难以用几项指标来表示其品质，也不能用简短的文字说明其使用方法。在销售这类货物时，就需凭说明书和图样来表示商品的质量。

7. 凭样品

有些货物的质量难以用文字说明来表示，如部分工艺品及服装、土特产品、轻工产品等，则可用样品表示。凭样买卖有凭卖方样品买卖和凭买方样品买卖两种。

(1)凭卖方样品买卖。凭卖方提供的样品磋商交易和订立合同，并以卖方样品作为交货质量的依据，称为“凭卖方样品买卖”。在向国外客户寄送代表性样品时，应留存一份或数份同样的样品，以备日后交货或处理争议时核对之用，这种样品称为“复样”。寄发样品和留存复样，都应编上相同的号码和注明提供(寄送)日期和对象，以便日后联系时引用并便于核查。某些货物，由于其特点和交易的需要，必要时，可使用封样。封样可由第三者(如认证机构)将从整批货物中抽取出来的样品分成若干份，在每份样品包裹捆扎后用火漆铅封，除第三者留下若干份外，其余封样交卖方使用。封样有时也可由提供样品一方自封，或由买卖双方会同加封。

(2)凭买方样品买卖。凭买方提供的样品磋商交易和订立合同，并以买方样品作为交货质量的依据，称为“凭买方样品买卖”。凭买方样品买卖，在我国也称为“来样成交”。

在出口业务中，如果卖方认为按买方样品供货没有把握，卖方可根据买方的来样仿制或从现有货物中选择品质相近的样品提交买方，这样的样品称为“对等样品”或“回样”。如买方同意凭对等样品洽谈交易，则一旦成交，此项交易实际上是由“凭买方样品买卖”转变为“凭卖方样品买卖”，使卖方处于较为有利的地位。

(三)审查货物数量

由于各国度量衡制度不同，所使用的计量单位也不同。因此，了解和熟悉相互之间的折算方法是很重要的。目前，国际贸易中通常使用的有米制、英制和美制 3 种。此外，还有在米制基础上发展起来的国际单位制(International System of Units，SI)。《中华人民共和国计量法》第 3 条规定：“国家实行法定计量单位制度。国际单位制计量单位和国家选定的其他计量单位，为国家法定计量单位。”在对外贸易中，出口货物除合同规定需采用米制、英制或美制计量单位外，还应使用法定计量单位。我国一般不进口非法定计量单位的仪器设备，如有特殊需要，须经有关省、自治区、直辖市以上的计量管理机构批准。

1. 审查计量单位

货物计量单位的采用，应视货物的性质和市场习惯而定。在国际贸易中，通常采用的计量单位有下列几种：①重量(Weight)，如克、千克、盎司、磅、公吨、长吨、短吨等。②个数(Numbers)，如只、件、套、打、罗、令等。③长度(Length)，如米、英尺、码等。④面积(Area)，如平方米、平方英尺、平方码等。⑤体积 (Capacity)，如立方米、立方英尺、立方码等。⑥容积(Volume)，如升、加仑、蒲式耳等。

2. 审查重量

在国际贸易中，有很多货物是按重量计算的。其计算方法主要有以下几种：

(1)按毛重计算。毛重是指货物本身的重量加上皮重，即加上包装物的重量。有些单位价值不高的货物，可采用按毛重计量的方法，也就是以毛重作为计算价格的基础。这种计量和计价的方法，在国际贸易中称作“以毛作净”(Gross for Net)或“以毛作净价”。

(2)按净重计算。净重是指货物的本身重量，即不包括皮重的货物实际重量。如在合同中未明确规定用毛重还是净重计量、计价的，按惯例应以净重计。

(3)按公量计算。公量是指用科学方法抽出商品所含水分，再另加标准水分求得的重量。其计算公式为：

$$公量=实际重量\times(1+标准回潮率)\div(1+实际回潮率)$$

回潮率是水分与干量之比，与水分含量仍有一定的区别。

【做中学 2—1】 某毛纺企业从澳大利亚进口羊毛 10 公吨，双方约定标准回潮率为 11%，用科学仪器抽出水分后，羊毛净剩 8 公吨。问：该批羊毛的公量为多少？

解析：实际回潮率＝水分÷净剩量×100%＝(10－8)÷8×100%＝25%

公量＝实际重量×(1＋标准回潮率)÷(1＋实际回潮率)

＝10×(1＋11%)÷(1＋25%)＝8.88(公吨)

(4)按理论重量计算。理论重量适用于有固定规格和固定尺寸的商品，只要尺寸符合、规格一致，其重量大致相等。如马口铁、钢板，按一定规格，只要根据数量即可算出其重量。

(5)按法定重量和净重计算。法定重量是指商品加上内包装的重量；净重是指扣除内包装的重量。

3. 审查“约”数

在合同数量前加“约”(About)字，也可使具体交货数量作适当机动，即可多交或少交一定百分比的数量，但国际上对“约”字的概念解释不一，《跟单信用证统一惯例》(国际商会第 600 号出版物，UPC600)规定：信用证上如规定“约”字，就解释为有关金额和数量有不超过 10%的增减幅度。鉴于“约”数在国际上解释不一，为防止纠纷，使用时双方应先取得一致的理解，并达成书面协议。在数量机动幅度范围内，多装或少装货物，一般按合同价格计算多交或少交的货款，即多交多收、少交少收。但对于价格波动频繁、幅度较大的商品，为防止对方利用机动幅度故意增加或减少数量以取得额外利益，也可规定增减部分以装运时某种市场的价格计算。

(四)审查货物包装

1. 运输包装

运输包装又称外包装、大包装，其作用主要在于保护商品、便于运输、减少运费、便于储存、节省仓租、便于计数等。运输包装的方式主要有箱、包、桶、袋等，此外还有篓、筐、坛、罐等。

2. 销售包装

销售包装又称内包装、小包装或直接包装。它除了保护商品外，还具有美化商品、宣传推广、便于销售和使用等作用。由于国际市场上竞争激烈以及超级市场的发展，出口货物的销售包装显得日益重要，它的好坏直接影响到售价和销路。此外，衬垫物也是包装的重要组成部分，不容忽视。它的作用是防震、防碎、防潮、防锈等。衬垫物一般用纸屑、纸条、防潮纸和各种塑料衬垫物。应该注意的是，我国出口包装不准用报纸之类作衬垫物；有些进口国家不准用稻草、干草、棉絮等作衬垫物。

3. 条形码

随着国际上电子扫描自动化售货设备的使用日益广泛，条形码成为销售包装上不可或缺的标记。条形码是由一组规则排列的条、空及相应字符组成的标记，它表示特定信息，是专供机器识读的一种特殊符号。在所有发达国家和许多发展中国家，条形码广泛用作商品标志，大大促进了这些国家的经济发展；尤其在推动对外贸易方面，条形码发挥了重要作用。条形码是商品能够流通于国际市场的一种通用的国际语言，是商品身份证的国际统一编号，是商品进入商店的先决条件。随着国际物品编码协会(EAN)和美国统一编码委员会(UPC)会员在全世界范围的迅速发展和商店的迅猛增多，许多生产经营出口商品的企业如不采用条形码，会面临无法外销的风险。没有条形码的商品不仅会在国际市场上失去立足之地，而且随着国内商业自动化的实现，也将失去国内市场的竞争力。

中国物品编码中心成立于 1988 年，于 1991 年 4 月 18 日代表我国正式加入国际物品编码组织

(GSI),并自同年7月1日起正式履行会员的权利和义务。该中心目前在各省、自治区、直辖市设立了47个分支机构,在未设分支机构的地区,中心指定和委托省级和计划单列市的标准化机构,负责本地区的条形码工作。生产和经营出口商品的企业需要使用条形码,可向上述物品编码机构提出申请,由中心统一向国际条形码组织申请办理注册手续。条形码字符的头3位数字代表生产国别(地区)。国际物品编码协会分配给我国的国别号为"690""691""692"等,凡标有以"690""691""692"等为首的条形码的商品,即表示是中国生产的商品。

4. 包装标志

动漫视频

唛头

为了在运输过程中便于识别货物和计数,在商品外包装上要刷制一定的包装标志。包装标志主要有运输标志、指示性标志和警告性标志。

(1)运输标志(Shipping Mark)。运输标志习惯上称为"唛头"或"唛"(如图2—4所示)。它通常由4行内容组成:

ABC.,LTD	收、发货人名称
S/C:1234	合同号码(或信用证号码)
Singapore	目的港
No. 6—80	件号(顺序号和总件数)

图2—4 运输标志

动漫视频

唛头表示方式

①收、发货人名称的英文缩写(代号)或简称;②参考号(如合同号码、信用证号码、发票号码、订单号码等);③目的港(地)名称;④件号,一般每件货物上应刷顺序件号(通常是既刷顺序件号又刷总件号),在国际贸易业务中,有的仅刷统号(例如No. 1—100,每件包装上均刷此统号)。

此外,运输标志还包括原产地、体积与重量等内容。运输标志由买卖双方根据商品特点和具体要求商定。在国际贸易中,大多采用凭单付款的方式。而结算的主要单据如发票、装箱单、提单、保险单等,都必须显示运输标志。

运输标志的涂刷位置,应该在包装箱(外箱)的两个对称面上,这也称为"正唛"(或称"主唛",Main Mark),而另外两个对称面则涂刷包装的体积、毛重/净重(有时也列明产地)等内容,这便是"侧唛"(Side Mark),如图2—5所示。

G. W. 35 KGS
N. W. 29 KGS
MENS:58×45×387CM
MADE IN CHINA

侧唛(1)

G. W. 35 KGS
N. W. 29 KGS
MENS:58×45×387CM

侧唛(2)

图2—5 侧唛

一般而言,在合同或信用证中没有写明具体的运输标志,则是由出口商(卖方)决定,运输标志(主唛)往往是由进口商在生产大货时通知出口商的。出口商可以自行设计侧唛。

【提示】侧唛一般以印刷在外包装非唛头位置的空白处为宜。包括通知标志,含合同号或发票号、商品货号、商品名称、装容数量、毛重、净重、尺码、产地或生产国别。其作用是将每个包装件内的货物情况通知买方。

【注意】 在发票、装箱单、提单(运单)、许可证、产地证、保险单等单据中显示的是主唛而不是侧唛。

刷唛应该注意的问题:

第一,明确装箱细数及其配比。装箱细数是指每个包装单位内所装的商品个数。如果整批货只有一个规格或尺码,则按要求的数量装箱即可;如果有多个规格尺码或多种颜色,则要注意每件包装内容的搭配(Assortment)。例如,鞋的包装12双包在一箱,其中35码2双,36码4双、37码4双、38码2双。如果把同一码的装在一箱,需要四箱才能凑齐,这会给买方带来很大不便。有时因储存地点的限制,需要分批提货时,单码包装就会给销售带来很大不便。因此,对混色混码包装的货物一定要明确装箱配比,并按要求办理。

第二,关于原产地标志的使用,跟单员要注意的是原产于我国的产品出口可以在外包装上印刷"Made in China"(中国制造),如果外销合同规定中性包装,则不能印刷"Made in China"和任何其他产地标志。产品产于我国且由我国出境时,外包装的产地标志不能印刷中国以外的任何国家或地区,以免构成对原产地规则的违反,无法报关出境。

关于唛头的设计,按照国际贸易惯例,运输标志一般由卖方设计,故在合同的包装条款中可以不作具体规定。如买方要求由其指定运输标志,卖方也可接受,但要在合同中具体规定其式样的内容和买方提供运输标志的时间,并应订明如在装运前若干天尚未收到买方提供的唛头,卖方也可自行决定。

精析2-1

【学中做2—1】 2025年1月2日,上海食尚进出口有限公司和美国一个水果销售商签订了一份出口苹果的外贸合同。合同中规定使用信用证方式进行支付并在信用证中规定了唛头的内容:"A. M in Triangle,Order No. 12345,Carton No. 1—200,N. Y. USA, Only such mark is acceptance"。7月18日,出口商收到进口商开来的信用证,出口商单证员开始进行审证并制单,但是由于单证员的大意,在制作商业发票时,忘记了信用证的要求,以为该笔货物没有唛头,因此在单据中的唛头栏填写了"N/M",交单后银行以单证不符为理由做出了退单拒付。请问:银行的拒付合理吗?

问题和思考:

(1)什么是货物的唛头?

(2)交单后银行以唛头为不符点拒付,该拒付是否合理?为什么?带给我们的启示是什么?

(2)指示性标志(Indicative Mark)。它是根据商品的特性,对一些容易破碎、残损、变质的商品,为了提醒人们在装卸、运输和保管过程中加以注意,一般以简单、醒目的图形和文字在包装上做的标志,如"怕湿""向上""小心轻放""禁用手钩"等。

为了统一各国运输包装指示性标志的图形与文字,一些国际组织制定了包装储运指示性标志。我国也制定有运输包装指示性标志的国家标准,所用图形与国际上通用的图形基本一致。

(3)警告性标志(Warning Mark)。它又称危险品标志(Dangerous Cargo Mark),是指在装有爆炸品、易燃物品、腐蚀性物品、氧化剂和放射物质等危险货物的运输包装上用图形或文字表示各种危险品的标志,以示警告,使装卸、运输和保管人员按货物的特性采取相应的防护措施,以保护物资和人员的安全。

为了保证国际危险货物运输的安全,联合国、国际海事组织、国际铁路合作组织和国际民航组织分别制定了国际海上、铁路、航空危险货物运输规则。其中,《国际海运危险货物规则》已被许多国家采用,内有详细的国际海运危险品货物标志。我国于2009年6月21日颁布了《危险货物包装标志》,2010 年 5 月 1 日实施,标准号为 GB190—2009。

【注意】 有的国家规定进口危险品时要在运输包装上标明“国际海运危险品”,否则不准靠岸卸货。因此,在我国出口危险货物的运输包装上,要标明我国和国际上所规定的两套危险品标志。

5. 其他标志

除上述标志外,商品的运输包装上一般还刷上包装件的毛重、净重、体积尺码和商品的生产国别(或地区),有时也刷上许可证号、信用证号、型号、色泽等。这些内容除少数情况下作为运输标志的组成部分外,一般均以刷印在非唛头部位的外包装其他空白位置为宜。

另外,外包装上一般还刷上有关包装的重量(毛重和净重)及其尺码(长、宽、高)。这些标志也称为识别标志。

我国出口商品无论外包装或内包装一般必须注明“中华人民共和国制造”(Made in the People’s Republic of China)或“中国制造”(Made in China)或“中国生产”(China Produce)。

6. 定牌和中性包装

(1)定牌是指买方要求在我方出口商品和(或)包装上使用买方指定的商标或牌名的做法。我们同意采用定牌,是为了利用买主(包括生产厂家、大百货公司、超级市场和专业商店)的经营能力和它们的企业商誉或名牌商誉,以提高商品售价和扩大销售数量。但是应特别注意,有的外商利用向我方订购定牌商品来排挤使用我方商标货物的销售,从而影响我国产品在国际市场上树立名牌。

【注意】 采用定牌时,一般应标明“中国制造”字样。

(2)中性包装(Neutral Packing)是指在商品上和内外包装上均不注明生产国别的包装,中性包装有定牌中性和无牌中性之分。定牌中性是指在商品和(或)包装上使用买方指定的商标、牌名,但不注明生产国别。无牌中性是指在商品和(或)包装上均不使用任何商标和牌名,也不注明生产国别。所以,“中性”是指不注明生产国别,与有无商标牌号无直接关系。采用中性包装,是为了适应国外市场的特殊需要,如转口销售等,有利于扩大贸易。

【注意】 近年来,中性包装的做法受到种种限制,因此在采用时必须谨慎小心。

同步案例2-1

案例精析

同步案例 2—1　　商品包装案

国外某公司与我国某自行车企业洽谈进口业务,打算从我国进口“凤凰”牌自行车 1 000 辆,但要求我方改用“虎”牌,并在包装上不得注明“Made in China”字样。我方是否可以接受?在处理此项业务时应注意什么问题?

(五)审查货物价格

在国际贸易中,不同的贸易术语表示的价格构成因素不同,即包括不同的从属费用。例如,FOB 术语中不包括从装运港至目的港的运费和保险费;CFR 术语则包括从装运港至目的港的通常运费;CIF 术语中既包括从装运港至目的港的通常运费,又包括保险费。在对外洽商交易过程中,有时一方按某种贸易术语报价时,对方要求改报其他术语所表示的价格,如一方按 FOB 报价,对方要求改报 CFR 或 CIF 价,这就涉及价格的换算问题。了解贸易术语的价格构成及其换算方法,是从事国际贸易人员必须掌握的基本知识和技能。现将最常用的 FOB、CFR 和 CIF 几种价格间的换算方法及公式介绍如下:

1. 已知 FOB 价格换算为其他价格

CFR 价=FOB 价+运费

CIF 价=(FOB 价+运费)÷[1-保险费率×(1+投保加成率)]

2.已知CFR价格换算为其他价格

FOB价＝ CFR价－运费

CIF价＝CFR价÷[1－保险费率×(1＋投保加成率)]

3.已知CIF价格换算为其他价格

FOB价＝ CIF价×[1－保险费率×(1＋投保加成率)]－运费

CFR价＝CIF价×[1－保险费率×(1＋投保加成率)]

【做中学2－2】 出口某种商品，我公司对外报价每公吨CIF热那亚500美元，投保加成率为10％，保险费率为0.8％，对方来电要求改报CFR。问：在保持原收入不变的情况下，我方应如何调整价格？

解析：CFR价＝CIF价×[1－保险费率×(1＋投保加成率)]

＝500×[1－0.8％×(1＋10％)]≈495.6(美元/公吨)

(六)审查付款方式

支付主要涉及两个问题：一是支付工具，二是支付方式。支付工具一般分三种：汇票、支票和本票。其中，汇票是主要使用的支付工具。支付方式一般分为三类：汇付、托收和信用证。

(七)审查运输方式

动漫视频

国际多式联运

国际货物运输按照运输工具的不同，可分为江海运输、公路运输、铁路运输、航空运输、邮政运输、国际多式联运等。江海运输是指海洋运输和内河运输两类。由于海洋运输运量大、运价低，因此是国际贸易中主要的运输方式。

【提示】 跟单员必须依据信用证或合同的要求选择适当的运输方式，否则将被视为违约。

四、合同、订单的生效条件

跟单员审核校对订单后，如果没有发现任何问题，业务员经请示领导批准后，跟单员就可按双方确定的内容与客户办理订单相关手续，即签订合同。

(一)签署合同、订单的作用

1.合同成立的证据

凡是合同必须能得到证明，提供证据(包括口头证据和书面证据)。但一旦发生争议而诉诸法律，法院或仲裁机构都将要求当事人对合同的成立提供书面证据。在用信件、电报或电传磋商时，书面证据不成问题。但是通过口头谈判成立的合同，如不用一定的书面形式加以确定，那么，它将由于不能被证明双方合同关系的存在而难以得到法律的保护。因此，通过口头谈判达成的交易，签署一份书面合同是必不可少的。

通过口头谈判达成的交易，签署一份书面合同是必不可少的。

2.合同成立的条件

买卖双方为达成交易而交换的信件、电传等，也可构成书面合同。但是，在磋商交易时，买卖双方的一方曾声明并经另一方同意："合同的成立以双方签订正式书面合同或确认书为准"，那么，即使双方已对交易条件全部取得一致意见，在正式书面合同或确认书签订之前，合同还未成立。在此情况下，正式书面合同或确认书就成为合同成立的不可缺少的条件。此外，凡需经政府机构审核批准的合同也必须是正式的书面合同。

3.合同履行的依据

在国际贸易中，合同的履行涉及企业内外许多部门和单位，环节多，过程也很复杂。口头合同如不转变成书面文件，不仅不符合某些国家的法律要求，而且其履行的困难也是不言而喻的。即使通过信件、电报或电传达成的交易，如不将分散在多份信件、电报、电传中的双方协议一致的条件，集中归纳到一份书面合同上来，也将难以顺利履行合同，并且容易产生差错。因此，买卖双方不论是通过口头还是书面磋商，在达成交易后将商定的交易条件，全面清楚地一一列明在书面文件上。这对进一步明确双方的权利和义务，以及为合同的正确履行提供依据，都具有重要意义。

（二）合同成立的时间

在国际贸易中，买卖合同（订单）于何时订立是一个十分重要的问题。我国《民法典》规定，承诺生效时合同成立。当事人采用合同书形式订立合同的，在双方当事人签字或者盖章时合同成立。当事人采用信件、数据电文等形式订立合同的，可以在合同成立之前要求签订确认书，签订确认书时合同成立。

《联合国国际货物销售合同公约》①第 15 条第 1 款规定，发盘生效的时间为发盘送达受盘人时。这实际上就是合同成立的时间，合同一经订立，买卖双方即存在合同关系，彼此就应受合同的约束。在实际业务中，有时双方当事人在洽商交易时约定，合同成立的时间以签约时合同上所列明的日期为准，或以收到对方确认合同的日期为准。在这两种情况下，双方的合同关系即在签订正式书面合同时成立。此外，我国法律和行政法规规定应当由国家有关部门批准的合同，在获得批准时方成立。

（三）订单生效条件

买卖双方就各项交易条件达成协议后，并不意味着此项合同一定有效。根据各国合同法规定，一项合同，除买卖双方就交易条件通过发盘和接受达成协议外，还需具备下列有效条件，才是一项有法律约束力的合同：

1. 当事人必须具有签订合同的行为能力

签订买卖合同的当事人主要为自然人或法人。按各国法律的一般规定，自然人签订合同的行为能力，是指精神正常的成年人才能订立合同，未成年人、精神病人、禁治产人订立合同必须受到限制；法人必须通过其代理人，在法人的经营范围内签订合同，即越权的合同不能发生法律效力。

2. 合同必须有对价或约因

对价（Consideration）是指当事人为了取得合同利益所付出的代价；约因（Cause）是指当事人签订合同所追求的直接目标。按照一般的法律规定，合同只有在有对价或约因时，才是法律上有效的合同，无对价或无约因的合同，是得不到法律保护的。

3. 合同的内容必须合法

许多国家往往从广义上解释“合同内容必须合法”，其中包括不得违反法律、不得违反公共秩序或公共政策、不得违反公序良俗三个方面。但是，合同中违反我国法律或社会公共利益的条款，如经当事人协商同意予以取消或改正后，则不影响合同的效力。

4. 合同必须符合法律规定的形式

世界上大多数国家，只对少数合同才要求必须按法律规定的特定形式订立，而对大多数合同，一般不从法律上规定应当采取的形式。但我国则不同。我国签订的涉外经济合同，必须以书面方式订立，否则无效。我国在参加《公约》时，对该公约中关于“销售合同无须以书面订立或书面证明，可以采用任何形式订立”的规定提出了保留条件，即我国对外订立、修改或终止合同，必须采取书面形式，其中包括电报、电传。

---

① 《联合国国际货物销售合同公约》，简称《公约》，全书采用简称。

5. 合同当事人的意思表示必须真实

各国法律都认为，合同当事人的意思必须是真实的意思，才能成为一项有约束效力的合同，否则这种合同无效或可以撤销。

（四）电子合同

1. 电子合同的概念

随着电子技术的发展，电子合同得以出现，其虽然通过电子脉冲来传递信息，但是不再以一张纸为原始凭据，而只是一组电子信息。电子合同又称电子商务合同，根据联合国国际贸易法委员会颁布的《电子商务示范法》以及世界各国颁布的电子交易法，同时结合我国《民法典》的有关规定，可以界定为：电子合同是双方或多方当事人之间通过电子信息网络以电子的形式达成的设立、变更、终止财产性民事权利和义务关系的协议。通过上述定义可以看出，电子合同是以电子的方式订立的合同，其主要是指在网络条件下当事人为了实现一定的目的，通过数据电文、电子邮件等形式签订的明确双方权利和义务关系的一种电子协议。我国《民法典》第 469 条规定：当事人采用电子数据交换、电子邮件等方式能够有形地表现所载内容，并可以随时调取查用的数据电文形式订立的合同，视为采用书面形式订立的合同。

EDI 和 E-mail 是电子合同的基本形式，两者以各自具有的特点和优势在电子商务活动中占据了一席之地。电子合同与传统合同有着显著的区别。电子合同的当事人、要约、承诺及合同的效力问题是现代立法中的一个难点。

2. 电子合同的特点

(1)订立电子合同是一种民事法律行为。订立电子合同这种民事法律行为是双方或者多方民事主体的法律行为，当事人之间以电子的方式设立、变更、终止财产性民事权利和义务，当事人之间签订的这种合同是合同的电子化，是合同的新形式。根据《电子商务示范法》中的有关规定，电子合同是以财产性为目的的协议，该示范法列举了大量商业性质的关系。

(2)电子合同交易主体的虚拟化和广泛化。电子合同订立的整个过程所采用的是电子形式，通过 EDI、E-mail 等方式进行电子合同的谈判、签订及履行等。这种合同方式极大地节约了交易成本，提高了经济效益。电子合同的交易主体可以是“地球村”的任何自然人和法人及其相关组织。这种交易方式当然需要提供一系列配套措施，如建立信用制度，让交易的相对人在交易前知道对方的资信状况。在经济全球化的今天，信用权益必将成为一种无形的财产。

(3)电子合同具有技术化、标准化的特点。电子合同是通过计算机网络进行的，它有别于传统的合同订立方式。电子合同的整个交易过程需要一系列的国际、国内技术标准予以规范，如电子签名、电子认证等。这些具体的标准是电子合同存在的基础，如果没有相关的技术与标准，电子合同是无法实现和存在的。

(4)电子合同订立的电子化。我国《民法典》规定合同的订立需要有要约和承诺这两个过程，电子合同同样也需要具备这些要件。电子合同的要约和承诺采用的方式不同于传统合同，其均可以用电子的形式完成，只要输入的相关信息符合预先设定的程序，计算机就可以自动做出相应的意思表示。

(5)电子合同中的意思表示电子化。这是指在合同订立的过程中通过相关的电子方式表达自己意愿的一种行为，这种行为的表达方式是通过电子化形式实现的。《电子商务示范法》中将电子化的意思表示称为“数据电文”。

3. 电子合同的法律问题

(1)要约与承购。在普通购物中，商品标价的行为是一种要约，而在网络购物中，因为购买者没有看到商品的实物，所以应当分具体情况判断。如果在网页上已经登载了商品的价格、图片及价格的有效时间,应认为属于要约,只要消费者按规定填写了资料,或者发出了购买意向的电子邮件,合同即成立,无论何方不履行都应承担违约责任。如果该商品信息不完整,如商家为了吸引顾客,在新产品上市以前即发布该产品的信息,应认为属于要约邀请。

(2)自动系统订立的电子合同的有效性。合同是当事人意思表示一致的产物,合同当事人的意思表示是否真实一致往往是合同生效要件之一。然而,对于全部或部分由计算机自动订立的电子合同是否属于当事人真实的意思表示则是值得怀疑的。在电子商务中,当事人的意思表示正是通过其所编制或认可的程序得到反映的,计算机的自动处理并不妨碍当事人真实意思的体现,只不过将真实意思格式化、电子化和自动化了。所以,通过电子商务系统订立的电子合同,当事人不能以非其真实意思表示为由,对合同成立的效力提出抗辩。对于自动系统故障和第三人干扰破坏,当事人可依据具体情况采取相应方式加以救济和抗辩。

(3)电子合同成立的时间和地点。这对合同的当事人具有重大现实意义。合同成立的时间决定合同效力的起始与法律关系的确立,是当事人开始合同内容约束的标志。合同成立地点则是确定合同的司法管辖和法律适用的重要决定因素之一。我国《民法典》第 483 条规定:承诺生效时合同成立,但是法律另有规定或者当事人另有约定的除外。第 491 款规定:当事人采用信件、数据电文等形式订立合同要求签订确认书的,签订确认书时合同成立。当事人一方通过互联网等信息网络发布的商品或者服务信息符合要约条件的,对方选择该商品或者服务并提交订单成功时合同成立,但是当事人另有约定的除外。第 492 条规定:承诺生效的地点为合同成立的地点。采用数据电文形式订立合同的,收件人的主营业地为合同成立的地点;没有主营业地的,其住所地为合同成立的地点。当事人另有约定的,按照其约定。

联合国国际贸易法委员会制定的《电子商务示范法》第 15 条对电子要约和承诺的发出和到达的时间作了如下规定:

第一,除非发端人与收件人另有协议,一项数据电文的发出时间以其进入发端人或代表发端人发送数据电文的人控制范围之内的某一信息系统的时间为准。

第二,除非发端人与收件人另有约定,否则数据电文的收到时间按下述办法确定:①如收件人为接收数据电文而指定了某一信息系统:(a)数据电文进入该指定信息系统的时间为收到时间;(b)如数据电文发给了收件人的一个信息系统但不是指定的信息系统,则以收件人检索到该数据电文的时间为收到时间。②如收件人并未指定某一信息系统,则以数据电文进入收件人的任何信息系统的时间为收到时间。

对电子合同来说,载有承诺信息的数据电文是通过计算机网络发送的,所谓承诺人和相对人的信息系统是虚拟的,它既可以处于当事人所在地的服务器上,也可处于其他城市,甚至在其他国家服务器上,所以,很难确定发出或到达地点。

《电子商务示范法》以营业地为标准来确定电子合同的承诺生效地点。在该法第 15 条第 4 款中,对数据电文的发出和到达的地点作了如下规定:"除非发端人与收件人另有协议,数据电文应以发端人设有营业地的地点视为其发出地点,而以收件人设有营业地的地点视为其收到地点。(a)如发端人或收件人有一个以上营业地的,应以对其基础交易具有最密切关系的营业地为准,如果并无任何基础交易,则以其主要的营业地为准;(b)如发端人或收件人没有营业地,则以其惯常居住地为准。"上述规定的意思是电子合同成立的地点除双方另有协议约定外,以承诺的发出和到达地为双方各自的营业地。如果任何一方有多个营业地,以与基础交易有最密切联系的营业地为合同成立地;如果无基础交易发生,以主要营业地为合同成立地点;如果没有营业地点,则以其惯常居住地为合同成立地点。

任务四　原材料采购跟单

一、采购的概念

采购通常是指组织或企业的一种有选择性的购买行为，其购买的对象主要是生产资料。它包含两层基本意思：一为“采”，即选择，从许多对象中选择若干个之意；二为“购”，即购买，通过商品交易的手段把所选对象从对方手中转移到自己手中的一种活动。

【提示】①所有采购都是从资源市场获取资源的过程；②采购既是一个商流过程，也是一个物流过程；③采购是一种经济活动。

正确理解采购的概念，需要具备以下要素：①采购是一种交易行为；②采购的实现须具备一定的条件；③采购的过程是一个选择的过程；④采购的目的是满足自身的需求；⑤采购过程是商流、物流、信息流的有机统一，离开了任何一个环节都无法正常进行。

同步案例 2—2　　　　初识原材料跟单引发的思考

小王是 2025 年的大学毕业生，没有工作经验，于 7 月应聘大连佳宏贸易公司做跟单员，负责一批纯棉布订单的跟单工作。在跟供应商企业协调时，他告诉供应商只要订单完成不必通知就可以立即送货。你认为小王的说法是否合理？为什么？

同步案例2-2

案例精析

拓展阅读 2—2　　　　原材料采购的主要原因

1. 生产企业因生产交货需要，在接单备货生产前，为控制制造成本，需进行原材料等采购备料。

2. 生产企业因产品（如成套设备）配套生产需要，需向其他企业采购相应零部件、组件、辅料。

3. 外贸公司等因来料加工、供料加工需要，需采购原材料、零部件、辅料提供给生产企业生产加工，有利于降低出口成本。

4. 外贸公司等因成套出口需要，需采购原材料、设备、零部件等，供生产企业配套，有利于降低出口成本。

5. 外贸公司在原材料价格上涨行情中，为锁定内外销合同成本，确保对外合同的签订及签订后的正常履行，需进行原材料、零部件、辅料采购，向生产企业直接提供材料。其目的是提高原材料大幅上涨时期的对外接单能力，锁定外销成本，避免出现外销合同签订后，国内生产企业受原材料大幅上涨因素影响而提高产品价格，造成外贸公司对外履约经营损失。

对于原材料等能不能按时供应，跟单员有大量艰苦细致的工作要做。在原材料等采购跟单工作中，跟单员要事先预计可能发生的问题，其关键环节主要在原材料供应商、采购方企业等控制方面。原材料供应商可能由于管理、生产、技术等原因而出现未能按期提供原材料的情况。采购方企业也有可能由于供应商选择不当或自己工作不到位等原因未能及时得到原材料。

二、原材料采购可能出现的问题

（一）采购方可能出现的问题

（1）跟单员经验不足，确保货期的意识不强，未能掌握供应商产能的变动，对进度掌握与督促不够。

（2）采购方对原材料供应商的生产能力或技术能力调查不深入，出现原材料供应商选定失误。

(3)采购方提供材料、零部件给生产方加工的供应延迟,造成生产方下道工序加工耽误。

(4)采购方对供应商生产工艺等技术指导、图纸接洽、变更说明等不到位,质量要求不明确,造成产品不符合要求。

(5)采购方与供应商沟通存在问题,采购单或指示联络事项阐述不清,指示联络不切实际,单方面指定交货期,业务手续不全造成工作耽误。

(6)信用危机,采购方与其他商户的贸易纠纷,将直接影响供应商对采购商订单的执行力度。

(二)供应方可能出现的问题

(1)管理能力方面:生产交货时间计算错误;生产、采购进程管理不健全;质量管理不到位;对再转包管理不严;交货期责任意识不强。

(2)技术能力方面:超过技术工艺标准接单;对新下单产品不熟悉;机器设备故障率高。

(3)生产能力方面:超过产能接单;临时急单插入;小批量订单需合起来生产;需调度的材料、零配件采购延迟,生产量掌握不正确;不合格品产生较多。

(4)其他方面:员工工资低造成工作不努力;春节期间员工流动性大,节后招工不足;企业经营业绩不佳,经营者考虑调整经营方向等。

三、原材料采购跟单要求

(一)适当的交货时间(Right Time)

适当的交货时间是跟单员进行原材料采购跟单的重要任务。原材料交货时间过早或过晚都不利于采购企业的经营运作,跟单员的任务就是使所采购的原材料在规定的时间内获得有效的供应。

(二)适当的交货质量(Right Quality)

适当的交货质量是指供应商所交的原材料可以满足企业使用要求。过低的质量要求是不容许的,但过高的质量会导致成本提高,削弱产品的竞争力,同样不可取。原材料质量达不到企业使用要求带来的后果是严重的:

(1)会导致企业内部相关人员花费大量的时间与精力去处理,增加大量的管理费用。

(2)会导致企业在重检、挑选上花费额外的时间与精力,造成检验费用增加。

(3)会导致生产线返工增多,降低生产效率。

(4)会导致生产计划推迟,不能按承诺的时间向客户交货,降低客户对企业的信任度。

(5)会引起客户退货,导致企业蒙受严重损失,严重的还会丢失客户。

(三)适当的交货地点(Right Place)

为了减少企业的运输与装卸费用,跟单员在进行原材料跟单时应要求供应商在适当的地点交货,因此跟单员应重点选择那些离企业近、交通方便的供应商。交货地点选择不当,会增加原材料的运输、装卸和保管成本。

【提示】跟单员应重点选择那些离企业近、交通方便的供应商。

(四)适当的交货数量(Right Quantity)

适当的交货数量是指每次交来的原材料刚好够用,不产生更多的库存。交货数量越多,价格越便宜,跟单员的工作越轻松,但交货数量并不是越多越好,企业资金占用、仓库储存、运输、资金周转等成本都将直接影响企业采购成本。

【注意】跟单员应根据资金、资金周转率、储存运输成本、原材料采购计划等综合计算出最经济的交货量。

(五)适当的交货价格(Right Price)

一个合适的价格,要经过以下几个环节的努力才能获得:多渠道获得商品报价、比价、议价、定价。①报价:一般多渠道报价的供应商不应少于五家,在询价时应当进行压价和还价,以了解和掌握最低的市场价位。②比价:跟单员对各供应商提供的最低报价信息进行比较。③议价:经过比价环节后,筛选出价格最适当的两至三个报价进入议价环节,要注意的是适当价格,而不一定是最低的价格。④定价:经过上述三个环节后,双方均可接受的价格,就是日后的正式采购价。跟单员一般对每个产品的采购,需保留三个以上供应商的报价,有时这些供应商的价格可能相同,也可能不同。

四、原材料采购跟单的流程

跟单员接到所需部门的采购申请单后,要在其基础上制成采购单传给供应商。采购单是原材料采购跟单的重要依据之一,是双方交货、验收、付款的依据。

(一)制作"采购原材料辅料申请单"

"采购原材料辅料申请单"见表 2—2。

表 2—2　　采购原材料辅料申请单

采购部门		采购日期	年　月　日			需要时间	年　月　日	
制造单号		采购编号				承办人		
序号	商品名称	商品代号	型号规格	数量	单价	入库时间	总价	使用时间
预算金额	元			总价合计		元		

1. 采购原因简述:______________
2. 供货厂家名称、地址或电话:(1)________(2)________(3)________
3. 以前是否有类似的采购?□否　□是(请写采购编号______________)
4. 是否需要指定品牌?□否　□是　理由如下:________________
5. 是否需要维修服务?□否　□是
6. 交货地点:____________________
7. 质量要求:____________________
8. 验收时间须超过 7 天以上?□否　□是
9. 资金准备:□有　□无　□不足,缺少______元
10. 审核批准签字

申请部门领导签字:		复核人签字:	
财务部负责人签字:		批准人签字:	

跟单员在制作采购单时应注意以下要点:

1. 审查"采购原材料辅料申请单"

跟单员在审查"采购原材料辅料申请单"时应重点注意以下内容:

(1)适当的采购人。采购所需的内容，只有需求部门、业务员最为清楚，由部门、业务员提出采购，最能表达各项原材料采购的内容和要求。

(2)以书面方式提出原材料的采购。

(3)确定原材料要求的内容。包括原材料的成分、尺寸、形状、强度、精密度、耗损率、合格率、色泽、操作方式、维护等以及售后服务的速度、次数、地点等。

(4)以型号规格表明采购的标准。

2. 熟悉采购的原材料

跟单员也许此前从未进行过原材料的采购工作，对采购环境不一定熟悉，必须花时间和精力去了解原材料采购技术等。所以，应首先熟悉“采购原材料辅料申请单”。

3. 价格确认

跟单员应对采购原材料的最终价格负责，应当向其他供应商了解并寻找最佳供应商，以确保企业最大利益。

4. 确认质量标准

原材料的质量直接影响产品的质量，必须认真检查采购原材料的质量，使原材料符合外贸合同的要求。

5. 确认原材料采购量

对需求部门或业务员的原材料采购量进行复核，如发现错误，跟单员应及时提出并开展弥补工作。

6. 制定采购单

采购单主要内容有：原材料名称、确认的价格及付款条件、确认的质量标准、确认的采购量、确认的交货地点等，另附有必要的图纸、技术规范、标准等。另外，在采购单的背面，多会有附加条款的规定，也构成采购单的一部分，其主要内容包括：交货方式、验收方式、处罚条款、履约保证、品质保证、仲裁或诉讼、其他。采购单见表2—3。

表2—3 **采购单**

采购单编号：________

年 月 日

供应商：____________________公司

请供应以下产品：

型号	品名、规格	单位	数量	单价	金额	备注
合 计	万 仟 佰 拾 元 角 分					

1. 交货日期：□____年____月____日以前一次交清。

□分批交货，交货时间____________________ □数量要求________

2. 交货地点：______________________________

3. 包装条件：______________________________

续表

4. 付款方式：货到交货地，经本公司验收合格后，立即付款。 5. 不合格产品处理：全部或一部分不合格时，应由卖方取回调换或退款。 6. 如因交货误期、规格不符、质量不符合要求造成本公司的损失，卖方负赔偿责任。 7. 如卖方未能按期交货，逾期____天时，本公司有权自行取消采购单或卖方罚款____元/天。卖方必须赔偿本公司因此蒙受的一切损失。 8. 其他：________________ 9. 开户行：__________；账号：__________ 地址：__________；联系电话：__________ 传真：__________；联系人：__________ 采购单位：__________ 供应商签字并盖公章：__________ 时间：____年____月____日

7. 发出采购单

采购单是原材料采购跟单的主要依据之一，是双方交货、验收、付款的依据。

(二)采购单跟踪

采购单跟踪是跟单员花费精力最多的环节，对于那些长期合作的、信誉良好的供应商，可以不进行采购单跟踪，但对于一些重要或紧急的原材料的采购单，跟单员则应全力跟踪。

(1)跟踪原材料供应商的生产加工工艺。这是进行生产加工的第一步。

(2)跟踪原材料。跟单员必须提醒供应商及时准备原材料，不能存在马虎心理，特别是对一些信誉较差的供应商要提高警惕。

(3)跟踪加工过程。不同原材料的生产加工过程是有区别的，为了保证货期、质量，跟单员需要对加工过程进行监控。

(4)跟踪组装总测。跟单员有时需向产品零部件生产企业采购成批零部件，有的零部件需要组装，因此必须进行组装检测。

(5)跟踪包装入库。对重要的原材料、零部件，跟单员应去供应商的仓库查看。

(三)原材料检验

1. 确定检验日期

跟单员应与供应商商定检验日期及地点，以保证较高的检验效率。

2. 通知检验人员

跟单员应主动联系质量检验专业人员一同前往检验地点进行原材料、零部件的检验。在安排检验时要注意原材料、零部件的轻重缓急，对紧急原材料、零部件要优先检验。

3. 进行原材料检验

对于一般原材料，采用正常的检验程序；对于重要原材料，或供应商在此原材料供应上存在质量不稳定问题的，则要严加检验；对于不重要的原材料，或供应商在此原材料供应上质量稳定性一直保持较好的，则可放宽检验。原材料检验的结果分为两种情况：合格材料、不合格材料。不合格材料的缺陷种类有：致命缺陷、严重缺陷、轻微缺陷。检验的结果应以数据检测以及相关记录描述为准。

4. 处理质量检验问题

针对原材料缺陷程度的不同，跟单员可以采取相应的措施，如要求供应商换货，以及扣款、质量整改、降级使用、取消供应商资格等。

(四)原材料进仓

1. 协调送货

送货时间需要跟单员与供应商沟通协调确定。如果供应商在没有得到采购方许可的情况下送货,或者在没有与跟单员协调确定的情况下就送货等,都会引起混乱。

2. 协调接收

在供应商送货前,跟单员一定要协调好仓库部门的接收工作,否则会出现供应商送货人员及运输车辆需要等待较长时间的情况,甚至会出现原材料被拉回供应商所在地的情况。

3. 通知进货

跟单员在经过以上两项工作后,即可通知供应商送货,供应商在得到送货通知后,应立即组织专职人员进行处理,将原材料送至指定仓库。

4. 原材料入库

原材料的入库过程为:①检查即将送达的货物清单信息是否完整(包括原材料的采购单、型号、数量等);②接收原材料,对相应采购单进行核查;③检查送货单据及装箱单据;④检查包装与外观,原材料检验合格后才能卸货;⑤卸货;⑥清点原材料;⑦搬运入库;⑧原材料检验合格后填写原材料入库单据;⑨将原材料入库信息录入存储信息系统中。

5. 处理原材料接收问题

由于供应商或者跟单员方面的原因,原材料在接收环节上可能会出现以下问题:原材料型号与采购单中的要求不一致、未按照采购单中指定的原材料数量送货、交货日期不对、原材料的包装质量不符合要求等。对于此类问题,跟单员需与有关领导一同协调解决。

五、原材料采购跟单方法

跟单员需要在预定的交货期开始前数天提醒供应商,一方面给供应商适当的压力,另一方面可以及时掌握供应商能否按期交货或能否交够所需数量等情况的第一手资料,从而尽快采取相应措施。催单的目的是使供应商在必要的时候送达所采购的原材料,以使企业的经营成本降低。

(一)催单的方法

催单的方法主要有按采购单跟催和定期跟催两种。

1. 按采购单跟催

按采购单跟催是指按采购单预定的进料日期提前一定时间进行跟催。通常采用以下方法:

(1)联单法。将采购单按日期顺序排列好,提前一定时间进行跟催。

(2)统计法。将采购单统计成报表,提前一定时间进行跟催。

(3)跟催箱法。制作一个 30 个格子的跟催箱,将采购单依照日期顺序放入跟催箱中,每天跟催相应采购单。

(4)计算机提醒法。利用微软 Outlook 系统中的日历安排计划功能,将每月需要办理的催单事项输入日历,每天上班开机,打开 Outlook 系统,它会自动提醒跟单员当天需要办理的事项。

以上方法的目的是保证跟单员不致因工作繁忙而遗漏重要事项。

2. 定期跟催

定期跟催是指将要跟催的采购单整理好,打印成报表,于每周固定时间统一跟催。

(二)催单的规划

1. 一般监控

如果采购的原材料为一般性、非重要的商品,则仅作一般的监控即可,通常仅需注意是否能按规定的期限收到检验报表,有时可用电话查询实际进度。

2. 预定进度管理时间

对于较重大的业务,跟单员可在采购单或采购合同中明确规定,供应商应编制预定进程表。

3. 生产企业实地考察

对于重要原材料(零部件)的采购,除要求供应商按期递送进度表外,跟单员还可以前往供应商生产企业进行实地考察。此项考察,应在采购单内明确约定,必要时可派专人进驻企业进行监督。

(三)催单的工作要点

跟单员要进行有效的催单,必须做好交货管理的事前规划、事中执行与事后考核工作。具体如下:

1. 事前规划

具体包括:确定交货日期及数量;了解供应商生产设备利用率;供应商提供生产计划表或交货日程表;加强供应商的原材料及生产管理;准备替代来源。

2. 事中执行

具体包括:了解供应商备料情况;企业提供必要的材料、模具或技术支援;了解供应商的生产效率;加强交货前的催单工作;交货期及数量变更的通知;企业尽量减少规格变更。

3. 事后考核

具体包括:对交货迟延的原因进行分析并做好采取相应对策的准备;分析是否需要更换供应商;执行对供应商的奖惩办法;完成采购单后对余料、模具、图纸等进行收回及处理。

任务五　生产进度跟单

一、生产进度跟单的基本要求

生产进度跟单的基本要求是使生产企业能按订单及时交货,即按时、按质、按量交货。及时交货就必须使生产进度与订单交货期相吻合,尽量做到不提前交货,也不延迟交货,即管理上讲的"JIT"(Just In Time)及时交货管理。应每日查看生产日报表,跟踪生产进度,发现异常情况及时协调处理。

(一)生产企业不能及时交货的主要原因

(1)企业内部管理不当,如紧急订单插入、生产安排仓促,导致料件供应混乱,延误生产交货。

(2)计划安排不合理或漏排。

(3)产品设计与工艺变化过多。

(4)产品质量控制不好,如不合格产品增多、成品合格率下降,影响成品交货数量。

(5)生产设备跟不上。

(6)产能不足。

(二)按时交货跟单要点

(1)加强与生产管理人员的联系,明确生产、交货的权责。

(2)减少或消除临时、随意的变更,规范设计、技术变更要求。

(3)掌握生产进度,督促生产企业按进度生产。

(4)加强对产品质量、不合格产品、外协产品的管理。

(5)妥善处理生产异常事务等。

二、生产进度跟单的基本流程

（一）下达生产通知单

1. 落实生产通知单内各项内容

跟单员接到订单后，应将其转化为企业下达生产任务的生产通知单，在转化时应明确客户所订产品的名称、规格型号、数量、包装、出货时间等要求。跟单员需与生产企业或本企业有关负责人对订单内容逐一进行分解，转化为生产企业的生产通知单内容。生产通知单见表 2—4。

表 2—4　　　　生产通知单

<table>
<tr><td>生产部门</td><td colspan="8"></td></tr>
<tr><td>订单编号</td><td colspan="2"></td><td colspan="2">订货客户</td><td></td><td>通知日期</td><td colspan="2"></td></tr>
<tr><td>产品名称</td><td colspan="2"></td><td colspan="2">交货方式</td><td></td><td>生产日期</td><td colspan="2"></td></tr>
<tr><td>规格型号</td><td colspan="2"></td><td colspan="2">交货期限</td><td></td><td>完工日期</td><td colspan="2"></td></tr>
<tr><td>生产数量</td><td colspan="2"></td><td colspan="2">特别规定事项</td><td></td><td></td><td colspan="2"></td></tr>
<tr><td>工艺要求</td><td colspan="8"></td></tr>
<tr><td>质检要求</td><td colspan="8"></td></tr>
<tr><td>包装要求</td><td colspan="8"></td></tr>
<tr><td colspan="9">使用材料</td></tr>
<tr><td>序　号</td><td>料号</td><td>品名</td><td>规格</td><td>单位</td><td>单机用量</td><td>标准用量</td><td>损耗率</td><td>备　注</td></tr>
<tr><td></td><td></td><td></td><td></td><td></td><td></td><td></td><td></td><td></td></tr>
<tr><td></td><td></td><td></td><td></td><td></td><td></td><td></td><td></td><td></td></tr>
<tr><td>生产方式</td><td colspan="8"></td></tr>
<tr><td>附　件</td><td colspan="8"></td></tr>
</table>

经理(厂长)：　　　　　　　　审核：　　　　　　　　制表：

2. 做好生产通知后的意外事件处理

如遇意外事件导致订单无法按时按质完成，跟单员需要反复核实，并提前做好多种应急事件处理准备工作，或及时调整生产通知单个别内容，或及时调整生产企业另行下达生产通知。

3. 协调生产通知单遇到的问题

跟单员必须及时了解并掌握生产通知单具体下达车间后，在生产执行时遇到的困难情况。对于生产车间不能解决的技术问题或生产出来的产品无法达到客户要求的情况，跟单员应及时与有关部门协调，在技术问题无法解决前，暂停生产。

（二）制订生产计划

1. 生产计划的制订

生产计划主要是依据订单要求、前期生产记录、计划调度以及产能分析而制订的。其计划内容主要有各个月份、各种规格、设备及销售类别的生产数量，并且每月应修订一次。

2. 月度生产计划的制订

月度生产计划的内容包括当月各批号、产品名称、生产数量、生产日期、生产单位的产量等。

3. 一周生产计划的制订

一周生产计划是由月份生产计划或紧急订单转换而制订的。它是具体生产安排及物料控制的依据。

(三)跟踪生产进度

1. 生产进度控制工作程序

(1)跟单员通过生产管理部门每日的“生产日报表”统计，调查每天的成品数量及累计完成数量，了解生产进度并加以跟踪控制，以确保能按订单要求准时交货。

(2)跟单员可利用每日实际生产的数字与预定生产数字加以比较，看是否有差异，以追踪记录每日的生产量。

(3)跟单员如果发现实际进度与计划进度产生差异，应及时查找原因。如属进度延误导致影响交货期，除追究责任外，应要求生产企业尽快采取各种补救措施，如外包或加班等。

(4)生产企业采取补救措施后，跟单员应调查其结果是否有效。如效果不佳，跟单员应要求生产企业再采取其他补救措施，直到问题得到解决。

(5)如果补救措施无效，仍无法如期交货，跟单员应及时联络并争取取得境外客户谅解，同时请求延迟交货日期。

2. 生产进度控制重点

其重点如下：计划落实执行情况、机器设备运行情况、原材料供应保障、不合格及报废率情况、临时任务或特急订单插入情况、各道工序进程、员工工作情绪及工作态度等。

生产进度跟单现场管理的“精细管理工程”，即“六精五细”，六精：①运用管理精髓；②掌握技术精华；③追求质量精品；④精通营销之道；⑤保持精密关系；⑥精于财务核(预)算。五细：①细分市场和客户，全面准确地把握市场变化和客户需求，企业发展战略和产品定位准；②细分企业组织机构中的职能和岗位，企业管理体系健全，责、权明确、到位；③细化分解每一个战略、决策、目标、任务、计划、指令，使之落实到人；④细化企业管理制度的编制、实施、控制、检查、激励等程序、环节，做到制度到位；⑤细控成本。

3. 生产异常的处理

发生各种生产异常，其影响最终体现为生产进度无法按计划进行。跟单员在生产过程中要掌握生产异常情况，及时进行跟踪工作。

四、生产过程的质量监控

跟单员应会同生产企业质量管理部门对企业生产过程进行质量监控，在各个生产流程的关键点中，都设有质量检验环节，确保各关键环节的质量达到要求，最终生产出合格的产品。生产过程质量控制的内容包括：工艺准备的质量控制、生产过程的质量控制、辅助服务过程的质量控制。产品质量检验活动有三种类型：进货检验、工序检验和完工检验。检验活动推行“三检制”，即自检、互检和专检相结合，操作工人自己检验，上下工序工人互相检验和专职品管员监督检验相结合。建立产品质量标识和可追溯制度，对保证产品检验的准确性、分析质量问题的原因和采取补救措施均有帮助，是质量管理体系的要求。监督不合格产品包括：不合格产品的标识、记录、评价、隔离和处置；通知有关职能部门进一步处理等。

同步案例2－3　　生产前与客户确认样品的重要性

同步案例2-3

案例精析

国内A公司与国外B客户在2025年2月份下了1×40′集装箱产品P1(货号为828－12)的订单。客户在电子邮件上要求所有包装上不能显示货号“828”，由于此次进口国海关对于“828”等产品征收很高的反倾销关税，所以客户有此要求。而A公司在给供应商的订单上仅仅注明了在货物的外箱上不能注明“828”，其他具体要求跟此客户以前的出货一致(以前订单的彩卡包装上都有“828”),所以造成彩卡包装生产下来都有“828”字样。B客户在收到A公司寄来的货样照片时,发现彩卡上仍有“828”字样,随即提出去掉“828”,由于货物已全部完成,若换彩卡会造成5万元的经济损失,同时交货期将推迟20天。A公司告诉B客户货物已全部生产完毕,若返工将造成5万元并希望B客户接受有“828”的彩卡。最后,B客户答应愿意接受货物,但是B客户疏通海关需要2 000美元的费用,A公司只好同意接受。

根据上述案例,请分析从上述案例中A公司应吸取的教训。

任务六 出口产品包装跟单

一、出口产品包装类型

产品包装是为了在流通过程中保护产品、方便储运、促进销售,按一定的技术方法而采用的容器。

(一)出口产品包装分类

根据产品包装所选用的材料、用途不同,有以下分类:

1. 按包装材料分类

根据包装所用的主要材料,产品包装分为纸包装、塑料包装、金属包装、玻璃包装、陶瓷包装、木包装、纤维织品包装、复合材料包装以及其他天然材料包装等。

2. 按包装容器分类

按包装容器的造型结构分为便携式、悬挂式、透明式、开窗式等;按包装容器的结构特点分为固定式、可拆卸式、折叠式等;按包装容器的质量水平分为高、中、低档等;按包装容器的刚性分为软包装、硬包装、半硬包装等;按包装容器的结构形态分为盒类包装、瓶类包装、管类包装、桶类包装等。

3. 按包装应用分类

按包装件所处空间位置分为内包装、外包装和中包装;按包装适用对象分为专用包装和通用包装;按包装适用社会群体分为民用包装、公用包装和军用包装;按包装适用次数分为一次用包装和多次用包装。

4. 按包装材料技术分类

按包装技术保护目的分为防潮、防水、防虫、保鲜、防锈包装等;按包装技术分为透气、真空、充气、冷冻、施药包装等。

(二)出口包装的主要材料

在选用出口包装材料时,应当遵循“绿色包装”的原则,既可回收利用又要兼顾经济实用。“绿色包装材料”是指在生产、使用、报废及回收处理再利用过程中,能节约资源和能源,废弃后能迅速自然降解或再利用,不会破坏生态平衡,同时来源广泛、耗能低、易回收且再生循环利用率高的材料或材料制品。能用作出口包装材料的材质很多,如木材、纸质、塑料、金属等。

1. 木材包装材料

为了保证木质包装箱内不含有任何有害昆虫,木质包装箱必须经过加热和烟熏处理。

(1)主要的包装用木材,包括红松、马尾松、白松、杉木、桦木、椴木、毛白杨。

(2)出口包装用人造板材,包括胶合板、纤维板、刨花板等。除胶合板外,所使用的原料均系木材采伐过程中的剩余物,如木屑。

(3)出口常用的木制品包装有木箱、木桶、夹板等。较为笨重的五金、机械、怕压和怕摔的仪器、仪表及纸张等商品大多使用这类包装。

2. 纸质包装材料

纸质包装材料包括纸、纸板及其制品，它们在包装材料中占据着主导地位。

（1）出口包装用纸。其大体上可分为食品包装用纸与工业品包装用纸两大类，但有些包装纸既用于食品包装，也可用于工业品包装。主要出口包装用纸，包括纸袋纸、牛皮纸、鸡皮纸、玻璃纸、瓦楞原纸、仿羊皮纸。其他用纸包括邮封纸、糖果包装纸、茶叶袋滤纸、感光防护纸。

（2）出口包装用纸板。其大体包括以下几种：

①牛皮箱纸板。它具有物理强度高、防潮性能好、外观质量好等特点，既可用于电视机、电冰箱、自行车、摩托车、五金工具、小型电机等商品的运输包装，也可用于出口冷冻食品的包装。

②箱纸板。它的质量低于牛皮箱纸板，以其为材料制作的是中、低档包装纸箱，用于一般百货包装。国产箱纸板按部颁标准分为一号（强韧箱纸板）、二号（普通箱纸板）、三号（轻载箱纸板）三种。

③瓦楞纸板。它是由瓦楞纸与两面箱板纸融合制成的纸板。典型的瓦楞纸板至少是由两面层纸板和一中层瓦楞芯纸，用黏合剂黏接而成的复合加工纸板。瓦楞纸板的类别主要是依据构成瓦楞纸板的瓦楞型号、瓦楞形状和用纸层数三个方面的情况来区分的。

a. 瓦楞型号。它指的是用不同的瓦楞型号轧制的瓦楞纸板（见表 2—5）。不同的瓦楞型号具有不同的瓦楞高度（楞谷与楞峰之间的高度）、不同的瓦楞数（楞与楞之间的疏密程度）和不同的瓦楞收缩率。瓦楞规格的型号分别以瓦楞轮廓的大小粗细程度为序依次列为 K、A、C、B、D、E、F 七种型号，其中 A、C、B、E 四种型号使用比较普遍。目前，世界各国对瓦楞型号种类的代号称谓比较统一，但对每一种瓦楞型号种类的技术要求并不完全一致，有的略有差异。

表 2—5　瓦楞的型号种类

型号	瓦楞高度（毫米）				瓦楞数（楞/330 毫米）				收缩率（理论值）
	中国	美国	日本	欧洲	中国	美国	日本	欧洲	
K		6.5		6.6～7					
A	4.5～5	4.8	4.5～5	4.7	34±2	34±3	34±2	35	1.53
C	3.5～4	3.6	3.5～4	3.6	38±2	38±2	40±2	42	1.46
B	2.5～3	2.4	2.5～3	2.5	50±2	46±2	50±2	50	1.36
D		1.8		1.8～2		68		68	1.31
E	1.1～2	1.2	1	1.2	96±4	96±4	96	95	1.25
F		0.8		0.9		110		105	1.22

b. 瓦楞形状。瓦楞形状包括三种：U 形、V 形、UV 形（见表 2—5）。U 形的峰、谷圆弧半径较大，V 形的较小，UV 形的处于中间形态。

表 2—6　不同瓦楞形状的性能特点

瓦楞形状	平面抗压力	缓冲弹性	受压后回复能力	黏合剂耗用	瓦楞黏结线	瓦楞辊磨损
U 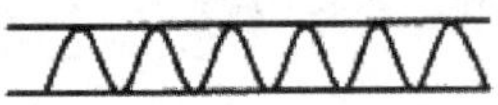	弱	好	强	多	宽	慢
V 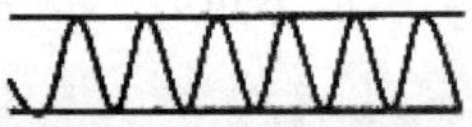	强	差	弱	少	窄	快

续表

瓦楞形状	平面抗压力	缓冲弹性	受压后回复能力	黏合剂耗用	瓦楞黏结线	瓦楞辊磨损
UV 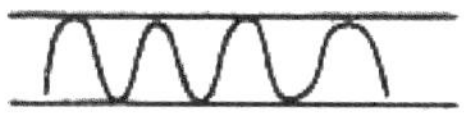	较强	较好	较强	较少	适中	较慢

UV形瓦楞在世界各国得到比较广泛的采用。当然，有些需要特别强调缓冲性能和减震作用的包装，或者对于某些要求硬度和挺力特别高的瓦楞包装容器，则应选用在这些方面具有某种特殊效果的U形或V形瓦楞来满足这些特定内容物的特殊包装要求。

c. 用纸层数。它指的是制成瓦楞纸板的厚纸层数。

④黄纸板。它又称草纸板，是一种低级包装纸板，主要用作衬垫，以及将未经印刷的胶版印刷纸等糊在表面，制作各种中、小型匣盒，作为包装食品、糖果、皮鞋等用。

⑤白纸板。它是销售包装的重要包装材料，其主要用途是经彩色套印后制成纸盒，供商品包装用，起着保护、装潢、美化和宣传商品的作用。

3. 塑料包装材料

塑料是可塑性高分子材料的简称，具有质轻、美观、耐腐蚀、机械性能高、可塑性强、易于加工和着色等特点。

(1)塑料的分类。塑料根据用途分为通用塑料、工程塑料、特种塑料。

①通用塑料：一般是指产量大、用途广、成型性好、价廉的塑料，如聚乙烯、聚丙烯、聚氯乙烯、聚苯乙烯、酚醛塑料、ABS塑料、有机玻璃等。

②工程塑料：一般是指机械强度较高、刚性大、常用于取代钢铁和有色金属材料以制造机械零件和工程结构受力件的塑料，如聚甲醛、聚磷酸胺、聚碳酸酯、氯化聚醚、聚砜等。

③特种塑料：一般是指具有特种功能，可用于航空、航天等特殊应用领域的塑料。如含氟塑料和有机硅具有突出的耐高温、自润滑等特殊功用，增强塑料和泡沫塑料具有高强度、高缓冲性等特殊性能，这些塑料都属于特种塑料的范畴。

(2)塑料薄膜。它有许多种类：无色透明、表面有漂亮的光泽、光滑且较挺实的薄膜是拉伸聚丙烯、聚苯乙烯、聚酯、聚碳酸酯；手感柔软的薄膜是软质氯乙烯；透明薄膜经过揉搓后变成乳白色的是聚乙烯、聚丙烯；振动时发出金属清脆声的薄膜是聚酯、聚苯乙烯等。

职场指南 2—2　　塑料薄膜的燃烧情况与鉴别

名　称	英　文	燃烧情况	燃烧时火焰状态	离开火后情况	气　味
尼龙	PA	慢	熔融滴落	起泡，慢慢熄灭	特殊羊毛、指甲气味
聚丙烯	PP	容易	熔融滴落、上黄下蓝	烟少，继续燃烧	石油味
聚乙烯	PE	容易	熔融滴落、上黄下蓝	继续燃烧	石蜡燃烧气味
聚甲醛	POM	容易	熔融滴落、上黄下蓝、无烟	继续燃烧	强烈刺激甲醛味
聚氯乙烯	PVC	难软化	上黄下绿、有烟	离火熄灭	刺激性酸味
聚苯乙烯	PS	容易	软化起泡、橙黄色、浓黑烟、炭末	继续燃烧，表面油性光亮	特殊乙烯气味

续表

名　称	英　文	燃烧情况	燃烧时火焰状态	离开火后情况	气　味
聚甲基丙烯酸甲酯	PMMA	容易	熔化起泡、浅蓝色、质白、无烟	继续燃烧	强烈花果臭味，腐烂蔬菜味
聚碳酸酯	PC	容易、软化起泡	有小量黑烟	离火熄灭	无特殊味
聚四氯乙烯	PTFE	不燃烧	—	—	在烈火中分解出刺鼻的氟化氢气味
丙烯腈、丁二烯、苯乙烯的共聚物	ABS	缓慢、软化燃烧、无滴落	黄色、黑烟	继续燃烧	特殊气味
聚对苯二甲酸乙二酯	PET	容易、软化起泡	橙色、有小量黑烟	离火慢慢熄灭	酸味

4. 金属包装材料

金属是四种主要包装材料之一，被广泛应用于食品、饮料、化工、医药、建材、家电等行业。它是罐头、饮料、糖果、饼干、茶叶、油墨、油漆、染料、化妆品、医药和日用品等的包装容器。金属包装材料中产量和消耗量最多的是镀锡薄钢板，其次是铝系金属包装材料，最后是镀铬薄钢板。

(1)镀锡薄钢板。其简称镀锡板，俗称马口铁，是两面镀有纯锡(1 号、2 号锡锭)的低碳薄钢板。镀锡板对空气、水、水蒸气等有很好的耐蚀性，且无毒，具有易变形性和可焊性，表面光亮、美观，食品的金属罐包装多是用镀锡板制作的。

镀锡板虽有较高的耐蚀性，但若长期存放，锡也会缓慢氧化而变黄，在潮湿空气或工业性气氛中也会生锈而失去光泽。因此，镀锡薄钢板需仓库内存放，存放期一般不要超过 12 个月。

(2)铝系金属包装材料。包装用铝材主要以铝板、铝箔和镀铝薄膜三种形式应用。铝板主要用于制作铝质包装容器，如罐、盆、瓶及软管等。铝箔多用于制作多层复合包装材料的阻隔层，制成的铝箔复合薄膜用于食品包装(主要为软包装)、香烟包装以及药品、洗涤剂、化妆品等方面的包装。镀铝薄膜是复合材料的另一种形式，是一种新型复合软包装材料。它是以特殊工艺在包装塑料薄膜或纸张表面(单面或双面)镀上一层极薄的金属铝，即成为镀铝薄膜。这种镀铝薄膜复合材料主要用作食品，如快餐、点心、肉类、农产品等的真空包装，以及香烟、药品、酒类、化妆品等的包装及商标材料。

(3)镀铬薄钢板。它又称铬系无锡钢板，简称镀铬板。它是为节约用锡而发展的一种镀锡板代用材料。镀铬板目前广泛应用于罐头和其他制罐工业，罐头工业应用最多的是啤酒罐、饮料罐及一般食品罐的罐盖等。

(4)镀锌薄钢板。其简称镀锌板，俗称白铁皮，是低碳薄钢板镀上一层厚 0.02 毫米以上的锌作为保护层。它的防腐蚀能力很强。包装工业上采用镀锌板制造各种容量的桶和特殊用途的容器，耐腐蚀性和密封性良好，用于包装粉状、浆状和液状产品。

(5)低碳薄钢板。它是指含碳量不大于 0.25%的薄钢板，可直接用于制造金属包装容器，如各种规格的钢桶等。低碳薄钢板分为普通碳素结构薄钢板和优良碳素结构薄钢板两种，其主要的区别在于对碳含量、性能范围要求，以及对硫、磷等有害元素含量的限制。

5. 包装用辅助材料

包装货物除了常用的包装容器外，还需一些包装用辅助材料。常见的辅助材料有黏合剂、捆扎材料、衬垫材料、填充材料等。

二、出口产品包装纸盒跟单

纸盒是产品销售的包装容器，是直接与消费者见面的中小型包装。良好的纸盒包装是帮助推销商品的工具，是无声的推销员。

纸盒包装虽然在防冲撞、防颠震、防挤压和防潮等方面没有运输包装那样严格的要求，然而其结构要根据不同商品的特点和要求，采用适当的尺寸、适当的材料（瓦楞纸板、硬纸板、白纸板等）和美观的造型，从而安全地保护商品、美化商品、方便使用，以促进销售。

三、出口产品包装纸箱跟单

欧洲瓦楞纸箱制造商协会（FEFCO）制定的《国际瓦楞纸箱法规》，对瓦楞纸箱的各种基本箱型结构作了比较科学且详尽的分类（详见 http://www.fefco.org）。根据瓦楞纸箱（包括纸箱的附件）的不同结构式样、工艺特点和使用功能，可以将其分为以下 7 个基本类型：

（一）开槽型纸箱（代号为 02 型）

它是一种最常用的外包装纸箱，是由一片瓦楞纸板组成的，通过钉合、糊合或用胶带黏合等方法将箱坯接合制成箱体，箱体顶部和底部的折翼（通常称上、下摇盖）可以很方便地构成箱底和箱盖。纸箱制成成品后在运输储放时可以折叠展平，使用时将箱底箱盖封合即可。列为代号 02 型的开槽型纸箱有 20 种式样，其中 0201 型开槽式瓦楞纸箱是目前应用最广泛的箱型，通常被称为标准的外包装瓦楞纸箱结构箱型。

（二）套合型纸箱（代号为 03 型）

它一般由两至三片瓦楞纸板组合而成，其特点是箱盖与箱底分开，使用时才套接起来，构成箱的整体。这种箱型一般比较适用于堆叠负载强度要求高的包装。

（三）折叠型纸箱（代号为 04 型）

它通常只需用一片瓦楞纸板便可折叠组成整个箱体的侧面、底和盖，且不需任何钉合或糊合。如果有需要，还可以按设计要求加制启闭锁扣、展示窗、内隔衬和提手等。这种箱型宜用于容积较小的中小型包装箱（盒），具有一定的销售包装功能。

（四）滑入型纸箱（代号为 05 型）

它一般由两片瓦楞纸板组成，即以其中一片构成内套，然后按设定的方位滑入另一片构成的外套里面。这一类型纸箱多用来制作小型的内包装箱（盒）。

（五）硬体型纸箱（代号为 06 型）

它由三片瓦楞纸板组成，其基本结构方式是将两个端片钉合在箱体的两侧，成型后便无法折叠展平。

（六）预黏型纸箱（代号为 07 型）

其基本材料是由一片瓦楞纸板构成，制成品可以折叠展平便于运输，使用时只需预先做简单的黏合嵌固便可成型。此型纸箱多作为中小型包装箱或盒使用。

（七）内配件（代号为 09 型）

纸箱的内配件包括套板、衬垫、格档、隔片等。

我国实施了 GB/T6543－2008《运输包装用单瓦楞纸箱和双瓦楞纸箱》国家标准，关于基本箱型和代号的规定，基本上也采用了 FEFCO 的分类方法，只是依据我国国情有所省略和改动，GB 标准将瓦楞纸箱的基本箱型列为三种：开槽型纸箱，代号 02 型；套合型纸箱，代号 03 型；折叠型纸箱，代号 04 型。

四、出口包装纸箱造型设计

设计构想、样品制作、试装试验和图纸绘制是瓦楞包装容器造型结构设计的四个重要步骤。这四个步骤是先后有序的设计过程。

（一）设计构想

这是整个包装纸箱设计的起始阶段。设计师需要充分了解产品的特性，包括尺寸、重量、形状、易碎程度、是否有特殊防护需求等。同时，还要考虑产品的运输方式、运输距离、仓储条件以及销售环境等因素。例如，对于易碎产品，可能构想采用增加内部缓冲结构或选用更高强度瓦楞纸板的设计；如果产品需长期海运，要考虑防潮设计，如采用防潮涂层或密封包装等。此外，市场定位和品牌形象也会影响设计构想，高端产品可能需要更精致、独特的包装造型，而大众消费品则注重成本控制和实用性，通过综合这些方面的信息，初步构思出包装纸箱的大致形状、结构和材料选择等方案。

（二）样品制作

在设计构想完成后，根据初步方案制作实物样品。这一步骤能够将抽象的设计概念转化为实际的三维物体，从而直观地呈现设计效果。在制作过程中，严格按照设计尺寸和工艺要求进行裁剪、折叠、拼接瓦楞纸板，并运用各种加工技术，如印刷、开槽、压线、钉合或黏合等。例如，采用先进的激光切割技术可以确保纸板边缘的整齐和平滑，提高样品的精度和质量。通过制作样品，能够及时发现设计中可能存在的问题，如结构不合理导致组装困难、尺寸偏差影响产品适配性等，并对设计进行调整和优化，为后续的试装试验提供基础。

（三）试装试验

试装试验是检验包装纸箱设计是否满足实际使用要求的关键环节。将产品放入制作好的纸箱样品中，模拟真实的运输、搬运和存储过程，检查纸箱对产品的保护性能、空间利用率以及包装的便利性等方面。例如，进行跌落试验，从一定高度模拟运输中的跌落情况，观察纸箱是否能有效保护产品不受损坏；进行堆码试验，模拟仓储中纸箱的堆叠，检测纸箱的抗压强度和堆码稳定性，确保在规定的堆码高度和时间内纸箱不会变形、坍塌，对产品造成挤压；同时，还会进行振动试验，模拟运输中的震动环境，查看产品在纸箱内是否会发生位移、碰撞等情况。通过这些试装试验，收集相关数据和反馈信息，进一步改进和完善包装纸箱的设计，确保其在实际流通过程中的可靠性和适用性。

（四）图纸绘制

经过样品制作和试装试验的优化后，最终将确定的包装纸箱设计绘制成精确的图纸。图纸应详细标注纸箱的各个尺寸，包括外部尺寸、内部尺寸、制造尺寸等，确保生产过程中的准确性。同时，要清晰标明纸箱的结构细节，如开槽位置、压线深度、折叠方向、封合方式等，以及印刷内容和位置的准确信息，包括品牌标识、产品说明、图案等。此外，还需注明所使用的瓦楞纸板的材质、规格、层数等技术参数，为生产环节提供全面、准确的技术指导，使生产人员能够依据图纸精确地制造出符合设计要求的瓦楞包装纸箱，保证设计成果在大规模生产中的有效实施和质量控制。

五、部分国家和地区出口包装环保要求

（一）出口包装材料回收标志

目前，随着全球环保意识的逐渐增强，环境保护问题越来越受到人们的关注。许多国家和地区开展了环境标志计划，使用符合环境保护要求的包装材料是未来出口包装的发展方向。

跟单员在进行出口包装时，需要掌握进口国的有关包装规定和要求。例如，德国规定包装材料要符合“3R”原则，即可再生利用（Reuse）、可自然降解还原（Reduce）、可循环再生处理（Recycle），要求纸箱表面不能上蜡、上油，也不能涂塑料、沥青等防潮材料；外箱不能有蜡纸或油质隔纸；箱体

瓦楞纸板间的连接需采取黏合方式，不能用任何金属或塑料钉夹，尽可能用胶水封箱，不能用 PVC 或其他塑料胶带；纸箱上所做的标记必须用水溶性颜料等。又如，欧洲各国在 1992 年就完全禁止使用聚氯乙烯（PVC）包装材料。

使用符合进口国环保要求的包装材料，需要在包装材料外部的显著位置印刷一些标志，如"可循环标记"（Recycle Mark）等。

拓展阅读 2—3　　部分国家或地区的可循环标记

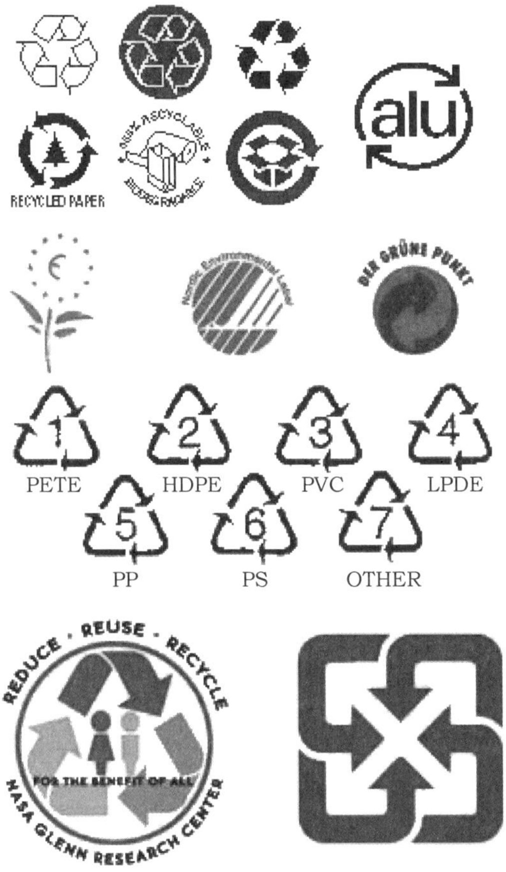

1. 第一行左边三个：各种式样的回收标识。

2. 第二行左边三个：各种式样的与纸制品有关的回收标识。

3. 图片右上角的一个：铝制品可回收标识。

4. 第三行左起第一个：欧盟生态标识（European Union Eco-label）——"花"。欧共体于 1992 年 3 月颁布了 880/92 号法令，宣布了生态标识计划的诞生。

5. 第三行左起第二个："北欧白天鹅"标识（Nordic Environmental Label）。北欧部长级委员会于 1989 年 11 月决定实施此标识，在芬兰、冰岛、挪威和瑞典都可以使用。

6. 第三行左起第三个：德国"绿点"（Der Grüne Punkt，英语为 The Green Dot）标识。这是世界上第一个有关"绿色包装"的环保标识，于 1975 年问世。绿点的双色箭头表示产品或包装是绿色的，可以回收使用，符合生态平衡、环境保护的要求。目前，该制度的最高机构是欧洲包装回收组织（PRO EUROPE），负责欧洲的"绿点"管理。

7. 第四行到第五行的七个均是塑料制品回收标识，由美国塑料行业相关机构制定。

这套标识将塑料材质辨识码打在容器或包装上，从1号到7号，让民众无须费心去学习各类塑料材质的异同，就可以简单地加入回收工作的行列。

第1号：PET(聚乙烯对苯二甲酸酯)，这种材料制作的容器，就是常见的装汽水的塑料瓶。

第2号：HDPE(高密度聚乙烯)，清洁剂、洗发精、沐浴乳、食用油、农药等的容器多以HDPE制造。容器多半不透明，手感似蜡。

第3号：PVC(聚氯乙烯)，多用以制造雨衣、书包、建材、塑料膜、塑料盒等器物。

第4号：LDPE(低密度聚乙烯)，常见的塑料袋多用LDPE制造。

第5号：PP(聚丙烯)，多用以制造水桶、垃圾桶、箩筐、篮子和微波炉用食物容器等。

第6号：PS(聚苯乙烯)，由于吸水性低，多用以制造建材、玩具、文具、滚轮，还有速食店盛饮料的杯盒或一次性餐具。

第7号：其他。

第六行左边的：美国宇航局格伦研究中心的标有“3R”的环保标识。

第六行右边的：中国台湾地区的资源回收环保标识。

(二)部分国家(或地区)的环境标志及作用

环境标志也称绿色标志、生态标志，是指由政府部门或公共、私人团体依据一定的环境标准向有关企业颁布的证书，证明其产品的生产使用及处置过程符合环保要求，对环境无害或危害极少，同时有利于资源的再生和回收利用。

我国的环境标志图形由青山、绿水、太阳和10个环组成。中心结构表示人类赖以生存的环境，外围的10个环紧密结合，表示公众参与，其寓意为“全民联合起来，共同保护人类赖以生存的环境”。

部分国家(或地区)的环境标志如图2—6所示。

图2—6 部分国家或地区的环境标志

（三）出口纸箱包装要求

（1）外箱毛重一般不超过 25 千克。单瓦楞纸板箱，用于装毛重小于 7.5 千克的货物；双瓦楞纸板箱，用于装毛重大于 7.5 千克的货物。

（2）纸箱的抗压强度应能在集装箱或托盘中，以同样纸箱叠放到 2.5 米高度不塌陷为宜。

（3）如产品需做熏蒸，外箱的四面左下角要有 2 毫米开孔。

（4）出口去欧盟的外箱一般要印刷可循环回收标志，箱体上不能使用铁钉（扣）。

（四）塑胶袋包装要求

（1）PVC 胶袋一般是被禁用的。

（2）胶袋上要有表明所用塑料种类的三角形环保标志。

（3）胶袋上印刷“PLASTIC BAGS CAN BE DANGEROUS. TO AVOID DANGER OF SUFFOCATION，KEEP THIS BAG AWAY FROM BABIES AND CHILDREN”。另外，胶袋上还要打孔，每侧打一个，直径 5 毫米。

（五）出口木箱包装要求

对于涉及机械商品出口的，大多需要用木质材料作为包装。一般选用九合板包装（注：不是实木，是人工复合而成的木质材料，不用熏蒸）。如果是大型机械，不适宜装集装箱，采用无包装的形式，放在甲板或船舱内。

同样是选用木质包装，不同的市场，其要求也不同。如出口美国、加拿大、日本及澳大利亚的木质包装，其中美国、加拿大等国要求必须出具“官方熏蒸证书”（Fumigation/Disinfection Certificate），木质包装一定要在出口前“熏蒸”；出口中东国家及某些亚洲国家的木质包装，目前不需要“熏蒸”；对于出口非洲国家的木质包装，则要看具体国家，如尼日利亚、坦桑尼亚需要“熏蒸”。

木质托盘、木箱必须实施热处理或熏蒸处理，由海关出具“出境货物木质包装除害处理合格凭证”并加贴黑色标识（规格：3cm×5.5cm、6cm×11cm、12cm×22cm）后，方能报关出口。出境货物木质包装除害处理标识如图 2—7 所示。

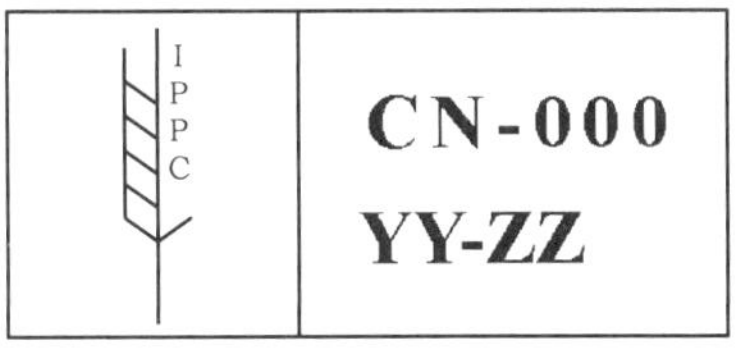

图 2—7 出境货物木质包装除害处理标识

其中：IPPC——《国际植物保护公约》的英文缩写；CN——国际标准化组织（ISO）规定的中国国家编码；000——出境货物木质包装标识加企业的三位数登记号，按直属检验检疫部门分别编号；YY——除害处理方法，有溴甲烷熏蒸（MB）和热处理（HT）；ZZ——各直属检验检疫部门 2 位数代码（如江苏局为 32）。

（六）其他包装材料要求

如出口用草类包装材料包装的货物去挪威，在挪威办理货物进口手续时必须提供证明，否则包装将予以焚毁，费用由进口商支付；用旧编织材料制成的麻袋、打包麻布作为包装的货物出口去挪威，在挪威办理货物进口手续时必须提供证明，否则不准用作包装材料进入。

任务七　出口产品质量跟单

一、出口产品质量检验主要目的、工作职能及构成要素

严格把住质量关，是企业按标准、工艺、图样组织生产的基本要求。这是确保国家利益和客户利益的需要，也是维护企业信誉和提高经济效益的需要。

（一）出口产品（或零部件）检验的主要目的

(1)判定产品（或零部件）的质量合格与否。

(2)通过检验和试验，证实产品（或零部件）是否达到规定的质量要求。

(3)产品质量评定。通过质量检验和试验确定产品缺陷严重程度，为质量评定和质量改进提供依据。

(4)考核过程质量，获取质量信息。

(5)仲裁质量纠纷。

（二）出口产品质量检验的工作职能

1. 鉴别职能

根据检验结果判定产品（或零部件）合格或不合格，从而起到鉴别的作用。

2. 把关职能

通过认真的质量检验，剔除不合格品，把住产品质量关，实现把关职能。

3. 预防职能

对影响产品质量的异常因素加以控制与管理，实现既严格把关又积极预防。

4. 报告职能

对在生产全过程质量检验中所获得的质量信息和数据认真做好记录，及时进行整理、分析和评价，为质量决策提供依据。

出口产品检验的四项职能相互关联，构成一个完整的系统。检验工作的首要职能就是把关，鉴别职能是把关职能的前提，报告职能是把关职能的继续和延伸。

（三）出口产品质量的构成要素

1. 性能

性能是指产品满足一定使用要求所具有的功能，包括使用性能和外观性能两类。产品使用性能往往通过各种技术性能指标（如机械、物理、化学性能指标）来表示，如汽车的速度、转弯、爬坡、油耗等要求；手表的计时准确、防水、防磁、防震等要求；水泵的功率、真空吸上高度、扬程、流量等要求。而产品造型、款式、色彩等则属外观性能。

2. 可靠性

可靠性是指产品的可用性及其影响因素、可信性、可维修性和维修保障等性能。产品可靠性是产品在规定条件下及规定时间内完成规定功能的能力。可靠性反映产品性能的持久性、精度的稳定性、零部件的耐用性等，是在使用过程中逐渐表现出来的产品满足各项质量要求的内在质量特性。表现可靠性水平的常用特征值有可靠度、故障率、故障间平均工作时间、维修度及有效度、平均寿命等。

3. 安全性

安全性是指产品在生产、贮存、流通和使用过程中，对伤害或损坏的风险按可接受的水平加以限制的状态。

4.适应性

适应性是指产品适应外界环境变化的能力。外界环境包括自然环境和社会环境。自然环境是产品使用时所处环境的自然性特点，如地理、气候、水文、温度、湿度、气压、灰尘、油污、振动、噪声、电磁干扰等。社会环境是产品使用时所处环境的社会性特点，如政治、宗教、风俗、习惯、特定客户群等。

5.经济性

对客户来说，经济性就是产品价格和使用费用之和。

6.时间性

如果产品开发速度快，供货及时，就可以抢先占领市场，争夺消费者，取得竞争优势。时间性作为产品的一个质量特性已被越来越多的人所认识并得到重视。

二、出口产品生产制造过程的质量监控

（一）生产制造过程质量控制的要求

在产品生产技术准备过程中，对产品、零部件都要进行工艺分析，划定工艺路线，并绘制工艺流程图。

（二）工艺准备的质量控制

工艺准备是根据产品设计要求和生产规模，把材料、设备组织起来，明确规定生产制造的方法和程序。工艺准备是生产技术准备工作的核心内容，是直接影响产品生产质量的主要体系要素。

1.制订生产过程的质量控制计划

(1)审查、研究产品生产的工艺，确保生产过程的顺利进行。

(2)确定工艺方法、工艺路线、工艺流程和计算机软件。

(3)选择与质量特性要求相适应的设备，配备必要的仪器、仪表。

(4)对采用的新材料、新工艺、新技术和新设备进行试验、验证。

(5)设计、生产、验证专用工装、储运工具和辅助设备。

(6)培训操作人员，对进行特殊工序的操作与检验的人员进行指导。

(7)制定合理的材料消耗定额与工时定额。

(8)研究改进生产质量和工序能力的措施与方法。

2.工序能力的验证

工序是产品形成的基本环节，工序质量是保障产品质量的基础。工序质量对产品质量、生产成本、生产效率有着重要影响。企业要寻求质量、成本、效率的改善，提高工序质量是关键。在生产过程中，工序是产品质量形成的基本环节，工序应当使生产的产品符合质量的要求。

3.采购的质量控制

根据ISO9004-1的标准，关于采购的质量控制至少应包括下列要素：适合的规范、图样、采购文件和其他技术资料；合格的供应商；质量保证协议；验证方法协议；解决争端的规定；进货检验程序；进货控制；进货控制记录。

4.辅助材料、公用设施和环境条件的控制

对质量特性起重要作用的辅助材料和设施应加以控制并定期进行验证，以确保对生产过程影响的同一性。

5.工艺文件的质量控制

工艺文件的质量控制是产品生产过程中用以指导工人操作的技术文件，是企业安排生产计划，实施生产调度、材料供应、设备管理、质量检查、工序控制等的重要依据。企业对于所制定的工艺文

件必须贯彻执行，并保持其相对的稳定性。

（三）出口产品质量检验活动的实施

1. 进货检验

进货检验是指对外采购品的质量验证，是对采购的原材料、辅料、外购件、外协件及配套件等入库前的接收检验。进货检验的深度主要取决于企业对供应商质量保证体系的信任程度。企业可制定对供应商的质量监督制度，如对供应商的定期质量审核，以及在生产过程的关键阶段派员对供应商的质量保证活动进行现场监察等。企业对供应商进行尽可能多的质量验证，以减少不合格产品的产出，是企业保证进货物料质量的积极措施。

进货检验有首件(批)样品检验和成批进货检验两种。

(1)首件(批)样品检验。首件(批)样品检验是企业对供应商提供的样品的鉴定性检验认可。供应商提供的样品必须具有代表性，以便作为以后进货的比较基准。首件(批)样品检验通常用于以下三种情况：供应商首次交货、供应商产品设计或结构有重大变化、供应商产品生产工艺有重大变化。

(2)成批进货检验。针对货品的不同情况，成批进货检验有两种检验方法：

①分类检验。对外采购物料按其质量特性的重要性和可能发生缺陷的严重性，分成A、B、C三类。A类是关键的，必须进行严格的全项检查；B类是重要的，应对必要的质量特性进行全检或抽检；C类是一般的，可以凭供货质量证明文件验收，或作少量项目的抽检。

②抽样检验。对正常的大批量进货，可根据双方商定的检验水平和抽样方案，实行抽样检验。

为了保证检验工作的质量，防止漏检或错检，应制定"入库检验指导书"或"入库检验细则"。进货物料经检验合格后，检验人员应做好检验记录，及时通知仓库收货。对于检验不合格的，应按照不合格品管理制度办理退货或作其他处置。

2. 工序检验

工序检验有时也称作过程检验或阶段检验。工序检验的目的是在加工过程中防止出现大批不合格品，避免不合格品流入下道工序。工序检验通常有以下三种形式：

(1)首件检验。所谓首件，是指每个生产班次刚开始加工的第一个工件，或加工过程中因换料以及换工装、调整设备等改变工序条件后加工的第一个工件。对于大批量生产，"首件"往往是指一定数量的样品。

(2)巡回检验。其要求检验人员在生产现场对生产工序进行巡回检验。

(3)末件检验。它是指主要靠模具、工装保证质量的零件加工场合，当批量加工完成后，对最后加工的一件或几件进行检查验证的活动。末件检验的主要作用是为下批生产做好生产技术准备，保证下批生产时能有较好的生产技术状态。末件检验应由检验人员和操作人员共同进行。检验合格后双方应在"末件检验卡"上签字。

3. 完工检验

完工检验又称最终检验，是全面考核半成品或成品质量是否满足设计规范标准的重要手段。完工检验是供应商保证质量的活动，其内容如下：

(1)完工检验必须严格按照规定进行，严格禁止不合格零件投入装配。

(2)完工检验可能需要模拟产品的使用条件和运行方式。

(3)完工检验可以是全数检验，也可以是抽样检验，应该视产品特点及工序检验情况而定。

4. 推动和落实操作者自检、工人之间互检和专职检验人员专检制度

自检、互检、专检这种三结合的检验制度有利于调动广大员工参与企业质量检验工作的积极性，提高其责任感，是任何单纯依靠专业质量检验的检验制度所无法比拟的。

（四）质量检验标识的作用、内容和要求

1.质量检验标识的作用

（1）便于标识产品，防止混料、误发和误用。

适当的产品质量检验标识可以防止在加工过程中出现混淆；可以保证唯有合格的原材料和零件才会进入生产环节，避免不合格品在生产现场出现；可以使仓储的原材料等按先进先出的原则投入生产。

（2）便于通过质量检验标识及相关记录实现产品质量追溯。

质量追溯不仅包括自企业外部追溯到企业内部，将用户在产品使用中出现的问题及时反馈给生产者，辨明责任、分析原因、采取纠正措施，为质量改进提供依据；而且包括企业内部发现质量问题时能够追溯到用户，将有问题的产品及时追回或采取补救措施，维护用户利益和企业声誉，避免更大的损失。

2.产品质量检验标识的内容和要求

（1）产品质量检验标识的内容一般有产品的型号、件号、名称、规格、企业名称和商标等。对于大批量生产的产品，可用批次号、生产的日历日期等表示。

（2）产品质量检验标识的形式一般有粘贴标签、挂标牌、打钢印、记号笔手写、喷墨射印、电笔刻蚀和扫描条形码等，也可采用随行文件（如流转单）的方式。

（3）产品质量检验标识的部位一般在产品上、包装上、料架上、专用手推车上、工位器具上和座位上等。

（4）产品质量检验标识必须正确、清晰、牢固。当产品质量检验标识在加工过程中被破坏时，应做好标识移植。

（五）不合格品的确定、管理及处置

不合格品管理是质量控制中的重要问题，应控制不合格品的标识、记录、评价、隔离（可行时）和处置，并通知有关职能部门。

1.不合格品的确定

ISO9000：2000《质量管理体系——基础和术语》对不合格品的定义为："没有满足某项规定要求的产品。"在质量控制工作中，对可疑的不合格品或生产批次，必须认真加以鉴别。对确实不符合要求的产品必须确定为不合格品。对质量的鉴别有两种标准：一种是符合性标准，即产品是否符合规定的技术标准；另一种是适用性标准，即产品是否符合用户要求。为了真正发挥质量检验的把关和预防职能，任何情况下都应坚持质量检验的"三不放过"原则，即不查清不合格原因不放过、不查清责任者不放过、不落实改进措施不放过。ISO9001标准中的不合格品是指"被认定或者判定为不符合规定要求的物品"。简而言之，不合格品是一个已经制造完成并确认不符合要求、必须扔掉或报废的物品。不合格品可能需要对其进行相关的处理和处置，如修补、维修，或回收、处理或销毁。不合格品通常是基于检验、检测或测试后的评估来确定的，例如生产制造中的缺陷和变形、设计规格上的偏差、不合格的原材料或组件等。

2.不合格品的管理

不合格品的管理不但包括对不合格品本身的管理，而且包括对出现不合格品的生产过程的管理。

（1）当生产过程的某个阶段出现不合格品时，绝不允许对其做进一步的加工。

（2）对于不合格品本身，应根据不合格品管理程序及时进行标识、记录、评价、隔离和处置。

（3）对已做了标识和记录的不合格品，生产企业应在等候评审和最终处置期间将其放置在特定的隔离区，并实行严格控制，以防在此之前被动用。

3. 不合格品的处置

对不合格品可以做出如下处置：返工、返修、原样使用、降级、报废。

三、出口产品质量检验操作

（一）常用的出口产品质量检验方法

1. 全数检验与抽样检验

（1）全数检验是对一批产品中的每一件产品逐一进行检验，挑出不合格品后，认为其余都是合格品。这种质量检验方法虽然适用于生产批量很少的大型机电设备产品，但对于大多数生产批量较大的产品，如电子元器件就不适用了。产品产量大、检验项目多或检验较复杂时，进行全数检验势必要花费大量的人力和物力，同时，仍难免出现错检和漏检现象。而当质量检验具有破坏性时，如电视机的寿命试验、材料产品的强度试验等，全数检验更是不适合的。

（2）抽样检验是从一批交验的产品（总体）中，随机抽取适量的产品样本进行质量检验，然后把检验结果与判定标准进行比较，从而确定该产品是否合格或需再进行抽检后裁决的一种质量检验方法。过去我国一直沿用苏联在20世纪40年代采用的百分比抽样检验方法。这种检验方法认为样本与总体一直是成比例的，因此，把抽查样本数与检查批总体数保持一个固定的比值，如5%、0.5%等，但实际上存在着大批严、小批宽的不合理性。也就是说，即使质量相同的产品，因检查批数量的不同而受到不同的处理。另外，随着检查批总体数量的增多，即使按一定的百分比抽样，样本数也是相当大的，不能体现抽样检验在经济性方面的优点。因此，这种抽样检验方法已被逐步淘汰。

2. 计数检验与计量检验

（1）计数检验。计数检验的计数值质量数据不能连续取值，如不合格数、疵点数、缺陷数等。

（2）计量检验。计量检验的计量值质量数据可以连续取值，如长度、容积、重量、浓度、温度、强度等。

3. 理化检验与感官检验

（1）理化检验是应用物理或化学的方法，依靠量具、仪器及设备装置等对受检物进行检验。理化检验通常可以测得检验项目的具体数值，精度高、人为误差小。理化检验是各种检验方式的主流方式，受到人们的特别关注。

（2）感官检验就是依靠人的感觉器官对质量特性或特征做出评价和判断。如对产品的形状、颜色、气味、伤痕、污损、锈蚀和老化程度等，往往要靠人的感觉器官来进行检查和评价。因此，感官检验的结果往往依赖检验人员的经验，并有较大的波动性。虽然如此，由于目前理化检验技术发展的局限性以及质量检验问题的多样性，感官检验在某些场合仍然是质量检验方式的一种选择或补充。

4. 破坏性检验与非破坏性检验

（1）经过破坏性检验后，如寿命试验、强度试验和爆炸试验等，受检物品不再具有原来的使用功能。破坏性检验只能采用抽样检验方式。

（2）非破坏性检验又称无损检验，是指检验时产品不受到破坏，或虽然有损耗但对产品质量不发生实质性影响的检验。如机械零件的尺寸等大多数检验属于非破坏性检验。现在由于无损检查的发展，非破坏性检验的范围在不断扩大。

5. 固定检验与流动检验

（1）固定检验就是集中检验，是指在生产企业内设立固定的检验站，各工作现场的产品加工以后送到检验站集中检验。

（2）流动检验就是由检验人员直接去工作现场检验。

6. 验收检验与监控检验

(1)验收检验广泛存在于生产全过程，如原材料、外购件、外协件及配套件的进货检验，半成品的入库检验，产成品的出厂检验等。验收检验的目的是判断受检对象是否合格，从而做出接收或拒收的决定。

(2)监控检验也称过程检验，目的是确定生产过程是否处于受控状态，以预防由于系统性质量因素的出现而导致的不合格品的大量出现。如生产过程质量控制中的各种抽样检验就是监控检验。

(二)抽样检验方法

人们经过对百分比抽样检验方法的研究，获知百分比抽样检验方法不合理的根本原因是没有按数理统计的科学方法去设计抽样方案。因此，世界各国逐步研究和设计了一系列建立在概率论和数理统计科学基础上的各种统计抽样检验或统计抽样检验方案，并制订成标准抽样检验方案。例如，1949 年，美国科学家道奇和罗米格首先公布了《一次抽样与二次抽样检查表》；1950 年，美国公布军用标准的计数抽样检验方法 MIL-STD-105D；日本先后制定了 JIS-Z9002、JIS-Z9015 等一系列抽样检验方法标准；英国、加拿大等国也相继制定了抽检方法标准；ISO 和 IEC 分别制定了抽样检验方法的国际标准，如 ISO2859 和 IEC410 等。实践证明，上述抽样检验方法标准应用于产品质量检验时，虽然也存在误判的可能，即通常所说存在生产方风险和使用方风险，但可以通过选用合适的抽样检验方案，把这种误判的风险控制在人们要求的范围之内，符合社会生产使用的客观实际需要，因此，很快地在世界各国得到广泛推行，取代了原先的不合理的百分比抽样检验方法。

1. 抽样检验方法的分类

(1)按产品质量指标特性分类，分为计量检验法、计数检验法及二者的混合使用。

①计量检验法是从批量产品中抽取一定数量的样品数(样本)，检验该样本中每个样品的质量，然后与规定的标准值或技术要求进行比较，以确定该批产品是否合格的方法。如材料的纯度、加工件的尺寸、钢材的化学成分、产品的寿命等定量数据指标。

②计数检验法是从批量产品中抽取一定数量的样品(样本)，检验该样本中每个样品的质量，确定其合格或不合格，然后统计合格品数，与规定的“合格判定数”比较，确定该批产品是否合格的方法。它又可分为计件指标和计点指标两种，前者以不合格品的件数来衡量，后者则指产品中的缺陷数，如 1 平方米布料上的外观疵点个数、1 个铸件上的气泡和砂眼个数等。

③计量检验法和计数检验法的混合运用。如选择产品某一个质量参数或较少的质量参数进行计量抽检，其余多数质量参数则实施计数抽检方法，既能减少计算工作量，又能获取所需质量信息。

(2)按抽样检验的次数分类，分为一次、二次、多次和序贯抽检方法。

①一次抽检方法。该方法最简单，只需抽检一个样本就可以做出一批产品是否合格的判断。

②二次抽检方法。先抽第一个样本进行检验，如能据此做出该批产品合格与否的判断，检验则终止。如不能做出判断，再抽取第二个样本，在检验后做出是否合格的判断。

③多次抽检方法。其原理与二次抽检方法一样，每次抽样的样本大小相同，即 $n_1=n_2=n_3=\cdots=n_7$，但抽检次数多，合格判定数和不合格判定数也多。ISO2859 标准提供了七次抽检方案，我国 GB/T2828、GB/T2829 实施五次抽检方案。GB/T2828 是计数抽样检验标准，只适用于计数抽样检验的场合，主要用于连续批的逐批检验，也可用于孤立批的检验。但用于孤立批场合时，使用者应仔细分析 OC 曲线，从中找出具有所需保护能力的方案。GB/T2828 规定的抽样方案主要适用于下述检验范围：最终产品、零部件和原材料、在制品、库存品、维修操作、数据或记录、管理程序。

④序贯抽检方法。其相当于多次抽检方法的极限，每次仅随机抽取一单位产品进行检验，检验后即按判定规则做出合格、不合格或再抽下一单位产品的判断。一旦能做出该批合格或不合格的

判定，就终止检验。

（3）按抽检方法形式分类，分为调整型与非调整型两大类。

①调整型抽检方法是由几个不同的抽检方案与转移规则联系在一起，组成一个完整的抽检体系，然后根据各批产品质量变化情况，按转移规则更换抽检方案，即进行正常、加严或放宽抽检方案的转换，ISO2859、ISO3951 和 GB/T2828 标准都属于这种类型，调整型抽检方法适用于各批质量有联系的连续批产品的质量检验。

②非调整型的单个抽样检验方案不考虑产品批的质量历史，使用中也没有转移规则，因此比较容易为质检人员所掌握，但只对孤立批的质量检验较为适用。

2. 抽样检验方法的特点

（1）产品必须以“检验批”形式出现。检验批分连续批和孤立批。连续批是指批与批之间产品质量关系密切或连续生产并连续提交验收的批，如：产品设计、结构、工艺、材料无变化；制造场所无变化；中间停产时间不超过一个月。单个提交检验批或待检批不能利用最近已检批提供的质量信息的连续提交检验批，称为孤立批。

（2）批合格不等于批中每个产品都合格，批不合格也不等于批中每个产品都不合格。抽样检验只保证产品整体的质量，而不保证每个产品的质量。也就是说，在抽样检验中可能出现两种“错误”或“风险”。①将合格批误判为不合格批的错误，又称“生产方风险”（常记作 α），一般 α 值控制在 1%、5%或 10%；②将不合格批误判为合格批的错误，又称“使用方风险”（常记作 β），一般 β 值控制在 5%、10%。

【注意】样本的不合格率不等于提交批的不合格率。

样本是从提交检验批中随机抽取的。所谓随机抽取，是指每次抽取时，批中所有单位产品被抽取的可能性都均等，不受任何人的意志支配。样本抽取时间可以在批的形成过程中，也可以在批形成之后，随机抽样数可以按随机数表查取，也可以按 GB/T10111 等标准确定。

3. 抽样检验中的基本术语

（1）批。相同条件下制造出来的一定数量的产品称为批。

（2）单位产品。为实施抽样检验的需要而划分的基本单位称为单位产品。

（3）批量和样本大小。批量是指批中包含的单位产品个数，以 N 表示。样本大小是指随机抽取的样本中单位产品个数，以 n 表示。

（4）样本和样本单位。从检验批中抽取用于检验的单位产品称为样本单位。而样本单位的全体则称为样本。样本大小则是指样本中所包含的样本单位数量。

（5）合格质量水平（*AQL*）和不合格质量水平（*RQL*）。在抽样检验中，认为可以接受的连续提交检验批的过程平均上限值，称为合格质量水平，一般用 *AQL* 符号表示。而过程平均是指一系列初次提交检验批的平均质量，它用每百单位产品不合格品数或不合格数表示；具体数值由产需双方协商确定。在抽样检验中，认为不可接受的批质量下限值，称为不合格质量水平，用 *RQL* 符号表示。

（6）检查和检查水平（*IL*）。用测量、试验或其他方法，将单位产品与技术要求进行对比的过程称为检查。检查有正常检查、加严检查和放宽检查等。

（7）两类风险。因抽样检验的随机性，将本来合格的批，误判为拒收，这对生产方是不利的，因此该概率称为第Ⅰ类风险或生产方风险，以 a 表示；而本来不合格的批，也有可能误判为可接受，将对使用方不利，该概率称为第Ⅱ类风险或使用方风险，以 p 表示。

（8）抽样检验方案。抽样检验方案是指样本大小或样本大小系列与判定数组结合在一起。判定数组是指由合格判定数系列与不合格判定数系列，或者合格判定数系列与不合格判定数系列结合在一起。抽样检验方案有一次、二次和五次抽样方案。

①一次抽样方案是指由样本大小 n 和判定数组(A_c,R_e)结合在一起组成的抽样方案。A_c 为合格判定数,是判定批合格时样本中所含不合格品(d)的最大数,又称接收数($d \leqslant A_c$)。Re 为不合格判定数,是判定批不合格时样本中所含不合格品的最小数,又称拒收数($d \geqslant R_e$)。

②二次抽样方案是指由第一样本大小 n_1,第二样本大小 n_2,……和判定数组(A_{c1},A_{c2},R_{e1},R_{e2})结合在一起组成的抽样方案。

③五次抽样方案则是指由第一样本大小 n_1,第二样本大小 n_2,……第五样本大小 n_5 和判定数组(A_1,A_2,A_3,A_4,A_5,R_1,R_2,R_3,R_4,R_5)结合在一起组成的抽样方案。

拓展阅读 2—4　　我国至今已制定的抽样方法和标准

GB/T10111:利用随机数骰子进行随机抽样的方法。

GB/T13393:抽样检查导则。

GB/T6378:不合格品率的计量抽样检验程序及图表(对应于 ISO3951)。

GB/T8051:计数序贯抽样检验方案(适用于检验费用昂贵的生产上连续批产品的抽样检查)。

GB/T8052:单水平和多水平计数连续抽样检验程序及表(适用于输送带上移动产品的检查)。

GB/T8053:不合格品率的计量标准型一次抽样检验程序及抽样表。

GB/T8054:平均值的计量标准型一次抽样检验程序及抽样表。

GB/T13262:不合格品率的计数标准型一次抽样检验程序及抽样表。

GB/T13263:跳批计数抽样检验程序。

GB/T13264:不合格品率的小批计数抽样检验程序及抽样表。

GB/T13546:挑选型计数抽样检验程序及抽样表。

GB/T14162:产品质量监督计数抽样程序及抽样表。

GB/T14437:产品质量计数一次监督抽样检验程序。

GB/T14900:产品质量平均值的计量一次监督抽样检验程序及抽样表等标准。

这些抽样方法和标准分别对企业的抽样检验与国家行业及地方的质量监督抽样检验方法作出了明确的规定。

(三)计数抽样方法

此方法按抽样次数,分为一次、二次和多次计数抽样检验方法。

1. 一次计数抽样检验方法

这是一种最基本和最简单的抽样检验方法。它对总体 N 中抽取 n 个样品进行检验,根据 n 中的不合格品数 d 和预先规定的允许不合格品数 C(也可记作 A_c)进行对比,从而判断该批产品是否合格。其基本内容如图 2—8 所示。

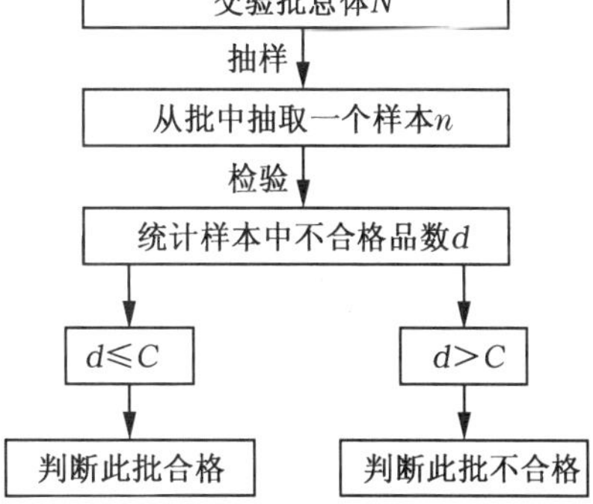

图 2—8　一次计数抽样方案程序

2. 二次计数抽样检验方法

这种抽检方法是在一次抽检方法的基础上发展起来的。它是对交验批抽取两个样本 n_1 和 n_2(GB/T2828 中规定 $n_1=n_2$),对应也有两个合格判定数 C_1 和 C_2,不合格判定数为 Y_1 和 Y_2,两次样本中的不合格品数分别为 d_1 和 d_2。其抽检和判断过程如下:

(1)先抽取第一个样本 n_1,检验后如不合格品数是 $d_1 \leqslant C_1$,判为合格;如 $d_1 \geqslant Y_1$,判为不合格;当 $C_1 \leqslant d_1 \leqslant Y_1$,则需由第二个样本来判定。

(2)n_2 中的不合格品数 d_2 和 d_1 加在一起与 C_2 和 Y_2 进行比较,如 $d_1+d_2 \leqslant C_2$,判为合格;如 $d_1+d_2 \geqslant Y_2$,判为不合格。

二次计数抽样方案程序如图 2－9 所示。

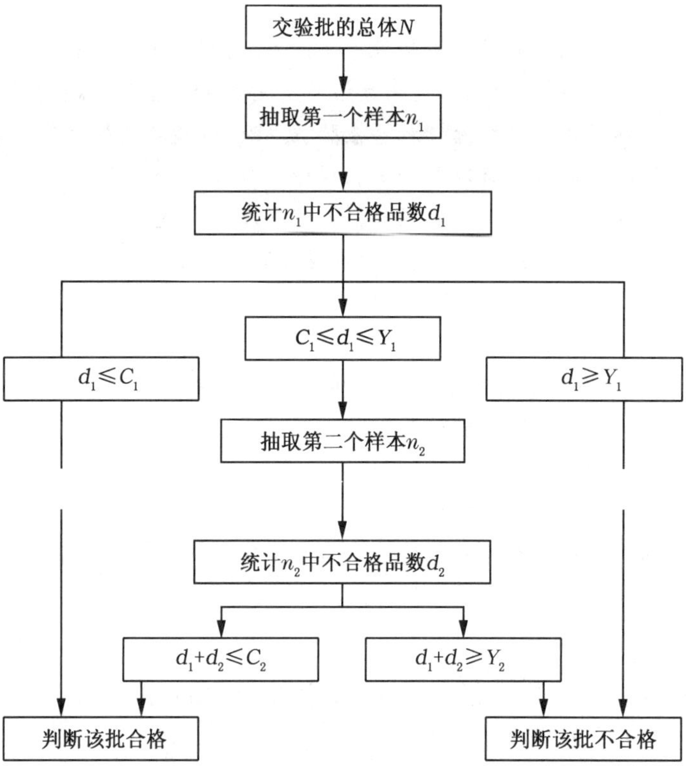

图 2－9 二次计数抽样方案程序

3. 多次计数抽样检验方法

多次计数抽样检验的程序与二次计数抽检检验相似,但抽检次数多,合格判定数和不合格判定数也多,因每次抽取样本大小相同,所以抽检次数多的样本小。我国 GB/T2828 和 GB/T2829 规定的是五次抽检方案,而 MIL－STDJ－105D 和 ISO2859 标准原规定的是七次,但到 1987 年 9 月通过了中国提案后,也改为五次。

(四)计数抽样检查的程序

产品批不同、抽检方案不同、适用范围不同,其抽检程序也是不同的。根据我国标准 GB/T2828、GB/T2829 和 GB/T13264 的规定,它们的计数抽检的程序分别见表 2－7。

表 2—7　　**计数抽检的程序**

抽检程序	逐批检查计数抽检方案		周期检查计数抽检方案（适用于生产过程稳定性检查）
	适用于连续批	适用于孤立批	
	GB/T2828	GB/T13264	GB/T2829
1	规定单位产品的技术要求	规定双方风险质量	规定检查的周期
2	规定不合格的分类	规定抽样方案类型	选择试验项目并组成试验组
3	规定合格质量水平	选择抽样方案	规定试验方法和技术要求
4	规定检查水平	抽取样本	规定不合格的分类
5	组成与提出检查批	检查样本	规定不合格质量水平
6	规定检查的严格度	判断批质量	规定判别水平
7	选择抽样方案类型	做出处理	选择抽样方案类型
8	检索抽样方案		检索抽样方案
9	抽取样本		抽取样本
10	检查样本		检查样本
11	判断逐批检查合格或不合格		判断周期检查合格或不合格
12	逐批检查后的处置		周期检查后的处置

（五）GB/T2828《逐批检查计数抽样程序及抽样表》及其应用

GB/T2828 属于调整型计数抽样方法、标准，它可以在连续批产品质量检验中，根据产品质量水平的状况，随时调整抽检方案的严格程度，如图 2—10 所示。

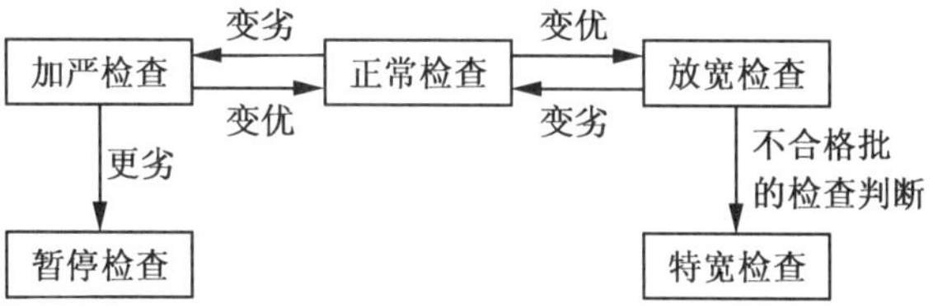

图 2—10　调整计数抽样

GB/T2828 标准中抽样方案的五个要素有：批量（N）、合格质量水平（AQL）、检查水平（IL）、检查次数和严格度。

1. 批量（N）

GB/T2828 根据实践经验和经济因素，规定批量分为 15 档，如 2～8 为第一档，9～15 为第二档，16～25 为第三档……一直到≥500 001 为第 15 档为止。具体见表 2—8。

表 2—8　　**GB/T2828 标准（即《逐批检查计数抽样程序及抽样表》）**

批　量	特殊检验水平				一般检验水平		
	S-1	S-2	S-3	S-4	Ⅰ	Ⅱ	Ⅲ
2～8	A	A	A	A	A	A	B
9～15	A	A	A	A	A	B	C
16～25	A	A	B	B	B	C	D
26～50	A	B	B	C	C	D	E

续表

批量	特殊检验水平				一般检验水平		
	S-1	S-2	S-3	S-4	Ⅰ	Ⅱ	Ⅲ
51～90	B	B	C	C	C	E	F
91～150	B	B	C	D	D	F	G
151～280	B	C	D	E	E	G	H
281～500	B	C	D	E	F	H	J
501～1 200	C	C	E	F	G	J	K
1 201～3 200	C	D	E	G	H	K	L
3 201～10 000	C	D	F	G	J	L	M
10 001～35 000	C	D	F	H	K	M	N
35 001～150 000	D	E	G	J	L	N	P
150 001～500 000	D	E	G	J	M	P	Q
500 001 以上	D	E	H	K	N	Q	R

2. 合格质量水平(*AQL*)

GB/T2828 中把 *AQL* 从 0.010 至 1 000 按 R_5 优先数系分为 26 级,其公比大约为 1.5。具体如表 2—9 所示。

表 2—9　　加严检验一次抽样方案

样本量字码	样本量	接收质量限(*AQL*)																									
		0.010	0.015	0.025	0.040	0.065	0.10	0.15	0.25	0.40	0.65	1.0	1.5	0.5	4.0	6.5	10	15	25	40	65	100	150	250	400	650	1 000
		A_c R_e	A_c R_e	A_c R_e	A_c R_e	A_c R_e	A_c R_e	A_c R_e	A_c R_e	A_c R_e	A_c R_e	A_c R_e	A_c R_e	A_c R_e	A_c R_e	A_c R_e	A_c R_e	A_c R_e	A_c R_e	A_c R_e	A_c R_e	A_c R_e	A_c R_e	A_c R_e	A_c R_e	A_c R_e	A_c R_e
A	2															⇩	0 1		⇩	1 2	2 3	3 4	5 6	8 9	12 13	18 19	27 28
B	3														⇩	0 1		⇩	1 2	2 3	3 4	5 6	8 9	12 13	18 19	27 28	41 42
C	5													⇩	0 1		⇩	1 2	2 3	3 4	5 6	8 9	12 13	18 19	27 28	41 42	⇧
D	8												⇩	0 1		⇩	1 2	2 3	3 4	5 6	8 9	12 13	18 19	27 28	41 42	⇧	
E	13											⇩	0 1		⇩	1 2	2 3	3 4	5 6	8 9	12 13	18 19	27 28	41 42	⇧		
F	20										⇩	0 1		⇩	1 2	2 3	3 4	5 6	8 9	12 13	18 19	⇧	⇧	⇧			
G	32									⇩	0 1		⇩	1 2	2 3	3 4	5 6	8 9	12 13	18 19	⇧						
H	50								⇩	0 1		⇩	1 2	2 3	3 4	5 6	8 9	12 13	18 19	⇧							
J	80							⇩	0 1		⇩	1 2	2 3	3 4	5 6	8 9	12 13	18 19	⇧								
K	125						⇩	0 1		⇩	1 2	2 3	3 4	5 6	8 9	12 13	18 19	⇧									
L	200					⇩	0 1		⇩	1 2	2 3	3 4	5 6	8 9	13 13	18 19	⇧										
M	315				⇩	0 1		⇩	1 2	2 3	3 4	5 6	8 9	12 13	18 19	⇧											
N	500			⇩	0 1		⇩	1 2	2 3	3 4	5 6	8 9	12 13	18 19	⇧												
P	800		⇩	0 1		⇩	1 2	2 3	3 4	5 6	8 9	12 13	18 19	⇧													
Q	1 250	⇩	0 1		⇩	1 2	2 3	3 4	5 6	8 9	12 13	18 19	⇧														
R	2 000	0 1	⇧	⇩	1 2	2 3	3 4	5 6	8 9	12 13	18 19	⇧															
R_e *S*	3 150			1 2																							

注:⇩表示使用箭头下面的第一个抽样方案。如果样本量等于或超过批量,则执行 100%全检。⇧表示使用箭头上面的第一个抽样方案。A_c 表示接收数。R_e 表示拒收数。

AQL 的确定,原则上应由产需双方商定,也可以在相应的标准或技术条件中规定,具体来说可以有定性确定与定量确定。

(1)定性确定。

①单位产品失效后会给整体带来严重危害的，AQL 值选用较小数；反之，可选用较大数。

②A 类不合格原则上不用抽样检查，B 类不合格的 AQL 值小，C 类不合格的 AQL 值大。

③产品检查项目少时宜选用较小的 AQL，检查项目多时宜选用较大的 AQL。

④产品价格较高时，用较小的 AQL；反之，可用较大的 AQL。

⑤电气性能宜用小的 AQL，机械性能居中，外观质量可用较大的 AQL。

⑥同一产品中，B 类不合格用较小的 AQL，C 类不合格用较大的 AQL；重要检验项目的 AQL 较小，次要检验项目的 AQL 较大。

(2)定量确定。

①计算法。当损益平衡点 $P=P_b$ 时，其盈亏平衡公式为：

$$A=R=\frac{I}{P_b}+c$$

式中：A 表示接收不合格品单位产品的损失；R 表示拒收单位产品的费用；P_b 表示不合格品率；I 表示检查一单位产品的费用；c 表示将一件不合格品代之以一件合格品的费用。

还可得出：

$$P_b=\frac{I}{A-c}$$

再根据计算出来的 P_b 求出相应的质量平衡点 KP_b，找出对应的 AQL，即：

$$KP_b=\frac{P_b}{AQL}$$

②统计平均法。它通过统计过程平均不合格品率 P，了解本单位的生产能力。如某单位某年的各月样本不合格品率统计如表 2—10 所示。

表 2—10　　各月样本不合格品率统计

月份	1	2	3	4	5	6	7	8	9	10	11	12
P_b(%)	0.79	0.83	0.85	0.85	0.92	0.93	0.81	0.82	0.78	0.90	0.97	0.94

表 2—10 中 11 月的 P_b 值最大为 0.97，则可取 AQL=1.0。也就是说，当 AQL=1 时，绝大多数产品可以高概率地通过。

③因素图解法。先将合格质量水平 AQL 值的确定因素分解成 4 个指标，每个指标又分成三种程度不同的情况加以区分。

- 如何发现可能忽略的缺陷：

a. 简单、容易地发现；

b. 经过一般检查才能发现；

c. 经拆卸等较复杂的手段才能发现。

- 排除这些缺陷所需的成本或消耗：

a. 不花或极少花费成本与时间消耗；

b. 一般的成本和时间消耗；

c. 长时间、高成本，损失较大。

- 缺陷一旦产生给企业带来的后果：

a. 可以容忍；

b. 需返修，某些情况下需拆卸产品本身；

c. 要换件(需报损某些零部件)，影响交货期。

● 有缺陷的产品一旦销售出去会带来的后果：

a. 用户不满；

b. 用户要求索赔；

c. 生产企业信誉损失。

当确定了上述四种指标中的某一种以后，在图 2—11 中，按所示次序依次查找，即可查得合格质量水平 *AQL* 值。

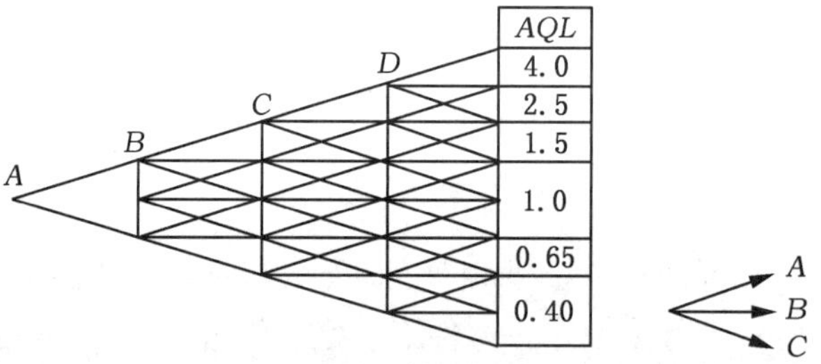

图 2—11 按次序依次确定 *AQL* 值

另外，还有一种经验确定数据方法，如按产品的使用要求，可参照表 2—11 确定 *AQL* 值。

表 2—11

使用要求	特高	高	中等	低
AQL	≤0.1	0.15～0.65	1.0～2.5	≥4.0
实例	导弹、卫星等	飞机、舰艇、主要工业品	一般车、船、重要工业品	生活用品

如按产品性能，可参照表 2—12 确定 *AQL* 值。

表 2—12

性 能	电 气	机 械	外 观
AQL	0.4～0.65	1.0～1.5	2.5～4.0

如按检验项目多少确定 *AQL* 可参照表 2—13。

表 2—13

检验项目数		1～2	3～4	5～7	8～11	12～19	20～48	＞48
AQL	重	0.25	0.40	0.60	1.0	1.5	2.5	4.0
	轻	0.05，0.10	1.5	2.5	4.0	≥6.5		

3. 检查水平(*IL*)

所谓检查水平，就是按抽样方案的判断能力而拟定的不同样本大小。显然，样本大小 n 大些，其判断能力就大些。因此，如检验费用较低，就可把 n 选大些。

(1)GB/T2828 对检查水平的分类

①一般检查水平用于没有特别要求的场合。它又分为Ⅰ、Ⅱ、Ⅲ三级，一般如无特殊说明，则先选取第Ⅱ级检查水平。

②特殊检查水平用于希望样本大小 n 较少的场合。GB/T2828 规定有 S-1、S-2、S-3 和 S-4 共四级。一般用于检查费用极高的场合，如破坏性检查，产品的单价又较昂贵。其中，S-1、S-2 适用于加工条件较好、交验批内质量较均匀的状况，而 S-3、S-4 则适用于交验批内质量均匀性稍差的状况。

(2)选择检查水平应遵循的原则

①当没有特殊规定时，首先选用一般检查水平Ⅱ；

②为了保证 AQL，使劣于 AQL 的产品批尽可能少地漏过去，宜选用较高的检查水平，以维护消费者利益；

③检验费用较低时，宜用较高的检查水平，使抽检样本多些，误判就少些；

④产品质量不够稳定、有较大波动时，宜用较高的检查水平；

⑤检查是破坏性的或严重降低产品性能的，可采用较低的检查水平；

⑥产品质量较稳定时可用较低的检查水平。

总之，检查水平的选定涉及技术、经济等各方面因素，必须综合研究，才能合理选定。

4. 检查次数

GB/T2828 规定抽取样本的次数为三种，即一次、二次和五次。

一次抽检方案最简单，也很易掌握，但其样本 n 较大，所以总的抽检量反而大一些。

二次和五次抽捡方案较复杂些，需要有较高的管理水平才能很好地实施。每次抽取的样本大小 n 较小，但每次抽取样本大小都相同，并且在产品质量很好或很差时，不用抽满规定次数即可判定合格与否，所以总的抽检量反而会小些。

当检查水平相同时，一次、二次与五次抽检方案的判断结果基本相同。

三种抽检方案的抽取样本大小是不同的，所以它们之间一般存在着下列关系：

$$n_1 : n_2 : n_5 = 1 : 0.63 : 0.25$$

即：$2n_2 = 1.26n_1$

$5n_3 = 1.25n_1$

5. 严格度

抽检方案的严格度是指采用抽检方案的宽严程度。GB/T2828 规定了三种宽严程度，即正常检查、加严检查和放宽检查。正常检查适用于当过程平均质量状况接近 AQL 时；加严检查适用于当过程平均质量状况明显比 AQL 劣时；放宽检查适用于当过程平均质量状况明显比 AQL 优时。

此外，还有一种特宽检查，是当采用放宽检查发现不合格批时，重新进行判断所采用的一种抽样方案。它仅适用于放宽检查时发现的不合格批本身，而不能用于其他批的检查。

如无特殊规定，一般均先用正常检查。

(1)从正常检查转到加严检查。当进行正常检查时，如在五批或不足五批中就出现两批经初次检查不合格，则从下一批检查转到加严检查。

(2)从加严检查到正常检查。当进行加严检查后，如质量好转，连续五批均合格，则从下一批转为正常检查。

(3)从正常检查到放宽检查。从正常检查转为放宽检查，要全部满足以下四个条件：

①连续十批，经正常检查合格；

②在连续十批或按 GB/T2828.1(表 4－A 正常检验多次抽样方案)所述更多批所抽取的样本中，不合格品(或不合格)总数小于等于 GB/T2828.1(表 4－A 正常检验多次抽样方案)规定的界限数；

③生产正常；

④主管质量部门同意转到放宽检查。

(4)从放宽检查到正常检查。在进行放宽检查时，如出现下列情况之一，则从下批起又转为正常检查：

①有一批放宽检查不合格；

②生产不正常；

③主管质量部门认为有必要回到正常检查。

综上所述，GB/T2828 规定的转移规则可用图 2—12 表示。

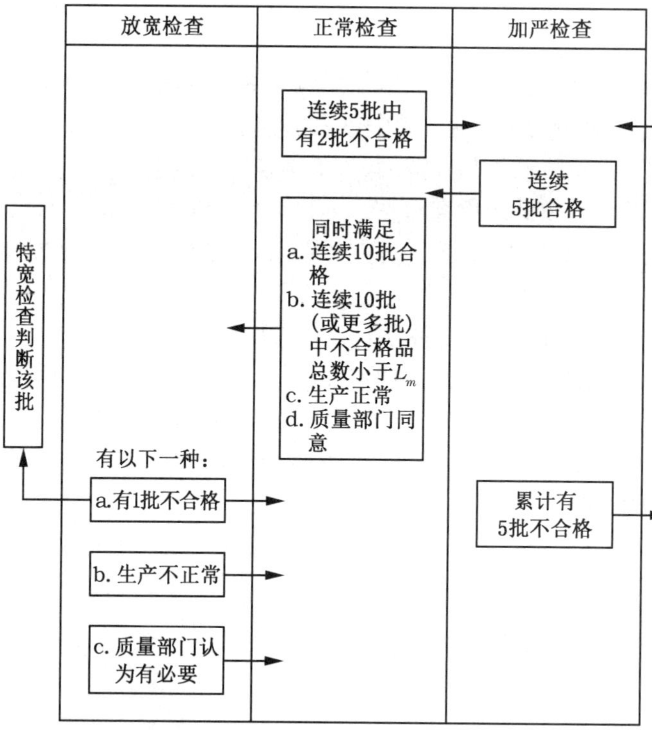

图 2—12 GB/T2828 规定的转移规则

【做中学 2—3】 已知提交检查的产品，每批批量 $N=1\ 000$，采用检查水平Ⅱ和一次正常检查方案，检查主要性能指标 a、b、c 三个项目，现确定 a 参数的 $AQL=1.0$，b 参数的 $AQL=0.1$，c 参数的 $AQL=0.01$，试用 GB/T2828 抽样检查。

解：由 $N=1\ 000$，检查水平Ⅱ，查样本大小字码表为 J。

根据 J，查 GB/T2828 中一次正常抽样方案表，查知样本大小 $n=80$。

因 a 参数的 $AQL=1.0$，判定数组为[2,3]。

因 b 参数的 $AQL=0.1$，判定数组为[0,1]，但因查时为箭头向下(↓)才找到的[0,1]，因此 $n=125$。

因 c 参数的 $AQL=0.01$，同理判定数组为[0,1]，$n=1\ 250$。

这样 a、b、c 三个参数所查 n 不等，要分别进行判断：

①当 $AQL=0.01$，$n_c=1\ 250$，所以 $n_c>N$，则说明对 c 参数要做全数检查，判定数组仍用[0,1]，说明只要有一个不合格品则拒收。

如 $AQL=0.01$，检查 c 参数合格后，再从 N 中随机抽取 $n_b=125$ 个样品进行 b 参数检查，判定数组也仍用[0,1]。如 $AQL=0.1$ 时，检查 b 参数仍为合格批，再从 125 个产品中随机抽取 $n_a=80$ 进行 a 参数检查，判定数组为[2,3]，如只有 2 个不合格品就接收，如出现 3 个不合格品就拒收。

②如标准规定 a、b、c 三个参数检查顺序不能变更，也可先抽 $n_a=80$ 检查，a 参数合格后再补抽 $n_2=n_b-n_c=45$，检查 b 参数也合格，则全数检查 c 参数。

上述两种检查方法中，只要 a、b、c 三个参数中有一个参数的检查未通过，都应停止检查，可以判该批产品为不合格。

(六)出口产品实物检验

当客户对"确认样"确认后，生产企业可以开始进入生产阶段，跟单员便进入了实质性跟单阶段。步骤如下：

1. 生产前检验

生产前检验是对企业外购原材料和技术准备的检验。

2. 生产初期检验

在完成工艺单和样板制定工作后，可进行小批量样品的生产，针对客户和工艺的要求及时修正不符点，并对工艺难点进行攻关，以便大批量流水作业顺利进行。样品经过客户确认签字后成为重要的检验依据之一。

3. 生产中期检验

这是指一般安排在有部分批量的成品从作业流水线出来后进行的检验。它主要检验所生产的产品是否符合工艺单的要求，是否与客户确认的样品一致。另外，还要计算按目前的生产量是否赶得上大货的交货期。

4. 生产尾期检验

生产尾期检验一般安排在生产进度为有订单总量的 90%以上的成品率，并且有 80%以上的成箱率的时候。

同步案例 2－4　　实物检验引发的思考

广东大鹏阀门总公司为广东宏韵外贸公司生产一批阀门，出口美国。广东宏韵外贸公司指派跟单员赵昂对这批阀门进行生产跟单。在生产初期，由于阀杆供应延误而影响了阀门初期的生产进度。在生产中期，又由于流水线设备故障致使生产进度拖延。工厂为了追赶工期，将部分阀门外发给了资质不全的企业进行加工，从而赶上了广东宏韵外贸公司的交货时间。货物发出一个月后，美国客商收到了阀门。经检测，部分阀门的技术指标未达到合同要求，只有重新维修调试后才能使用。为此，美国客商向广东宏韵外贸公司提出索赔。

同步案例2-4

案例精析

根据上述案例，请分析广东宏韵外贸公司跟单员赵昂在跟单过程中存在的问题。

任务八　外包(协)跟单

一、外包(协)的起因及形式

外包(协)(Outsourcing)一词直译为"外部资源"，是指企业整合利用其外部优秀的专业化资源，从而达到降低成本、提高效率、充分发挥自身核心竞争力和增强企业对环境的应变能力的一种管理模式。

企业将一部分生产任务外包至其他生产企业时，需要派出跟单员进行产品质量和交货期的跟踪，以确保产品能按质、按量、按时地完成。跟单员在跟单过程中，产品的质量是至关重要的一个环节。

（一）外包（协）的起因

包括：①产能。生产负荷大于实际产能，必须通过外包才能完成生产任务。②成本。自制成本大于外包的成本；③品质。外包可以获得较佳的品质；④技术；以本企业的现有技术水平无法解决；⑤设备。本企业的设备无法解决或本企业无特殊设备；⑥能源。企业生产期间，遇到电力等能源动力短缺；⑦知识产权。本企业没有生产某一商品的专利许可证。

（二）外包（协）的形式

1. 包工包料

包工包料也称成品外包。这是将整个成品的生产任务外包至其他生产企业，该生产企业不仅负责采购原材料、辅料等生产资料，而且要按发包方的工艺要求组织生产加工，发包企业按事先商定的标准进行验收并支付货款。

2. 包工不包料

这是由外包企业提供原材料、辅料、模具等生产要素，生产企业只负责生产加工，收取加工费（俗称“工缴费”）。

无论是包工包料还是包工不包料，发包企业都需要派出跟单员到生产企业进行跟单，跟踪质量和交货期。

二、外包（协）的注意事项

（1）对外包加工企业送回的成品在入库前，要进行检查并作记录。

（2）对外包加工企业的管理如同本企业的生产管理一样，要对原材料、辅料的入库和成品的出库进行定期盘点，以使账、物相符。

【提示】下列情况不应该采取外包作业，包括：①有可能泄露本企业的生产技术或机密的；②外包的交货期不能满足本企业要求的；③外包的品质达不到本企业要求的；④外包的成本大于本企业生产成本的；⑤成品无法进行检验的。

【注意】下列情况应该避免进行外包作业，包括：①原材料较为贵重；②原材料或成品在运输过程中，极易破损或变质；③原材料或成品的体积（或重量）过大，会产生大额的运费；④外包数量太少或金额过小，而管理成本过高；⑤外包的成本与自制成本相差无几。

三、外包（协）跟单实务

（一）外包（协）的一般流程

1. 外包的评估

根据所需产品的生产工艺和本企业的生产现状，进行比较分析，做出是否需要外包的评估报告。

2. 外包申请

根据上述评估报告，确需外包的生产订单，应该及时提出申请，同时为选择外包加工企业做好前期准备工作。

3. 外包加工企业的选择

选择外包生产企业除了考虑加工生产能力、生产设备、员工素质、质量意识、控制手段和信用度外，还要考虑价格、交期、数量、交易条件。

4.外包合同的签订

在确定外包加工企业后，需要依外包方式的不同与外包加工企业签订不同内容的合同，并对违约责任予以明确。

5.合同的履行与跟单

如果将签订外包合同视为完成生产任务的基础，那么合同的履行则是完成生产任务的保障。在合同的履行期间，委托加工方要派出跟单员跟踪生产任务的完成情况。

6.本次外包的总结

在完成本次外包的跟单任务后，跟单员必须整理资料，交公司归档，同时要对本次外包进行总结，以便再有类似订单时，迅速选择外包加工企业。

（二）外包（协）管理

1.领（发）料管理

在“包工”的外包业务中，外发企业必须提供原材料和辅料。

2.验收管理

对外包加工企业送回的成品在入库前，要进行检查并作记录。一般而言，跟单员在对外包加工企业进行跟单时，应该对其生产过程和生产商品的质量进行全程跟踪。如果发现问题，应当及时解决，从而在商品入库时只要清点数量即可。

3.账务管理

可以说，外包加工企业的管理如同本企业的生产管理一样，要对原材料和辅料的入库以及成品的出库进行定期盘点，以使账实相符。

（三）外包（协）质量管理

1.明确标准

将技术标准和管理标准转化为明确的质量检验标准，使检验人员知道什么是合格品、什么是不合格品。

2.度量

要对产品的一个或多个质量特性，通过物理的、化学的以及其他技术手段或方法进行观察、测量、试验，取得产品质量的客观数据。

3.对比

将实际度量结果与质量标准相对比，以检验质量特性是否符合要求。

4.判定

根据对比结果，判断单件产品或一批产品是否合格。

5.处理

对于不同的检验类型采取不同的处理方式：对单件产品经检验合格则放行，不合格的则打上标志后隔离存放；对工序检验不合格的，则决定停产或调整；对原材料检验不合格的，则不能入库，需退回。

6.记录

每次检验都要有记录，并出具“查货报告”，同时要求外包企业的负责人签字确认，以便在下一次的复检中作为凭据。

任务九 国际货物运输跟单

一、国际货物运输概述

(一)国际货物运输的概念

运输就其运送对象来说,分为货物运输和旅客运输。以货物运输来说,又可按地域划分为国内货物运输和国际货物运输两大类。国际货物运输,就是在国家(地区)与国家(地区)之间的运输。国际货物运输又可分为国际贸易物资运输和非贸易物资(如展览品、个人行李、办公用品、援外物资等)运输两种。由于国际货物运输中的非贸易物资的运输往往只是贸易物资运输部门的附带业务,所以国际货物运输通常被称为国际贸易运输,单从一国来说,就是对外贸易运输,简称外贸运输。

(二)国际货物运输的性质

在国际贸易中,商品的价格包含着商品的运价,商品的运价在商品的价格中占有较大的比重,一般来说占 10%左右,在有的商品中甚至要占到 30%~40%。商品的运价也与商品的生产价格一样,随着市场供求关系变化而围绕着价值上下波动。商品的运价随着商品的物质形态一起进入国际市场中进行交换,商品运价的变化直接影响到国际贸易商品价格的变化。而国际货物运输的主要对象又是国际贸易商品,所以可以说,国际货物运输也是一种国际贸易,只不过它用于交换的不是物质形态的商品,而是一种特殊的商品,即货物的位移。所谓商品运价,也就是它的交换价格。

由此,可以得出这样的结论:从贸易的角度来说,国际货物运输就是一种无形的国际贸易。

(三)国际货物运输的特点

1. 国际货物运输涉及国际关系问题,是一项政策性很强的涉外活动

国际货物运输是国际贸易的一个组成部分,在组织货物运输的过程中,需要经常与境外发生直接或间接的广泛的业务联系。这种联系不仅是经济上的,而且会涉及国际政治问题,是一项政策性很强的涉外活动。

2. 国际货物运输是中间环节很多的长途运输

国际货物运输是国家(地区)与国家(地区)之间的运输,一般来说,运输的距离比较长,往往需要使用多种运输工具,通过多次装卸搬运,要经过许多中间环节,如转船、变换运输方式等,经由不同的国家和地区,要适用不同的法规和规定。

3. 国际货物运输涉及面广,情况复杂多变

国际货物运输涉及国内外许多部门,需要与不同国家(或地区)的货主、交通运输部门、认证机构、保险公司、银行或其他金融机构、海关、港口以及各种中间代理商等打交道。同时,各个国家(或地区)的法律、政策规定的不同,贸易、运输习惯和经营做法的不同,金融货币制度的差异,加之政治、经济和自然条件的变化,都会对国际货物运输产生较大的影响。

4. 国际货物运输的时间性强

按时装运进出口货物,及时将货物运至目的地,对履行进出口贸易合同、满足商品竞争市场的需求、提高市场竞争力、及时结汇,都有着重大意义。特别是一些鲜活商品、季节性商品和敏感性强的商品,更要求迅速运输,不失时机地组织供应,才有利于提高出口商品的竞争力,从而巩固和扩大销售市场。

5. 国际货物运输的风险较大

由于在国际货物运输中环节多、运输距离长、涉及面广、情况复杂多变,加之时间性很强,运输沿途国际形势的变化、社会的动荡、各种自然灾害和意外事故的发生,以及战乱、封锁禁运或海盗活

动等，都可能直接或间接地影响到国际货物运输，甚至造成严重后果，因此，国际货物运输的风险较大。为了转嫁运输过程中的风险损失，各种进出口货物和运输工具都需要办理运输保险。

（四）国际货物运输的任务

1.按时、按质、按量地完成进出口货物运输

国际贸易合同签订后，只有通过运输，及时地将进口货物运进来，将出口货物运出去，交到约定地点，商品的流通才能实现，贸易合同才能履行。“按时”就是根据贸易合同的装运期和交货期条款的规定履行合同；“按质”就是按照贸易合同质量条款的要求履行合同；“按量”就是尽可能地减少货损货差，保证贸易合同中货物数量条款的履行。如果违反了上述合同条款，就构成了违约，有可能导致赔偿、罚款等法律后果。因此，国际货物运输部门必须重合同、守信用，保证按时、按质、按量完成国际货物运输任务，保证国际贸易合同的履行。

2.节省运杂费用，为国家积累建设资金

由于国际货物运输是国际贸易的重要组成部分，而且运输的距离长、环节较多、各项运杂费用开支较大，故节省运杂费用的潜力比较大，途径也多。因此，从事国际货物运输的企业和部门，应该不断地改善经营管理，节省运杂费用，提高企业的经济效益和社会效益。

3.为国家节约外汇支出，增加外汇收入

动漫视频

国际贸易术语

国际货物运输是一种无形的国际贸易，也是国家外汇收入的重要来源之一。国际贸易合同在海上运输中一般采用 CIF 和 FOB 等贸易术语成交，按照 CIF 条件，货价内包括运费和保险费，由卖方派船将货物运至目的港；按照 FOB 条件，货价内则不包括运费和保险费，由买方派船到装货港装运货物。为了国家的利益，出口货物多争取 CIF 条件，进口货物多争取 FOB 条件，则可节省外汇支出、增加外汇收入。

4.认真贯彻国家对外政策

国际货物运输是国家涉外活动的一个重要组成部分，它的另一个任务就是在平等互利的基础上，密切配合外交活动，在实际工作中具体体现并切实贯彻国家各项对外政策。

（五）国际货物运输的要求

1.选择最佳的运输路线和最优的运输方案，组织合理运输

所谓合理运输，就是按照货物的特点和合理流向以及运输条件，走最少的里程，经最少的环节，用最少的运力，花最少的费用，以最短的时间，把货物运到目的地。所以，国际货物运输就是要根据商品的特定要求，综合考虑速度、价格、质量等因素，求得其最佳效益。

各种运输方式有着各自较合理的适用范围和不同的技术经济特征，选择时必须进行比较和综合分析，首先要考虑商品的性质、数量的多少、运输距离的远近、市场需求的缓急、风险的程度等因素，如鲜活商品、季节性商品，要求运输速度快、交货及时，以免贻误销售时机；另外，要考虑运输成本的高低和运行速度的快慢，如货价较低的大宗商品则要求低廉的运输费用，以降低商品成本，提高竞争力。

正确选择运输路线和装卸、中转港口。一般来说，应尽量安排直达运输，以减少运输装卸、转运环节，缩短运输时间，节省运输费用。必须中转的进出口货物，也应选择适当的中转港、中转站。

2.树立系统观念，加强与有关部门配合协作，努力实现系统效益和社会效益

在国际货物运输的过程中，要切实加强货主、运输企业、海关、银行金融、港口、船代和货代等部门与企业之间的联系，相互配合、密切协作，充分调动各方面的积极性，形成全局系统观念，共同完成国际货物运输任务。

3.树立为货主服务的观念，实现“安全、迅速、准确、节省、方便”的要求

根据国际货物运输的性质和特点，针对国际货物运输的任务，经过多年的实践，中国外运集团

提出的国际货物运输要“安全、迅速、准确、节省、方便”的“十字方针”，已被广大货运代理企业和有关部门所认可。总而言之，“十字方针”是一个有机联系的整体，可以根据市场供求的缓急、商品特性，以及运输路线与运力的不同情况，全面考虑，适当安排，必要时可以有所侧重。

二、国内运输跟单

（一）托运

所谓托运，是指货物托运人或发货人向承运人提出要求运输货物的行为。货物托运人在办理托运时，须与运输单位签订货物托运合同，办理运输手续。

1. 托运人的权利、义务

（1）托运人应当及时办理港口、海关、检验、检疫和其他货物运输所需的各项手续，并将已办理各项手续的单证送交承运人。因托运人办理各项手续和有关单证不及时、不完备或者不正确，造成承运人损失的，托运人应当承担赔偿责任。

（2）托运人托运货物的名称、件数、重量、体积、包装方式、识别标志，应当与运输合同的约定相符。

（3）散装货物，托运人确定重量有困难时，可以要求承运人提供船舶水尺计量数作为申报的重量。

（4）以件运输的货物，承运人验收货物时，发现货物的实际重量或者体积与托运人申报的重量或者体积不符时，托运人应当按照实际重量或者体积支付运输费用。

（5）需要具备运输包装的货物，托运人应当保证货物的包装符合国家规定的包装标准；没有包装标准的，货物的包装应当保证运输安全和货物质量。

（6）需要随附备用包装的货物，托运人应当提供足够数量的备用包装，交承运人随货免费运输。

（7）托运危险货物，托运人应当按照有关危险货物运输的规定，妥善包装，制作危险品标志和标签，并将其正式名称和危险性质以及必要时应当采取的预防措施书面通知承运人。

（8）托运人应当在货物的外包装或者表面正确制作识别标志。识别标志的内容包括发货符号、货物名称、启运港、中转港、到达港、收货人、货物总件数等。

（9）托运人应当根据货物的性质和安全储运要求，按照国家规定，在货物外包装或者表面制作识别标志和储运指示标志。识别标志和储运指示标志应当字迹清晰、牢固。

（10）同一托运人、收货人整船、整舱装运的直达运输货物可以不制作识别标志。外贸出口货物到港口不变换原包装的可以使用原包装的商品标志作为识别标志。

2. 运单填制的注意事项

（1）运单是运输合同的证明，是承运人已经接收货物的收据。一份运单填写一个托运人、收货人、启运港、到达港。如同一托运人的货物分属到达港的两个或两个以上收货人，则应分别填制运单。

（2）托运的货物虽属同一个托运人、收货人，但托运多种货物，且其中有货物性质不相容时，也不能填制在同一张运单内。

（3）危险货物的托运应填制专门的危险货物运单，即红色运单。

（4）制作托运货物的标志。托运货物标志包括运输标志、必要的包装储运标志及危险货物标志。运输标志由运输号码、到达港（地）、收货人、总件数、启运港（地）等项内容组成，其作用主要在于建立货物与货运单证之间的联系，据以识别货物，避免混装、混卸以及防止因错装、错卸而导致的货差事故。包装储运标志是指为了防止所装货物受损，而按照货物的性质，或涂刷或粘贴或以标签的形式拴挂于货物运输包装上，用以提醒承运人或港口经营人在运输、装卸、搬移和仓储过程中，采取必要的防护措施的图形和文字。我国规定的包装储运指示标志包括8种，即“向上”“防湿”“小心轻放”“由此吊起”“由此开启”“重点”“防热”“防冻”。危险货物标志则是指用以显示内装货物的危险种类和性质的图案或文字。我国的《危险货物运输规则》按货物的危险性质将危险货物分为10类，即爆炸品、氧化剂、压缩气体和液化气体、自燃物品、遇水燃烧物品、易燃液体、易燃固体、毒害品、腐蚀品、放射性物品。对这10类危险品的危险货物标志都规定了特定图形，托运人应在每件危险货物外包装上标贴规定的图形。

(5)特殊货物的托运，则根据该货物的托运、运输要求填制。

(6)性质互抵的货物，如普通货物与易腐、易碎、流质货物，普通货物与历史文物、稀有珍贵货物，须分别填制货物运单办理托运。

(7)货物品名的填写要具体，同一运单托运几种不同品名的货物时，要分别列明货物名称，不得用“等等”字样。

(8)到达港(地)的名称应按运价里程表中列明的港(地)名称，不得以地区的名称代替。

(9)必须按货物的实际情况填列货物件数、重量、体积、包装和发货符号等。对发货人难以确定重量的整船散装货物，可要求承运人提供船舶水尺计量数作为其确定的重量数。对笨重货物的重量，要力求准确填写，以便船舶、装卸港口考虑设备能力。

(10)收、发货人的地址要写详细、正确，以免发生错运或混运事故。

3. 支付费用

托运人在提交货物前或当场，应支付有关的费用，如启运港的港口使用费、运费、中转费等。如发生延期交付，则应支付滞纳金。费用支付方式可以是“预付”“到付”或“第三方支付”。

(二)提交托运货物

托运人向承运人提交货物，与承运人一起根据运单记载内容进行审核。由于不同货物的运输条件不同，承运人对货物交接验收也有区别。

1. 按货物重量交接

按此种方法交接，托运人与承运人共同确定货物重量，并将货物交接的实际重量记载在货物运单“计费单位”一栏内。

2. 按货物尺码交接

按此种方法交接，托运人应与承运人共同检查货物尺码是否与托运人填写的内容相符，并将交接的实际尺码记载在货物运单“计费单位”一栏内。

3. 按货物件数交接

按此种方法交接，托运人与承运人共同在启运港交接承运时点收清楚。如实际件数与运单存在不符，托运人应补足货物件数或在运单上予以更正。

(三)通知收货人做好接货准备

货物托运后，将货物已托运的信息及时告知收货人，请收货人注意承运人的到货通知。所谓到货通知，是承运人向收货人发出货物已运达且已具备提货条件的通知。

(四)接收货物

在国内运输中常常出现托运人就是收货人的情况，同时生产企业跟单员也经常遇到其他企业的跨省、市水路运输交货等，也会遇到在企业所在地之外的第三地接收货物的情况。

职场指南2—3　　跟单员在接收货物时需要注意的事项

1. 收货人接到“到货通知”后，应当及时组织提货，不得因对货物进行检验而滞留于船舶。

2. 收货人在提货时应验收货物，并签发收据，发现货物损坏、灭失的，交接双方应当编制货运记录，为货物后续处理做好取证工作。

3. 承运人交付货物时，要核对证明收货人身份以及经办人身份的有关证件，因此跟单员在提货时，要提前备齐有关证件。

4. 如果收货人在提取货物时没有就货物的数量和重量提出异议的，视为承运人已经按照运单的记载交付货物，除非收货人提出相反的证明。

三、国际海洋进出口运输跟单

（一）海运进口运输跟单

海运进口货物运输跟单一般包括以下环节：

1. 租船订舱

按照贸易合同的规定，负责货物运输的一方要根据货物的性质和数量来决定租船或订舱。大宗货物需要整船装运的，洽租适当船舶承运；小批量的杂货，大多向班轮公司订舱。

2. 掌握船舶动态

掌握进口货物船舶动态，对装卸港的工作安排，尤其对卸货港的卸船工作安排极为重要。船舶动态信息来源可获自各船公司提供的船期表，国外发货人寄来的装船通知、单证资料、发货电报以及有关单位编制的进口船舶动态资料等。

3. 收集和整理单证

进口货物运输单证一般包括商务单证和船务单证两大类。商务单证有贸易合同正本或副本、发票、提单、装箱单、品质证明书和保险单等。船务单证主要有载货清单、货物积载图、租船合同或提单副本。

4. 报关

进口货物需向海关报关，填制“进口货物报关单”。货主凭报关单、发票、品质证明书等单证向海关申报进口。办理报关的进口货物，经海关查验放行，缴纳进口关税后，方可提运。

5. 报检

根据《中华人民共和国进出口商品检验法》的规定，凡列入必须实施检验的进出口商品目录的进口商品，需接受法定检验。对未列入目录的进口商品，收货或用货部门应向所在地区海关申报后自行检验，在索赔有效期内将检验结果报告海关。如检验不合格需要提出索赔，应及时申请海关复检出证。

6. 监卸和交接

监卸人员一般是收货人的代表，履行现场监卸任务。监卸人员要与船方理货人员密切配合，把好货物数量关和质量关。货物从大船卸毕后，要检查有无漏卸情况，在卸货中如发现短损，应及时向船方或港方办理有效鉴证，并共同做好验残工作。验残时要注意查清：货物内包装的残损和异状；货物损失的具体数量、重量和程度，受损货物或短少货物的型号、规格；判断并确定货物受损或短少的原因。

7. 保险

若是我方以 FOB 或 CFR 条件成交的进口货物，由我方办理保险事宜。我方负责进口的单位在收到发货人装船通知后应立即办理投保手续。目前，为简化手续和防止发生漏保现象，一般采用预约保险办法，由负责进口的单位与保险公司签订进口货物预约保险合同。

（二）海运出口运输跟单

海运出口货物运输工作，一般包括以下环节：

1. 审核信用证中的装运条款

如发现信用证中的有关条款与贸易合同内容不符，应及时要求进口方修改信用证。信用证中的装运条款审核重点是装运期、装运港、目的港、结汇日期、转船和分批装运等，要根据货物出运前的实际情况，决定对信用证中的有关运输条款接受、修改或拒绝。

2. 备货、报验和领证

出口方收到信用证后，要按信用证上规定的交货期及时备好出口货物，并按合同及信用证的要求对货物进行包装、刷唛。对需经认证机构检验出证的货物，在货物备齐后，应向认证机构申请检验，取得合格的检验证书。

3. 租船和订舱

履行以 CIF 和 CFR 价格条件对外成交的出口贸易合同，由卖方派船装运出口货物。卖方要按照合同或信用证规定的交货期(或装运期)，办理租船、订舱手续。洽订班轮舱位，则向船公司或其代理人提出订舱委托单，经船公司同意后，向托运人签发装货单，运输合同即告成立。

4. 出口货物集中港区

洽妥船舶或舱位后，货方应在规定的时间内将符合装船条件的出口货物发运到港区内指定的仓库或货场，以待装船。

5. 出口报关和装船

货物集中到港区后，发货单位必须备妥出口货物报关单、发票、装货单、装箱单(或磅码单)、商检证(如认证机构来不及出证，可由认证机构在报关单上加盖合格章)及其他有关单证向海关申报出口，经海关人员对货物查验合格后，在装货单上加盖放行章方可装船。

6. 投保

如果合同规定需要在装船时发出装船通知，由国外收货人自办保险手续，发货人应及时发出装船通知。如因发货人延迟或没有发出装船通知，致使收货人不能及时或没有投保而造成损失，发货人应承担责任。如由发货人负责投保，一般应在船舶配妥后及时投保。

7. 支付运费

对需要预付运费的出口货物，船公司或其代理人必须在收取运费后签发给托运人运费预付的提单。如属到付运费货物，则在提单上注明运费到付，其运费由船公司卸港代理在收货人提货前向收货人收取。

8. 出口货运单证

(1)装货单是远洋运输中的主要货运单证之一。装货单是承运人确认承运货物的证明。装货单是海关对出口货物进行监管的单证。海关在装货单上加盖放行章，即表示准予出口，船方才能收货装船，所以装货单又称关单。装货单是承运人通知码头仓库或装运船舶接货装船的命令。

(2)提单能对所装运的商品和数量起到收据和证明文件的作用。在货物发生灭失、损坏或延误的情况下，提单是请求损害赔偿最基本的证明。

(3)托运单也称订舱委托书，由托运人根据贸易合同条款及信用证条款的内容填制，并凭此单向承运人或其代理人办理货物托运。

(4)收货单是货物装船后，承运船舶的大副签发给托运人的货物收据，是据以换取已装船提单的单证，又被称为大副收据。

(5)装货清单是承运人根据装货单留底，制成的全船装运货物的汇总清单。装货清单是承运船舶的大副编制积载计划的重要依据，也是现场理货人员进行理货、港口安排驳运、货物进出仓库、货主及承运人掌握托运人备货情况的业务单证。

(6)危险品清单。装运危险品，承运人往往要求托运人提供危险品清单。其内容包括货物名称、性能、件数、包装、重量等项。危险品装运时，应按港口规定，申请有关部门监督装货，货物装运完毕后监督部门发给船方一份“危险品安全装载证明书”。

(7)货物积载计划是大副在装货前根据装货清单按货物装运要求和船舶性能绘制的一个计划受载图，所以又称货物积载图。图中列明各批货物应装入船舶的具体舱位，用以指导有关方面安排泊位、出仓、下驳、搬运等。货物装船后再按实际装船情况进行订正。这是船方进行货物运输、保管、卸船等工作的必要查阅资料，也是卸货港的港方、卸货部门用来安排泊位、货物进仓、派驳调车、理货人员进行理货的原始资料。

(8)载货清单又称舱单，是根据收货单或提单，按目的港分票编制的全船出口货物的汇总清单。其内容包括船名、航次、船长、启运港和目的港、开航日期、发货人、收货人、货名、包装、标记及号码、件数、毛重、尺码等项。

载货清单是海关对载货船舶进出国境进行监管的单证，其作用为：

①办理船舶出(进)口报关手续的依据。经船长签字的载货清单送海关，作为办理船舶出(进)口报关手续的依据。海关凭此验货放行。船舶离港时，还需随带若干份清单，以备船舶中途挂靠港或驶抵卸货港时办理进口报关手续之用。

②船舶载运所列货物的证明。载货清单所列货物必须与船舶实际载运货物一致。如果船舶未装货出口，也需填报无货出口的载货清单。

③业务联系的单证。载货清单的留底，常用作承运人在装货港的代理人拍发开航货载电报的依据，也是向船长和船公司或卸货港的代理人发出更正通知的依据。当承运人在卸货港的代理人尚未收到邮寄的货运资料时，也可复制随船携带的载货清单，用以作为安排泊位、卸货和货物进出库场的依据。

(三)索赔

海上货物运输，经常发生货损货差的情况，索赔和理赔问题伴随而生。

1. 索赔与理赔的依据

租船合同和提单是处理索赔与理赔的主要依据。处理索赔案件时，应掌握实事求是、有根有据、合情合理、区别对待、讲究实效的原则。

2. 索赔单证

(1)索赔函。索赔函是指合同双方中的一方，根据法律法规和双方签订的合同，以对方违反合同约定，造成当事人经济损失或精神损失为理由，向另一方提出赔偿或维护其他权利的书面材料。

(2)索赔清单。根据损失的程度和造成损失的原因，确定对外索赔的比例，按 CIF 价格计算损失金额，编制索赔清单。如商业发票上是 FOB 价格而按 CIF 价格索赔，经承运人要求，还应提供运费及保险收据。

(3)货物残、短签证。应由船方和理货人员共同签字。必要时，还应提供商检证书和船舶检验证书。

(4)提单。正本或影印本。

(5)商业发票。必要时，应加附装箱单或磅码单。

(6)费用单证。向船方索赔修理、整理货物的费用的证明文件。

(7)其他单证。必要时，还需提供火灾鉴定报告、卫生或动植物检验证明等。

3. 索赔的程序和手续

处理索赔案件的程序和手续，须视承运货物的船舶经营性质而定。采用班轮或承租船方式运输发生货损货差时，凡出口货物，一般由国外收货人(或提单持有人、货物承保人)直接向承运人办理索赔；凡进口货物，一般情况下由货运代理人代表有关进出口企业以货方名义向承运人办理索赔。由外运公司期租船运输的货物，不论出口或进口，均由外运公司办理索赔。

（四）海运提单的缮制

按照我国目前的操作习惯，海运提单通常由外贸企业自己或委托外运机构代为缮制，在货物装船后，再由外贸企业或外运机构将缮制好的海运提单送交船公司或其代理人，请求签字。船长或承运人或其代理人在审核海运提单所载内容与大副收据内容相符后，正式签发提单，加注“Shipped on Board”字样，并加盖装船日期印章。如果大副收据列有货物或包装的不良批注，船长或承运人或其代理人在签发提单时就要把所列批注照列于提单上，这种提单就是不清洁提单。如果要求签发的是运费预付提单，外贸企业或外运机构在向船公司或其代理人缴付海运运费后，才能取得海运提单。

动漫视频 提单

动漫视频 海运单和提单的区别

提单的样本见图2—13，其基本缮制方法如下：

1. 提单正面

提单正面印明承运人的全名，表明承运人的完整身份。

2. 提单的名称

根据相应提单的实际状况，缮制提单名称。

3. 提单号码(B/L No.)

提单上必须注明承运人及其代理人规定的提单编号，以便核查，否则提单无效。

4. 托运人(Shipper)

托运人即发货人，一般为L/C的受益人，也可是第三方。如发货人为出口商，此处缮打出口商名称、地址。

5. 收货人(Consignee)

即提单抬头人，应严格按合同及L/C具体规定填写。一般填法有以下几种：①记名收货人：来证中有条款“Consigned to ×××”，则提单的“收货人”栏应照打“Consigned to ×××”，意为“交付×××”；②不记名式：“收货人”一栏留空不填或填“To Bearer”（极少采用）；③不记名指示：来证中有条款“Full set of B/L made out to order”，在提单的“收货人”栏中应缮打“To order”，意为凭指示；④记名指示：来证中有条款“Full set of B/L made out to order of Shipper”，则提单需经托运人背书进行转让，在提单的“收货人”栏中应缮打“To order of Shipper”，意为凭托运人指示。

来证中有条款“Full set of B/L made out to order of Applicant”，则提单需经开证申请人背书进行转让，在提单的“收货人”栏中应缮打“To order of 开证申请人名称（完全照信用证中开证申请人名称缮制）”，意为凭开证申请人指示。

来证中有条款“Full set of B/L made out to order of Issuing Bank”，则提单需经开证行背书进行转让，在提单的“收货人”栏中应缮打“To order of 开证行名称”，意为凭开证行指示。

动漫视频 背书

来证中有条款“Full set of B/L made out to order of Negotiation”，则提单需经议付行背书进行转让，在提单的“收货人”栏中应缮打“To order of 议付行名称”，意为凭议付行指示。

6. 被通知方(Notify Party)

一般应按L/C规定填写被通知方详细的名称和地址。若L/C中规定“NOTIFY…ONLY”（仅通知×××），则此栏中不可漏填“ONLY”。由于在指示性提单中无收货人的名字和地址，因此须有被通知人来接受收货人的委托，通知收货人提货。被通知人通常为船运公司（收货人的代理人）或买方或其他与买方联系密切的人。我国一般为中国对外贸易运输公司或其代理公司或分公司。被通知人也可能是进口方或开证行，如L/C规定“Notify Party Applicant”，则只需将开证申请人的全称缮打在此栏即可；如L/C规定“Notify Party Applicant and Us”，则缮打开证申请人的全称

SHANGHAI SILVERY INT'L TRANSPORT CO., LTD

SHIPPER/EXPORTER(COMPLETE NAME AND ADDRESS)
ZHEJIANG MIZUDA PRINTING AND DYEING GROUP CO., LTD
No.688 MIZUDA ROAD, HUZHOU, ZHEJIANG, CHINA

REF No.

B/L No. SSAL1312016

INTERNATIONAL BILL OF LADING

FOR COMBINED TRANSPORT SHIPMENT OR PORT TO PORT SHIPMENT

RECEIVED by the Carner from the Shipper in apperent good order and condition(unless otherwisenoted herein) the total unmber or quantity of Conteiners or other packages or units indicated in the box below entitled "description of peckages and goods" for Carriege subject to all the terms hereof (including the terms on the reverse hereof) from the Place of Receipt or the Port of Loading, whichever is applicable, to the Port of Discharge or the Place of Delivery, whichever is applicable. One original Bill of Lading must be surrendered, duly endorsed, in exchange for the Goods. In accepting this Bill of Lading the Merchant expressly accepts and agrees to all its terms conditions whether printed. Stamped or written, or otherwise incorporated herein, notwithstanding the non-signing of the Bill of Lading by the Merchant.

CONSIGNEE(NOT NEGOTIABLE UNLESS CONSIGED TO ORDER)
TO THE ORDER OF PT. BANK WOORI INDONESIA

NOTIFY(COMPLETE NAME AND ADRESS)
PT. DAEHAN GLOBAL,
JL. MAYOR OKING No. 112B, CIBINONG,
BOGOR, JAWA BARAT INDONESIA

FOR DELIVERY OF GOODS PLEASE APPLY TO
PT. SARANA PUBLIC LOGISTICS
GRAHA PRATAMA BUILDING 7TH FL.
JL.M.T. HARYONO KAV. 15, JAKARTA 12810,
INDONESIA
TEL: (62-21)83793806
FAX: (62-21)83793832 & 83792077

PRE-CARRIAGE BY*	PLACE OF RECEIPT*
EXPORT CARRIER(VESSEL, VOYAGE) GREEN ACE V. 0068S	PORT OF LOADING SHANGHAI, CHINA
PORT OF DISCHARGE JAKARTA,INDONESIA	PLACE OF DELIVERY JAKARTA,INDONESIA

TYPE OF MOVE.

PARTICULARS AS DECLARED BY SHIPPER

MARKS AND NOS: CONTAINER Nos.:	No.OF PKGS	DESCRIPTION OF PACKAGES AND GOODS	GROSS WEIGHT KGS	MEASUREMENT CBM
STYLE No.:S/2291&2292 MADE IN CHINA 97%COTTON 3%ELASTANE CAXU3196035/5381950	126 ROLLS	97PCT COTTON 3PCT ELASTANE COMPACT STRETCH TWILL THIS L/C NUMBER:068030069613 CFS TO CY 1X20'GP PART OF FREIGHT COLLECT SAY TOTALLY ONE HUNDRED AND TWENTY-SIX(126) ROLLS ONLY	5 000 KGS	11 CBM

ORIGINAL

SHIPPERS DECLARED VALUES	FREIGHT PAYABLE AT			
FREIGHT RATES CHARGES TO BE	PREPAID	COLLECT	PLACE OF ISSUE SHANGHAI	NUMBER OF ORIGINAL BL THREE (3)
SHIPPED ON BOARD			DATE OF ISSUE	
			STAMP AND SIGNAT. AS CARRIER:SILVERY INT'L TRANSPORT CO., LTD	

LAW AND JURISDICTION

图 2—13　海运提单

和开证行名称。若 L/C 未规定“Notify Party”，提单正本中此栏可留空不填，但交给承运人随船带去的副本提单上必须缮打收货人详细的名称和地址，以便货抵目的港后可联系被通知人做好报关提货准备。

7. 一程船名(Pre-carriage by)

如果货物需要转运，在这一栏填写第一程船的船名；如果货物不需转运，此栏留空。

8. 收货地点(Place of Receipt)

收货地点是指向船方实际交货的地点(也称作接受监管地)。如果货物需要转运,在这一栏填写收货的港口名称或地点;如果货物不需转运,此栏留空。

9. 船名(Ocean Vessel)、航次(Voyage No.)

船名和航次均按配舱回单填写。没有航次的船舶可不填航次。如第一程运输不是海运,在签发联运提单时此栏可填"Intended Vessel"(预期船只)。根据 UCP600 第 26 条的规定,银行可以接受这样填制的单据。货装直达船时,直接填写直达船名;货物需要转运,填写第二程船的船名;采用联合运输方式装运集装箱时,应注明海运船名和一种运输方式的运输工具的名称。

10. 装货港(Port of Loading)

装货港填实际装运货物的港口的名称。应严格按照 L/C 的规定与要求。如果 L/C 中仅笼统规定,如"China Port",或同时列有几个启运港,如 XINGANG/QINHUANGDAO/DALIAN,应根据实际情况填写具体港口名称。

11. 卸货港(Port of Discharge)

卸货港是指海运承运人终止承运责任的港口。在直达运输情况下一般填目的港,在转船运输情况下一般填转运港。对于 L/C 中尚未确定目的港的情形(如 One Suitable American Port at Opener's Option),提单上应按 L/C 规定照打。

12. 交货地(Place of Delivery)

交货地即最终目的地。如果货物目的地是目的港,这一栏可保持空白。

13. 集装箱号(Container No.)

填写集装箱号,若无,填"N/M"。

14. 唛头及号码(Marks & No.)

如果信用证中有明确规定,则应按信用证缮制,每个字符和数字、图形的排列位置应与 L/C 完全一致,但箱数要明确,且提单上的唛头应与发票和装箱单上的完全一致。如果信用证中没有规定,则按买卖双方的约定,或由卖方决定缮制,并注意单单一致。如果没有唛头,填"N/M"。

15. 集装箱数或最大包装件数(No. of Containers or P'kgs)

集装箱数或其他形式最大包装的件数。

16. 货名(Description of Goods)

与托运单内容完全一致,所使用文字按 L/C 要求。如无特殊说明,用英文填写。

17. 毛重(Gross Weight)

一般写货物的总毛重,以千克表示。

18. 尺码(Measurement)

一般写货物的总尺码,以立方米表示。

19. 大写件数(Total Number of Containers or Packages(In Words))

用大写表示集装箱数或其他形式最大包装的件数。由数字、单位和 Only 组成,如"Three Hundred Fifty Cartons Only"。

20. 提单签发的份数(Number of Original B/L)

一般来说,一份 L/C 打一套提单,而不能两份 L/C 合打一套提单,否则结汇有困难。有时,L/C 中规定了许多商品、品种或数量,买方为了提货方便或需转让提单,要求每一种商品或品种或每一定数量制一套提单,则将出现同一份 L/C 项下的多套提单。提单正本一般一式两份或三份,当凭借其中任一份提货时,其余各份均告失效。副本非流通提单数量不限,除非信用证另有规定,签发的正本提单必须全套(Full Set)提交。正本提单上应印有"Original"字样,须注明发单日,并盖有承运人、船长或其代理人的签章。未注明“Original”字样，或标有“Copy”或“Negotiable”（简称“N/N”）字样的提单，只能是供参考用的副本提单，这种提单往往没有承运人、船长或其代理人的签章。

21. 运费（Freight）

除非L/C另有规定，否则提单上一般不必列出运费的具体金额，如可注明“Freight Prepaid as Arranged”字样。

22. 提单签发日期、地点（Place and Date of Issue）

提单签发日期不得迟于货物装运期。在备运提单下，提单签发日期为承运人收到货物的日期。在已装船提单下，提单签发日期与装船日期一致，为货物全部装上船的日期。提单签发地点是指货物实际装运的港口或接受监管的地点。提单上的签发日期必须与信用证上规定的装船期相适应，也就是最晚不得迟于信用证或合约上最迟的日期。在提单日期之后，必须填写签发地点。

23. 承运人签章（Signed by the Carrier）

提单上必须有承运人本人或其代理人的签章才能生效，签章的方式应按L/C的规定。

24. 如果信用证规定提供已装船提单的处理

此种情况下，必须由船长签字并注明开船时间“Date：…”和“Laden on Board”或“Shipped on Board”字样。

25. 如为CFR、CIF或FOB价格，提单上的加注处理

此种情况下，提单加注“运费预付”（Freight Prepaid）或“运费已付”（Freight Paid）字样，除非信用证另有规定，运费预付或已付的提单可不必加注运费金额。如为FOB价格，提单上须加注“Freight Collect”或“Freight to be Collected”（运费到付）。

【知识链接2—1】　　缮制提单时应注意的问题

(1)如来证无特殊规定，提单上的发货人(Shippers)应为信用证的受益人。

(2)提单的收货人(Consignee)习惯上称为抬头人。

(3)提单上的背书又分“空白背书”和“记名背书”。

(4)提单的抬头与背书直接关系到物权归谁所有和能否转让等问题。

(5)信用证上如要求加注被通知人(Notify Party)名称，应照办。

(6)若为联运提单(C. T. B/L)，其上有：前段运输(Pre-carriage by)，应填第一程运输方式的运输工具名称。

(7)交货地点(Place of Delivery)是指最终目的地，如从上海海运至美国旧金山，然后由旧金山陆运至芝加哥，则交货地点应填芝加哥。

(8)提单上的唛头必须与其他单据上的一致。

(9)提单上的货物名称，可作一般概括性的描述，不必列出详细规格。

(10)提单上除有阿拉伯文字的件数外，尚需有英文大写的件数，两者的数量要一致。

(11)提单上的重量，除信用证有特别规定外，仅列毛重，并应与发票、重量单上的重量一致。

(12)如为CFR或CIF价格，提单上加注“运费预付(Freight Prepaid)”或“运费已付(Freight Paid)”字样。

(13)提单上的签发日期必须与信用证上规定的装船期相适应，也就是最晚不得迟于信用证或合约上最迟的日期，在提单日期之后，必须填写签发地点。

(14)提单正本须按信用证规定的份数签发，如无规定，应签发两份正本。

(15)如签发提单人为货代，而承运人为“MAERSK LINE”则应在货代之后加注“AS AGENT FOR THE CARRIER MAERSK LINE”字样。

四、铁路运输跟单

动漫视频

铁路运输

铁路运输主要承担长距离、大数量的货运。铁路运输的优点是速度快,运输不大受自然条件限制,载运量大,运输成本较低;主要缺点是灵活性差,只能在固定线路上实现运输,需要与其他运输手段配合和衔接。铁路运输经济里程一般在200千米以上。

(一)内地铁路运输跟单

1.铁路运输的基本条件

铁路货物运输分整车、零担、集装箱三种。如一批货物的重量、体积或形状需要一辆30吨以上的货车运输,应按整车托运。不够整车托运的,则按零担运输。符合集装箱运输条件的,则可办理集装箱托运。必须说明,按零担托运的货物,一件体积最小不得小于0.02立方米(一件重量在10千克以上的除外),每批不得超过300件。

2.铁路货物的托运、受理、承运

铁路实行计划运输,发货人要求铁路运输整车货物,应向铁路提出月度要车计划,车站根据要车计划受理货物。在进行货物托运时,发货人应向车站按批提出货物运单一份,对同一批托运的货物因货物种类较多,发货人不能在运单内逐一填记,发货人应提交物品清单。零担和集装箱货物由发运站接收完毕,整车货物装车完结,发运站在货物运单上加盖承运日期戳,即为承运。

3.铁路货物的装车、卸车

铁路货物的装车和卸车工作,凡在车站内进行的则由铁路负责,其他场所,均由发货人(或收货人)负责。由发货人(或收货人)负责装卸车的货车,车站应将调车的时间通知发货人(或收货人),发货人(或收货人)在装卸车作业完毕后,将装卸车完毕时间通知铁路车站。对由发货人(或收货人)负责组织装卸的货车,超过装卸时间规定或停留时间规定,铁路应向发货人(或收货人)核收规定的货车延期使用费。

4.铁路货物的到达、交付

凡由铁路负责卸车的货物,到达站应不迟于卸车完毕的次日内,用电话或信件向收货人发出催领通知,并在货票内说明通知的方法和时间。收货人在领取货物时,应出示提货凭证,并在货票上签字或盖章。收货人在到达站办妥提货手续和付清有关费用后,铁路将货物连同运单一起交收货人。

5.铁路货物运输期限

货物实际运输期限的起算:起算时间从铁路承运货物的次日起;终止时间,由到站铁路负责卸车的货物,自卸车完毕时止,由收货人负责卸车的货物,自货车调至卸车地点或货车交接地点时止。货物运输期限起码为3天。超过规定期限运输的货物,铁路应按所收运费的百分比向收货人支付延误运输罚款。

6.货物运输变更

发货人(或收货人)由于特殊原因,对铁路承运后的货物可向铁路提出运输变更要求,如变更收货人、变更到站等。

7.货运事故处理

发货人(或收货人)在向铁路提出赔偿时,应按批向到站提交赔偿要求书,并附货物运单、货运记录和有关证明文件。货物损失的赔偿价格,灭失时按灭失货物的价格计算,损坏时则按损坏货物所降低的价格计算。

（二）中欧班列

1. 中欧班列的概念

中欧班列（英文名称："CHINA RAILWAY Express"，缩写："CR Express"）是由中国铁路总公司组织，按照固定车次、线路、班期和全程运行时刻开行，运行于中国与欧洲以及"一带一路"共建国家间的集装箱等铁路国际联运列车，是深化中国与沿线国家经贸合作的重要载体和推进"一带一路"建设的重要抓手。

中欧班列不仅包括中国与欧洲国家间开行的集装箱等铁路国际联运列车，而且包括中国与蒙古国、越南、伊朗、阿富汗、哈萨克斯坦等亚洲国家间开行的集装箱等铁路国际联运列车。中欧班列往来于中国与欧洲及"一带一路"沿线各国的集装箱国际铁路联运班列，铺划了西、中、东 3 条通道。中欧班列运行线：西部通道由中国中西部经阿拉山口（霍尔果斯）出境，中部通道由中国华北地区经二连浩特出境，东部通道由中国东北地区经满洲里（绥芬河）出境。

截至 2024 年 11 月 15 日，中欧班列累计开行 10 万列，发送货物 1 100 万标箱，货值超过 4 200 亿美元。截至 2024 年 11 月底，中欧班列通达欧洲 25 个国家 227 个城市，以及沿途 11 个亚洲国家和地区的 100 多座城市，开辟亚欧陆路运输新通道。

2. 中欧班列品牌建设

打造中欧班列品牌，统筹建设，对优化中欧班列开行、促进内部良性竞争、打造物流服务平台、推动中欧班列健康发展，具有十分重要的意义。中欧班列品牌建设工作由推进"一带一路"建设工作领导小组办公室（国家发改委）统筹协调指导，各部门相互配合，国铁集团负责具体实施。

（1）发展目标。统一品牌建设、统一班列命名、统一品牌标识、统一品牌使用、统一品牌宣传，通过各方共同努力，将中欧班列打造为具有国际竞争力和信誉度的国际著名物流品牌。

（2）统一管理。将中欧班列作为国家推动建设的"一带一路"物流品牌，在推进"一带一路"建设工作领导小组办公室统筹协调指导下，由国铁集团持有，并负责建设与管理。

（3）统一名称。由国铁集团组织，按照固定车次、线路、班期和全程运行时刻开行，运行于中国与欧洲以及"一带一路"沿线国家间的集装箱等铁路国际联运列车，统一名称为"中欧班列"。

（4）统一标识。班列的中文表述为"中欧班列（×××－×××）"，英文全称表述为"CHINA RAILWAY Express（×××－×××）"，英文简称表述为"CR express（×××－×××）"，设计标识如图 2－14 所示。

图 2－14 中欧班列标识（一）

标识主色调为"中国红"和"力量黑"，红色代表热情、光明、希望，黑色代表权威、稳重、信赖。标识将 CR 字母与嵌入了路徽、英文单词"express"的飞驰列车造型相结合，体现了行业特征，视觉冲击力较强，蕴含不断向前的动势，也代表着中欧班列锐意进取、不断开拓的实干精神。背书标识如图 2－15 所示。

图 2－15 中欧班列标识（二）

为便于各地方突出区域特色开展中欧班列营销宣传，在中欧班列后加“始发地—终到地”或“国内始发或终到地”作为副品牌注册、宣传，如中欧班列（郑州—汉堡），或中欧班列（郑州）。

（5）规范使用。中欧班列作为国家支持创建的品牌，品牌标识可授权国内各地方政府平台公司使用。

为打造中欧班列品牌，国铁集团在国内及境外中欧班列途经、始发和到达国家注册了“中欧班列”商标，制定了《“中欧班列”商标使用管理办法》，规范“中欧班列”商标管理和使用，促进中欧班列健康发展。

3. 中欧班列客户服务和价格管理

为向客户提供优质的中欧班列服务，国铁集团按照统一品牌标志、统一运输组织、统一全程价格、统一服务标准、统一经营团队、统一协调平台，强化机制和装备保障的原则，指定中铁集装箱公司组建了专门的中欧班列客服中心和单证中心，为客户提供联运单证处理信息追踪、专业客服和专属品牌服务等基本服务，并根据客户个性化需求，提供“门到门”运输、集装箱使用、代理理货、代理报关及综合物流等特色增值服务。

为提升中欧班列价格竞争力，国铁集团明确中欧班列国内段铁路运价由国铁集团统一调整，各铁路局集团公司未经国铁集团批准不得出台与其相关的价格调整措施。

4. 中欧班列运输组织管理

作为中欧间除海运、空运外的第三种物流方式，时效和价格是中欧班列的比较优势和核心竞争力。为提升中欧班列运输时效竞争力，中欧班列在发展之初，实施了欧洲方向按照速度标尺 120 km/h、亚洲方向按照速度标尺 80km/h 铺画运行图，根据中欧班列境内外运输组织特点，采取了“临时图定结合”“境内外结合”的独特运输组织模式。

（1）“图定临时结合”运输组织方案

①班列通道和主要线路

中欧班列按货源和出境口岸不同，分西、中、东三个通道组织开行。西部通道班列，主要吸引中西部地区与欧洲间的进出口货源，经陇海、兰新等线路运输，从阿拉山口（霍尔果斯）出入境。中部通道班列主要吸引华北、华中地区与欧洲间的进出口货源，经京广、集二等线路运输，从二连口岸出入境。东部通道班列，主要吸引华东和华南沿海、东北地区与欧洲间的进出口货源，经京沪、哈大等线路运输，从满洲里（绥芬河）口岸出入境。

②临时开行方案

中欧班列临时开行方案是针对未纳入中欧班列图定开行方案以及图定开行方案无法满足开行需求的运输组织方式，一般适用于处于市场培育期的新增中欧班列运输需求，以及受线条能力、牵引质量、轴重等因素限制无法按照图定开行方案开行的中欧班列运输需求。

临时开行方案中欧班列按照技术直达列车方式开行，使用符合 80km/h 速度标尺的普通货车编组，按调度命令指定的日期、车次、运行径路等要求开行。

③图定开行方案

中欧班列图定开行方案是针对一段时期内开行稳定、达到一定开行频次而纳入运行图的运输组织方式，主要包含车次、装车组织站、始发（技术）站、到达（技术）站、卸车组织站编组内容、运行径路、开行周期、速度标尺等内容，运输部门根据开行方案铺画中欧班列运行图。

图定开行方案中欧班列一般按不低 1 000km/昼夜铺画运行图，使用车辆编组要求牵引质量应符合时速 120km 货物列车运行图相关技术条件。

④图定和临时开行方案优化调整

为紧密对接市场需求、充分利用口岸和线路运输能力，按照“利用率低取消、临时稳定入图、线条能力充分利用”等原则，根据口岸能力和既有图定线条利用率情况，对图定开行方案进行优化调整，近年来一般每个季度优化调整一次。

(2)境内外铁路运输协调

中欧班列开行需要经过货物集结、运输组织、口岸换装交接、进出境检查、通关报关、信息交换等诸多流程，是一项复杂的系统工程。在保证境内运输组织的同时也必须保证境外运输组织高效运转，才能让中欧班列取得竞争优势。2017 年 4 月，在中国铁路的倡议推动下，中国、白俄罗斯、德国、哈萨克斯坦、蒙古国、波兰、俄罗斯七国签署了《关于深化中欧班列合作协议》。2017 年 10 月，国家铁路部门成立了中欧班列运输联合工作组，下设秘书处、运输组织和营销专家工作组、信息协作专家工作组，建立了中欧班列国际铁路合作机制。中铁集装箱运输有限责任公司是中欧班列客服中心和中欧班列运输协调委员会秘书处单位，负责中欧班列经营与客户服务工作，可提供境内外集装箱国际货运代理、单证制作、报关报检、接取送达、堆存保管等多语种客户服务。在七国铁路中欧班列运输联合工作组框架下，根据中国段、宽轨段、欧洲段铁路运输特点，联合制定了《中欧班列合并优化编组运输组织协作办法》《中欧班列发生运输组织障碍时相互通报信息和协作办法》《中欧班列周运输预报办法》等合作文件，共同提升中欧班列全程运输组织效率和运行速度，打造中欧班列核心竞争力。

①中欧班列周运输预报办法

为提高中欧班列运输组织效率，压缩国境站作业时间，七国铁路制定《中欧班列周运输预报办法》来保障班列快速有序交接。各方铁路指定相应部门人员负责协调开展中欧班列周运输计划预报工作。班列始发国于每周五向参与运送的铁路通报下一周的预报信息，并注明运行径路、国境口岸等必要信息。每日向接运方通报前一日中欧班列实际发运情况，以便接运方合理安排运输组织调度，保证班列在口岸顺利通行。

②中欧班列发生运输组织障碍时相互通报信息和协作办法

为保障中欧班列运输安全，不断提高中欧班列运行品质和客户服务水平，七国铁路制定《中欧班列发生运输组织障碍时相互通报信息和协作办法》来保证中欧班列发生运输阻碍时，各方能够相互及时通报信息进行协作。

中欧班列运输组织复杂，途经国家多，运行途中存在不可控风险，可能会遇到各种障碍。当班列运行途中出现以下问题时，事发国家铁路应及时通知所有参与运输铁路发生障碍的详细情况和消除阻碍的预计时间。同时，始发、终到铁路应及时通知发货人、收货人。

③中欧班列合并优化编组运输组织协作办法

为有效利用宽轨段车辆和通过能力，以及加快口岸站换装速度，七国铁路制定了《中欧班列合并优化编组运输组织协作办法》。在准轨和宽轨转化的口岸站实施“三并二”或“二并一”集并运输。参与集并运输的中欧班列实施“三并二”集并运输后，每列班列装运不少于 61 个 40 英尺集装箱实施“二并一”集并运输后，班列装运不少于 82 个 40 英尺集装箱参与集并的班列应保证欧洲段的承运人唯一，不允许不同到站混编。集并运输组织需要各国铁路的密切配合，参与集并运输的班列自始发站发车后，发运国铁路应在规定的时间内通报班列车次、集装箱箱型、发车时间、到达口岸时间等所需预报信息，其他各方铁路严格对集并列车按照时刻表盯控，优先放行集并列车，保证编组列车在宽轨段全程运输的完整性。

5. 中欧班列车辆要求

为保证运行速度 120km/h 中欧班列的运输安全，对车辆使用应重点做到：

(1)车辆部门要根据中欧班列开行计划,前选扣足够数量的符合开行 120km/h 要求的两用及专用平车。

(2)运行速度 120km/h 及其以上的中欧班列,不得使用敞车,始发站货运装车前必须选用"120km/h 货物快运车辆信息库"中的集装箱专用平车或共用平车,未纳入信息库的车辆不得编入 120 km/h 中欧班列。

(3)对运行速度 120 km/h 及其以上的中欧班列,保证编组不大于 50 辆,计长不超 70.0,牵引质量不超 2 500t,车辆轴重不大于 18t,每辆总重不大于 72t。始发站须通过汽车衡、钩头秤等称重装置对每个集装箱进行称重,必须保证车辆总重不超 72t。

五、航空运输跟单

航空运输是使用飞机或其他航空器进行运输的一种形式。航空运输的单位成本较高,因此,主要适用于运载价值高或紧急需要的物资等。航空运输的主要优点是速度快,不受地形的限制。

(一)货物托运条件

(1)填写"航空货物委托书"。托运货物时,必须详细如实填写"航空货物委托书"。不同性质的航空货物,其运输条件不同,则应分别填写"航空货物委托书"。

(2)提供有效证明文件。如到达地对托运的货物有限制,需要在托运前办妥各项有效的证明文件,并在托运时明示。

(3)托运的货物中不准夹带禁止运输和限制运输的物品,如危险品、贵重物品、现钞等。

(4)活体动物等必须乘直达航班,并提前订妥舱位,且到达时间避开周末或节假日。

(二)货物包装要求

(1)对货物的包装能保证在运输途中货物不致散失、渗漏、损坏或污染飞机设备和其他物件。凡国家主管机关规定有标准包装的货物,则应按国家标准包装。

(2)托运人应在每件货物上标明发站、到站及收发货人的单位、姓名、地址。

(3)每件货物均应粘贴或拴挂货物标签,如发货人利用旧包装,则必须除去原包装上的任何残旧标志。

(4)货物不能使用有屑的包装材料,如麻布、草包等,也不能用麻绳、草绳作为捆扎材料。

(三)航空货物的重量和尺码计算

动漫视频

体积重量

空运货物重量和体积尺码的计算原则:

(1)航空货物重量有毛重(Gross Weight)、体积重量(Volume Weight)、计费重量(Chargeable Weight)等,计算单位为千克或磅。

(2)当货物为"轻泡"货时,则应该按"每 6 000 立方厘米或 365 立方英寸折合 1 千克"的原则将总体积数折算成体积重量。至于尾数,一般采用四舍五入法。

(3)航空货物的最小重量单位为 0.5 千克,每一件货物的重量一般不能超过 80 千克,体积尺码一般不能超过 40×60×100 厘米,超过者则为超限货物,每件货物的最小尺码长、宽、高合计不得少于 40 厘米,最小一边长不得少于 5 厘米。

(4)如发货人托运超限货物,则应提供货物的具体重量、体积,经航空公司同意后办理托运,并支付超限货物的附加费。

(四)航空货物的运价与运费

国际航空运输协会(IATA)制定的运价分为非公布的直达运价和公布的直达运价。非公布的直达运价是指当货物的始发地至目的地之间无公布直达运价时所采用的运价,通常为比例运价、分段相加组合运价等。公布的直达运价是指航空公司在运价本上直接注明承运人对由甲地运至乙地的货物收取的一定金额，分为以下几种：

1. 特种货物运价(Specific Commodity Rates，SCR)

特种货物运价通常是承运人根据在某一航线上经常运输某一种类货物的托运人的请求或为促进某地区间某一种类货物的运输，经国际航空运输协会同意所提供的优惠运价。采用这种运价的主要为中国至日本、美国、加拿大和新加坡的食品、海产品、药品、纺织品等。

在公布这种运价时，将指定商品以品名编号，并根据货物的性质、特点、用途按每 1 000 号为一组，分成 10 大组，每一大组内又以 100 号为一组分成若干小组，以便详细地分列各种货物。

2. 普通货物运价(General Cargo Rates，GCR)

普通货物运价是适用最为广泛的一种运价。当一批货物不能适用特种货物运价，也不属于等级货物时，就应该适用普通货物运价。

通常，各航空公司公布的普通货物运价针对所承运货物数量的不同，规定几个计费重量分界点(Breakpoints)。最常见的是 45 千克分界点，将货物分为 45 千克以下的货物(该种运价又称为标准普通货物运价，即 Normal General Cargo Rates，或缩写为"N")和 45 千克以上(含 45 千克)的货物。另外，根据航线货流量的不同，还可以规定 100 千克、300 千克分界点，甚至更多。运价随运货量的增加而降低，这也是航空运价的显著特点之一。

3. 等级货物运价(Class Rates or Commodity Classification Rates，CCR)

等级货物运价适用于指定地区内部或地区之间的少数货物运输，通常表示为在普通货物运价的基础上增加或减少一定的百分比。

适用等级货物运价的货物通常有：活动物、装活动物的集装箱和笼子；贵重物品；尸体或骨灰；盲人和聋哑人专用设备和书籍等出版物；作为货物托运的行李。

4. 起码运费(Minimum Charges，MC)

起码运费是航空公司办理一批货物所能接受的最低运费，是航空公司在考虑办理即使很小的一批货物时也会产生固定费用后制定的。如果承运人收取的运费低于起码运费，就不能弥补运送成本。因此，航空公司规定无论所运送的货物适用哪一种航空运价，所计算出来的运费总额都不得低于起码运费。若计算出来的数值低于起码运费，则以起码运费计收，另有规定的除外。

航空货运中除以上介绍的四种公布的直达运价外，还有一种特殊的运价，即成组货物运价[United Consignment ULD(Unit Load Devices)]，适用于托盘或集装箱货物。

航空货物运费是指根据适用运价计算的发货人(或收货人)应当支付的每批货物运输费用。

运费＝适用运价×计费重量

班机运费是指航空公司将货物自启运机场运至目的地机场所收取的航空运输费用。它根据货物适用的运价(即费率)和货物的计费重量计算而得。

计费重量是指用以计算货物航空运费的重量，它可以是货物的实际毛重、体积重量或较高重量分界点的重量。

航空托运单中，运价类别由承运人填写，一般以英文代码表示，如："M"(Minimum Charge)表示最低运价；"N"(Normal under 45kgs Rate)表示货物在 45 千克以下普通运价；"Q"(Quantity Over 45kgs Rate)表示货物在 45 千克以上普通运价，"C"(Special Commodity Rate)表示特种商品运价；"R"(Reduced Class Rate Less than Normal Rate)表示折扣运价可低于 45 千克普通运价的等级运价；"S"(Special Class Rate more than Normal Rate)表示加费运价，即高于 45 千克普遍运价的等级运价。

【做中学 2—4】 从青岛承运一批货物到伦敦，该批货物重 5.7 千克，长 40 厘米，宽 28 厘米，高 22 厘米。已知公布的运价为：起码运费为人民币 320.00 元；45 千克以下为人民币 50.36 元；45 千克为人民币 40.31 元；300 千克为人民币 37.62 元。

求该批货物的计费重量及运费（计费重量的最小单位为 0.5 千克，重量不足 0.5 千克时按 0.5 千克计算，超过 0.5 千克不足 1 千克时，按 1 千克计算）。

由于飞机装载的货物受重量和仓容的双重限制，因此，航空运费的计算方法与海运计费的方法一样，也是选择货物的实际毛重或体积中的大者作为计费的依据。

解析：体积是以 0.006 立方米作为 1 千克来计算的，根据这一基数，其运价的计算方法是：

(1)计算体积重量：$(40\times28\times22)\div6\,000\approx4.11$（千克）。

(2)计算计费重量：因 $4.11<5.7$，所以计费重量为 5.7，四舍五入为 6 千克。

(3)计算运费：$6\times50.36=302.16<320$，所以运费为 320 元。

（五）航空出口运输操作程序

1. 接受发货人的委托，预订舱位

对于普通出口货物，一般需要通过货运代理公司提前向航空公司办理订舱手续。在订舱时由出口商填写"国际货运委托书"；对于需要紧急运送的货物或必须在中途转运的货物，应在"委托书"中说明；对于需要包机运输的大宗货物，出口商应提前与航空公司联系咨询，并提供详细资料。

2. 备妥货物

在完成订舱手续并得到航空公司或货运代理公司的确认后，出口商在规定的时间内备妥货物。

3. 单证

主要涉及报关单、发票、装箱单、出口收汇核销单等基本单证。

4. 货物进仓

出口商将出口货物在规定的时间内运入指定仓库，由保管人员核对清点、粘贴标签等。

5. 出口报关

报关单据一般为商业发票、装箱单、商检证、出口货物报关单、动植物检疫证书或产地证（有的商品需要）、外销合同等。在海关验收完货物，在报关单上盖验收章后，缮制航空运单，并将收货人提供的货物随行单据附在运单后面。如果是集中托运的货物，要制作集中托运清单，并将清单、所有分运单及随行单据装入一个信袋，附在运单后面。将制作好的运单标签贴在每一件货物上。如果是集中托运的货物，还必须有分运单标签。持缮制完的航空运单到海关报关。将盖有海关放行章的运单与货物一起交给航空公司，航空公司验收单证和货物无误，在交接单上签字。集中托运的货物，需要电传通知国外代理，内容包括航班号、运单号、品名、件数、毛重、收货人等。

6. 海关放行

海关对出口商提供的单证与出口货物进行核查，检查"单证和货物是否相符"。

7. 签发航空运单

一般由航空运输代理人签发航空主运单（Master Air Waybill，MAWB）。它是航空运输公司据以办理货物运输和交付的依据，是航空公司和托运人订立的运输合同，每一批航空运输的货物都有自己相对应的航空主运单。集中托运人在办理集中托运业务时签发的航空运单称作航空分运单（House Air Waybill，HAWB）。航空运单不是物权凭证，不能转让。航空运单样例见表 2—14。

表2—14 **中国民航航空运单**

航空运单号：
No. OF AIR WAYBILL：

托运人姓名及地址 SHIPPER'S NAME AND ADDRESS	托运人账号 SHIPPER'S ACCOUNT NUMBER	中国民航 **CAAC** **AIR WAYBILL**
收货人姓名及地址 CONSIGNEE'S NAME AND ADDRESS	收货人账号 CONSIGNEE'S ACCOUNT No.	航班/日期 FLIGHT/DAY

出具货运单的承运人代理人的名称和城市 ISSUING CARRIER'S AGENT NAME AND CITY	出具货运单的代理人的国际航空运输协会代号 AGENT'S IATA CODE

始发站 AIRPORT OF DEPARTURE	到达站 AIRPORT OF DESTINATION	路线 REQUESTED ROUTING

会计事项 ACCOUNTING INFORMATION	币别 CURRENCY	运费支付方式 WT/VAL		
		PPD	COLL	Other

商品编号 COMMODITY ITEM No.	托运人声明价值 SHIPPER'S DECLARED VALUE		保险金额 AMOUNT INSURED
	供运输用 FOR CARRIAGE	供海关用 FOR CUSTOMS	

处理情况（包括包装方式、货物标识及号码等）
HANDLING INFORMATION（INCLUDING METHOD OF PACKING，MARKS AND NUMBERS ETC.）

件数 No. OF PACKAGES	实际毛重（千克） ACTUAL GROSS WEIGHT(KGS)	运价类别 RATE CLASS	收费重量 CHARGEABLE WEIGHT	费率 RATE/CHARGE	货物名称及数量 NAME AND QUANTITY OF GOODS

预付费用 PREPAID	到付费用 COLLECT

托运人证实以上所填全部属实并愿遵守承运人的一切载运章程。

Shipper certifies that the particulars on the face hereof are correct and that insofar as any part of the consignment contains dangerous goods，such part is properly described by name and is in proper condition for carriage by air according to the applicable Dangerous Goods Regulation.

托运人签字__________

Signature of Shipper or His Agent

日期 地点 承运人签字

Executed on (date) at (place) Signature of Issuing Carrier or Its Agent

拓展阅读 2—5　　进口货物航空运输的程序

1. 在国外发货前，进口单位就应将合同副本或订单以及其他有关单证送交进口空港所在地的航空货物代理（简称“空代”），作为委托报关、接货的依据。

2. 货物到达后，空代接到航空公司到货通知时，应从机场或航空公司营业处取单（指航空运单第三联 Original for the Consignee）。取单时应注意两点：①航空公司免费保管货物的期限为三天，超过此限，取单应付保管费。②进口货物应自运输工具进境之日起 14 天内办理报关。如通知取单日期已临近或超过限期，应先征得收货人同意缴纳滞报金的情况下方可取单。

3. 取回运单后应与合同副本或订单核对。如合同号、唛头、品名、数量、收货人或通知人等无误，应立即填制“进口货物报关单”等，并附必要的单证，向设在空港的海关办理报关。

4. 海关审单通过后，空代应按海关出具的税单缴纳关税及其他有关费用。然后，凭缴费收据将所有报关单据送海关放行部，海关对无须验货的货物直接在航空运单上盖章放行；对需要验货的，查验无误后放行；对单货不符的由海关扣留，另行查处。

5. 海关放行后，属于当地的货物立即送交货主；如为外地货物，立即通知货主到口岸提取或按事先的委托送货上门。

6. 对需办理转运的货物，如不能就地报关的，应填制“海关转运单”。

六、集装箱运输跟单

动漫视频

集装箱运输

集装箱运输是以集装箱为集合包装和运输单位，适合门到门交货的成组运输方式，是成组运输的高级形态，也是国际贸易运输高度发展的必然产物。

（一）集装箱的概念

所谓集装箱（Container），又称货柜，是指具有一定强度、刚度和规格，专供周转使用的大型装货容器。使用集装箱转运货物，可直接在发货人的仓库装货，运到收货人的仓库卸货，中途更换车、船时，无须将货物从箱内取出换装。

（二）集装箱的种类

按所装货物的种类分，有杂货集装箱、散货集装箱、液体货集装箱、冷藏集装箱等。

按制造材料分，有木集装箱、钢集装箱、铝合金集装箱、玻璃钢集装箱、不锈钢集装箱等。

按结构分，有折叠式集装箱、固定式集装箱等。固定式集装箱还可分为密闭集装箱、开顶集装箱、板架集装箱等。

按总重分，有 30 吨集装箱、20 吨集装箱、10 吨集装箱、5 吨集装箱、2.5 吨集装箱等。

（三）集装箱运输的有关关系方

1. 无船经营人（Non-vessel Operating Common Carrier，NVOCC）

无船经营人专门经营集装货运的揽货、装拆箱、内陆运输及经营中转站或内陆站业务，可具备实际运输工具，也可不具备。对真正的货主来讲，他是承运人；而对实际承运人来说，他是托运人。通常无船承运人应受所在国法律制约，在政府有关部门登记。

2. 实际承运人（Actual Carrier）

这是掌握运输工具并参与集装箱运输的承运人，通常拥有大量集装箱，以利于集装箱的周转、调拨、管理以及集装箱与车、船、机的衔接。

3. 集装箱租赁公司（Container Leasing Company）

这是专门经营集装箱出租业务的新行业。

4. 集装箱堆场（Container Yard，CY）

这是指办理集装箱重箱或空箱装卸、转运、保管、交接的场所。

5. 集装箱货运站(Container Freight Station,CFS)

这是处理拼箱货的场所,它办理拼箱货的交接,配载积载后,将箱子送往集装箱堆场,并接受集装箱堆场交来的进口货箱,进行拆箱、理货、保管,最后拨给各收货人,同时可按承运人的委托进行铅封和签发场站收据等业务。

(四)集装箱尺寸、容积及计算单位

1. 集装箱尺寸

集装箱内尺寸(Container's Internal Dimensions):集装箱内部的最大长、宽、高尺寸。高度为箱底板面至箱顶板最下面的距离,宽度为两内侧衬板之间的距离,长度为箱门内侧板至端壁内衬板之间的距离。它决定了集装箱内容积和箱内货物的最大尺寸。

集装箱外尺寸(Container's Overall External Dimensions):包括集装箱永久性附件在内的集装箱外部最大的长、宽、高尺寸。它是确定集装箱能否在船舶、底盘车、货车、铁路车辆之间进行换装的主要参数,是各运输部门必须掌握的一项重要技术资料。

2. 集装箱内容积(Container's Unobstructed Capacity)

集装箱的内容积是按集装箱内尺寸计算的装货容积。同一规格的集装箱,由于结构和制造材料的不同,其内容积略有差异。集装箱内容积是物资部门或其他装箱人必须掌握的重要技术资料。

3. 集装箱计算单位(Twenty-feet Equivalent Units,TEU)

集装箱计算单位又称 20 英尺换算单位,是计算集装箱箱数的换算单位。目前,各国大部分集装箱运输采用 20 英尺和 40 英尺长两种集装箱。为使集装箱箱数计算统一化,把 20 英尺集装箱作为一个计算单位,40 英尺集装箱作为两个计算单位,以利于统一计算集装箱的营运量。

(五)集装箱租赁

集装箱租赁(Container Leasing)是集装箱所有人将空箱租给使用人的一项业务。集装箱所有人为出租的一方,使用人一般是船公司或货主,为承租的一方。双方签订租赁合同,由出租人提供合格的集装箱交由承租人在约定范围内使用。集装箱的租赁,国际上有多种不同的方式,主要有程租、期租、活期租用和航区内租赁等。

(六)集装箱装卸区

集装箱装卸区(Container Terminal)是集装箱运输中,箱或货装卸、交换、保管的具体经办部门。它受承运人或其代理人的委托,进行下列各项业务:对整箱货运的交换、保管;设有集装箱货运站者,办理拼箱货的交接;安排集装箱船的靠泊,装卸集装箱,每航次编制配载图;办理有关货运单证的编签;编制并签验集装箱运用运载工具的出入及流转的有关单证;办理集装箱及运载工具、装卸工具的状况检查、维修,以及空箱的清扫、熏蒸等工作;空箱的收发、存贮和保管;安排空箱和重箱在堆场的堆码,编制场地分配计划;其他有关业务工作。

集装箱装卸区一般由专用码头、前沿、堆场、货运站、指挥塔、修理部门、大门和办公室等组成。有时堆场或货运站等可延伸到市区内部 5～15 千米的中转站。

(七)集装箱堆场及场站

1. 集装箱前方堆场(Marshalling Yard)

集装箱前方堆场是指在集装箱码头前方,为加速船舶装卸作业,暂时堆放集装箱的场地。其作用:当集装箱船到港前,有计划、有次序地按积载要求将出口集装箱整齐地集中堆放;卸船时将进口集装箱暂时堆放在码头前方,以加速船舶装卸作业。

2. 集装箱后方堆场(Container Yard)

集装箱后方堆场是指集装箱重箱或空箱进行交接、保管和堆存的场所。有些国家或地区对集装箱堆场并不分前方堆场或后方堆场,统称为堆场。集装箱后方堆场是集装箱装卸区的组成部分,是集装箱运输“场到场”交接方式的整箱货办理交接的场所(实际上是在集装箱卸区“大门口”进行交接的)。

职场指南 2—3　　中国远洋运输公司的集装箱外部标志

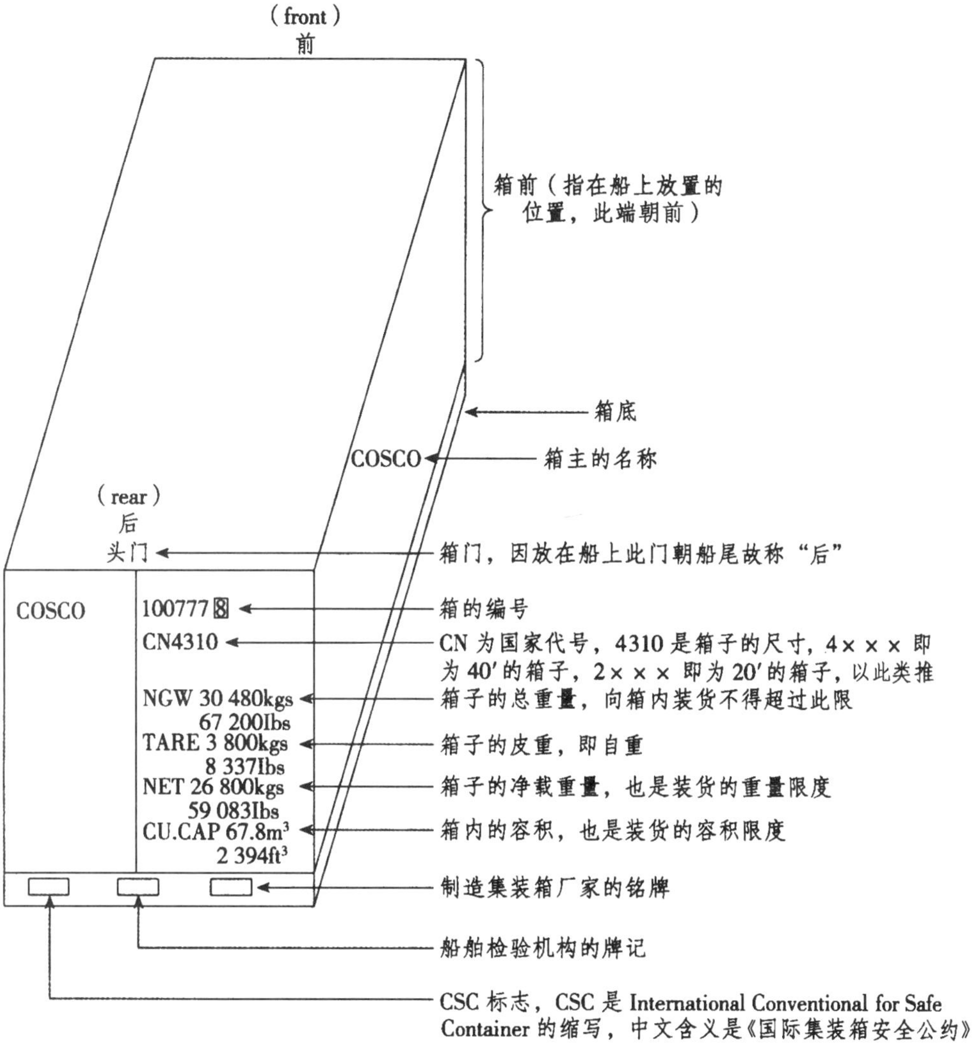

3. 空箱堆场(Van Pool)

空箱堆场是指专门办理空箱收集、保管、堆存或交接的场地。它专为集装箱装卸区或转运站堆场不足而设立。这种堆场不办理重箱或货物交接。它可以单独设立,也可以在集装箱装卸区外另设。在有些国家,经营这种空箱堆场须向航运公会声明。

4. 中转站或内路站(Container Depot or Inland Depot)

中转站或内陆站是指海港以外的集装箱运输的中转站或集散地。它除了没有集装箱专用船的装卸作业外,其余均与集装箱装卸区业务相同。中转站或内陆站包括集装箱装卸港的市区中转站、内陆城市和内河港口的内陆站。

拓展阅读 2—6 **集装箱船的发展**

第一代:20 世纪 60 年代,横跨太平洋、大西洋的 17 000～20 000 总吨远洋集装箱船,可装载 700～1 000TEU,这是第一代集装箱船。

第二代:进入 20 世纪 70 年代,集装箱装载数增加到 1 800～2 000TEU,40 000～50 000 载重吨,这个时期的集装箱船被称为第二代。

第三代:1973 年石油危机爆发以后,由于第二代集装箱船航速过高不经济,故而出现第三代集装箱船,这代船的航速降低,船体尺寸增大,集装箱的装载数达到 3 000TEU,因此,第三代集装箱船是高效节能型船。

第四代:20 世纪 80 年代后期,集装箱船的航速再次提高,集装箱船大型化的限度则以能通过巴拿马运河为准绳,这一时期的集装箱船被称为第四代。第四代集装箱船集装箱装载总数增加至 4 400 个。

第五代:德国船厂建造的 5 艘 APLC-10 型集装箱船可装载 4 800TEU,这种集装箱船的船长/船宽比为 7∶8,使船舶的复原力增大,被称为第五代集装箱船。

第六代:1996 年竣工的 Rehina Maersk 号集装箱船,最多可装载 8 000TEU,这个级别的集装箱船也正式拉开了第六代集装箱船的序幕。

第七代:进入 21 世纪,欧登赛船厂建成 13 640TEU 的 1 万箱以上集装箱船并投入运营代表了第 7 代集装箱船的诞生。

第八代:2011 年 2 月,马士基航运公司在韩国大宇造船海洋订造了 10 艘、单船箱位 18 000TEU 的超大型集装箱船,标志着第 8 代集装箱船时代的来临。

(八)托运人责任

托运人责任(Shippers Liabilities)是指托运人在集装箱运输中应有的责任,这种责任是不完全同于传统海运方面的。拼箱货托运人的责任与传统海运相同。整箱货托运人的责任不同于传统运输之处有:应保证所报货运资料的正确和完整;承运人有权核对箱内所装货物,因核对而发生的费用,由托运人承担;海关或其他权力机关开箱检查,其费用和由此发生的货损和货差,由托运人承担;如因集装箱货不满,或垫衬不良、积载不当,或装了不适用集装箱运输的货物,而引起的货损和货差,概由托运人负责;如使用了托运人自有的不适航的集装箱,所引起的货损事故,应由托运人负责;在使用承运人集装箱及设备期间造成第三者财产或生命的损害,应由托运人负责赔偿。

(九)集装箱运输的方式

集装箱运输是将一定数量的单件货物装入标准规格的金属箱内,以集装箱作为运送单位所进行的运输,适用于海洋运输、铁路运输及国际多式联运。集装箱的交接方式主要包括:

1. FCL/FCL,即“整箱交/整箱收”

在这种交接方式下,集装箱的具体交接地点有以下四种情况:

(1)Door to Door,即“门到门”,指在发货人的工厂或仓库整箱交货,承运人负责运至收货人的工厂或仓库整箱交收货人。

(2)CY to CY,即“场至场”,指发货人在启运地或装箱港的集装箱堆场整箱交货,承运人负责运至目的地或卸箱港的集装箱堆场整箱交收货人。

(3)Door to CY,即“门至场”,指在发货人的工厂或仓库整箱交货,承运人负责运至目的地或卸箱港的集装箱堆场整箱交收货人。

(4)CY to Door,即“场至门”,指发货人在启运地或装箱港的堆场整箱交货,承运人负责运至收货人的工厂或仓库整箱交收货人。

2. LCL/LCL,即“拼箱交/拆箱收”

在这种交接方式下,集装箱的具体交接地点只有一种情况,为 CFS to CFS,即“站到站”。这是指发货人将货物运往启运地或装箱港的集装箱货运站,货运站将货物拼装后交承运人,承运人负责运至目的地或卸箱港的集装箱货运站进行拆箱,当地货运站按件拨交各有关收货人。

3. FCL/LCL,即“整箱交/拆箱收”

在这种交接方式下,集装箱的具体交接地点有以下两种情况:

(1)Door to CFS,即“门到站”,指在发货人的工厂或仓库整箱交货,承运人负责运至目的地或卸货港的货运站。货运站拆箱按件拨交各有关收货人。

(2)CY to CFS,即“场到站”,指发货人在启运地或装箱港的集装箱堆场整箱交运,承运人负责运至目的地或卸货港的集装箱货运站,货运站负责拆箱拨交各有关收货人。

4. LCL/FCL,即“拼箱交/整箱收”

在这种交接方式下,集装箱的具体交接地点也有以下两种情况:

(1)CFS to Door,即“站到门”,指发货人在启运地或装箱港的集装箱货运站按件交货,然后由承运人负责运至目的地收货人工厂或仓库整箱交货。

(2)CFS to CY,即“站到场”,指发货人在启运地或装箱港的集装箱货运站按件交货,然后由承运人负责运至目的地或卸箱港的集装箱堆场,整箱交收货人。

(十)集装箱运输的费用

目前,集装箱货物海上运价体系基本上分为两大类:一类是沿用件杂货运费计算方法,即以每运费吨为单位(俗称“散货价”),另一类是以每个集装箱为计费单位(俗称“包箱价”)。

1. 件杂货基本费率及附加费

(1)基本费率,参照传统件杂货运价,以运费吨为计算单位,多数航线上采用等级费率。

(2)附加费,除传统件杂货所收常规附加费外,还要加收一些与集装箱货物运输有关的附加费。

2. 包箱费率(Box Rate)

这种费率以每个集装箱为计费单位,常用于集装箱交货的情况,即 CFS to CY 或 CY to CY 条款,常见的包箱费率有以下三种表现形式:

(1)FAK 包箱费率(Freight for All Kinds),即对每一集装箱不细分箱内货类,不计货量(在重要限额之内)统一收取运价。

(2)FCS 包箱费率(Freight for Class),即按不同货物等级制定的包箱费率。集装箱普通货物的等级划分与杂货运输分法一样,仍为 1～20 级。但是,集装箱货物的费率级差大大小于杂货费率级差,一般低价货集装箱收费高于传统运输,高价货集装箱收费低于传统运输;同一等级的货物,重货集装箱货运价高于体积货运价。可见,船公司鼓励人们把高价货和体积货装箱运输。在这种费率下,拼箱货运费计算与传统运输一样,根据货物名称确定等级和计算标准,然后来确定相应的费率,乘以运费吨,即得运费。

(3)FCB 包箱费率[Freight for Class(Basis)],即按不同货物等级或货类以及计算标准制定的费率。

拓展阅读 2—7　　集装箱件杂货及整箱费率样例

表 2—15　　货物分级表(Scale of Commodity Classifications)

Commodity	Basis	Class
Coal	M	2
Copper Pipes	W/M	12
Cotton Goods & Piece Goods	M	10
Chemicals, Non-Hazardous	W/M	12
Chemicals, Semi-Hazardous	W/M	17
Chemicals, Hazardous	W/M	20
Machines Calculating & Typewriters	M	12
Tape Recorder & Magnetic Tape	M	12
Tea	M	8
Tiles, Procelain	W	7
Tiles, Mosaic	W	7
Toilet Shampoo	M	11
Tooth Brush	M	9
Tooth Paste	M	11
Toys, Electrically Operated	M	10
Toys, Wooden, Metal, Plush	M	8
Tricycles, Children Vehicles	M	9
Types & Tubes	M	7

表 2—16　　件杂货(散货)上海航线费率表　　(美元)

货物等级(Class)	目的港(Ports of Destination)			
	Hongkong	Japan	Singapore	Bangkok
7	20.00	50.00	31.50	31.00
8	20.50	50.50	32.00	31.50
9	21.00	51.00	32.50	32.00

续表

货物等级(Class)	目的港(Ports of Destination)			
	Hongkong	Japan	Singapore	Bangkok
10	21.50	51.50	33.50	32.50
11	22.00	52.50	34.50	33.50
12	23.00	53.50	35.50	34.00
13	24.00	54.50	36.00	34.50
14	24.50	55.00	37.00	35.00
15	25.50	56.00	37.50	36.00
16	26.00	57.00	38.00	36.50
17	27.50	58.50	38.50	37.00
18	28.50	59.00	39.50	38.00
19	29.50	60.00	40.00	38.50
20	30.00	60.50	41.00	39.00
Remark： All Basic Ports：Bunker Adjustment Factor 20% Hongkong：Transshipment Surcharge ＄52.00/Ft Port Congestion Surcharge 10% Karachi：Currency Adjustment Factor 30%				

表 2—17　　中国—新加坡航线集装箱费率表(FAK 包箱费率)　　(美元)

装运港 Port of Loading	货类 Commodity	CFS/CFS	CY/CY	
		PER F/T	20′FCL	40′FCL
大连 Dalian	杂货 General Cargo	88.00	1 250.00	2 310.00
新港 Xingang	杂货 General Cargo	80.00	1 150.00	2 115.00
青岛 Qingdao	杂货 General Cargo	80.00	1 150.00	2 115.00
上海 Shanghai	杂货 General Cargo	76.00	1 050.00	2 050.00
黄埔 Huangpu	杂货 General Cargo	63.00	850.00	1 600.00
…	…	…	…	…

表 2—18　　中国—澳大利亚航线集装箱费率表(FCS 包箱费率)　　(美元)

Basic Ports:Brisban，Melbourne，Sydney，Fremantle				
Class	Basis	LCL (PER F/T)	20′(CY/CY)	40′(CY/CY)
1～7	W/M	95	1 600	3 100
8～10	W/M	100	1 700	3 250
11～15	W/M	105	1 800	3 420
16～20	W/M	110	1 900	3 560

中国—地中海航线集装箱费率表(FCB包箱费率) （美元）

Basic Ports：Algiers，Genoa，Marseilles				
Class	LCL PER W	LCL PER M	FCL 20′(CY/CY)	FCL 40′(CY/CY)
1～7	125.00	102.00	2 250.00	4 200.00
8～10	134.00	107.00	2 350.00	4 420.00
11～15	142.00	115.00	2 480.00	4 650.00
16～20	150.00	123.00	2 560.00	4 740.00

（十一）集装箱运输的主要货运单证

1. 托运单(Dock Receipt，D/R)

集装箱货物托运单如表2—19所示。

表2—19 **集装箱货物托运单**

Shipper（发货人） Consignee(收货人) Tel： Notify Party(通知人) Tel：	D/R No.（编号） 场站收据 DOCK RECEIPT Received by the Carrier the Total number of containers or other Packages or units stated below to be transported subject to the terms and conditions of the Carrier's regular form of Bill of Lading（for Combined Transport or Port to Port Shipment）which shall be deemed to be incorporated herein
Pre-carriage by(前程运输)　Place of Receipt(收货地点)	
Ocean Vessel(船名)　Voy. No.（航次）　Port of Loading(装货港)	Date（日期） 场站章
Port of Discharge(卸货港)　Place of Delivery(交货地点)	Final Destination for the Merchant's Reference(目的地)

Container No.（集装箱号）	Seal No.（封志号）Marks & No.（标志与号码）	No. of containner's of P'kgs（箱数与件数）	Kind of Packages；Description of goods（包装种类与货名）	Gross Weight 毛重(千克)	Measurement 尺码(立方米)
TOTAL NUMBER OF CONTAINERS OF PACKAGES(IN WORDS) 集装箱数或件数合计(大写)					

Container No.（箱号）　Seal No.（封志号）　P'kgs(件数)

Received(实收)	By Terminal clerk/Tally clerk(场站员/理货员签字)

FREIGHT & CHARGES	Prepaid at(预付地点)	Payable at(到付地点)	Place of Issue(签发地点)　BOOKING(订舱确认)APPROVED BY
	Total prepaid(预付总额)	No. of Original B(s)/L(正本提单份数)	货值金额

Service Type on Receiving ☐ CY，☐ CFS，☐ DOOR	Service Type on Delivery ☐ CY，☐ CFS，☐ DOOR	Reefer Temperature Required(冷藏温度)	F	℃

TYPE OF GOODS（种类）	☐ Ordinary（普通）　☐ Reefer（冷藏）　☐ Dangerous（危险品）　☐ Auto（裸装车辆） ☐ Liquid（液体）　☐ Live Animal（活动物）　☐ Bulk ________（散货）	危险品	Class： Property IMDG Code Page： UN No.

发货人或代理地址：			联系人：	电话：
可否转船：	可否分批：	装期：	备注	装箱场站名称
有效期：		制单日期：		
海运费由　　　　支付 如预付运费托收承付，请填准银行账号				

场站收据各联的名称和用途，如表2—20所示。

表 2－20

顺序	名　称	颜色	主要用途
1	集装箱货物托运单——货方留底	白色	托运人留存备查
2	集装箱货物托运单——船代留底	白色	据此编制装船清单、积载图、预制提单等
3	运费通知(1)	白色	计算运费
4	运费通知(2)	白色	运费收取通知
5	装货单——场站收据副本(1)	白色	报关并作为装货指示
	缴纳出口货物港杂费申请书	白色	港方计算港杂费
6	场站收据副本(2)大副联	粉红色	报关,船上留存备查
7	场站收据	淡黄色	报关,船代凭此签发提单
8	货代留底	白色	缮制货物流向单
9	配舱回单(1)	白色	货代缮制提单等
10	配舱回单(2)	白色	根据回单批注修改提单

2. 装箱单 (Container Load Plan,CLP)

装箱单是记载每箱货物的具体资料,又是向海关申报的必要单证。

3. 集装箱配载图(Pre-stowage Plan)

集装箱配载图由外轮代理公司根据订舱清单、装箱单及堆场积载计划编制,并在船舶抵港征得船方同意后,即行装船。配载图是由集装箱船各排每列和分层的横断而构成的。

4. 场站收据(Dock Receipt)

场站收据是指承运人委托集装箱装卸区、中转站或内陆站收到整箱货或拼箱货后签发的收据。场站收据由发货人编制。

5. 提货单(Delivery Order)

进口收货人或其代理人在收到"到货通知"后须持正本提单向承运人或其代理人换取提货单,然后向海关办理报关,经海关在提货单上盖章放行后,才能凭该单向承运人委托的堆场或货运站办理提箱或提单。提货时,收货人或其代理人要在提货单上盖章以证明承运人的责任已结束。

提货单一般为一式五联,第一联称"提货单",此联由港区留存;第二联称"费用账单",此联由收货人留存;第三联也是"费用账单",此联由港区留存;第四、第五联均称"交货记录",收货人提货时须在此两联上盖章,第四联由港区留存,第五联由港区转船代留存。

6. 设备交接单(Equipment Receipt)

设备交接单是指集装箱所有人或租用人委托集装箱装卸区、中转站或内陆站与货方即用箱人或其代表之间交接集装箱及承运设备的凭证。交接单由承运人或其代理人签发给货方,据以向区、站领取或送还重箱或轻箱。交接单第一张背面印有交接使用条款,主要内容是集装箱及设备在货方使用中产生的费用、遇有设备和所装货物发生损坏或灭失的责任划分,以及对第三者发生损害赔偿的承担。设备交接一般在区、站大门口办理。设备包括集装箱、底盘车、台车和电动机等。交接单分"出门"和"进门"两种。

（十二）集装箱货物出口运输操作

1.订舱（即订箱）

发货人根据实务合同或信用证中的条款，或者货代根据委托人的委托书向船公司或其代理填写集装箱货物托运单，办理订舱（即订箱）手续。

2.接受托运并制作场站收据

如同一批货物装有几个集装箱时，先凭装箱单验收，直到最后一个集装箱验收完毕时，才由港站管理员在站场收据上签收。站场收到整箱货，如发现所装的箱外表或拼箱货包装外表有异状，应加批注。站场收据的作用，相当于传统运输中的大副收据，它是发货人向船公司换取提单的凭证。

3.发送空箱

整箱货所需的空箱由船公司或其代理送交，或由发货人领取；拼箱货所需的空箱由货运站领取。

4.集装箱装箱与交货

（1）整箱货的装箱与交货。发货人或货代收到空箱后，应在装箱前（最晚不得晚于装箱前 24 小时）向海关办理报关，并应在海关监管下进行装箱，装箱完毕由海关在箱门处施加铅封，铅封上的号码称为“封志”（Seal）。然后，发货人或货代应及时将重箱和场站收据一并送往堆场，堆场装卸区的工作人员点收货箱无误后，代表船方在场站收据上签字并将该收据退还发货人或货代，证明已收到所托运的货物并开始承担责任。

（2）拼箱货的装箱与交货。对拼箱货，发货人也应先行办理报关，然后将货物送交货运站；也可以委托货运站办理报关，如属这种情况，则发货人应将报关委托书及报关所需要的单证连同货物一并送交货运站。货运站点收货物后，根据货物的性质、流向、目的港（地）的不同进行拼装。此时，发货人最好派人在现场监装，以防发生短装、漏装、错装等事故。货运站的工作人员在点收货物后或在拼装完毕后应代表船方在场站收据上签字并将该收据退交发货人证明收到所托运的货物并开始承担责任。

5.货物进港

发货人或货运站接到装船通知后于船舶开装前 5 天即可将集装箱运进指定的港区备装，通常在船舶吊装前 24 小时便停止货箱进港。

6.换取提单

场站收据是承运人或货运站收货的凭证，也是发货人换取提单的唯一凭证。如信用证上规定需要已装船提单，则应在货箱装船后换取已装船提单。

7.运费结算

运费通常包括基本海运费和附加费，运费的支付方式主要有预付、到付、第三方支付。

拓展阅读 2—8　　集装箱进口运输操作

1.寄送资料

启运港的船公司或其代理应在货轮抵港前（近洋 24 小时前，远洋 7 天前）采用传真、电传或邮寄的方式向卸货港提供提单副本、舱单、装箱单、积载图、危险货物集装箱清单、危险货物说明书、冷藏箱清单等有关的必要的卸船资料。

2.分发单证

船公司或其代理应及时地将启运港寄来的有关货运单证分别送给有关的进口货代或收货人、堆场和货运站，以便各有关单位在货轮抵港前做好各项准备工作。

3.发到货通知

船公司或其代理应预告进口货代或收货人货轮抵港日期，并应于船舶到港后发正式到货通知。

4. 换取提货单

进口货代或收货人接到通知后应持正本提单向船公司或其代理换取提货单。

5. 卸船提货

货箱自船上卸下后，整箱货先存放在堆场，拼箱货先运往货运站。进口代理或收货人应在规定的时间内向海关办理进口报关，待海关放行后凭提货单至堆场提箱或在堆场开箱提货。如果是提箱，还应在提箱前交付押金和办理设备交接单的手续。对于拼箱货，凭提货单至货运站提货。

6. 详细填写“交货记录”联

收货人或其代理在提箱时如发现铅封损坏或丢失、箱上有孔洞、货物短少或损坏，应在提货单的“交货记录”联上详细列明并要求堆场或货运站共同签字，以便事后凭以向船公司索赔。否则，船公司将不承担责任。

应知考核

一、单项选择题

1. 对于注册资本与注册资金的关系，以下正确的是（　　）。

A. 注册资本就是注册资金，两者概念相同

B. 注册资本随着企业经营效益的变化而变化

C. 注册资本是所有的股东投入的资本，一律不得抽回

D. 注册资金反映的是公司法人财产权

2. 大副收据也称作（　　）。

A. 收货单　　B. 装货单　　C. 舱单　　D. 关单

3. 载货清单也称作（　　）。

A. 收货单　　B. 装货单　　C. 舱单　　D. 关单

4. 国际航空运输中的一般轻泡货物，在计算计费体积时，以每（　　）立方厘米折合 1 千克计重。

A. 5 000　　B. 6 000　　C. 8 000　　D. 4 000

5. 国际货物集装箱运输中，装箱单是详细记载每箱货物的具体资料，又是向海关申报的必要单证。它的英文缩写是（　　）。

A. CLP　　B. P/L　　C. B/L　　D. P/I

6. 以下属于汽车产品外观性能的是（　　）。

A. 油耗　　B. 速度　　C. 款式　　D. 爬坡

7. 关于 AQL 的确定，一般来说，（　　）。

A. 由供应方确定

B. 产品价格较高时，用较大的 AQL

C. 单位产品失效后会给整体带来严重危害的，AQL 值选用较大数

D. AQL 的确定，原则上应由产需双方商定

8. 以下关于工序检验的说法中，错误的是（　　）。

A. 工序检验通常表现为首件检验、巡回检验、末件检验

B. 工序检验的目的是在加工过程中防止出现大批不合格品，避免不合格品流入下道工序

C. 工序检验仅指对产品的检验，即剔除不合格品

D. 工序检验除了检验产品外，还要检验环境等质量影响因素

9. 以下(　　)不属于原材料供应商在生产能力方面出现的问题。

A. 生产交货时间计算错误

B. 临时急单插入

C. 小批量订单需合起来生产

D. 需调度的材料、零配件采购延迟，生产量掌握不准确

10. 适当的交货地点是指(　　)。

A. 供应商企业的仓库

B. 采购商仓库

C. 供应商企业的生产线上

D. 只要离企业最近、方便企业装卸运输的地点

二、单项选择题

1. 从企业法人名称“杭州威风化工有限公司”，跟单员可以准确地得到(　　)信息。

A. 企业的行业　　B. 企业注册地

C. 企业组织形式　　D. 企业经营范围

2. 下列企业的投资者对企业债务承担无限责任的有(　　)。

A. 私营合伙企业　　B. 私营独资企业

C. 股份有限公司　　D. 联营企业

3. 我国《民法典》规定，合同的书面形式是指(　　)。

A. 合同书　　B. 信件

C. 数据电文　　D. 仅指合同书

4. 以下属于跟单员对原材料(零部件)进仓应该采取的步骤有(　　)。

A. 协调送货　　B. 协调接收

C. 通知进货　　D. 原材料(零部件)入库

5. 跟单员在做催单的事前规划工作时，重点应该注意(　　)。

A. 确定交货日期及数量

B. 了解供应商生产设备利用率

C. 提高供应商的原材料及生产管理水平

D. 准备替代来源

三、判断题

1. 危险货物的托运应填制专门的危险货物运单，即红色运单。(　　)

2. 信用证如果要求提单“凭开证银行指示”(To Order of Issuing Bank)，或“凭收货人指示”(To Order of Consignee)。这种提单必须经发货人背书。(　　)

3. 跟单员应确认原材料采购量，原材料的采购量应与对外合同、订单总量相匹配。(　　)

4. 所采购的原材料的交货时间宜早不宜迟，因此交货期越早越好。(　　)

5. 销售包装的主要作用在于保护商品，以防商品在运输过程中发生货物损失。(　　)

6. 运输包装上的标志就是指运输标志，也就是通常所说的唛头。(　　)

7. 跟单员审查付款方式是由于每个企业都有自己的付款条件，规定有些付款方式不能接受。(　　)

8. 国际货物集装箱拼箱运输过程中，发货人或货代将拼好的重箱和场站收据一并送往堆场，承运人的责任从承运人在堆场接收重箱开始。 (　　)

9. 国际货物海运中，如果运输需要中转，那么中转港的二程船公司签名的提单仍然可以作为货主向银行议付的单据。 (　　)

10.“采购原材料辅料申请单”通常由跟单员制作。 (　　)

四、简述题

1. 跟单员审查合同(或订单的审查范围)包括哪几个方面?
2. 对于所采购原材料的进仓，跟单员应做好哪几个方面的工作?
3. 简述集装箱运输的优点。
4. 简述出口产品质量的构成要素。
5. 简述生产进度跟单的基本要求和流程。

应会考核

■ 观念应用

【背景资料 1】

小王是 A 公司新入职的跟单员，最近公司接到国外客户的一个大单，国外客户对原材料的要求比较严格。A 公司选定了一家供应商，业务经理让小王负责这个单子的跟进工作。对刚毕业而且缺少经验的小王来说，这个工作的确是个不小的挑战。你觉得小王应该怎样进行跟单的规划，以确保原材料能按要求供应?

【背景资料 2】

小李是公司新来的跟单员，大学毕业不久，缺少工作经验，负责一批玩具订单的跟单工作。他在同供应商企业协调时告诉供应商只要订单完成不必通知就可以送货。你认为小李的送货安排是否合理，为什么?

【考核要求】

请分别对上述背景资料 1、2 的问题进行回答，作为跟单员应如何提高自身的业务素质?

■ 技能应用

天津景天日化制品有限公司以 CFR 价格出口无磷洗衣粉。该商品内包装为塑料袋，每袋 0.5 千克，外包装为纸箱，每箱 50 袋，纸箱的尺寸为 47cm×30cm×20cm。

【技能要求】

请问一个 20 英尺集装箱能够装多少千克无磷洗衣粉? 按此量装箱，集装箱是否符合运输要求? 结合本项目的内容和学过的知识作答。

■ 案例分析

【分析情境 1】

浙江义乌某外贸公司接到国外客商购买瓷器的一份订单，跟单员小李负责落实供应商。小李通过网络寻找到一家称作江西天工瓷器工贸有限公司的瓷器供应商，该公司注册地址为江西南昌。小李通过电话联系后得知该公司目前的经营地址是在江西上饶。为此，小李奔赴江西进行实地了解。小李刚工作不久，工作经验缺乏。你觉得小李在了解核实对方公司的登记注册情况过程中应注意哪些事项?

【情境思考 1】

请结合本项目的内容分析上述问题。

【分析情境 2】

国外某公司与我国某自行车公司洽谈进口业务，打算从我国进口“凤凰”牌自行车 1 000 辆，但要求我方改用“虎”牌，并在包装上不得注明“Made in China”字样。

【情境思考 2】

请问我方是否可以接受？在处理此项业务时，应注意什么问题？

【分析情境 3】

我方某公司与某外商洽谈一宗进口交易，经往来电传磋商，就合同的主要条款全部达成协议，但在最后一次我方公司所发的表示接受的电传中列有“以签订确认书为准”。事后，对方拟就合同草稿，要我方公司确认，但由于对某些条款尚待进一步磋商，我方未及时给予答复。不久，该商品的国际市场价格下跌，外商催我方公司开立信用证，我方公司以合同尚未有效成立为由拒绝开证。

【情境思考 3】

试分析我方公司的做法是否合理。

项目实训

【实训项目】

出口贸易业务跟单。

【实训情境】

2025 年 5 月 6 日，江苏宏大进出口有限公司(JIANGSU HONGDA IMP. & EXP. CO. ,LTD)收到了丹麦客商(H. YOUNG CO. ,LTD)的采购单，5 月 20 日丹麦客商对江苏宏大进出口有限公司提供的服装样板(Style No. 926)提出了修改意见。具体见表 2—21。

表 2—21 **PURCHASE ORDER(P/O)**

SELLERS	JIANGSU HONGDA IMP. & EXP. CO. ,LTD		No.	HY20250506
BUYERS	H. YOUNG CO. , LTD		DATE	May 06,2025
MARKS	DESCRIPTION OF GOODS	QUANTITY	UNIT PRICE	AMOUNT
			FOB Shanghai (incl. quota)	
	Style No. 925 100% Cotton Blouse (EEC-7)	2 250PCS	USD15. 20/PC	USD34 200. 00
	Style No. 926 95% Cotton 5% Spandex Culotte(裙裤)(EEC-6)	3 750PCS	USD14. 20/PC	USD53 250. 00
TOTAL		6 000PCS		USD87 450. 00

REMARKS

1. Garments must be free from AZO, PCP and nickel.
2. “YKY” zipper must be used in culotte.
3. 5% more or less in quantity & amount are allowed.
4. Packed in strong export carton and suitable for long distance ocean transportation.
5. Fabric: 40S×40S /120×100 in style No. 925 and 40S×40S+40D/133×72 in style No. 926.
6. The shrinkage of fabric must be below 2% in style No. 925 and below 3% in style No. 926.
7. The colour fastness of fabric must be 3-4.

续表

TOTAL AMOUNT	Say US Dollar eighty-seven thousand four hundred and fifty only.
TRANSSHIPMENT	☐ Allowed ☒ Prohibited
PARTIAL SHIPMENTS	☐ Allowed ☒ Prohibited
SHIPMENT DATE	40 days after L/C
INSURANCE	☒ by the buyers ☐ by the sellers

TERMS OF PAYMENT

The buyers shall pay 100% of the sales proceeds through sight draft/by T/T remittance to the sellers not later than ________.

The buyers shall issue an irrevocable L/C at ×××sight through Bank of China in favor of the sellers prior to May 30, 2025 indicating L/C shall be valid in China through negotiation within 15 days after the shipment effected, the L/C must mention the P/O No.

☐ Documents against payment:

The buyers shall duly make the payment against documentary draft made out to the buyers at ________ sight by the sellers.

☐ Documents against acceptance:

The buyers shall duly accept the documentary draft made out to the buyers at ________ days by the sellers.

DOCUMENTS REQUIRED

The sellers shall present the following documents required for negotiation/collection to the banks.

☒ Full set of clean on board ocean Bills of Lading.

☒ Signed commercial invoice in THREE original and TWO copies. A certificate evidencing that the garments are neither of requirements for concentration limits for certain hazardous substances nor do they contain hazardous materials on the health of human population and environment is requested separately.

☒ Packing list/weight memo in THREE copies.

☒ Inspection certificate of quantity and quality in ONE original issued by SGS.

☐ Insurance policy in ________ copies.

☒ Certificate of origin in ONE original issued by China Chamber of Commerce.

SHIPPING ADVICE

The sellers shall immediately, upon the completion of the loading of the goods, advise the buyers of the contract no., names of commodity, loaded quantity, invoice values, gross weight, names of vessel and shipment date by E-MAIL/FAX.

INSPECTION AND CLAIMS

1. The buyers shall have the qualities, specifications, quantities of the goods carefully inspected by the SGS Inspection Authority, which shall issue inspection certificate before shipment.

2. The buyers have right to have the goods inspected by the local commodity inspection authority after the arrival of the goods at the port of destination if the goods are found damaged/short/their specifications and quantities not in compliance with that specified in the contract, the buyers shall lodge claims against the sellers based on the inspection certificate issued by the commodity inspection authority within 60 days after the goods arrival at the destination.

3. The claims, if any regarding to the quality of the goods, shall be lodged within 30 days after arrival of the goods at the destination, if any regarding to the quantities of the goods, shall be lodged within 7 days after arrival of the goods at the destination. The sellers shall not take any responsibility if any claims concerning the shipping goods is up to the responsibility of insurance company/transportation company/post office.

FORCE MAJEURE

The sellers shall not hold any responsibility for partial or total non-performance of this order due to Force Majeure. But the sellers advise the buyers on time of such occurrence.

续表

<table>
<tr><td colspan="2">DISPUTES SETTLEMENT
All disputes in connection with this order of the execution thereof shall be amicably settled through negotiation. In case no amicable settlement can be reached between the two parties, the case under dispute shall be submitted to arbitration, which shall be held in the country where the defendant resides, or in third country agreed by both parties. The decision of the arbitration shall be accepted as final and binding upon both parties. The arbitration fees shall be borne by the losing party.</td></tr>
<tr><td colspan="2">LAW APPLICATION
It will be governed by the law of the People's Republic of China under the circumstances that the order is signed or the goods while the disputes arising are in the People's Republic of China or the defendant is Chinese legal person, otherwise it is governed by Untied Nations Convention on Contract for the International Sale of Goods.
The terms in the order based on INCOTERMS 2020 of the International Chamber of Commerce.</td></tr>
<tr><td colspan="2">VERSIONS
This order is made out in both Chinese and English of which version is equally effective. Conflicts between these two languages arising therefrom, if any, shall be subject to Chinese version.</td></tr>
<tr><td colspan="2">This order is in <u>TWO</u> copies, effective since being singed/sealed by both parties.</td></tr>
<tr><td>Representative of the sellers:
Authorized signature</td><td>Representative of the buyers:
Authorized signature</td></tr>
</table>

(一)审核采购单

1. 根据上述采购单,请把下列句子译成中文:

(1)Garments must be free from AZO, PCP(注:五氯苯酚,是一种防腐剂和防霉剂)and nickel.

(2)Packed in strong export carton and suitable for long distance ocean transportation.

2. 根据上述采购单,出口商在制作商业发票时,除了显示发票的必要内容外,还要附加什么说明?

3. 出口商提供由海关签发的一般原产地证书是否符合采购单要求?为什么?

4. 出货前的最终检验,必须经过什么检验机构进行检验并出具书面报告?检验的内容包括哪两个方面?

(二)样品跟单

跟单员王平收到了外商对该公司样品的确认意见,具体见表2—22。通过阅读,王平对其中的英文表述有些疑惑,请你帮助翻译。

表2—22 **样品确认意见表**

<table>
<tr><td colspan="2">H. YOUNG CO., LTD</td><td colspan="2">APPROVAL SAMPLE COMMENTS</td><td></td></tr>
<tr><td>Style name</td><td>CULOTTE</td><td>Coll</td><td colspan="2">03 Coll. 5, Fransa(81)</td></tr>
<tr><td>Style No.</td><td>926</td><td>Brand</td><td colspan="2">FRW</td></tr>
<tr><td>Supplier</td><td>JIANGSU HONGDA</td><td>Date</td><td colspan="2">30. 05. 2025</td></tr>
</table>

续表

Measurement/Size(cm)	Sample	Difference	Comments
01 Waist width	37.50	+1	Improve
02 Hip | −9cm down from top of waist	44.00	+0.5	Improve
03 Hip | −19cm down from top of waist	49.50	+1	Improve
04 Bottom width	70.00		
05 Waist facing height	8.50		
06 Total length c. b. from top waist	59.00	+3	* Revised
07 Total length off from top waist	57.50	+4	* Revised
08 Zipper length from top of waist	18.00	−2	Improve
09 Pocket face height insides	13.00	−1	* Revised
10 Pocket face width	13.00		
11 Pocket height against cuff	5.00		

General comments:

( )=Measurement is OK;(+)=Measurement is too big;(−)=Measurement is too small;(*)=Measurements marked are revised;Please (pls) follow the size specification;(spec.) with the latest changed date.

Approval Sample(smpl)

Attention

1. Pls compare approval smpl measurement with new revised measurement in size spec. All measurement must be adjusted according to new revised size spec.

2. Pls send size set in size 38-42 for re-approval by us before starting production.

3. Packing:1 piece in polybag & flat, with G. W. no more than 10 kgs per carton, solid colour and solid size with style No. 925, 1 piece in polybag & flat and 8 pcs per carton, assorted colour and size with style No. 926.

4. Export carton must be strong.

5. Shipping mark must show H. YOUNG, style No., quantity, colour and carton No., side mark must show gross weight, net weight, size of carton.

6. Pls inform us by fax/mail of all inquiries regarding delivery before shipment.

Approval Sample Workmanship

1. Pls note that new length is 66cm.

2. Pleats (皱褶) at back must be closed as on front.

3. Zipper must be original "YKY".

1. "Approval Sample"的中文意思是什么？请叙述跟单员在评估这类样品时需要关注的五个方面内容。

2. 在表格中，"Difference""Comments"栏目项下显示了"+""−""*"符号，请叙述其中文概念。

3. 在表格中，对装箱方法也作了叙述，请将以下英文译成中文：

1 piece in polybag & flat, with G. W. no more than 10 kgs per carton, solid colour and solid

size with style No. 925，1 piece in polybag & flat and 8 pcs per carton，assorted colour and size with style No. 926.

（三）生产进度和质量跟单

1. 江苏宏大进出口有限公司将丹麦客商的订单委托苏州宏源制衣有限公司生产，跟单员王平时间有限，不能长期驻厂跟单。你认为他至少应该分哪几个阶段进行检验？

2. 在第一阶段的检验过程中，需要进行哪两方面检验？

3. 请写出订单对 style No. 925 面料的规格和技术指标要求。

4. 跟单员王平必须在生产任务完成多少比例（成箱率）以上才可以做最后阶段的检验？

5. 根据采购单要求，成品出口数量是否可以增加或减少？为什么？

6. 假设苏州宏源制衣有限公司可以将订单中的 style No. 926 提前完成，工厂希望能提前出运，请问江苏宏大进出口有限公司能否同意安排提前出运？为什么？

（四）辅料跟单

跟单员王平在收到外商意见的同时，还收到采购单中规定的"YKY ZIPPER"供应商联系地址和方法，请阅读以下所给有关"YKY ZIPPER"资料，计算并回答问题。

DETAIL INFORMATION OF YKY ZIPPER

ORDERING ADDRESS

Connect Trimmings Ltd.
6/F, Flat D, Linyin Bld., 123 Tung Chau St., Hong Kong
Tel:00852－23956996　　Fax:00852－12254486
E-mail:Hay@hjj. com. nk

BANK DETAILS

Bank:　The Hong Kong and Shanghai Banking Corporation Limited
No. 1 Queen's Road, Hong Kong

SWIFT Code:SBCHKHHHKH

Account no.:599－8－65423

PLEASE NOTE

① Delivery terms:EX WORKS
② It is imperative to put p/o number with H. YOUNG.
③ It is imperative to put style number.
④ It is Seller's responsibility to order zippers in time before production.
⑤ Delivery time:Within 30 days after payment with order.
⑥ Transportation:We can provide shipment as per destination.
⑦ All zippers can be produced at a special request. This is to be settled in each individual case.
⑧ Prices are not on the order formula, please ask for quotation.

1. 跟单员王平必须购买什么品牌的拉链？拉链的价格术语是什么？从拉链生产商至江苏宏大进出口有限公司所在地的运杂费应该由谁承担？请从江苏宏大进出口有限公司角度分析可能存在的风险。

2. 在购买拉链时，必须注明哪些重要的信息资料？（要求用中文表述）

3. 如果江苏宏大进出口有限公司在 5 月 30 日发出采购单给拉链生产商，在 6 月 1 日通过银行办理了电汇汇款手续。6 月 2 日货款到达拉链生产商的账户，则拉链生产商最迟何时能够发货？

4. 根据订单，在考虑了 1%的损耗后，请你计算需要购买多少根拉链（不考虑颜色）？

5. 根据下面"生产作业计划书"，跟单员王平除了订购主唛、洗水唛、尺码唛、挂牌、拉链等辅料外，还需要向印刷厂订购价格牌。请你按生产作业计划书的要求计算价格牌的数量。（提醒：计算时需要考虑1%的损耗率）（列出计算步骤）

表 2－23　　江苏宏大进出口有限公司生产作业计划书

生产加工单位 苏州宏源制衣有限公司	负责人 王音茵	要求出货时间　7月6日 进仓地址　待通知（上海）					落单时间 2025年5月20日	
款号（女衬衫）925	面料　全棉	各尺码配比					小计	备注
		1	1	1	1	1		
丹麦A超市	颜色/尺码	36#	38#	40#	42#	44#		
	棕色	225						
			225					
				225				
款号（女衬衫）925	面料　全棉	各尺码配比					小计	备注
		1	1	1	1	1		
丹麦A超市	颜色/尺码	36#	38#	40#	42#	44#		
					225			
						225		
							1 125	
	黑色	225						
			225					
				225				
					225			
						225		
							1 125	
总计							2 250	
工艺准备：样衣、纸样工艺单等均见技术科资料。								
面料准备：6月10日以前进仓。								
辅料准备：配色纽扣、主唛、洗水唛、尺码唛、挂牌、拉链6月10日以前进仓（数量另告）。								
包装：按客户"Approval sample comments"中"Attention"第三点。								
商检：在出货前5天完成，将"电子转单"传真至我司单证部，传真号为87023566，王小姐收。								

填单人：张三红

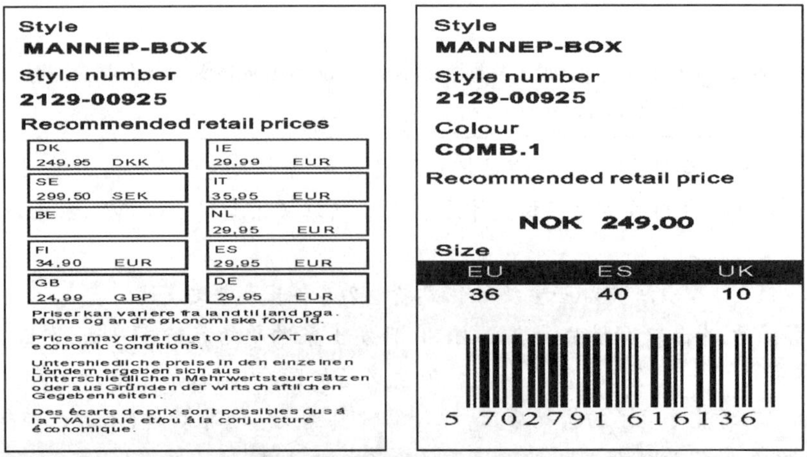

价格牌

6. 如果925款的每件净重为400克，纸箱自重2千克，根据客户的要求，跟单员王平需要订购多少只纸箱？为了更好地保护纸箱内衣服，需要在纸箱内的底部和上部各加一张单瓦楞衬板（俗称“天地盖”），则需要订购多少张单瓦楞衬板才能达到要求（不考虑损耗）？

7. 根据以上所给的资料，请设计运输唛头。

正唛	侧唛

【实训任务】

根据上述实训情境资料，回答相关问题。

【实训要求】

1. 完成本业务操练时间以不超过40分钟为合格。

2. 撰写《出口贸易业务跟单》实训报告。

<table>
<tr><th colspan="3">《出口贸易业务跟单》实训报告</th></tr>
<tr><td>项目实训班级：</td><td>项目小组：</td><td>项目组成员：</td></tr>
<tr><td>实训时间：　年　月　日</td><td>实训地点：</td><td>实训成绩：</td></tr>
<tr><td colspan="3">实训目的：</td></tr>
<tr><td colspan="3">实训步骤：</td></tr>
<tr><td colspan="3">实训结果：</td></tr>
<tr><td colspan="3">实训感言：</td></tr>
<tr><td colspan="3">不足与今后改进：</td></tr>
<tr><td colspan="3">项目组长评定签字：　　　　项目指导教师评定签字：</td></tr>
</table>

项目三　进口贸易业务跟单

● 知识目标

理解：进口贸易跟单的基本流程。
熟知：进口贸易跟单的主要工作。
掌握：进口贸易跟单实务。

● 技能目标

能够掌握进口贸易跟单中各个环节的操作及知识要点；熟知进口贸易业务跟单流程的核心要素，确保有效对接国内外供应商与客户，为做好进口贸易跟单工作打好基础。

● 素质目标

能够对进口贸易的分类、主要流程、选择供货商、合同履行、主要单证等内容有所了解，由此塑造职业技能，从而做到学思用贯通、知信行统一；具备跨文化沟通能力，有效处理国际商务往来，提高工作效率，保障企业利益，以及持续关注国际市场动态，为企业决策提供支持。

● 思政目标

在熟知进口业务工作流程的基础上，了解进口业务的各个环节，从而掌握进口贸易跟单的基本要领；深刻理解不忘初心的核心要义和精神实质，塑造品格、品行和品位，树立正确的世界观、人生观和价值观；提高对职业的认知，具有职业认同感。

● 知识精讲

任务一　进口贸易跟单基本流程

一、进口贸易的分类

进口贸易按其性质、特点、方式等可以划分为多种，如直接进口、间接进口、第三国转口；一般贸易进口、加工贸易进口；货物进口、设备进口、技术进口；一般关区进口、保税区进口；需要许可证（自动登记)进口、不需要许可证(自动登记)进口;指定商品企业进口、非指定商品企业进口;国家调拨进口、易货贸易进口和专项外汇进口;自营进口、代理进口;等等。

二、进口业务工作流程

进口业务工作流程包括:进口业务的交易前准备、进口合同的签订、进口合同的履行、进口业务的后期管理等。

进口贸易跟单是指买卖双方在签订进口合同的前提下,按跟单的一般流程,对进口合同的履行进行业务跟踪或跟进。它涉及前程跟单、中程跟单和全程跟单。

进口业务的工作流程如图3-1所示。

三、进口跟单员的工作特点

(1)进口前的准备工作量大,要认真细致地调查国外客户的资信,这对日后的合同顺利履行、安全收汇有至关重要的作用。

(2)政策性强,变化大,需要不断地更新信息,及时了解我国对每种进口商品的监管政策和法规。

(3)进口合同的履行工作以进口报检报关、对外付汇为核心内容,需要配合海关人员做好相关工作。

(4)工作难点和重点是对进口货物的验收和及时索赔、进口货物的控制和交拨,以及衔接好对国内客户的放货和收款工作,以安全收款,实现盈利。

拓展阅读3-1　　进口跟单工作的基本要求

随着我国进口贸易总额的不断扩大,进口跟单业务需求增加。进口跟单的质量好坏直接影响着企业经济效益。目前,进口业务已成为外经贸企业、生产企业、“三资”企业的一个利润增长点。进口跟单员要在变幻莫测的国际贸易中履行好进口跟单业务,要注意以下工作特点和要求:

(1)授权有限。跟单员在进口跟单作业过程中,必须是在授权范围内进行,不能超越权限。由于进口商品有着特殊的专业背景,会潜伏着各种风险,加上金额大,容不得半点闪失。

(2)复核制约。跟单员必须认真履行本职的分工安排,各个环节相互复核、制约,有助于控制风险。如果仅一人操作会失去监督作用,进而导致风险。

(3)定期报告。跟单员在经办各项业务中,必须定期报告业务进度,同时要形成书面工作报告,以保证顺利完成跟单工作。一旦遇到业务问题要及时向上级报告,不得隐瞒不报,不得拖延报告时间,防止贻误企业处理问题的时机。

(4)遵章守纪。进口业务和相关操作业务环节多、审批手续多、法律责任重,在业务操作中要保证有关法规及规章制度的执行落到实处,确保业务操作规范、严谨。

(5)工作细腻。勤奋、务实、严谨的工作作风是做好进口跟单工作的重要前提。跟单员要做到“四勤”,即腿勤、脑勤、眼勤、手勤,掌握第一手资料。要细化前期工作,事先尽可能多地了解进口业务整个过程细节,预先充分估计工作中可能会遇到的问题,提前做好预防措施,有备无患。

(6)言行得体,处事有度。跟单员在与各有关方面进行相应业务环节的工作过程中,对内、对外要礼貌待人、言行得体、处事有度。同时,要有团队合作的强烈意识。尤其是在履行进口跟单各环节工作的对外交往中,对于发生的情况变化,不能随意、越权对外表态。

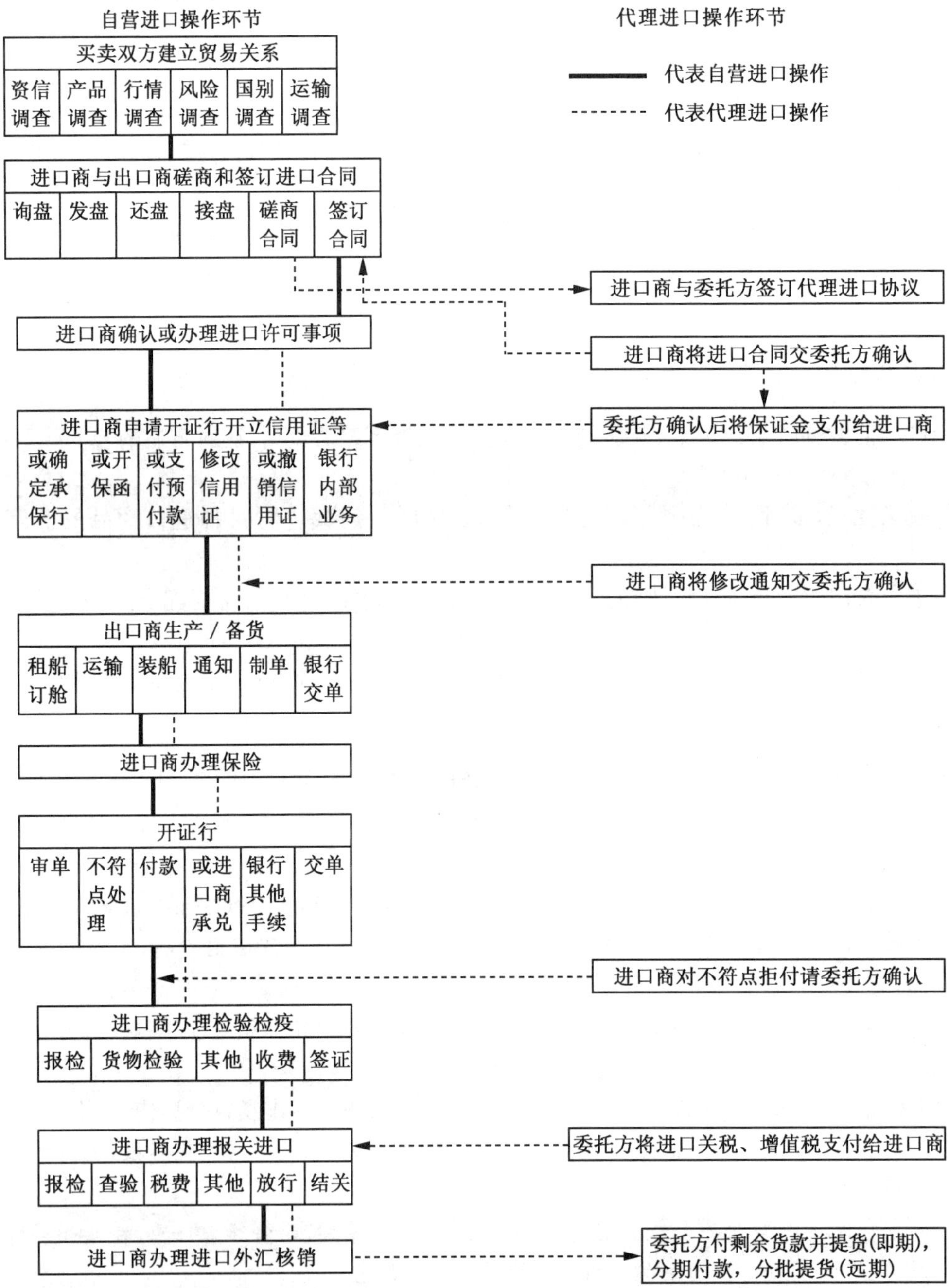

图 3—1　进口业务的工作流程

思政吾身

突出“敢担当”的时代要求

青年有担当,是一个国家兴旺发达的希望所在。习近平总书记指出:“实现第二个百年奋斗目标也就是一两代人的事,我们正逢其时、不可辜负,要作出我们这一代的贡献。”这充分体现了党的领袖对人民、对民族、对历史的强烈担当,也饱含着对当代青年敢于担当的殷切期待。党的二十大对全面建成社会主义现代化强国两步走战略安排进行了宏观展望。从现在到21世纪中叶还有不到30年的时间，实现强国伟业的艰巨使命和历史重任历史性地落在了当代青年的肩上。

勇当先锋、勇挑重担，是中国青年的鲜明特质，是新时代中国青年的时代风采。新时代中国青年在脱贫攻坚战场摸爬滚打、在科技攻关岗位奋力攀登、在抢险救灾前线冲锋陷阵、在疫情防控一线披甲出征、在奥运竞技赛场奋勇争先、在保卫祖国哨位威武守护，用臂膀扛起如山的责任，展现出不怕苦、不畏难、不惧牺牲的青春担当。同时要看到，船到中流浪更急、人到半山路更陡，越是接近民族复兴的伟大目标，前进道路上的风险挑战就越是严峻。面对前进道路上风高浪急甚至惊涛骇浪的重大考验，当代青年尤其要发扬担当精神，在党和人民最需要的时刻冲得出来、顶得上去，主动担苦、担难、担重、担险，不断增强担当的意志和韧劲，提高担当的能力和本领。

强国之路必定充满艰辛，既要不断增强物质实力，又要充分焕发精神力量。共青团要引领广大青年增强志气、骨气、底气，不信邪、不怕鬼、不怕压，排除万难、争取胜利，在各自岗位上扛起责任，在担当中历练、在尽责中成长。要围绕中心、服务大局，不断深化和拓展“青”字号品牌项目，组织动员广大青年在科技创新最前沿、乡村振兴大舞台、服务社会第一线、网络空间舆论场、国际交往新天地、急难险重任务中施展抱负、建功立业，以实际行动担当起这一代青年的历史重任。

任务二　进口贸易跟单主要工作

进口贸易跟单与出口贸易跟单的工作内容有较大区别，从业务流程看，进口与出口相反。进口贸易跟单的主要工作包括以下方面：

一、进口业务的交易前准备

开展进口业务的企业需具备对外贸易经营权，涉及国家指定商品进口的，需事先获得政府有关部门的经营许可，如原油、成品油、化肥、煤炭、危险品、铁矿砂、汽车等商品的进口许可。凡涉及国家指定商品经营的，需按规定办理指定商品经营审批手续。没有获得批准的企业，不能从事这类商品的进口。

（一）寻找和选择国外供应商

1. 选择出口商和供应地

在商品的生产国（或地区）内寻找多个供应商，并对其综合报价资料进行比较分析，缩小和确定供应商范围。在进口业务中，进口商寻找出口商相对容易些，因为进口商向出口商购买货物，一般情况下会得到出口商的积极响应与配合。但是，在货物供不应求的时候，进口商会受制于出口商。

2. 资信调查的内容及渠道

资信调查的内容包括：客户公司的成立年份、经营性质、注册资金、股权结构、经营业绩、经营商品、银行信用、支付能力、员工人数、主要负责人、联系人、联系方式及是否有网站等。

跟单员要通过各种方式对国外供应商的资信情况进行全面的了解和掌握，可以要求客户自我介绍、网上搜寻查证、向中国驻当地机构函电咨询、通过中国银行等机构进行资信调查等，以防止有些供应商资信不佳，利用劣质商品甚至伪造单据骗取货款，使进口商受损。资信调查的渠道还包括相关的国际资信调查网站，如 http://www.dnb.com、http://www.thomasnet.com、http://www.corporateinformation.com 等。

3. 紧急报告制度

在得知客户出现经营异常或经营纠纷等情况后，跟单员应及时向进口业务经理及公司领导报告，暂停或放缓业务；对有迹象表明客户将要申请破产倒闭的，应立即停止进口业务，并迅速采取有效的自我保护措施。

（二）进口商品（设备）业务调查

1. 商情调查

商情调查主要是对进口商品的规格、型号、质量、技术性能、售后服务、数量、单价、交货时间和地点等进行调查。除此之外，还要进行行情调查，对同类或替代商品的国内及国际市场的单价、价格曲线等做出高、中、低档的价位分析。

2. 进口业务环节调查

进口业务环节涉及运输、保险、商检、报关、银行等部门，跟单员要了解是否会遇到业务操作或政策上的障碍。

3. 仓储能力调查

仓储能力调查主要针对仓库类型、地址、管理水平、仓储费用和支付方式等内容进行。此外，还要对货物所有权和仓储安全性进行调查。

（三）资金备付调查

1. 国内销售、提货的付款方式调查

在外贸业务中，支付方式有电汇、承兑汇票、银行汇票、转账支票等。要注意承兑汇票的承兑期限和贴现费用由谁承担、转账支票是不是空头支票的问题。

2. 国外货款备付调查

进口商的资金状况决定了其履行合同的能力。国外货款备付调查主要是对企业可用于开立信用证的额度和对外支付预付款的能力进行调查。

3. 进口成本及自营进口业务收益估算调查

（1）进口成本估算。通常，商品进口的主要费用有：银行费用、保险费用、运输费用、检验检疫费用、海关税费、码头费用和其他费用等。

（2）自营进口业务收益估算包括购销差价、经营利润、资金回报率等。资金回报率的计算公式如下：

$$资金回报率=\frac{经营利润}{占用资金总额}\div\frac{占用资金天数}{30天}\times 100\%$$

对于该公式，不同企业可以根据其内部制度的要求另行设定。

（四）申请进口许可证

1. 进口业务涉及的进口核准及许可事项

进口业务涉及的进口核准及许可事项主要有：进口许可证核准；自动进口许可证核准（非外商投资企业）；农产品进口关税配额证审核；加工贸易业务批准证审批；加工贸易保税进口料件内销审批；办理易制毒化学品进口许可证；办理机电产品自动进口许可证；审核进口单位上报的特定产品申请；办理技术进口合同登记证出证；自由进口技术合同登记；外商投资企业自动进口许可证；外商投资企业关税配额商品（棉花、羊毛、天然橡胶、粮食类、食糖类、成品油、钢材、氧化铝）加工贸易业务审批；外商投资企业加工贸易减产配额商品保税进口料件内销审批等。

2. 进口前办妥许可证

对于需要进口许可证的商品，必须在进口前向商务部或各省、市（自治区）商务或相关部门办理进口许可证等批件。进口业务跟单员需要及时掌握有关进口许可证的政策变化情况。

3. 申领进口许可证应提交的一般文件、资料和进口许可证管理的基本要求

（1）"进口许可证申请表"。申请表（正本）须填写清楚并加盖企业公章，填写内容必须规范。

（2）申领企业的公函或申领人的工作证，代办人员应出示委托单位的委托函。

(3)第一次办理进口许可证的申领单位,应提供商务部或省、市(自治区)商务部门出具的企业外贸经营权文件(复印件)。

(4)进口合同、进口商品说明书等。

二、进口合同的签订

在我国,进口贸易最常见的有两种形式:一是通过具有外贸经营权的企业代理进口;二是具有外贸经营权的企业自营进口。

(一)进口采购信息发布和进口业务交易磋商的途径

进口采购信息发布的途径有:参加国内外交易会,出访,邀请客户来访,利用媒体、网站广告,寄送需求商品目录、样品和询价清单等。进口业务交易磋商的途径有:当面洽商、电话、网络视频、传真、电子邮件等。

(二)进口合同订立的形式

根据《公约》的规定,订立国际货物销售合同的形式有三种,即书面形式、口头形式和行为形式。但口头形式、行为形式较难保证进口商的利益,我国进口企业一般不常用。如果买卖双方有长期的业务关系或有先前的总购货合同约定,客户从国外直接发来的订单或委托订单将被视为有效发盘或接受,进口商收到后要认真对待、及时回复,以免引起贸易纠纷。进口合同必须经合同双方的企业经理或有权签字人签字(企业盖章),才成为正本合同。

(三)进口合同的要求

规范的合同是规避风险的有效途径之一。规范的合同具有以下要求:

1. 合同的项目完整

合同项目主要包括:合同编号、买卖双方当事人的名称、产品名称、规格(型号)、质量、数量、单价、总金额、付款方式、包装要求、交货期限和交货方式等。此外,保险、商检、异议索赔、仲裁、不可抗力等条款也是合同中不可缺少的项目。

2. 合同内容清晰

在拟就合同内容时,要表述清晰、内容完整,严格按照双方成交的条件逐一缮制合同内容,尤其注意结算方式的选择、付款时间、交货期限等条款;可以将进口商品的技术要求和检验标准及其他特殊要求以附件形式列入合同之中。

合同是公司对外经济活动的重要法律依据和凭证,跟单员要保守合同秘密,定期或不定期地汇总检查合同履行情况。与合同有关的资料(如信函、图表、传真件以及合同流转单等)要按合同编号整理,建立业务档案,交档案管理人员存档,不得随意处置、销毁、遗失。

(四)进口合同的变更

进口合同签订后,若部分条款有变化,须及时重新缮制合同,经过经理或有权签字人签字后重新确认,并及时向相关人员提交新的进口合同。

进口合同签订后,由于种种原因需撤销的,应以书面形式,经过经理或有权签字人批准后撤销。

三、进口合同的履行

(一)对外开立信用证

若涉及进口许可证,进口商必须在开立信用证前办妥进口许可证,然后根据国外供应商的开证资料和进口合同的内容向开证行递交开证申请书。

在选择开证行时,一般要选择国外网点多、国际结算能力强、国际信誉度高、服务能力和水平较高、开证费用低的商业银行。

开证手续费一般是开证金额的1.5‰左右，但不同的银行开证手续费等会有所差别，要注意选择。如银行认为进口商的实力较弱或进口业务金额较大，要求进口商提供开证第三方担保，进口商需要按开证行的要求提交统一格式的担保书，并选择有一定实力的企业或国内进口客户作为第三方进行担保。

（二）进口对外付汇

1.备案登记

进口企业在开展进口业务之前，应到当地外管局办理"对外付汇进口单位名录"备案登记。没有被列入名录的进口企业不得直接到商业银行办理进口付汇。办理备案登记时，应向外管局提交以下资料：企业营业执照、外管局认为需要提供的其他证明资料。

2.对外付汇

对外付汇包括以下四个方面：

(1)即期信用证付汇。当进口合同规定采用不可撤销即期信用证支付时，进口商应要求通知行向进口商明确提示单据检查内容无误，并接受单据后，才可按付款期限对外付款——填好购汇申请书、单据承付(承兑)通知书、进口许可证明等，经有权签字人签字、盖公章或加盖财务专用章，提前通知财务付款时间并准备资金，对开证行做出承付。

(2)远期信用证付汇。根据信用证的有关规定，进口商需要在付款日期前将货款存入银行指定的账户，以备对外付款。进口商必须落实好远期付款资金，防止对外付款出现问题。

(3)采用托收方式结算货款。银行要求进口商接受单据的同时，在"托收付款通知书"上签字、盖章，通过银行对外支付货款。采用D/P或D/A方式，则在进口商收到货款后再去银行做承付或承兑。

(4)电汇方式支付货款。①采用前T/T或部分前T/T方式的，可随附合同、购汇申请书、形式发票等，到银行办理对外支付手续；货到后，凭报关单、商业发票等到外管局办理核销；②采用后T/T方式的，可随附报关单、订货合同、发票、提单、购汇申请书等对外支付。

在考虑支付方式时，必须要考虑的因素有：①汇率风险。它是指本币与外币之间的汇率风险，即本币对外币的升值和贬值都会影响进口的盈利水平。②市场风险。当进口国该商品(设备)的市场价格下跌时，会导致委托方的预期利润落空。③其他风险。在代理进口时，委托方出现的其他经营风险会殃及偿还进口商品(设备)的价款。

（三）安排运输工具

租船订舱和催装是FOB价格条件下重要的进口跟单业务环节，为确保进口合同的顺利履行，跟单员必须熟知国际贸易惯例，全程跟踪，随时掌握出口商的备货情况和船舶动态，催促出口商做好装船准备工作。对于数量大或重要的进口货物，可请我国驻外机构协助了解和督促对方履约，或派员前往出口地点检验、监督，使租船订舱等环节不因疏忽或延误而导致进口合同的履行出现问题。

（四）进口货物保险

根据国际贸易惯例，按FOB、CFR、FCA和CPT条件成交的进口货物，由进口企业自行办理保险手续。进口货物的投保与出口货物相同，请参见出口货物保险的做法。

（五）申请进口商品检验与检疫

动漫视频

单一窗口

入境货物经海关检验不合格的，不得卸离运输工具。入境货物必须办理报检手续，但免检商品除外。我国海关对进口商品进行检验检疫的主要工作流程如下：登录"单一窗口"，选择菜单"报检无纸化"——"电子单据申报"，点击按钮"其他电子单据申报"，进入"电子单据录入"页面后，"报检号/报关单号"一栏可以输入两步申报入境报关单号，进行关联上传附件。进口商品的报检时间，最长不得多于1/3对外索赔有效期时间。如货物有残损、缺少，还需附理货公司与轮船大副共同签署的货物残损报告单、大副批准或铁路商务记录等有关证明材料。

1. 报检单位

报检单位主要包括有进出口经营权的国内企业、进口货物的收货人或其代理人、出口货物的生产企业、出口货物运输包装及出口危险货物运输包装生产企业、中外合资企业、中外合作企业、外商独资企业、国外企业常驻中国代表机构、进出境动物隔离饲养和植物繁殖生产单位，以及进出境动植物产品的生产、加工、存储、运输单位，对进出境动植物、动植物产品、装载容器、包装物、交通运输工具等进行药剂熏蒸和消毒服务的单位，有进出境交换业务的科研单位和其他需要报检的单位。

2. 报检资格

2018年4月20日，出入境检验检疫局正式并入中国海关，"关检合一"后，在通关作业方面，统一通过"单一窗口"进行报关报检，对进出口货物实施一次查验，凭海关放行指令提离货物，实现一次放行。

海关总署主管全国报检企业的管理工作。主管海关负责所辖区域报检企业的日常监督管理工作。企业登录"单一窗口"进行报检资质申请，只有具备报检资质和报关资质才能从事报关业务。

3. 报检范围

根据《进出口商品检验法》、《进出境动植物检疫法》及其实施条例、《国境卫生检疫法》及其实施细则、《食品安全法》及其他有关法律、法规的规定，海关依法对出入境人员、货物、运输工具、集装箱及其他法定检验检疫物实施法定检验检疫。

4. 检查货物

进口商在收到货物后如果发现存在与合同规定内容不相符的问题，如发现商品的内在质量不符合合同要求，应及时要求海关对商品进行质量检验，出具检验(测)报告，凭以对外索赔。

5. 更改手续

申请更改单证时，应填写更改申请单，交付有关函电等证明单据，并交还原单证，经审核同意后方可办理更改手续。品名、数(重)量、检验检疫结果、包装、发货人、收货人等重要项目更改后与合同、信用证不符的，或者更改后与输出、输入国家(或地区)法律、法规规定不符的，均不能更改。

【注意】登录"单一窗口"录入完相关信息后，当申报单据状态为可修改(暂存、发往海关失败、海关入库失败、退单)的情况下，企业可以选择原单修改补充上传再申报；也允许对于同一票报检单进行多次申报随附单据，即新增电子单据申报重新录入同样的报检号进行上传附件申报。

(六)进口报关

一般进口货物的报关由四个环节构成，即申报、配合查验、缴纳税费、放行。

1. 申报

申报是指进出口货物的收发货人或其代理人，依照《海关法》及有关法律、行政法规和规章的要求，在规定的期限、地点，采用电子数据报关单和纸质报关单的形式，向海关报告实际进出口货物的情况，并接受海关审核的行为。

进口货物的申报期限为自装载货物的运输工具申报进境之日起14日内。误卸、溢卸进口货物应当自卸货日起3个月内向海关申报，经海关批准可延长3个月期限。申报期限的最后一天是法定节假日或休息日的，顺延至法定节假日或休息日后的第一个工作日。

进口货物的收货人未按规定期限向海关申报的，由海关按规定征收滞报金。滞报金按日计征，其起征日为规定的申报时限的次日，截止日为收货人向海关申报后，海关接受申报的日期。

滞报金的日征收金额为进口货物完税价格的 0.5‰，计征单位为元，不满 1 元的部分免征，起征点为 50 元。

2. 配合查验

海关对进口货物进行查验，检查货物和申报证单是否“单货一致”。

3. 缴纳税费

根据《关税法》[①]《增值税法》[②]《消费税暂行条例》，海关对进口商品征税。对于征税的进口货物，海关开具“税款缴款书”，纳税人在规定的时间内缴纳税款，否则征收滞纳金。

进口税包括：进口关税、进口环节增值税（简称“增值税”）、进口环节消费税（简称“消费税”）。其中，我国仅对少数进口商品征收消费税。

关税税率包括优惠关税税率和普通关税税率。对于原产地是与我国订有关税互惠协议的国家或地区的进口货物，按优惠税率征税；对于原产地是与我国未订有关税互惠协议的国家或地区的进口货物，按普通税率征税。

税款的计算公式为：

进口关税税额＝到岸价格×进口关税税率

增值税税额＝（到岸价＋进口关税税额＋消费税税额）×增值税税率

从价消费税税额＝[到岸价＋关税额÷（1－消费税税率）]×消费税税率

从量消费税税额＝应征消费税的商品数量×消费税单位税额

其中，从量消费税商品计量单位的换算标准（按体积净重计）为：

啤酒 1 吨＝988 升，黄酒 1 吨＝962 升，汽油 1 吨＝1 388 升，柴油 1 吨＝1 176 升

进口税额＝进口关税＋增值税＋消费税

4. 放行

放行是指进出口货物办结海关手续，结束海关监管（表示已经履行完与进出口有关的一切义务）。海关现场放行的货物包括一般进出口货物（海关放行后就可以进入生产和流通领域，放行就是结关）、保税货物、暂准进口货物、特定减免税货物（放行并不等于结关，海关在一定时期内还需进行监管）。

（七）对外支付费用

（1）国内外运费。这是指在 FOB 价格条件下的海运费。跟单员要根据租船协议认真审核运费，经业务员签字确认后交财务部门支付。

（2）保险费。跟单员在收到保险公司的结算清单后应认真审核国别、险别、费率等内容，在确认无误的情况下，经业务员签字确认后交由财务人员对外承付。如发现问题，应及时与保险公司取得联系并妥善解决。

（3）代理进口业务代为支付关税、增值税。这是对外支付费用的重要环节，应认真履行。

（4）银行费用、码头费、报关费等费用。跟单员拿到付款凭证后交由经办业务员签字，确认合同号、单位，由经理签字交财务支付。

（5）进口结算费用。它涉及代理进口业务和自营业务或销售合同。代理进口业务根据协议进行结算，尾数多退少补，开具增值税发票。

---

① 2024 年 4 月 26 日第十四届全国人民代表大会常务委员会第九次会议通过的《中华人民共和国关税法》，自 2024 年 12 月 1 日起施行。

② 2024 年 12 月 25 日第十四届全国人民代表大会常务委员会第十三次会议通过的《中华人民共和国增值税法》，自 2026 年 1 月 1 日起施行。

四、进口业务的后期管理

(一)进口货物入库、出库

进口货物入库后，跟单员要定期到仓库检查，以确保货物存放完好。为控制经营风险，一般情况下，对于进口货物的出库提货，要求是款到发货。买方一次性付款，一次性提货；买方部分付款，部分提货；保证金作为最后一笔货款。

每笔提货数量由跟单员提报，财务人员审核资金收妥情况后签字确认，再交由经理签字后发货，跟单员方可开出出库提单通知仓库及提货人。

(二)进口外汇核销

进口企业应在规定的时间内(货物进口报关后一个月内)携带进口单据到外管局办理外汇核销手续。向海关申报无须做核销单与口岸关联备案交单；对于进口付汇，只需提供贸易合同、发票或报关单即可，无需外管局证明。

为深化通关作业无纸化改革，完善货物贸易外汇服务和管理，进一步减少纸质单证流转，优化营商环境。根据《货物贸易外汇管理指引实施细则》，符合条件的企业应当在规定期限内通过监测系统向所在地外汇局报送相关信息，如预收货款、预付货款等。企业发生的每一笔外汇贸易业务收支都需要到国际收支网上申报系统中申报。

根据国家外汇管理局《关于进一步优化贸易外汇业务管理的通知》(汇发〔2024〕11号)开展货物贸易外汇收支业务的企业应当于办理首笔收支前，在境内银行办理名录登记。登记时，可通过线上或线下方式向银行提交《贸易外汇收支企业名录申请表》。银行应根据《申请表》通过国家外汇管理局“数字外管”平台(简称“数字外管”平台)银行端填报企业名录信息，填报完成后应告知企业“数字外管”平台互联网端账号及初始密码，企业可通过“数字外管”平台互联网端查询名录登记办理结果。

【注意】海关特殊监管区域内企业办理货物贸易外汇收支业务时，因经营需要导致进出口单位为其他机构的，银行可按照展业原则，审核交易的真实性、合理性及收付汇与进出口主体不一致的相关材料后办理，并在涉外收支申报交易附言中注明“非报关人”。

(三)进口出险、发生质量争议的索赔

1. 索赔依据

索赔时应提交索赔清单和有关单据(如商业发票、清洁提单、装箱单/重量单等)。在向出口商索赔时，应提交海关出具的检验证书；向承运人索赔时，应提交理货报告和货损货差证明；向保险公司索赔时，除提交上述各项证明外，还应附加由保险公司出具的检验报告。

2. 索赔金额

索赔金额应包含货物的价值，以及为了弥补(处理)损失而支出的各项费用(如检验费、仓租、利息等)。

3. 索赔对象

一般而言，索赔对象主要有出口商、承运人、保险公司等。①向出口商索赔。当货物的品质、规格、数量、包装等不符合合同规定时，进口商通常会向出口商索赔，主要依据是买卖合同。②向承运人索赔。如果货物在运输过程中发生了灭失、损坏、短少、延迟交付等情况，而这些情况是由于承运人的过失或疏忽造成的，那么进口商或其他相关方可以向承运人索赔，主要依据是运输合同。③向保险公司索赔。当货物在运输过程中遭遇了保险合同约定的风险，如自然灾害、意外事故等，导致货物受损或灭失，并且该损失在保险责任范围内时，被保险人可以向保险公司索赔，主要依据是

保险合同。

在实际业务中，确定索赔对象需要根据具体的情况进行仔细分析和判断，有时可能涉及多个索赔对象，需要采取适当的措施来维护自身的合法权益。

4. 索赔期限

向出口商索赔，应在合同规定的索赔期限内提出。按《公约》的规定，买方行使索赔权的期限自其收到货物之日起不超过两年；向船公司索赔，期限为货物到达目的港交货后的一年之内；向保险公司提出海运货损索赔的期限，则为被保险货物在卸载港全部卸离海轮后两年内。

职场指南 3—1　　进口跟单涉及的主要单证

1. 申请进口许可证的单证

在申领进口许可证的业务过程中，进口商应向发证机关提供的单证主要有：①填制《进口许可证申请表》，并加盖进口商的公章（第一次申请进口许可证的进口商，需提供企业批准成立文件的正本复印件、法人代码证书复印件）。②正本合同、确认书或协议。③出口商的形式发票或发票副本。④商品的说明书。⑤无外贸经营权及经营范围的企业，还需提供主管部门的批准文件。进口商除提供上述一般材料外，申请进口许可证时，对于不同商品、不同贸易方式，还应提供各有关部门的证明文件。

2. 申请开立信用证的单证

在进口合同签订并生效后，由进口开证申请人按合同内容填写开证申请书，同时提交以下主要单证：①开证申请书；②进口许可证；③进口合同（备查）；④贸易进口付汇核销单；⑤企业注册登记文件（备查）；⑥企业在银行开证认证登记文件（备查）。

3. 进口报关通关的单证

进口货物报关需要提供的单据主要有：①报关委托书；②商业发票；③装箱单（或重量单）；④报关单；⑤进口许可证；⑥进口合同（备查）；⑦运输单据（如提单、航空运单）；⑧无木质包装证明书或无木质包装申明（必要时）；⑨出口国的原产地证书；⑩技术证明书（包括知识产权证明）。

当进口商品的包装为木质材料时，收货人须提供正本熏蒸证明或植物检疫证书。

4. 进口检验检疫的单证

对列入“出入境海关实施检验检疫的进出口商品目录”范围内的进口货物（包括转关运输货物），2018 年 6 月 1 日起，海关全面取消“入/出境货物通关单”，涉及法定检验检疫要求的进出口商品在申报时，在报关单随附单证栏中不再填写原通关单代码和编号，只需在报关单随附单证栏中填写报检电子回执上的检验检疫编号或企业报检电子底账数据号。在放行时，由海关统一发送一次放行指令，海关监管作业场所经营单位凭海关放行指令为企业办理货物提离手续。进口货物检验检疫需要的单证主要有：①报关委托书；②进口合同；③商业发票；④运输单据（如提单、航空运单）；⑤产品说明书；⑥品质保证书；⑦装箱单（重量单）；⑧理货清单；⑨检疫证明；⑩货物残损单；⑪动植物检验检疫许可证。

5. 审单、付汇、赎单的单证

信用证业务中的结汇单证主要是指为解决货币收付而使用的单据、证明或文件，也包括因进口涉及的运输、保险、商检、报关等单证。进口商申请开出信用证，出口商在装运出口后，制作一整套与信用证相符的单证交议付行议付，议付行审单议付并寄送开证行。在一般情况下，开证行付款时要审核其中以下单据，如发现单据表面有不符点，则联系进口商是否赎单：①商业单据，如商业发票、包装单据（如装箱单/重量单、砝码单、包装说明等）。②货运单据，如海运提单、多式联运提单、不可转让海运提单、租船合约提单等。③资金单据，如汇票等。④官方单据，如产地证书、检验检疫证、熏蒸证明、质量检验证书等。⑤随附单据，如寄单证明、装运通知、船公司证明、厂商质量证明等。⑥保险单据，如保险单、保险证明等。

任务三　进口业务跟单实务

一、进口申报程序与进口跟单实务

（一）进口报关资格

知识链接3-1

中华人民共和国海关法

2021年4月29日，中华人民共和国第十三届全国人民代表大会常务委员会第二十八次会议通过了《中华人民共和国海关法》，其第11条规定：进出口货物收发货人、报关企业办理报关手续，应当依法向海关备案。2021年11月19日，海关总署发布第253号令，公布了新修订的《中华人民共和国海关报关单位备案管理规定》（简称“新版《备案管理规定》”），于2022年1月1日起实施，其第4条规定：进出口货物收发货人、报关企业申请备案的，应当取得市场主体资格；其中进出口货物收发货人申请备案的，还应当取得对外贸易经营者备案。进出口货物收发货人、报关企业已办理报关单位备案的，其符合条件的分支机构也可以申请报关单位备案。

【注意】报关企业和报关人员不得非法代理他人报关。

（二）进口报关地点

根据《海关法》的规定，确定进口货物的报关地点，应遵循以下三个原则：

1.进境地原则

一般正常情况下，进口货物应当由收货人或其代理人在货物的进境地向海关申报，并办理有关进口报关手续。

2.转关运输原则

由于进口货物的批量、性质、内在包装或其他一些原因，经收货人或其代理人申请，海关同意后，进口货物也可以在设有海关的指运地向海关申报，并办理有关进口报关手续。这些货物的转关运输，应当符合海关监管要求，必要时，海关可以派员押运。

3.指定地点原则

经电缆、管道或其他特殊方式输送进境的货物，经营单位应当按海关的要求定期向指定海关申报并办理有关进口报关手续。这些以特殊方式输送进境的货物，输送路线长，往往需要跨越几个海关甚至几个省份；输送方式特殊，一般不会流失；有固定的计量工具，如电表、油表等。

（三）进口申报前的准备工作

进口申报前的准备工作包括：①进口货物收货人接收提货通知；②委托报关者需办理报关委托，代理报关者需接受报关委托；③准备报关单证，包括基本单证、特殊单证、预备单证；④填制报关单及其他报关单证；⑤报关单预录入。

【提示】代理报关需要填写《代理报关委托书》，它是进出口货物收发货人根据《海关法》要求提交报关企业的具有法律效力的授权证明。在“单一窗口”报关代理委托系统中又称委托申请。

代理报关业务流程：登录中国国际贸易单一窗口：https://singlewindow.cn，用介质卡登录后，点击左侧菜单栏“委托关系管理—发起委托申请”，系统弹出《委托报关协议通用条款》，阅读协议后点击【同意】蓝色按钮后，右侧界面展示委托关系（委托书）录入界面。录入委托关系表相关内容，委托方企业海关编码：手工录入“10 位海关编码”（海关编码，即海关分配给企业的代码，在企业办理海关注册登记和备案手续后，企业正式成为报关单位，《进出口货物收发货人报关注册登记证书》上的 10 位数字海关注册登记编码，是企业唯一的和终身的经营单位编码。海关注册登记和备案企业在“单一窗口”也可完成）。委托关系有效期：下拉菜单中选择（3 个月/6 个月/9 个月/12 个月）。委托方式：根据实际需要，单选勾选“逐票”或“长期”。委托内容：根据实际需要勾选，可多选[A. 填单申报；B. 申请、联系和配合实施检验检疫；C. 辅助查验；D. 代缴税款；E. 设立手册（账册）；F. 核销手册（账册）；G. 领取海关证明文件、证书证单等；H. 其他]。确认录入完毕并且数据准确无误，点击界面右上方的【发起】蓝色按钮，联系和通知被委托方（即报关行，例如恒捷供应链）确认即可。

【注意】 填写完毕，一定需要被委托方确认后，方可继续操作完成“签订委托协议”！

一旦被委托方确认后，便可点击“签订委托协议”进行协议内容填写。委托协议是进出口货物收发货人（或单位）经办人员（委托方）与报关企业经办报关员（被委托方），按照《海关法》的要求签署的明确具体委托报关事项和双方责任的具有法律效力的文件。

操作提示：将委托协议的具体内容录入完毕后，无须点击任何按钮，将光标置于字段中，一直点击键盘回车键；或将光标置于最后一个字段（被委托方联系电话）内，点击一次回车键，当前录入的内容，自动跳转至上方列表中即可，填写的具体内容，包含委托报关的主要货物名称、HS 编码、货物总价、提（运）单号、数（重）量、包装情况、原产地/货源地（地区）等详尽信息。确认数据无误后，在列表中勾选委托协议（可多选，建议一次性完成所有需报关货物的填制），点击右侧“发起”按钮，在弹出提示中选择“是”，发送（申报）委托协议的数据。发送（申报）委托协议后，可在“查询统计”中对委托关系及委托协议进行查询。

代理报关委托书样例如图 3－2 所示。

（四）进口申报前看货取样

《海关法》规定，进口货物的收货人经海关同意，可以在申报前查看货物或者提取货样。需要依法检验的货物，应当在检验合格后提取货样。

1. 申报前看货取样的原因

有时由于种种原因，货物无法得到确认和识别，使所到货物不能及时、准确申报。

2. 申报前看货取样的权利

申报前经海关同意可查看货物或者提取货样是收货人的权利。

3. 申报前看货取样的条件

只有在通过外观无法确定货物的归类等情况下，海关才会同意收货人提取货样。

（五）进口货物申报原则

《海关法》规定，进口货物的收货人应当向海关如实申报，交验进口许可证件和有关单证。

1. 如实申报

申报内容主要包括进口货物的经营单位、收货单位、申报单位、运输方式、贸易方式、贸易国别以及货物的实际状况（主要包括名称、规格型号、数量、重量、价格等内容）。

2. 申报时限

进口货物的收货人或其代理人应当自载运该货物的运输工具申报进境之日起 14 天内向海关办理进口货物的通关申报手续。如果在法定的 14 天内没有向海关办理申报手续，海关将征收滞纳金。

进口货物的收货人自运输工具申报进境之日起超过 3 个月未向海关申报的，其进口货物由海关提取依法变卖处理。所得价款在扣除运输、装卸、储存等费用和税款后，尚有余款的，自货物依法

代理报关委托书

编号：

：

我单位现 (A/逐票、B长期)委托贵公司代理 等通关事宜。〔A、填单申报B、申请、联系和配合实施检验检疫C、辅助查验D、代缴税款E、设立手册（账册）F、核销手册（账册）G、领取海关相关单证H、其他〕详见《委托报关协议》

我单位保证遵守海关有关法律、法规、规章，保证所提供的情况真实、完整、单货相符，无侵犯他人知识产权的行为，否则，愿承担相关法律责任。

本委托书有效期自签字之日起至 年 月 日止。

委托方（盖章）

兵王印志

法定代表人或其授权签署《代理报关委托书》的人（签字）

20 年 月20日

委托报关协议

为明确委托报关具体事项和各自责任，双方经平等协商签定协议如下：

委托方		被委托方	
主要货物名称		*报关单编码	No.
HS编码	□□□□□□□□□□	收到单证日期	年 月 日
进/出口日期	年 月 日	收到单证情况	合同□ 发票□
提（运）单号	KMTCKHI0507173		装箱清单□ 提（运）单□
贸易方式			加工贸易手册□ 许可证件□
数（重）量			其他
包装情况			
原产地/货源地			
		报关收费	人民币： 元
其他要求：双抬头		承诺说明：	
背面所列通用条款是本协议不可分割的一部分，对本协议的签署构成了对背面通用条款的同意。		背面所列通用条款是本协议不可分割的一部分，对本协议的签署构成了对背面通用条款的同意。	
委托方签章：兵王印志 经办人签字： 联系电话： 年 月 日		被委托方签章： 报关人员签名： 联系电话： 年 月 日	

中国报关协会监制

1

报关专用 电子签章 委托报关协议

图 3—2 代理报关委托书

变卖之日起1年内，经收货人申请，予以发还；其中属于国家对进口有限制性规定的，应当提交许可证件，不能提供的，不予发还；逾期无人申请，不予发还，上缴国库。

确属误卸或者溢卸的进境货物，经海关审定，由原运输工具负责人或者货物的收发货人自该运输工具卸货之日起3个月内，办理退运或者进口手续；必要时，经海关批准，可以延期3个月。逾期未办手续的，由海关按前款规定处理。

3. 申报方式

办理进口货物的海关申报手续，应当采用纸质报关单或电子数据报关单的形式，两种报关单具有相同的法律效力。

4. 交验单证

(1)进口货物报关单。其一式两份，一份用于海关内部流转，另一份交报关人用于进口付汇核销。进料加工和出料加工复进口各增加一份，交报关人员办理保税手续。

(2)基本单证。它是指与进口货物直接相关的商业和货运单证，主要包括因进口交易而产生的货物成交、包装、运输、结算和保险等商业单据，如发票、装箱单、提单等。此外，还需交验有关的货运和商业单据，由海关审核后加盖印章，作为提取货物的凭证。

(3)特殊单证。它是指国家有关法律、法规规定实行特殊管制的证件，主要包括：进口货物许可证或自动进口许可证、其他相关出入境检验检疫证书、其他各类特殊管理证件(包括机电产品进口证明文件、药品检验等主管部门签发的证件)等。

(4)预备单证。它主要是指在办理进口货物手续时，海关认为必要时需查阅或收取的证件，包括贸易合同、货物原产地证明、委托单位的营业执照、委托单位的账册资料及其他有关单证。

二、进口货物查验程序与进口跟单实务

(一)进口货物海关查验

进口货物海关查验是报关中的一个重要环节。海关查验也称验关，是指海关接受报关申报后，对进口货物进行实际的核对和检查，以确定货物的自然属性、数量、规格、价格、金额及原产地等是否与报关单所列一致。

(二)进口货物查验的范围与地点

1. 查验范围

进口货物，除海关总署特准免验外，都应接受海关查验。海关查验主要是检查进口货物的名称、规格、包装式样、数量、重量、标记唛码、生产或贸易国别等项是否与报关单和其他证件相符，以防止非法进口物品的流入。

2. 查验地点

海关查验货物，一般在海关监管区内的口岸码头、车站、机场、邮局或海关的其他监管场所进行。对于进口的大宗散装货、危险品、鲜活商品、落驳运输的货物，经进口收货人申请，海关也可结合装卸环节，在作业现场查验。

(三)进口货物查验的方法与要求

海关对进口货物的查验分别采取彻底查验、抽查、外形查验的方法，目的是重点打击进口违法活动。海关查验进口货物后，执行查验任务的海关关员要填写一份“海关货物查验记录”。

海关在查验时，进口货物的收货人或其代理人必须到场，并按海关的要求负责做好货物的搬移、拆装箱和重封货物的包装等工作；海关认为必要时，可以进行开验、复验或者提取货样，货物保管人员应到场作为见证人。

三、进口放行程序与进口跟单实务

(一)进口货物放行条件

放行必须以海关审单和查验完毕，并办理了征税手续或提供担保的手续作为前提条件。对有

下列情况之一的，海关将不予放行：①违反《海关法》和其他进境管理的法律、法规，非法进境的；②单证不齐或应征税货物未办理纳税手续，且又未提供担保的；③包装不良，继续运输足以造成海关监管货物丢失的；④尚有其他未了事情需处理的(如违章罚款未交)；⑤根据海关总署的指示不准放行的。

(二)进口货物放行手续

1. 签印放行

海关在进口货运单据(如进口提单或运单)或特制的放行单上签盖“海关放行章”，进口货物的收货人凭以到海关监管仓库提取货物；同时，海关签发“进口货物证明书”。

2. 担保放行

担保放行是以向海关提交现金、保函等方式，保证行为的合法性，或保证在一定期限内履行其承诺义务的法律行为。通常情况下，下列情形可适用海关事务担保：

(1)海关归类、估价不明确，并因此未能办妥有关进口手续，收货人要求先放行货物的。

(2)进口货物不能在报关时交验有关单证(如发票、合同等)，而货物已运抵口岸，亟待提取，收货人要求海关先放行货物，后补充有关单证的。

(3)正在向海关申请办理减免税手续，而货物已运抵口岸，亟待提取，收货人要求海关缓办进口纳税手续的。

(4)应征税货物，收货人请求缓缴税款的。

(5)暂准(时)进口货物(包括 ATA 单证册项下的进口货物)。

(6)经海关同意，将海关未放行的货物暂时存放于海关监管区之外的场所的。

(7)进口加工贸易保税货物。

(8)除法律、行政法规另有规定外，有违法嫌疑，但依法不予以没收的进口货物、物品，当事人请求先予以放行货物的。

因上述原因未办结海关手续，而收货人要求海关放行货物，应当向海关提供担保，这是担保制度的一般原则。

3. 担保人的担保责任

(1)担保人应承担的担保责任。它主要是指被担保人应当在规定的期限内全面、正确地履行其承诺的义务。

(2)担保期间。它是指担保人承担担保责任的起止时间。

(3)担保责任的解除。被担保人如能在规定的期间内履行其承诺的义务，如按时补交单证，按时缴纳税款和罚款等，担保人的担保责任则依法予以解除，由海关及时办理销案手续，退还有关保证金等。

4. 海关事务担保的方式

《海关法》明确规定了财产或权利担保的范围：①人民币、可自由兑换的货币；②汇票、本票、支票、债券、存单等；③银行或者非银行金融机构出具的保函；④海关依法认可的其他财产、权利。

5. 担保的手续

以保函方式申请担保的，由担保人按照海关规定的格式填写保函一式两份，并加盖担保人印章，一份交海关备案，另一份由担保人留存。

6. 担保的期限

一般情况下，担保期不得超过 20 天；否则，海关将对有关进出口货物按规定处理。遇有特殊情况时，应在担保期内向海关申请延长担保期限，由海关审核批准展期。

7. 担保的销案

担保人必须于担保期满前凭“保证金收据”或留存的“保函”向海关办理销案手续。

8. 担保人的法律责任

对未能在担保期限内向海关办理销案手续的，海关可区分不同情况，按下列规定处理：①将保证金抵作税款，责令担保人按规定补办进口手续，并处以罚款；②责令担保人缴纳税款或通知银行扣缴税款，并处以罚款；③暂停或取消担保人的报关资格等。

四、进口转关程序与进口跟单实务

（一）进口货物转关运输及转关运输货物

转关运输是指海关为加速口岸进口货物的疏运，方便收货人办理海关手续，依照有关法律、法规的规定，允许海关监管货物由一个设关地点转运到另一设关地点办理进口海关手续的行为。

转关运输货物属于海关监管货物范围，其包含两个方面：一是由国内一设关地点转运到另一设关地点应受海关监管的货物；二是入境后，运往另一设关地点办理进口海关手续的货物。

（二）进口转关运输货物的通关程序

(1)进口货物的收货人或其代理人应自运输工具申报进境之日起 14 天内向进境地海关申报转关运输。

(2)申报货物转关运输时，进口货物的收货人或其代理人应填制“海关进口转关运输货物申报单”(以下简称“申报单”)，将数据录入海关计算机报关自动化系统，并打印正式的“申报单”一式三份，见表 3－1。

表 3－1　　中华人民共和国海关进口转关货物申报单

预录入号：　　　　海关编号：

<table>
<tr><td colspan="3">进境运输工具名称：
转关方式：</td><td colspan="4">航次(航班)号：
境内运输方式：</td></tr>
<tr><td colspan="7">提运单总数：　　货物总件数：　　货物总重量：　　集装箱总数：</td></tr>
<tr><td>境内运输工具名称</td><td>提(运)单号</td><td>集装箱号</td><td>货名</td><td>件数</td><td>重量</td><td>启始关锁号/个数</td></tr>
<tr><td></td><td></td><td></td><td></td><td></td><td></td><td></td></tr>
<tr><td colspan="3">以上申报属实，并承担法律责任，保证在______日内将上述货物完整运抵______海关。

(盖章)
申报人：
年　月　日</td><td colspan="2">进境地海关批注：

(盖章)
经办关员：
年　月　日</td><td colspan="2">指运地海关批注：

(盖章)
经办关员：
年　月　日</td></tr>
</table>

(3)进口货物的收货人或其代理人应如实向海关申报，并递交“申报单”、指运地海关签发的“进口转关运输货物联系单”，随附有关批准证件和货运、商业单证(如货物的提单或运单、发票、装箱单等)。

(4)进口货物的收货人或其代理人申请办理属于申领进口许可证或“自动进口许可证”的转关运输货物，应事先向指运地海关交验进口许可证(自动登记证明)，经审核后，由指运地海关核发“进口转关运输货物联系单”，并封交申请人带交进境地海关。

(5)进境地海关在收到进口货物收货人或其代理人申报递交的有关单证后进行核对，核准后，要针对上述有关单证制作关封，交进口货物的收货人或其代理人。

(6)进口货物的收货人或其代理人要按海关指定的路线在规定的时限内负责将进口货物运到指运地海关，向指运地海关交验进境地海关签发的关封，并应自货物运至指运地海关之日起14天内向指运地海关办理报关、纳税手续。

(7)指运地海关在办理转关运输货物的进口手续后，按规定向进境地海关退寄回执，以示进口转关运输货物监管工作的完结。

(8)来往港澳地区进境车辆装载的转关运输货物，由车辆驾驶人员向进境地海关交验"载货清单"一式三份，并随附有关货运、商业单证，进境地海关审核后制作关封交申请人带交指运地海关，由指运地海关负责办理该车辆及所载货物的监管手续。

(9)保税仓库之间的货物转关，除办理正常的货物进出保税仓库的手续外，也按上述(1)～(7)项的程序办理相关手续。但在填报"申报单"时，在"指运地"一栏应填写货物将要存入的保税仓库名称。

(10)对于空运转关运输货物的转关手续，当指运地与运单的目的地相同时，可免填"申报单"，海关可不签发关封，由海关在运单上加盖"海关监管货物"印章；指运地与运单目的地不同时，仍按上述(1)～(7)项的程序办理通关手续。

五、保税类进口货物报关程序与进口跟单实务

(一)保税制度与保税货物

1.我国海关保税制度的主要形式

我国海关保税制度的主要形式包括：为国际商品贸易服务的保税仓库、保税区、寄售代销、免税品商店；为加工制造服务的来料加工、进料加工、保税工厂、保税集团、保税区。

2.保税货物的概念

保税货物是指经海关批准未办理纳税手续进境，在境内储存、加工、装配后复运出境的货物。保税货物具有三个特征：特定目的、暂免纳税、复运出境。

(二)保税货物的范围

保税货物的范围主要有以下三类：

(1)加工贸易项下的来料加工装配、进料加工、进口的料件。

(2)经商务部门批准寄售的外国商品、国外产品维修用的零配件、外汇免税商品。

(3)转口贸易货物，外商寄存、暂存货物，供应国际航行船舶的燃料、物料和零配件，以及在指定地区储存天然橡胶生产国组织的天然橡胶。

(三)保税货物与减免税货物的区别

1.性质不同

特定减免税货物：是实际进口货物，针对三个特定，在符合条件的情况下给予税收优惠政策。保税货物：是针对进境又复运出境的特点简化了海关税、证手续的一种货物形式。

2.前期准备不同

特定减免税货物需要申领减免税证明。保税货物需要向海关备案，由海关核发加工贸易手册。

3.监管不同

特定减免税货物监管期满方可解除监管。保税货物根据不同去向，分别办理相应手续。

(四)保税货物的通(报)关

保税货物通关的基本程序包括：合同登记备案、进口货物、储存或加工后复运出口、核销结案。

六、来料加工装配贸易方式与进口跟单实务

(一)来料加工的特点

来料加工(Processing with Supplied Materials)是指由外商提供全部或部分原材料(主料、辅料、零部件、元器件、配套件和包装物料),必要时还提供设备,由中方加工企业按外商的要求进行加工装配,成品交外商销售,中方收取工缴费,外商提供的设备作价款,中方用工缴费偿还的贸易方式。这种方式不动用外汇,也不对开信用证(对开信用证的进口合同视为动用外汇,按主料加工),故又称为“各作各价对口合同”来料加工。

外商提供原材料,中方加工成品,称“来料加工”;外商提供零部件,中方组装成品,称“来件装配”。这两者统称为来料加工装配,有时简称“来料加工”。来料加工装配进口的料件属于海关保税监管货物,中方对货物无处置权。

三来一补是指来料加工、来样加工、来件装配和补偿贸易。其中,来样加工是由外商提供样品、图纸,间或派出技术人员,由中方工厂按照对方质量、样式、款式、花色、规格、数量等要求,用中方工厂自己的原材料生产,产品由外商销售,中方工厂按合同规定外汇价格收取货款。

动漫视频

三来一补

(二)来料加工的优惠政策与管理规定

1. 进出口税收

其包括:①来料加工装配项下外商提供用于加工装配返销出口产品的进口料件,免予缴纳进口关税和进口环节增值税、消费税;②来料加工装配项下进口直接用于加工生产出口产品而在生产过程中消耗掉的燃料油,免予缴纳进口关税和进口环节增值税、消费税;③来料加工装配项下加工的成品出口,免于缴纳出口关税;④来料加工项下由外商提供的不作价进口设备,除“外商投资项目不予免税的进口商品目录”所列商品外,免征进口关税和进口环节增值税。

2. 进口、出口许可证

来料加工装配项下用于加工生产返销出口产品的进口料件,免领进口许可证。对于以进口食糖、棉花、植物油、羊毛、天然橡胶5种商品为原料的来料加工项目,其进口料件应申领进口许可证。

来料加工装配项下进口直接用于加工生产出口产品而在生产过程中消耗的燃料油,应申领并交验进口许可证。

来料加工装配项下加工的成品出口,免领出口许可证。但外商或加工企业在我国境内购买供加工成品的原材料,凡属出口许可证管理的商品,应申领出口许可证。对来料加工项目出口属于国家实行配额招标管理的出口商品,应申领出口许可证。实行配额招标管理的出口商品目录,由商务部发布。

(三)来料加工业务的海关手续

1. 合同登记备案

(1)开展来料加工装配业务的资格。凡依照法定程序设立,并在市场监督管理部门注册登记获得营业执照的企业,均可以开展来料加工装配业务。

(2)合同登记备案的单证。其包括:经营单位或加工企业“五证合一”的营业执照;对外签订的来料加工装配合同副本;经营单位填写的“加工装配和中小型补偿贸易进出口货物登记手册”(简称“登记手册”)。

(3)海关验厂验库。海关在审核完经营单位提供的合同登记备案单证后,如果认为有必要,则派员到加工企业实地了解情况,如企业的生产能力、管理状况、有无具备海关监管条件的存放进口料件的仓库等,经营单位和加工企业应给予配合。

(4)开设银行保证金台账。

(5)核发“登记手册”。海关在“登记手册”[①]上签署备案意见,并加盖海关业务印章,将“登记手册”核发给经营单位。经营单位凭“登记手册”办理有关货物进出口手续和合同的最终核销手续。

2.进口料件

经营单位持海关核发的“登记手册”及其他有关单证,填写来料加工专用进口货物报关单向进境地海关申报,并在“登记手册”的“进口料件登记栏”内填明有关进口料件的品名、数量、价值等内容。

3.出口成品

进口料件经加工装配为成品返销出口时,经营单位或其代理人应持海关核发的“登记手册”及其他有关单证,填写来料加工专用出口货物报关单向出境地海关申报,并在“登记手册”的“出口成品登记栏”内填明有关出口成品的品名、数量、价值等内容。

4.合同核销结案

办理海关合同核销手续必不可少的三个单证是分别是:“登记手册”、进出口货物报关单、核销申请表(或进口料件使用情况表)。海关对经营单位提交的核销单证审查无误后,经审核合同执行情况正常的,对合同予以核销结案。

5.成品或半成品的结转加工

来料加工装配项下加工的成品如不直接出口,结转给另一承接半成品深加工后出口的企业,应向海关申请办理结转加工手续。

(四)来料加工业务的海关监管要求

1.海关监管期限

来料加工装配项下进口的料件属于保税货物,自进口之日起至加工成品出口之日止,均应接受海关监管。

2.进口料件和加工成品的内销

来料加工装配项下进口的料件应全部加工成成品出口,不得擅自在境内销售。

3.来料加工装配合同的更改

已在海关登记备案的来料加工装配合同,如出现变更、中止、转让、延期或撤销等情况,经营单位应向原审批合同的商务部主管部门提出申请并经主管海关核准后办理合同变更手续。

4.来料加工的合同条款

签订来料加工合同时,要注意以下条款:①外商提供料件或设备的名称、原产国、规格及价格,成品的名称及最终消费地、规格、数量、包装、价格等;②加工成品的用料定额、损耗率及工缴费的标准;③合同的有效期和违约、撤约、索赔、仲裁等条款;④进口加工设备的原产国、规格及价格,成品的名称及最终消费地、规格、数量、包装、价格等。

---

① 来自海关总署公告2018年第18号(《关于保证金台账“实转”管理事项转为海关事务担保事项有关手续的公告》)。为落实国务院取消加工贸易银行保证金台账制度(以下简称“保证金台账”)的有关要求,现就保证金台账“实转”管理事项转为海关事务担保事项的有关办理要求公告如下,自2018年2月13日起实施:①保证金台账“实转”管理事项转为海关事务担保事项后,企业缴纳保证金的情形、金额等仍按照商务部、海关总署2015年63号公告执行。②企业办理担保业务可采用保证金或保函等形式。对同一笔业务应采用同一种形式提供担保。③以保函形式办理担保业务时,企业应向海关提交银行或者非银行金融机构的保函正本,海关向企业制发收据。保函担保期限应为手册有效期满后80天。④以保证金形式办理担保业务时,企业应按海关开具的“海关交(付)款通知书”,以人民币缴纳保证金,将应征保证金款项交至海关指定的代保管款账户。资金到账后,海关向企业开具“海关保证金专用收据”。⑤因手册变更导致担保金额增加或担保期限延长的,由海关依法为企业办理担保内容变更手续。⑥手册核销结案后,企业可向海关办理担保退还手续。担保形式为保函的,企业应凭保函收据到海关办理保函退还手续。

七、进料加工装配贸易方式与进口跟单实务

(一)进料加工范围

有关经营单位用外汇购买进口的原料、材料、辅料、元器件、零部件、配套件和包装物料，加工成成品或半成品后再外销出口的贸易业务。

(二)进料加工单位

目前，有权经营进料加工业务的单位有：外贸公司、工贸公司、经批准有权经营进出口业务的独立的经济实体。

(三)进料加工与来料加工的区别

(1)来料加工进口的料件由外商提供，我方不支付外汇；进料加工则是我方经营单位动用外汇购买进口料件。

(2)来料加工装配进口的料件及加工的成品，所有权属于外商；进料加工进口的料件，所有权属于我方经营单位。

(3)来料加工装配中，我方按合同要求进行加工，赚取工缴费，盈亏由外商承担；进料加工中，我方经营单位自负盈亏、自担风险。

(4)来料加工装配的进口与出口有密切的内在联系，外商往往既是料件的供应人，又是成品的接受人，合同不是以货物所有权转移为内容的买卖合同；进料加工则是由我方经营单位以买主的身份与外商签订进口合同，又以卖主的身份签订出口合同，是两笔交易，且都以货物所有权转移为特征。

(四)进料加工优惠政策与管理规定

1. 进出口税收

专为加工出口产品而进口的料件，按实际加工复出口成品所耗用料件的数量准予暂时免缴进口关税和进口环节增值税、消费税。

直接用于加工出口成品而在生产过程中消耗掉的数量合理的进口染化料、触媒剂、洗涤剂、催化剂等化学物品，按实际加工出口产品的消耗比例免予缴纳进口关税和进口环节增值税、消费税。

国外客商免费或有价提供用于生产出口产品所需进口的数量零星的辅料、包装物料，凭出口合同免予缴纳进口关税和进口环节增值税、消费税。

进料加工项下以及由国外客商提供准予暂时免税进口的原料、辅料、零部件和包装物料，需按货物到岸价格的一定比例向海关缴纳海关监管手续费(外商投资企业进口货物暂免缴纳)。

进料加工项下加工成品出口，免予缴纳出口关税。

进料加工项下由外商提供的不作价进口设备，除“外商投资项目不予免税的进口商品目录”所列商品外，免征进口关税和进口环节增值税。

2. 进出口许可证

进料加工项下进口料件，属于国家进口许可证管理商品的，免领进口许可证。但对进料加工项下进口的食糖、植物油、羊毛、橡胶、棉花五种商品，需提供主管部门的批件。

进料加工项下出口成品，属于国家出口许可证管理商品的，应申领并交验出口许可证。出口成品属于国家实行配额管理的，经营单位应按国家下达的配额，在向海关办理合同备案前，向发证机关申领出口许可证。进料加工项下出口成品，属于国家实行被动配额管理的纺织品的，应申领并交验纺织品出口许可证。

3. 经营主体

进料加工经营单位必须是经商务部或其授权的地方商务部门批准的有外贸经营权的企业。加

工贸易企业必须是有能力承接进口料件加工出口产品的生产企业。

(五)进料加工合同条款

签订进料加工合同时,应注意下列条款:①进口料件的名称、规格、数量、金额、付款方式、交货期限;②进料加工对口合同,还需写明出口成品所用料件的单耗和总耗。

(六)进料加工业务的海关手续

1. 合同备案登记

经营单位在办理进料加工合同登记备案手续时,应向海关交验下列单证:①主管部门签发的“进料加工批准书”;②合同副本或订货卡片,如属对口合同的,还应同时交验出口合同;③海关认为必要的其他单证。

海关审核后,确定对进口料件的不同监管方式,如实施全额保税或按比例征免税等,并核发“登记手册”。经营单位凭“登记手册”办理有关进出口和最终核销等手续。

2. 进口料件

进口料件报关时,应向海关提交下列单证:①填好的“进料加工专用进口货物报关单”(浅粉色)一式四份;②海关核发的“登记手册”,并填好其中的进口料件登记栏;③提(运)单、装箱单、发票等。

入境地海关审核无误后,按规定征收海关监管手续费。对属于规定实行保证金台账“实转”的,经营单位应按照海关的要求将保证金存入指定银行账户,海关凭银行收据验放进口料件,并在“登记手册”和报关单上加盖印章后退交经营单位,作为今后合同核销的依据。

3. 出口成品

成品出口报关时,应持“登记手册”,填好其中的出口成品登记栏,并填写“进料加工专用出口货物报关单”一式四份及其他有关单证向海关申报。出境地海关审核无误后,验放有关货物出口,并在“登记手册”和报关单上加盖印章后退交经营单位,作为今后合同核销的依据。

4. 合同核销结案

合同执行完毕后1个月,经营单位应凭“登记手册”和经海关签章的进出口专用报关单及“进口料件使用情况表”“核销申请表”等向海关办理核销手续。海关审核无误后,准予核销结案。

出口合同中规定由国外客户免费或有价提供的原辅料和包装物料,加工成成品后,如有剩余,由经营单位提出申请,海关同意后可以转入其他出口合同中继续加工出口,如有内销,应及时补缴关税。

八、进口检验检疫的操作程序与进口跟单实务

(一)进口报检程序与跟单实务

1. 入境货物报检所需的单据

入境货物报检时,应提供合同、发票、提单等有关单证。下列情况除提供有关单证外,还应按要求提供有关文件:

(1)国家实施许可制度管理的货物,应提供有关证明。

(2)实行品质检验的,还应提供国外品质证书或质量保证书、产品使用说明书及有关标准和技术资料;凭样成交的,需加附成交样品;以品级或公量计价结算的,应同时申请重量鉴定。

(3)报检入境废物原料时,还应提供主管海关或者其他检验机构签发的装运前检验证书;属于限制类废物原料的,应当提供进口许可证明。

(4)申请残损鉴定的,还应提供货物残损单、铁路商务记录、空运事故记录或海事报告等证明货损情况的有关单证。

(5)申请重(数)量鉴定的,还应提供重量明细单、理货清单等。

(6)货物经收、用货部门验收或其他单位检测的，应随附验收报告或检测结果以及重量明细单等。

(7)入境的国际旅行者，应填写入境检疫健康申明卡。

(8)入境的动植物及其产品，在提供贸易合同、发票、产地证书的同时，还必须提供输出国家(或地区)官方的检疫证书；需办理入境检疫审批手续的，还应提供入境动植物检疫许可证。

(9)过境动植物及其产品报检时，应提供货运单和输出国家或地区官方出具的检疫证书；运输动物过境时，还应提交海关总署签发的动植物过境许可证。

(10)入境运输工具、集装箱报检时，应提供检疫证明，并申报有关人员健康状况。

(11)入境旅客携带伴侣动物的，应提供入境动物检疫证书及预防接种证明。

(12)因科研等特殊需要，输入禁止入境物的，必须提供海关总署签发的特许审批证明。

(13)入境特殊物品的，应提供有关的批件或规定的文件。

2. 申请包装检验检疫的报检

申请包装性能鉴定时，申请人需提供有关产品标准和厂检结果单等资料。申请包装使用鉴定时，申请人需提供包装性能鉴定报告及有关单证。

3. 申请委托检验检疫的报检

申请人应提交检验检疫样品，列明检验检疫要求，必要时提供有关检验检疫标准或检验检疫方法；国外委托人委托检验检疫和鉴定业务时，应提供有关函电或资料。

4. 进口报检的时限和地点

(1)对于入境货物，应在入境前或入境时向入境口岸、指定的或到达站的海关办理报检手续；入境的运输工具及人员应在入境前或入境时申报。

(2)入境货物需对外索赔出证的，应在索赔有效期前不少于 20 天内向到货口岸或货物到达地的海关报检。

(3)输入微生物、人体组织、生物制品、血液及其制品或种畜、禽及其精液、胚胎、受精卵的，应当在入境前 30 天报检。

(4)输入其他动物的，应当在入境前 15 天报检。

(5)输入植物、种子、种苗及其他繁殖材料的，应当在入境前 7 天报检。

5. 报检及证单的更改

报检人申请撤销报检时，应书面说明原因，经批准后方可办理撤销手续。报检后 30 天内未联系检验检疫事宜的，作自动撤销报检处理。

有下列情况之一的，应重新报检：①超过检验检疫有效期限的；②变更输入国家或地区，并有不同检验检疫要求的；③改换包装或重新拼装的；④已撤销报检的。

报检人申请更改证单时，应填写更改申请单，交附有关函电等证明单据，并交还原证单，经审核同意后方可办理更改手续。

(二)进口货物抽样、制样程序

1. 抽样

检验检疫并出具结果的入境货物，均需检验检疫人员到现场抽取样品。样品必须按有关规定抽取，方法包括：①进口合同中规定抽样方法的入境货物，按合同规定的标准或方法抽取；②合同没有规定抽样方法的入境货物，按有关标准进行抽样。所抽取的样品必须具有代表性、准确性、科学性；抽取后的样品必须及时封识送检，以免发生意外并及时填写现场记录。

2. 制样

所抽取样品经加工方能进行检验的称作制样(样品制备)。有条件的可在检验检疫机构的实验室内制样，无条件的可在社会认可的实验室制样。样品制备的一般方法包括：①按部位制取，如纸张、面料性能检测；②按几何形状制取，如金属材料的拉力等性能检测；③按分析要求的化学成分制样，如粮谷、矿产品、铁合金等类的化学成分检验，需经粉碎—缩分—再粉碎—再缩分，直至全部通过规定数目的筛下物用于检验检疫。

3.样品的封识及留存

样品及制备的小样经检验检疫后重新封识，超过样品保存期后销毁；需留中间样品的，按规定定期保存。

（三）进口检验检疫方法

进口检验检疫方法包括感官方法、物理方法、化学方法、微生物方法、隔离检验检疫和鉴定等。

（四）进口动物及动物产品报检与进口跟单实务

1.适用范围

按进出境动植物检疫法及其实施条例以及国家有关规定需要审批的进境动物（含过境动物）、动植物产品和需要特许审批的禁止进境物，适用《进境动植物检疫审批管理办法》的相关规定。

海关总署根据法律、法规的有关规定以及国务院有关部门发布的禁止进境物名录，制定、调整并发布需要检疫审批的动植物及其产品名录。

海关总署统一管理《进境动植物检疫审批管理办法》所规定的进境动植物检疫审批工作。海关总署或其授权的其他审批机构（以下简称“审批机构”）负责签发“中华人民共和国进境动植物检疫许可证”（以下简称“检疫许可证”）和“中华人民共和国进境动植物检疫许可证申请未获批准通知单”（以下简称“检疫许可证申请未获批准通知单”）。各直属海关（以下简称“初审机构”）负责所辖地区进境动植物检疫审批申请的初审工作。

2.申请

申请办理检疫审批手续的单位（以下简称“申请单位”）应当是具有独立法人资格并直接对外签订贸易合同或者协议的单位。过境动物的申请单位应当是具有独立法人资格并直接对外签订贸易合同或者协议的单位或者其代理人。

申请单位应当在签订贸易合同或者协议前，向审批机构提出申请并取得“检疫许可证”。过境动物在过境前，申请单位应当向海关总署提出申请并取得“检疫许可证”。

申请单位应当按照规定如实填写并提交“中华人民共和国进境动植物检疫许可证申请表”（以下简称“检疫许可证申请表”），需要初审的，由进境口岸初审机构进行初审；加工、使用地不在进境口岸初审机构所辖地区内的货物，必要时还需由使用地初审机构初审。

申请单位应当向初审机构提供下列材料：

（1）申请单位的法人资格证明文件（复印件）。

（2）输入动物需要在临时隔离场检疫的，应当填写“进境动物临时隔离检疫场许可证申请表”。

（3）输入动物肉类、脏器、肠衣、原毛（含羽毛）、原皮、生的骨、角、蹄、蚕茧和水产品等，由海关总署公布的定点企业生产、加工、存放的，申请单位需提供与定点企业签订的生产、加工、存放合同。

（4）按照规定可以核销的进境动植物产品，同一申请单位第二次申请时，应当按照有关规定附上一次的“检疫许可证”（含核销表）。

（5）办理动物过境的，应当说明过境路线，并提供输出国家（或地区）官方检疫部门出具的动物卫生证书（复印件）和输入国家（或地区）官方检疫部门出具的准许动物进境的证明文件。

（6）因科学研究等特殊需要，引进《进出境动植物检疫法》第五条第一款所列禁止进境物的，必须提交书面申请，说明其数量、用途、引进方式、进境后的防疫措施、科学研究的立项报告及相关主管部门的批准立项证明文件。

(7)需要提供的其他材料。

3. 审核批准

初审机构对申请单位检疫审批申请进行初审的内容包括:①申请单位提交的材料是否齐全,是否符合相关规定;②输出和途经国家(或地区)有无相关的动植物疫情;③是否符合中国有关动植物检疫的法律、法规和部门规章的规定;④是否符合中国与输出国家(或地区)签订的双边检疫协定(包括检疫协议、议定书、备忘录等);⑤进境后需要对生产、加工过程实施检疫监督的动植物及其产品,审查其运输、生产、加工、存放及处理等环节是否符合检疫防疫及监管条件,根据生产、加工企业的加工能力核定其进境数量;⑥可以核销的进境动植物产品,应当按照有关规定审核其上一次审批的"检疫许可证"的使用、核销情况。

初审合格的,由初审机构签署初审意见。同时,对考核合格的动物临时隔离检疫场出具"进出境动物临时隔离检疫场许可证"。对需要实施检疫监管的进境动植物产品,必要时出具对其生产、加工、存放单位的考核报告。由初审机构将所有材料上报海关总署审核。初审不合格的,将申请材料退回申请单位。

同一申请单位对同一品种,同一输出国家(或地区),同一加工、使用单位一次只能办理一份"检疫许可证"。

海关总署或者初审机构认为必要时,可以组织有关专家对申请进境的产品进行风险分析,申请单位有义务提供有关资料和样品进行检测。

海关总署根据审核情况,自初审机构受理申请之日起 20 日内签发"检疫许可证"或者"检疫许可证申请未获批准通知单"。20 日内不能做出许可决定的,经海关总署负责人批准,可以延长 10 日,并应当将延长期限的理由告知申请单位。

4. 许可单证的管理和使用

"检疫许可证申请表""检疫许可证""检疫许可证申请未获批准通知单"由海关总署统一印制和发放。其中,"检疫许可证"由海关总署统一编号,有效期分别为 3 个月或者一次有效。除对活动物签发的"检疫许可证"外,其不得跨年度使用。

按照规定可以核销的进境动植物产品,在许可数量范围内分批进口、多次报检使用"检疫许可证"的,进境口岸海关应当在"检疫许可证"所附检疫物进境核销表中进行核销登记。

有下列情况之一的,申请单位应当重新申请办理"检疫许可":①变更进境检疫物的品种或者超过许可数量 5%的;②变更输出国家(或地区)的;③变更进境口岸、指运地或者运输路线的。

有下列情况之一的,"检疫许可证"失效、废止或者终止使用:①"检疫许可证"有效期届满未延续的,海关总署应当依法办理注销手续;②在许可范围内,分批进口、多次报检使用,许可数量全部核销完毕的,海关总署应当依法办理注销手续;③国家依法发布禁止有关检疫物进境的公告或者禁令后,海关总署可以撤回已签发的"检疫许可证";④申请单位违反检疫审批的有关规定,海关总署可以撤销已签发的"检疫许可证"。

申请单位取得许可证后,不得买卖或者转让。口岸海关在受理报检时,必须审核许可证的申请单位与检验检疫证书上的收货人、贸易合同的签约方是否一致,不一致的不得受理报检。

海关总署可以授权直属海关对其所辖地区进境动植物检疫审批申请进行审批,签发"检疫许可证"或者出具"检疫许可证申请未获批准通知单"。

(五)进口植物及植物产品报检与进口跟单实务

1. 适用范围

通过各种方式进境的贸易性和非贸易性植物繁殖材料(包括贸易、生产、来料加工、代繁、科研、交换、展览、援助、赠送以及享有外交、领事特权与豁免权的外国机构和人员公用或自用的进境植物繁殖材料），适用《进出境动植物检疫法》及其实施条例的有关规定。

海关总署统一管理全国进境植物繁殖材料的检疫工作，主管海关负责所辖地区进境繁殖材料的检疫和监督管理工作。

植物繁殖材料是植物种子、种苗及其他繁殖材料的统称，指栽培、野生的可供繁殖的植物全株或者部分，如植株、苗木（含试管苗）、果实、种子、砧木、接穗、插条、叶片、芽体、块根、块茎、鳞茎、球茎、花粉、细胞培养材料（含转基因植物）等。

对进境植物繁殖材料的检疫管理以有害生物风险评估为基础，按检疫风险高低实行风险分级管理。各类进境植物繁殖材料的风险评估由海关总署负责并公布其结果。

2. 检疫审批

输入植物繁殖材料的，必须事先办理检疫审批手续，并在贸易合同中列明检疫审批提出的检疫要求。进境植物繁殖材料的检疫审批根据以下不同情况分别由相应部门负责：

（1）因科学研究、教学等特殊原因，需从国外引进禁止进境的植物繁殖材料的，引种单位、个人或其代理人需按照有关规定向海关总署申请办理特许检疫审批手续。

（2）引进非禁止进境的植物繁殖材料的，引种单位、个人或其代理人需按照有关规定向国务院农业或林业行政主管部门及各省、自治区、直辖市农业农村（林业）厅（局）申请办理国外引种检疫审批手续。

（3）携带或邮寄植物繁殖材料进境，因特殊原因无法事先办理检疫审批手续的，携带人或邮寄人应当向入境口岸所在地直属海关申请补办检疫审批手续。

（4）因特殊原因引进带有土壤或生长介质的植物繁殖材料的，引种单位、个人或其代理人需向海关总署申请办理输入土壤和生长介质的特许检疫审批手续。

海关总署在办理特许检疫审批手续时，将根据审批物原产地的植物疫情、入境后的用途、使用方式提出检疫要求，并指定入境口岸。入境口岸或该审批物隔离检疫所在地的直属海关对存放、使用或隔离检疫场所的防疫措施和条件进行核查，并根据有关检疫要求进行检疫。

引种单位、个人或其代理人应在植物繁殖材料进境前10～15日，将"进境动植物检疫许可证"或"引进林草种子、苗木检疫审批单"送入境口岸直属海关办理备案手续。对不符合有关规定的检疫审批单，直属海关可拒绝办理备案手续。

3. 进境检疫

海关总署根据需要，对向我国输出植物繁殖材料的国外植物繁殖材料种植场（圃）进行检疫注册登记，必要时经输出国（或地区）官方植物检疫部门同意后，可派检疫人员进行产地疫情考察和预检。

引种单位、个人或其代理人应在植物繁殖材料进境前7日持经直属海关核查备案的"进境动植物检疫许可证"或"引进林草种子、苗木检疫审批单"、输出国家（或地区）官方植物检疫部门出具的植物检疫证书、产地证书、贸易合同或信用证、发票以及其他必要的单证向指定的海关报检。受引种单位委托引种的，报检时还需提供有关的委托协议。

植物繁殖材料到达入境口岸时，检疫人员要核对货证是否相符，按品种、数（重）量、产地办理核销手续。对进境植物繁殖材料的检疫，必须严格按照有关国家标准、行业标准以及相关规定实施。进境植物繁殖材料经检疫后，根据检疫结果分别作如下处理：

（1）属于低风险的，经检疫未发现危险性有害生物，限定的非检疫性有害生物未超过有关规定的，给予放行；检疫发现危险性有害生物，或限定的非检疫性有害生物超过有关规定的，经有效的检疫处理后，给予放行；未经有效处理的，不准入境。

（2）属于高、中风险的，经检疫未发现检疫性有害生物，限定的非检疫性有害生物未超过有关规定的，运往指定的隔离检疫圃隔离检疫；经检疫发现检疫性有害生物，或限定的非检疫性有害生物超过有关规定，经有效的检疫处理后，运往指定的隔离检疫圃隔离检疫；未经有效处理的，不准入境。

4. 隔离检疫

所有高、中风险的进境植物繁殖材料必须在海关指定的隔离检疫圃进行隔离检疫。海关凭指定隔离检疫圃出具的同意接收函和经海关核准的隔离检疫方案办理调离检疫手续，并对有关植物繁殖材料进入隔离检疫圃实施监管。

需调离入境口岸所在地直属海关辖区进行隔离检疫的进境繁殖材料，入境口岸海关凭隔离检疫所在地直属海关出具的同意调入函予以调离。

进境植物繁殖材料的隔离检疫圃按照设施条件和技术水平等分为国家隔离检疫圃、专业隔离检疫圃和地方隔离检疫圃。海关对隔离检疫圃的检疫管理按照《进境植物繁殖材料隔离检疫圃管理办法》执行。高风险的进境植物繁殖材料必须在国家隔离检疫圃隔离检疫。因科研、教学等需要引进高风险的进境植物繁殖材料，经报海关总署批准后，可在专业隔离检疫圃实施隔离检疫。

海关对进境植物繁殖材料的隔离检疫实施检疫监督。未经海关同意，任何单位或个人不得擅自调离、处理或使用进境植物繁殖材料。

隔离检疫圃负责进境隔离检疫植物繁殖材料的日常管理和疫情记录，发现重要疫情应及时报告所在地海关。隔离检疫结束后，隔离检疫圃负责出具隔离检疫结果和有关检疫报告。隔离检疫圃所在地海关负责审核有关结果和报告，结合进境检疫结果做出相应处理，并出具相关单证。在地方隔离检疫圃隔离检疫的，由负责检疫的海关出具隔离检疫结果和报告。

5. 检疫监督

海关对进境植物繁殖材料的运输、加工、存放和隔离检疫等过程实施检疫监督管理。承担进境植物繁殖材料运输、加工、存放和隔离检疫的单位，必须严格按照海关的检疫要求，落实防疫措施。引种单位或代理进口单位需向所在地海关办理登记备案手续；隔离检疫圃需经海关考核认可。

进境植物繁殖材料到达入境口岸后，未经海关许可，不得卸离运输工具。因口岸条件限制等原因，经海关批准，可以运往指定地点检疫、处理。在运输、装卸过程中，引种单位、个人或者其代理人应当采取有效防疫措施。

供展览用的进境植物繁殖材料，在展览期间，必须接受所在地海关的检疫监管，未经其同意，不得改作他用。展览结束后，所有进境植物繁殖材料需作销毁或退回处理，如因特殊原因，需改变用途的，按正常进境的检疫规定办理。展览遗弃的植物繁殖材料、生长介质或包装材料在海关监督下进行无害化处理。对进入保税区(含保税工厂、保税仓库等)的进境植物繁殖材料需外包装完好，并接受海关的监管。

海关根据需要定期对境内的进境植物繁殖材料主要种植地进行疫情调查和监测，发现疫情要及时上报。

(六)进口货物卫生除害处理与进口跟单实务

按照《国境卫生检疫法》[①]及其实施细则、《进出境动植物检疫法》及其实施条例的有关规定，海关所涉及的卫生除害处理的范围和对象是非常广泛的，包括：出入境的货物、动植物、运输工具、交通工具的卫生除害处理，以及公共场所、病源地和疫源地的卫生除害处理等。

1. 对出入境的货物、集装箱实施卫生除害处理的情形

(1)来自检疫传染病疫区的。

(2)被检疫传染病污染的。

---

① 2024 年 6 月 28 日第十四届全国人民代表大会常务委员会第十次会议修订通过《中华人民共和国国境卫生检疫法》，自 2025 年 1 月 1 日起施行。

(3)发现与人类健康有关的啮齿动物或者病媒虫,超过国家卫生标准的。

(4)装载的是废旧物品或可能携带致病微生物对人类健康造成危害的其他物品。

(5)对在到达本口岸前的其他口岸已实施卫生处理的货物、集装箱,但有下列情形之一的,应进一步实施卫生处理:①运载过程中发生流行病学上有重要意义事件的;②经卫生检查判定原卫生处理没有实际效果的。

(6)经检验不符合进口食品卫生标准的。

(7)来自动植物疫病流行国家或地区,以及装载动物、动物产品的集装箱。

2. 对入出境的动植物及其产品和其他检疫物的卫生除害处理要求

(1)输入的动物检出中国政府规定的一类传染病、寄生虫病的,其阳性动物及与其同群的其他动物全群扑杀,并销毁尸体;检出中国政府规定的二类传染病、寄生虫病的,其阳性动物退回或扑杀。

(2)输入的动植物、动植物产品和其他检疫物,经检疫发现危险性病虫害,无有效除害处理方法的,作退回或销毁处理。

(3)输入的动植物、动植物产品和其他检疫物,经检疫发现危险性病虫害,有有效除害处理方法的,作卫生除害处理。

(4)输入的动植物、动植物产品和其他检疫物,经检疫发现一般性病虫害,超过规定标准的,作卫生除害处理。

(5)输入的动植物产品、动植物性包装物、铺垫材料,必要时进行外包装消毒处理。

(6)出境动植物、动植物产品和其他检疫物,经检疫不合格,可通过除害处理达到出口要求的,作卫生除害处理。

3. 出入境运输工具处理要求

出入境交通运输工具有下列情形之一的,应当实施卫生处理,并接受海关监督;必要时,海关可以会同有关部门对交通运输工具实施隔离:①受到检疫传染病污染;②发现与人类健康有关的病媒生物;③存在传播检疫传染病风险的其他情形。外国交通运输工具的负责人拒绝实施卫生处理的,除特殊情况外,海关应当责令该交通运输工具在其监督下立即离境。

4. 实施卫生除害处理的方法

卫生除害处理的方法主要包括:①物理方法,如超声波、紫外线照射、加热处理、冷冻处理、捕杀、焚烧、深埋等;②化学方法,如药物蒸熏除害、药物表面喷洒;③人为措施,如禁止入出境、过境和封存等。

5. 卫生除害处理的标准和效果

卫生除害处理的标准和效果包括:①病媒昆虫成虫全部死亡;②啮齿动物全部死亡或未发现;③货物表面和集装箱内表面根据流行病学的原则,不得检出检疫传染病或监测传染病的病原体。

6. 实施卫生除害处理的要求

卫生除害处理要求包括:①所用药物必须经过海关认证,具有科学、安全、高效等优点;②要有专门从事卫生除害处理工作的技术人员,严格按照规定实施;③采用先进的卫生除害处理设备,科学计量;④做好卫生除害处理的效果检测和效果评价记录。

7. 实施卫生除害处理应注意的有关事项

实施卫生除害处理应注意的有关事项包括:①防止对任何人的健康造成危害;②防止对交通工具的结构和设备造成损害;③防止发生火灾;④防止对行李、货物造成损害。

(七)检验检疫标志管理

1. 标志的定义

检验检疫标志(以下简称"标志")是指海关根据国家法律、法规及有关国际条约、双边协定,加施在经检验检疫合格的检验检疫物上的证明性标记。海关总署负责标志的制定、发放和监督管理工作。主管海关负责标志加施和标志使用的监督管理。入境货物应当加施标志而未加施标志的，不准销售、使用。

2. 标志的制定

标志的样式、规格由海关总署规定。标志式样为圆形，正面文字为“中国海关”，背面加注9位数码流水号。标志规格分为直径10毫米、20毫米、30毫米、50毫米4种。特殊情况使用的标志样式，由海关总署另行确定。

标志由海关总署指定的专业标志制作单位按规定要求制作。海关总署授权国际检验检疫标准与技术法规研究中心(简称“标准法规中心”)负责标志的监制、保管、分发、登记等工作。

3. 标志的使用

按照出入境检验检疫法律、法规、规章以及有关国际条约、双边协定、检验检疫协议等规定需加施标志的检验检疫物，经检验检疫合格后，由海关监督加施标志。货物需加施标志的基本加施单元、规格及加施部位，由海关总署根据货物实际情况在相应的管理办法中确定。海关监督加施标志时，应填写“出入境检验检疫标志监督加施记录”，并在检验检疫证书中记录标志编号。标志应由检验检疫地的海关监督加施。

入境货物需要在检验检疫地以外的销售地、使用地加施标志的，进口商应在报检时提出申请，海关将检验检疫证书副本送销售地、使用地海关，销售人、使用人持证书向销售地、使用地海关申请监督加施标志。

入境货物需要分销数地的，进口商应在报检时提出申请，海关按分销批数分证，证书副本送分销地海关。由销售人持证书向分销地海关申请监督加施标志。

4. 标志的监督管理

海关可采取下列方式对标志的使用情况进行监督检查：①流通领域的监督检查；②口岸核查；③在生产现场、港口、机场、车站、仓库实施监督抽查。海关实施标志监督检查时，有关单位应当配合并提供必要的工作条件。

出入境货物应加施标志而未加施的，销售、使用应加施标志而无标志货物的，或者不按规定使用标志的，按检验检疫的有关法律、法规、规章的规定处理。

【提示】 伪造、变造、盗用、买卖、涂改标志，或者擅自调换、损毁加施在检验检疫物上的标志的，按照检验检疫法律、法规的规定给予行政处罚；构成犯罪的，对直接责任人员追究刑事责任。

海关根据《出入境检验检疫标志管理办法》的规定加施标志，依照国家有关规定收费。海关及其工作人员不履行职责或者滥用职权的，按有关规定处理。经中国香港、澳门转口的入境货物需加施标志的，由海关总署指定的机构负责。

中华人民共和国海关(检验检疫)施封、启封通知书样本分别见表3—2、表3—3。

表3—2 **中华人民共和国海关(检验检疫)**

施封通知书

××关封字(20××)第××××号

货主或代理人			
品名		包装种类	
数/重量		唛码标记	
运输工具		集装箱号	

续表

封识种类		封识号	
施封地点			
施封原因：			
施封海关(盖章) 执法人员(签名)： 货主或代理单位签收人(签名)： 施封时间： 年 月 日			
备注：			

注：擅自开拆或者损毁上述海关封识的，将由海关依法予以行政处罚；如发现封识破损的，应及时报告施封海关。

第一联：施封海关存。

表 3—3 **中华人民共和国海关(检验检疫)**

启封通知书

××关封字(20××)第××××号

货主或代理人			
品名		包装种类	
数/重量		唛码标记	
运输工具		集装箱号	
施封通知书编号		施封海关	
启封人员		启封地点	
启封原因：			
启封海关(盖章) 执法人员(签名)： 货主或代理单位签收人(签名)： 启封时间： 年 月 日			
备注：			

第一联：启封海关存。

应知考核

一、单项选择题

1. 对于申报前看货取样，以下说法中错误的是(　　)。

A. 收货人放弃行使看货取样权所产生的法律后果(如申报不实)由收货人自己承担

B. 如果货物进境有走私违法嫌疑并被海关发现，海关将不予同意

C. 只有在通过外观无法确定货物的归类等情况时，海关才会同意收货人提取货样

D. 看货取样是进口商的权利，任何情况下进口商都可以在申报前看货取样

2. 某批进口货物自运输工具申报进境之日起超过 3 个月，其收货人或其代理人仍未向海关申报。对此，海关可做(　　)处理。

A. 提取货物变卖，其价款在扣除各项费、税后，余款保存1年，经收货人申请可予发还，逾期无人申请的上缴国库

B. 将货物扣留，待收货人或其代理人报关时作罚款处理

C. 将货物没收，变卖所得价款上缴国库

D. 将货物扣留，待收货人或其代理人报关时，除按日征收滞纳金外，加处罚款

3. 输入微生物、人体组织、生物制品、血液及其制品或种畜、禽及其精液、胚胎、受精卵的，应当在(　　)30天报检。

A. 入境前　　B. 入境时　　C. 入境后　　D. 以上都不对

4. 根据《海关法》的规定，进口货物收货人向海关申报的时限是自运输工具申报进境之日起(　　)日内。

A. 7　　B. 10　　C. 14　　D. 15

5. 报关时的基本单证不包括(　　)。

A. 发票　　B. 装箱单

C. 提单　　D. 进口货物许可证

6. 报关时的预备单证不包括(　　)。

A. 贸易合同　　B. 入境货物通关单

C. 货物原产地证明　　D. 委托单位的工商执照证书

7. 关于滞报金，以下说法中错误的是(　　)。

A. 自运输工具申报进境之日起14天内未申报的收取滞报金

B. 滞报金的日征收额为进口货物到岸价格的0.05%

C. 滞报金的起征点为人民币10元，不足人民币10元的部分免收

D. 以上说法都不对

8. 转关运输的进口货物，如属许可证管理商品，其许可证应按(　　)规定交验。

A. 应在办理转关运输手续时，直接向指运地海关交验

B. 应在办理进口手续时，直接向指运地海关交验

C. 应事先向指运地海关交验，经审核后由指运地海关核发"进口转关运输货物联系单"封交进境地海关

D. 在办理转关运输和进口手续时，分别向进境地海关和指运地海关交验

9. 对来料加工的进出口税收，以下说法中正确的是(　　)。

A. 来料加工装配项下外商提供用于加工装配返销出口产品的进口料件，免予缴纳进口关税和进口环节增值税、消费税

B. 来料加工装配项下进口直接用于加工生产出口产品而在生产过程中消耗掉的燃料油，免予缴纳进口关税和进口环节增值税、消费税

C. 来料加工装配项下加工成品出口，免于缴纳出口关税

D. 来料加工装配项下由外商提供的不作价进口设备，除"外商投资项目不予免税的进口商品目录"所列商品外，免征进口关税和进口环节增值税

10. 对于海关事务担保的财产或权利担保的范围，以下选项中正确的是(　　)。

A. 人民币、可自由兑换的货币　　B. 汇票、本票、支票、债券、存单

C. 银行或者非银行金融机构出具的保函　　D. 海关依法认可的其他财产、权利

二、多项选择题

1. 根据《海关法》对保税货物的定义，下列各项中属于保税货物的有（　　）。
A. 来料加工合同项下进口的料件和加工的成品
B. 为保证来料加工合同的顺利执行，外商提供以工缴费偿还价款的专用设备
C. 来料加工合同项下进口的包装物料
D. 临时进口货样

2. 保税货物的通（报）关基本程序包括（　　）。
A. 合同登记备案　　B. 进口货物
C. 储存或加工　　D. 复运出口及核销结案

3. 关于进口报检地点，以下说法中正确的有（　　）。
A. 审批许可证等有关政府批文中规定检验检疫地点的，在规定的地点报检
B. 对外合同或运输合同中约定检验检疫地点的，应向约定的海关报检
C. 因故不能在口岸进行整批检验检疫的，申请办理异地检验检疫
D. 进口货物的残损鉴定，应在口岸实施

4. 下列（　　）情况应重新报检，并交还原签发的证书或证单，按规定缴纳检验检疫费。
A. 超过检验检疫有效期限
B. 更改不同输出国（或地区）而有不同检疫要求的
C. 入境改换包装或又重新拼装的货物需重新检验检疫的
D. 报检后在 30 天内未联系检验检疫事宜或自动撤销报检的

5. 来料加工和进料加工的合同备案登记需要的单证包括（　　）。
A. 批件　　B. 企业营业执照
C. 登记手册　　D. 合同副本

三、判断题

1. 对于需要进口许可证的商品，必须在进口前向商务部或各省、市（自治区）海关办理进口许可证等批件。（　　）
2. 我国进口企业在订立进口合同时常采用书面形式、口头形式和行为形式。（　　）
3. 任何有外贸经营权的进出口单位都可直接到商业银行办理进口付汇。（　　）
4. 企业只有具备报检资质和报关资质才能开展报关业务。（　　）
5. 有权经营进出口业务的企业向海关申请并办理了报关注册登记手续后才能获得报关权。（　　）
6. 申报前看货取样是进口商的权利，任何情况下进口商都可以在申报前看货取样。（　　）
7. 进口货物的报关期限为自运输工具申报进境之日起 14 天内。（　　）
8. 对于进出口的大宗散货、危险品、鲜活商品、落驳运输货物，收发货人或其代理人可向海关申请综合装卸环节在作业现场予以查验放行，但必须在申报时提供担保。（　　）
9. 海关事务担保期限在一般情况下不得超过 20 天。（　　）
10. 来料加工装配进口的料件属于海关保税货物，中方对货物无处置权。（　　）

四、简述题

1. 简述进口跟单工作的特点和要求。
2. 简述进料加工与来料加工的区别。

3. 进口报检地点的确定主要有哪些规定?
4. 进口检验检疫方法有哪些?
5. 简述货物进口转关运输程序。

应会考核

■ 观念应用

【背景资料】

在当今竞争激烈的市场环境下,各类生产企业面临着巨大的挑战与机遇。产品质量已成为企业立足市场、赢得客户信赖的关键因素。随着全球经济一体化进程的加速,市场对于产品的质量要求越来越严格,不仅要求产品符合基本的技术标准,而且对产品的稳定性、可靠性以及创新性等方面提出了更高的期望。

以大连某电子产品制造企业为例,该企业主要生产智能手机等电子设备,产品面向全球市场销售。在过去的发展过程中,企业凭借较为先进的技术和一定的市场份额取得了阶段性的成功。然而,近年来随着行业竞争的加剧以及消费者对于电子产品品质和功能需求的不断升级,企业在产品质量方面暴露出一些问题,如部分产品在使用过程中出现性能不稳定、零部件易损坏等情况,导致客户投诉率上升,市场份额受到一定程度的影响。

为了扭转这一局面,企业管理层决定引入先进的质量管理理念和方法,以提升产品质量,增强企业的核心竞争力。经过深入调研和分析,企业选择了基于 ISO 9000 系列标准的质量管理体系,并结合自身实际情况进行定制化的应用和推广。

【考核要求】

该电子产品制造企业在引入基于 ISO 9000 系列标准的质量管理体系后,如何从设计与开发、采购与供应链管理、生产与制造、销售与售后服务这四个关键环节制定具体的考核指标和方法,以全面、有效地评估质量管理体系的运行效果和产品质量的提升程度?

■ 技能应用

江西南昌的 A 公司委托浙江宁波的 B 公司从国外进口机器一台,合同规定,买方对货物品质不符合合同规定的索赔期限为货到目的港 30 天内。货到宁波后,B 公司立即将机器转至江西南昌交给 A 公司。由于 A 公司的厂房尚未建好,机器无法安装,4 个月后,待厂房完工,机器装好,经海关检验,发现该机器是二手货,已经不能很好地运转。于是,A 公司请 B 公司向外商提出索赔,外商不予理会。

【技能要求】

请用本项目的相关知识分析并剖析该案例,A 公司应该从中吸取什么教训?

■ 案例分析

【分析情境】

内地 A 公司寻找并联系香港地区的 B 公司进口马口铁一批,计 30 多万美元,合同规定以信用证方式付款。A 公司按合同规定开出信用证,开证银行在信用证有效期内收到议付行寄来的单据,经审查单证一致、单单一致,即向外付款。货到后,A 公司却发现 B 公司在集装箱内装的全是烂泥,根本没有装运合同规定的马口铁,始知受骗上当。再与 B 公司联系,无法找到该公司,到香港查找,负责人已经逃逸。

【情境思考】

请问:A 公司在这一事件中应吸取什么教训?

项目实训

【实训项目】

进口贸易业务跟单。

【实训情境】

青岛莆田机械设备公司(以下简称“青岛莆田公司”)是一家刚设立的专门从事机械产品进口的贸易公司。2024年7月15日,该公司首次与德国汉栎公司签订了购买大型挖掘机零件和挖掘机用空调部件的合同,贸易术语为CIF青岛。合同规定允许分批交货,并以不可撤销远期信用证结算。

青岛莆田公司指派了外贸跟单员郭明全程进口跟单。郭明在接到公司布置的任务后,立即查阅相关资料,并从海关总署编写的《中国海关报关实用手册》(2024年版)中获知了相关信息。

如果现在你是郭明,请依据上述背景资料,结合我国对外贸易的管理要求以及我国海关、商检的相关规定,填制操作流程并回答相关问题。

(一)进口操作流程跟单

图3—3圆框内显示的是青岛莆田公司此笔进口跟单业务的主要步骤,请按进口操作的正确顺序将相应选项填入左边操作步骤方框边的横线上。

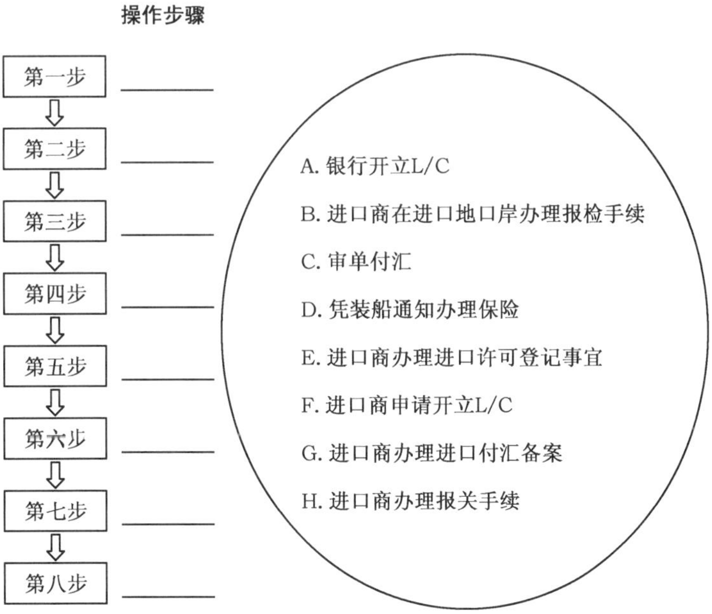

图3—3

(二)运输跟单

(1)根据已给的上述资料,你认为应该采用何种运输方式才适合CIF贸易术语?

(2)如果有承运人提单和货运代理人提单可供选择,你认为应该选择何种提单来降低该公司的风险?

(三)报检跟单

(1)如果在进口跟单环节中,海关在集装箱内发现部分零部件采用原木木条框包装,经查,青岛莆田公司不能现场出示熏蒸证书。于是,海关以涉嫌违反《进出境动植物检疫法》的有关规定,决定予以暂扣该集装箱并立案调查。你认为海关的处理是否正确?为什么?

(2)该商品的报检与报关是何种关系?

(四)报关跟单

(1)如果青岛莆田公司委托青岛四海报关行向青岛海关办理报关及其他海关事宜,那么青岛莆田公司除了递交报关单和报关委托书、进口许可登记资料,并进行"单一窗口"电子登记外,还需要递交哪些单证?

(2)青岛莆田公司为了获得优惠的进口关税税率,应该要求出口商提供什么证书?

【实训任务】

根据上述实训情境资料,回答第(一)至(四)题的相关问题。

【实训要求】

(1)完成本实训任务,时间以不超过25分钟为准。

(2)填写《进口贸易业务跟单》实训报告。

<table>
<tr><th colspan="3">《外贸跟单员的基本素质》实训报告</th></tr>
<tr><td>项目实训班级:</td><td>项目小组:</td><td>项目组成员:</td></tr>
<tr><td>实训时间:　　年　　月　　日</td><td>实训地点:</td><td>实训成绩:</td></tr>
<tr><td colspan="3">实训目的:</td></tr>
<tr><td colspan="3">实训步骤:</td></tr>
<tr><td colspan="3">实训结果:</td></tr>
<tr><td colspan="3">实训感言:</td></tr>
<tr><td colspan="3">不足与今后改进:</td></tr>
<tr><td colspan="2">项目组长评定签字:</td><td>项目指导教师评定签字:</td></tr>
</table>

项目四　外贸商品知识

● 知识目标

理解：外贸商品学的基础常识。
熟知：商品学中典型商品的鉴别、分析能力。
掌握：商品的标准体系及其组织。

● 技能目标

在了解商品基本特性的基础上，具备采用一定的方法进行检验的技术能力，提升专业素养；紧密联系生产实际和生活实践，提高学生分析、解决问题的能力，具备专业技术能力和素质。

● 素质目标

能够根据外贸基本常识分析商品的基本特性，充分认识商品的本质属性，提高质量管理的职业素养；熟悉各类商品的标准与规范，通过系统学习，形成全面的外贸商品知识体系，为参与国际贸易活动奠定坚实基础。

● 思政目标

要以我国进出口商品为载体，掌握商品的基本特性和主要技术指标；深刻理解不忘初心的核心要义和精神实质，塑造自身的品格、品行和品位，树立正确的世界观、人生观和价值观。

● 知识精讲

任务一　外贸商品学基础

商品学是以商品为研究对象，以商品质量为中心内容，研究商品使用价值的学科。它是随着商品经济和对外贸易的发展而逐步发展起来的。

一、外贸商品的概念及分类原则

（一）外贸商品的概念

商品是一个重要的经济范畴。它是社会生产发展到一定历史阶段的产物，是为交换来满足社会需要而生产的劳动产品。人们有目的的具体劳动形成了商品使用价值，而抽象劳动形成了商品价值。商品使用价值构成社会财富的物质内容，同时，它又是商品交换价值的物质承担者，反映了人与自然的关系；商品价值是商品的社会属性，人们按照价值交换商品，即交换各自的“劳动”。所以，商品的二重性在市场交换中得到高度统一。

商品有别于物品和产品。其特点包括：①商品是具有使用价值的劳动产品；②商品不是供生产者自己消费，而是供他人和社会消费、用以交换的劳动产品；③商品是通过交换，使其使用价值和价值得以实现的劳动产品；④商品是要满足人和社会需要的劳动产品。

（二）外贸商品的分类原则

在商品国际分类体系中，分类的基本原则有科学性原则、系统性原则、实用性原则、可扩展性原则、兼容性原则、唯一性原则。

二、商品的本质

劳动产品必须具有“满足需要”和“通过交换”两种属性才能成为商品。

（一）满足需要

其触发机制可能引起各种需要，甚至需要之间相互交织、不断循环。物质需要的满足可能引起精神需要或新的物质需要，也可能使新的物质需要与精神需要同时出现。

（二）通过交换

交换使产品转化为商品，使产品的使用价值与商品的价值得以实现。在交换之前，尽管产品是为了交换而生产的，但它只是“可能性”商品，而不是现实的真正意义上的商品；如果不管交换能否实现，以生产的主观愿望代替客观交换过程，表面上看是商品生产，事实上并没有转化为商品。所以说，只有在交换过程中，产品才能转化为商品。

三、商品的属性

商品是使用价值与价值二重性的统一体。但作为政治经济学研究范畴的商品价值，是指商品所包含的一定数量的社会劳动，即商品的生产成本等属性；商品的使用价值本身是指商品的有用或效用。一方面，商品具有能满足人们某种需要的自然属性；另一方面，商品的有用性包含着其社会有用性，即在一定条件下为社会需要的属性。

（一）自然属性

商品的自然属性包括成分、结构、理化性质和生化性质等，它们构成商品有用性的物质基础。因此，商品的使用价值，在于它为人而存在、对人有用、为人所把握和占有；同时，商品应该是实实在在的具体东西，是交换价值的承担者，表现为以其使用价值的物质基础形式而存在。这充分说明商品始终具有物质属性。

随着人们生活水平的不断提高，商品在满足人们物质需要的同时，某些属性也满足着人们的精神需要。

（二）社会属性

商品的社会属性是由其自然属性派生的，主要包括社会、经济、文化和艺术等方面的内容。商品的使用价值取决于物的属性，但并不等于说物的属性就是商品的使用价值。商品的使用价值也不是指物的本身及其属性，而是物与人之间相互作用的能力、过程和结果。

商品使用价值具有物质性和社会性，这也正是商品使用价值与价值二重性的体现。从商品功能与人的需要之间的关系看，商品使用价值更多地体现了物质性。它是人的需要的“物化”结果，是根据人的需要和物的本质可能性创造出来的。但对生产经营者来说，商品使用价值更多地体现了社会性。它是物品“人化”与“社会化”的结果，商品的客体功能要得到人和社会主体的承认，才能实现商品使用价值的转移与让渡。

（三）整体属性

1.核心商品

从商品消费角度看，核心商品是指顾客购买某种商品时所追求的利益；从商品体[1]角度看，核心商品是商品所具有的满足需要的功能或效用。商品的功能或有用性是商品整体属性中最基本、最主要的部分。

2.形式商品

形式商品是指核心商品借以实现的形式或目标市场对某一需求的特定满足形式，是实物商品体本身。它是商品在市场上与消费者接触，使消费者产生印象的因素的总和。它一般是由品质、式样、特征、商标及包装等构成的有机整体。

3.附加商品

附加商品是指购买者在购买有形商品时所得到的与商品密切相关的附加利益与服务条件。市场竞争越激烈，商品体的性能和质量差异性越小，消费者对服务的体验就越敏感。因此，企业提供服务的个性化程度就显得更加重要。服务能够增强商品的使用效能。核心商品层的存在，说明消费者实质上购买的并不是商品的形式，而是商品的功能或效用。而功能发挥的正确与充分程度，需要服务提供担保。

（四）主、客观性

商品是按照人和社会的需要创造出来的。这种需要包括个人和社会的、个体和群体的、物质和精神的。人的需要是商品生产的出发点与动因，满足人的需要是商品的归宿与目的。因此，商品体本身只是商品功能和消费者追求的利益的客观载体，商品体（客观性）与人的需要（主观性）相互作用的过程使商品的使用价值得以实现。商品的功能寓于商品体之中，并由商品体自身的属性所决定。商品的属性包括自然属性和社会属性，这两种属性是客观存在的，不以人的意志为转移，但可以为人所利用。

在商品与人的关系中，商品离不开市场，市场是以商品交换为内容的经济联系形式；人离不开环境，环境是人类赖以生存的外部因素的总和。所以，商品学实际上是研究人与商品相互关系以及市场和环境因素对其影响程度的一门科学。

四、外贸商品的分类和归类

（一）外贸商品的分类

动漫视频

HS编码

1.《商品名称及编码协调制度》

《商品名称及编码协调制度》（The Harmonized Commodity Description and Coding System）简称《协调制度》，又称“HS 编码”，是在“海关合作理事会税则目录”（CCCN）和联合国“国际贸易标准分类”（SITC）的基础上，协调国际上多种商品分类

① 商品体主要指商品的核心部分，包括与它不可分割的外观式样和款式。它具有特定的功能或效用。不同的商品体，其功能、性能和品质指标都存在着明显的差异。

目录而制定的一部多用途的国际贸易商品分类目录。它是一个完整、系统、通用、准确的国际贸易商品分类体系，具有严密的逻辑性和科学性。《协调制度》广泛应用于海关征税、国际贸易统计、原产地规则、国际贸易谈判(如 WTO 关税减让)、运输税费及统计、贸易管制(如对废弃物、麻醉药物、化学武器等的管制)、风险管理等领域。

《协调制度》作为“国际贸易语言”，被大多数国家和地区采用，作为本国和本地区的海关税则和贸易统计目录。我国海关采用的 HS 分类目录，前 6 位数是 HS 国际标准编码，第 7、8 两位是根据我国关税、统计和贸易管理的需要加列的本国子目。为适应国务院各主管部门对海关监管工作的要求，提高海关监管的计算机管理水平，在 8 位数分类编码的基础上，根据实际工作需要对部分税号又进一步分出了第 9、10 位数编码。

目前，我国海关通关系统“商品综合分类表”中使用的商品编码为 10 位码编号，前 8 位代码与“海关进出口税则”中的税则列号和“海关统计商品目录”中的商品编号一致。第 9、10 位代码是根据进口环节税、进口暂定税和贸易管制的需要而增设的。

根据《国务院关税税则委员会关于 2024 年关税调整方案的公告》(税委会公告〔2023〕第 10 号)，自 2024 年 1 月 1 日起，对部分商品的进出口关税进行调整。为有效实施 2024 年信息技术产品最惠国税率、进出口商品暂定税率、抗癌药品和罕见病药品等进口环节增值税政策、部分油品等进口环节消费税政策、对美加征关税商品排除延期清单等，海关总署为非全税目适用进出口环节税收政策的商品拆分了 10 位海关商品编号，并编制了《2024 年进出口非全税目信息技术产品对应海关商品编号表》《2024 年进出口非全税目暂定税率商品对应海关商品编号表》《2024 年进出口非全税目适用进口环节增值税、消费税政策部分商品对应海关商品编号表》《2024 年进出口非全税目对美加征关税排除延期清单商品对应海关商品编号表》。

《协调制度》将国际贸易涉及的各种商品按照生产类别、自然属性和不同功能、用途等分为 21 类 97 章(其中第 77 章为保留章)。第 1～24 章为农业品，第 25～97 章为工业品，有的章如第 28、29、36、63 和 72 章内设有分章。H. S. 的总体结构由三部分组成：

(1)归类总规则。它共 6 条，规定了分类原则和方法，以保证对 H. S. 使用和解释的一致性，使某一具体商品能够始终归入一个唯一编码。

(2)类注释、章注释及子目注释。《协调制度》将商品根据不同的生产部门(行业)分成不同的类，类下又根据商品的自然属性或用途(功能)分成不同的章。章的序号用阿拉伯数字表示，如第一章写成“01”、第二章写成“02”、第二十五章写成“25”；各章分为不同的品目，同样用两位阿拉伯数字表示所在章的位置，如第一章的第 1 个品目写成“0101”，表示马、驴、骡；第八章的第 5 个品目写成“0805”，表示鲜或干的柑橘属水果；品目下分为不同的一杠子目(又称一级子目)，用一位阿拉伯数字表示所在品目下的位置，子目最重要的结构特点是分级。如品目“0805”下的第一个一杠子目写成“08051”代表橙，第四个一杠子目写成“08054”代表柚。

至于那些“兜底”的一杠子目(其他)，则尽量以数字“9”表示。如品目 0805“兜底”的一杠子目(其他)写成“08059”。

采用以上编排方式的优点是可以在不改变现行子目编码(结构)的情况下加入新的子目。同理，一杠子目下分为不同的二杠子目，二杠子目的编码方式同一杠子目。品目下或子目下若没有再细分，则用数字“0”表示。

【提示】《协调制度》最多分为二杠子目，所以加上前面的品目号，商品编码共有 6 位。我国税则根据本国的实际情况在二杠子目的基础上又细分为三杠子目和四杠子目，所以最后的商品编码由 8 位组成。

(3)按系统顺序排列的商品编码表。该表分为商品名称和商品编码两部分,商品编码一般排列在左侧,商品名称排列在右侧。

职场指南 4—1　　商品编码构成

商品编码总体结构包括三大部分:归类规则;类、章及子目注释;按顺序编排的目与子目编码及条文。HS 采用六位数编码,把全部国际贸易商品分为 22 类,98 章(几乎涵盖地球上所有商品),章以下再分为税目和子目。商品编码第 1、2 位数码代表“章”,第 3、4 位数码代表“目”(Heading),第 5、6 位数码代表“子目”(Subheading)。六位码以上的编码及对应商品由各国自定。我国目前使用的 HS 编码为 10 位,第 7、8 位为本国子目,第 9、10 位为附加码,主要为贸易管制、关税减免等设置。

以常见的排量 2.0 家用轿车商品编码(8703234110)为例,其具体构成见表 4—1:

表 4—1

品　名	税　目	子　目	本国子目	附加子目
87	03	23	41	10
车辆及其零件、附件,但铁道及电车道车辆除外	主要用于载人的机动车辆(税目 87.02 的货品除外),包括旅行小客车及赛车	气缸容量(排气量)超过 1 500 毫升,但不超过 2 000 毫升	小轿车	仅装有 1.5<排量≤2 升的点燃式活塞内燃发动机小轿车

商品编码是国际贸易中对商品进行分类的“通用代码”,也是各国海关确定对具体商品适用税率、监管措施的“快捷方式”。由于商品本身的多样性和复杂性,使得商品归类具有较强的专业性,也因此归类争议成为进出口遇到的常见问题。商品归类是海关对进出口商品监管和征税的基础,不同的商品类别对应不同的关税税率、退税率、需要的监管证件等;对企业来说,申报商品类别的正确性关系到其能否顺利通关放行、所承担的税率是否合法。

4. 国际危险货物分类

凡具有爆炸、易燃、毒害、腐蚀、放射等特性,在运输、装卸和储存、保管的过程中容易造成人身伤亡和财产毁损而需要特别防护的货物,均属危险货物。《国际海运危险货物规则》,简称《国际危规》(IMDG Code)是国际海事组织的海上安全委员会(MSC)指派在海运危险货物方面有丰富经验的国家组成了一个专家工作组,根据《1960 SOLAS》第七章的规定与联合国危险货物运输专家委员会紧密合作编写,并于 1965 年 9 月 27 日由国际海事组织以 A. 81(IV)决议通过产生了著名的《国际海运危险货物规则》。

《国际危规》作为全球海洋运输包装危险货物的指导规则,其制定原则是除非符合规则的要求,否则禁止装运危险货物。其目的是保障船舶载运危险货物和人命财产安全、防止事故发生、防止海洋污染、使航行更安全、使海洋更清洁。

《国际危规》当前的最新版是第 39 版(简称第 39—18 版)。国际海事组织海上安全委员会第 99 届会议通过了《国际海运危险货物规则》的修正案(39—18 修正案)。《国际危规》是经修正的《1974 年国际海上人命安全公约》(简称《安全公约》)框架下的强制性规则。根据《安全公约》第 VI-II(b)(vii)(2)(bb)条的规定,上述修正案已于 2019 年 7 月 1 日以默认方式被接受,并于 2020 年 1 月 1 日起生效。《国际危规》40—20 修正案于 2022 年 6 月 1 日起强制执行。

《国际危规》下对危险货物分类为 9 大类 20 个小类,与联合国《规章范本》保持一致。

拓展阅读 4—1　　商品归类总规则

一、规则一

类、章及分章的标题，仅为查找方便而设。具有法律效力的归类，应按品目条文和有关类注或章注确定。如品目、类注或章注无其他规定，按以下规则确定。

二、规则二

（一）品目所列货品，应视为包括该项货品的不完整品或未制成品。只要在进口或出口时该项不完整品或未制成品具有完整品或制成品的基本特征，还应视为包括该项货品的完整品或制成品（或按本款可作为完整品或制成品归类的货品）在进口或出口时的未组装件或拆散件。

（二）品目中所列材料或物质，应视为包括该种材料或物质与其他材料或物质混合或组合的物品；品目所列某种材料或物质构成的货品，应视为包括全部或部分由该种材料或物质构成的货品。由一种以上材料或物质构成的货品，应按规则三归类。

三、规则三

当货品按规则二的条文（二）或由于其他原因看起来可归入两个或两个以上品目时，应按以下规则归类：

（一）列名比较具体的品目。优先于列名一般的品目。但是，如果两个或两个以上品目都仅述及混合或组合货品所含的某部分材料或物质，或零售的成套货品中的某些货品，即使其中某个品目对该货品描述得更为全面、详细，这些货品在有关品目的列名应视为同样具体。

（二）混合物，不同材料构成或不同部件组成的组合物以及零售的成套货品，如果不能按照规则三（一）归类时，在本款可适用的条件下，应按构成货品基本特征的材料或部件归类。

（三）货品不能按照规则三（一）或三（二）归类时，应按号列顺序归入其可归入的最末一个品目。

四、规则四

根据上述规则无法归类的货品，应归入与其最相类似的品目。

五、规则五

除上述规则外，本规则适用于下列货品的归类：

（一）制成特殊形状仅适用于盛装某个或某套物品并适合长期使用的，如照相机套、乐器盒、枪套、绘图仪器盒、项链盒及类似容器，如果与所装物品同时进口或出口，并通常与所装物品一同出售的，应与所装物品一并归类。但本款不适用于本身构成整个货品基本特征的容器。

（二）除规则五（一）规定的以外，与所装货品同时进口或出口的包装材料或包装容器，如果通常是用来包装这类货品的，应与所装货品一并归类。但明显可重复使用的包装材料和包装容器不受本款限制。

六、规则六

货品在某一品目项下各子目的法定归类，应按子目条文或有关的子目注释以及以上各条规则来确定，但子目的比较只能在同一数级上进行。除《协调制度》条文另有规定的以外，有关的类注和章注也适用规则。

拓展阅读 4—2　　协调制度商品归类目录

第一类：活动物；动物产品（1～5 章）。

第二类：植物产品（6～14 章）。

第三类：动、植物油、脂及其分解产品；精制的食用油脂；动、植物蜡（15 章）。

第四类：食品；饮料、酒及醋；烟草与烟草代用品的制品（16～24 章）。

第五类：矿产品（25～27 章）。

第六类：化学工业及其相关工业的产品(28～38章)。

第七类：塑料及其制品；橡胶及其制品(39～40章)。

第八类：生皮、皮革、毛皮及其制品；鞍具及挽具；旅行用品、手提包及类似品；动物肠线(蚕胶丝除外)制品(41～43章)。

第九类：木及木制品；木炭；软木及软木制品；稻草、秸秆、针茅或其他编结材料制品；篮筐及柳条编结品(44～46章)。

第十类：木浆及其他纤维状纤维素浆；回收(废碎)纸或纸板的废碎品；纸、纸板及其制品(47～49章)。

第十一类：纺织原料及纺织制品(50～63章)。

第十二类：鞋、帽、伞、鞭及其零件；已加工的羽毛及其制品；人造花；人发制品(64～67章)。

第十三类：石料、石膏、水泥、石棉、云母及类似材料的制品；陶瓷产品；玻璃及其制品(68～70章)。

第十四类：天然或养殖珍珠、宝石或半宝石、贵金属及其制品；仿首饰；硬币(71章)。

第十五类：贱金属及其制品(72～83章)。

第十六类：机器、机械器具、电气设备及其零件；录音机及放声机、电视图像、声音的录制和重放设备及其零件、附件(84～85章)。

知识链接4-1

海关进出口商品涉税规范申报目录(2024年版)

第十七类：车辆、航空器、船舶及有关运输设备(86～89章)。

第十八类：光学、照相、电影、计量、检验、医疗或外科用仪器及设备、精密仪器及设备；钟表；乐器；上述物品的零件、附件(90～92章)。

第十九类：武器、弹药及其零件、附件(93章)。

第二十类：杂项制品(94～96章)。

第二十一类：艺术品、收藏品及古物(97章)。

(二)外贸商品的归类

1.农产品

农产品，即活的动植物及其产品，它涉及第一类至第四类，共有24章。但是，以上类、章不包括流动马戏团、动物园中的活动物，木材和专供某些生产行业使用的动植物产品(如皮张、纺织用原料)，这些货品应归在其他类、章里。

2.矿产品

矿产品，主要包括处于原料状态或初级加工的矿产品，它涉及第五类，共有3章。

3.化工产品和高分子化合物

化工产品和高分子化合物，主要包括各种各样的化学品及其相关产品和塑料、橡胶制品，它涉及第六类和第七类，从第28章至第40章，共有13章。其中，第38章和第40章分别是塑料、橡胶等高分子化合物。

4.轻工业产品

(1)轻工业产品，涉及第八类至第十类，从第41章至第49章，共9章。其中，第八类(第41章至第43章)皮革工业产品比较重要，包括生皮、皮革及其制品和毛皮及其制品。

(2)有关鞋、帽、伞、杖、鞭及其零件，已加工的羽毛及其制品，人造花、人发制品在第十二类，内有4章，从第64章至第67章。

5.纺织服装

纺织服装，涉及第十一类，从第50章至第63章，共14章，按原料、半成品到制成品的顺序排列(如棉花—纱线—普通织物)。在这14章中，全部内容可以分成两部分：第一部分从第50章至第

55 章，包括各种纺织原料、纱线和普通织物；第二部分从第 56 章至第 63 章，包括特种织物及各种纺织制成品。这一类范围较广，基本上包括了纺织工业上用的各种原料（如丝、棉花、麻、化纤），也包括纺织行业生产的半制品（如纱线）和制品（如织物及其制成品）。

6. 陶瓷、玻璃

陶瓷、玻璃，涉及第十三类，从第 68 章至第 70 章，共 3 章，主要有石料、石膏、水泥、石棉、云母及类似材料的制品；陶瓷产品；玻璃及其制品。

7. 珠宝

珠宝，涉及第十四类的第 71 章，主要是天然或养殖珍珠、宝石或半宝石、贵金属、包贵金属及其制品；仿首饰；硬币。贵金属包括金、银、铂及铂族金属（如铂、钯、锇、铱、钌、铑）。

8. 贱金属及其制品

贱金属及其制品，涉及第十五类，从第 72 章至第 83 章，共 12 章（其中 1 章留空，实为 11 章）。其全部内容包括两部分：第一部分从第 73 章至第 81 章，主要按金属的种类划分（如铁、铜、镍、铝、铅、锌）；第二部分包括第 82 章和第 83 章，这两章是按产品的用途来分章列目的。

9. 机械、电气设备

机械、电气设备，涉及第十六类，包括第 84 章和第 85 章两章。除了例外（第 84 章的电子计算机和第 85 章的电动机械工具），它们各有其特点：第 84 章中的货品，主要是靠机械能做功的机械、器具及其零件；第 85 章中的货品，主要是靠电能做功的电器设备及其零件。

10. 运输工具及其类似设备

运输工具及其类似设备，涉及第十七类，从第 86 章至第 89 章，共 4 章。每章都包括一种类型的运输工具，分别为火车、汽车、飞机、船舶。其中的类似设备，是指集装箱、交通管理用的机械信号及控制装置、降落伞、码头等。

11. 仪器、钟表和乐器

仪器、钟表和乐器，涉及第十八类，从第 90 章至第 92 章，共 3 章。这里主要关注的是对仪器零件、附件、功能机组、光缆等的归类。

12. 武器、弹药、家具、灯具、艺术收藏品

武器、弹药、家具、灯具、艺术收藏品，涉及第十九至第二十一类，从第 93 章至第 97 章，共 5 章。其中，第十九类只有第 93 章，包括武器、弹药；第二十类共有 3 章，包括家具、灯具、活动房屋、玩具、运动用品及其他杂项制品；第二十一类也只有第 97 章，包括艺术品、收藏品、古物。

五、商品的特性

（一）食品

在食品中，有维持人类生存或延续所需的物质或能量，是人类生存最基本的生活资料。按来源，食品分为动物性食品、植物性食品、矿物型食品；按加工程度，食品分为原料食品和加工食品；按在饮食中的比重，食品分为主食和副食；按食用功能，食品分为普通食品、强化食品、保健食品、绿色食品。

（二）纺织品

1. 纺织品的概念

纺织品是指单纱、股线、绒线、捻丝、绳索、机织物、针织物、编织物、各种纺织复制品、毡毯、无纺布等，可供直接应用或进一步加工。

生态纺织品是指那些采用对周围环境无害或少害的原料制成的并对人体健康无害的纺织产品。这类纺织品已经过毒理学测试，并具有相应的标志，即生产商、经销商、纺织协会及其成员机

构，按 Oeko-Tex Standard 100 体系和要求进行特定认证，符合要求的发给特定证书及特定标签，证书的有效期是一年。成为生态纺织品要符合下列条件：生产生态性、消费生态性、处理生态性、监督全过程化。

2. 纺织纤维

纤维是天然或人工合成的细丝状物质。纺织纤维是指用来加工纺织布的纤维。纺织纤维具有一定的长度、细度、弹性、强力等良好物理性能，还具有较好的化学稳定性，如棉花（Cotton）、毛（Wool）、丝（Silk）、麻（Line）等天然纤维是理想的纺织纤维。纺织纤维的种类很多，具体分类如图 4－1 所示。

- 纺织纤维
  - 天然纤维
    - 植物纤维
      - 种子纤维：棉纤维、木棉纤维
      - 韧皮纤维（茎纤维）：亚麻、黄麻、洋麻、兰麻、罗布麻
      - 叶纤维：剑麻、蔗麻
      - 果实纤维：椰子纤维
    - 动物纤维
      - 毛发纤维：绵羊毛、山羊绒（毛）、兔毛、骆驼毛（绒）、牦牛绒等
      - 蚕丝纤维：桑蚕丝、柞蚕丝、蓖麻蚕丝
    - 矿物纤维：石棉
  - 化学纤维
    - 合成纤维：果酯纤维（涤纶）、聚酯胺纤维（锦纶6、锦纶66）、聚丙烯脂纤维（脂纶）、聚丙烯纤维（丙纶）、聚乙烯醇甲醛纤维（维纶）、聚氯乙烯纤维（氯纶）、聚氨酯弹性纤维（氯纶）等
    - 再生纤维
      - 再生纤维素纤维：粘胶纤维、铜氨纤维、Modall纤维、Lyocell纤维等
      - 再生蛋白质纤维：大豆纤维、牛奶纤维
    - 醋酯纤维：二醋酯纤维、三醋酯纤维
    - 无机纤维：碳纤维、玻璃纤维、金属纤维、陶瓷纤维、硼纤维等

图 4－1 纺织纤维的种类

鉴别不同种类的纺织纤维，可采用感官法、燃烧法、显微镜法、熔解法、药品着色法和红外光谱法等方法。鉴别时，往往需要从定性和定量两方面进行分析。鉴别一般采用以下步骤：

（1）用燃烧法或感官法初步判断是何种纤维（是天然纤维还是化学纤维）。用燃烧法判断时，常见纤维的燃烧性质见表 4－2；用感官法判断，主要是通过手摸、眼看等来确定纤维种类。

（2）如果是天然纤维，则可用显微镜（观察）法鉴别是植物纤维还是动物纤维。如果是化学纤维，则结合纤维的熔点、比重、折射率、溶解性能等方面的差异将其逐一区别出来。用显微镜鉴别，必须在专业实验室由专业人员进行，主要是观察其纵向和横向的组织结构。

表 4－2　　纤维的燃烧性质

纤维	近焰现象	在焰中	离焰以后	气味	灰烬
棉	近焰即燃	燃烧	续燃、有余灰	烧纸味	灰烬极少、柔软黑灰
毛	熔离火焰	熔并燃	难续燃、自熄	烧毛味	易碎、脆蓬松黑
丝	熔离火焰	"嘶嘶"声	难续燃、自熄	烧毛味	易碎、脆蓬松黑
涤纶	近焰熔缩	滴落	起泡、续燃	弱香味	硬圆、黑淡褐色
腈纶	熔近焰灼烧	熔并燃	速燃、飞溅	弱香味	硬圆、不规则或珠状

（3）在鉴别混合纤维和混纺纱时，一般用显微镜观察确认其中含有几种纤维，然后用适当方法逐一鉴别。

(4)对于经过染色或整理的纤维,一般先要进行染色剥离或其他适当的预处理,才有可能保证鉴别结果可靠。

3.纺织纱线

纺织纱线是指由纺织纤维组成的、具有一定细度、连续的、加过捻的线性集合体。纺织纱线的分类繁多,按纱线原材料分为纯纱线、混纱线;按纱线系统分为精纱线、粗纱线、废纱线;按纱线细度分为粗特纱、中特纱、细特纱、特细特纱;按纺纱方法分为环锭纱、自由端纱、非自由端纱;按纱线用途分为机织用纱、针织用纱、其他用纱;按纱线结构分为单纱、股纱、单丝、变形纱、花式纱线。

纱线的质量取决于原料质量和工艺质量,纱线质量的好坏直接影响织物的美观和使用价值;衡量纱线的技术指标主要有纱线的粗细度和均匀度、强度和伸度、捻度和捻向等。

(1)纱线的粗细度和均匀度。纱线有粗细之分,粗细是指纱线的质量与其长度的关系,通常用定重制和定长制来表示。定重制是指规定重量的纱线所具有的长度,而定长制是指规定长度的纱线所具有的重量。纱支数是衡量纱线粗细的指标,常用于衡量短纤维纺制纱线的粗细程度。它有公制支数(公制)和英制支数(英制)之分。

公制支数(Nm):1克纱(丝)所具有的长度米数。其公式为:Nm=L/G。英制支数(Ne):1磅(453.6克)纱线所具有的840码长度的个数。其公式为:Ne=L/(G×840)。

纱支高低用数字表示,数字越大,纱的长度越长,就越细;反之,纱就越粗。纱支由两组数字表示:第一组数字表示单纱的支数,第二组数字表示合股的根数。如16S/1表示16支单股纱;32S/2表示32支双股纱。

纤度是表示长丝(或纤维)(如生丝和化学纤维等)粗细的指标,现在是非法定计量单位。纤度属于定长制指标,表示9 000米纱线所具有重量的克数;单位是旦尼尔(Denier,简称“旦”),用D表示。例如,300D涤纶长丝,是指27 000米长的涤纶丝,其质量是300克;而100D涤纶长丝,是指9 000米长的涤纶丝,其质量只有100克。由此可以得知:纤度(定长制指标)的数值越大,其质量就越重,纱线就越粗;反之则相反。长丝的旦数也用两组数字表示:第一组数字表示旦数(粗细),第二组数字表示长丝的单丝根数。如150D/96F,是指长丝粗细是150旦,由96根单丝组成。对于同样旦数的长丝,根数越多,表示组成长丝的单丝越细;反之,根数越少,单丝越粗。

一般而言,纱线越细且粗细均匀,则经织造加工后的面料越轻薄而手感滑爽,成衣的重量也越轻便;反之则相反。

(2)纱线的强度和伸度。纱线的抗拉能力称为强度,在其他条件相同的情况下,纱线的强度越大,则织品越坚固耐用。单纱强度测定是在单纱强力测试机上进行的,纱线的强度用拉断纱线的荷重克数或千克数表示。纱线受到外力拉伸时,即发生伸长变形,纱线在一定荷重下的拉伸长度与原长度的百分比称为纱线的伸度。纱线应具有适当的伸度,才能具有弹性和柔韧性。伸度过高,会使纱线松弛,降低强度;伸度过低,会使纱线的强度提高,但使织物变硬。

(3)纱线的捻度和捻向。捻度是指纱线加捻的程度,通常用单位长度内纱线加捻的回数来表示。当纱线的细度单位分别用公制支数、英制支数、号数表示时,对应的捻度单位为捻数/米、捻数/英寸、捻数/厘米。

捻向是指纱线的捻转方向,即纤维在纱线中的倾斜方向。加捻后,纤维自左上方向右下方倾斜的称为Z捻,俗称反手捻。

(三)玻璃制品

玻璃是由以石英砂、纯碱、石灰石、长石等为主要原料,经过1 550℃～1 600℃高温熔融,并经快速冷却而制成的硬而脆的固体无机非金属材料。玻璃的特性:致密性好;透光性、反射性、折光性好;热稳定性好;硬度大;易破碎;化学稳定性好。

玻璃制品的分类见表4—3。

表4—3　　玻璃制品的分类

分类原则	品　种
按用途分	瓶罐玻璃、日用器皿玻璃、窗用玻璃、镜子玻璃、平板玻璃、仪器玻璃、光学玻璃、特种玻璃等
按成型方法分	吹制玻璃、压制玻璃、拉制玻璃、铸造玻璃等
按式样和形状分	平板玻璃、空心玻璃、玻璃砖等
按特征分	平板玻璃、瓶罐玻璃、石英玻璃、含氧化铝玻璃、化学玻璃、光学玻璃、有色玻璃、不透明玻璃、釉面玻璃、纤维玻璃、多孔状玻璃等
按化学成分分	钠玻璃、钾玻璃、铝玻璃、石英玻璃、硼硅玻璃、铝硅玻璃、铝镁玻璃等

（四）皮革类

皮革可分为人造皮革和天然皮革。

1.人造皮革

它也称仿皮或胶料，是PVC和PU等人造材料的总称。人造皮革是在纺织布基或无纺布基上，由各种不同配方的PVC和PU等发泡或覆膜加工制作而成的，可以根据不同强度、耐磨度、耐寒度以及色彩、光泽、花纹图案等要求进行加工，具有花色品种繁多、防水性能好、边幅整齐、利用率高和价格相对（真皮）便宜等优点。绝大部分人造皮革的手感和弹性无法达到真皮的效果。它的纵切面可看到细微的气泡孔、布基或表层的薄膜和干巴巴的人造纤维。

2.天然皮革

它按种类来分，主要有猪皮革、牛皮革、羊皮革、马皮革、驴皮革和袋鼠皮革等，另有少量的鱼皮革、爬行类动物皮革、两栖类动物皮革等。其中，牛皮革又分黄牛皮革、水牛皮革和牦牛皮革等；羊皮革分为绵羊皮革和山羊皮革。按其层次分，天然皮革包括头层革和二层革。其中，头层革有全粒面革和修面革；二层革又有猪二层革和牛二层革等。在几类主要皮革中，黄牛皮革和绵羊皮革表面平细，毛眼小，内在结构细密紧实，革身丰满，具有较好的弹性，物理性能好。因此，优等黄牛皮革和绵羊皮革一般用作高档制品的皮料，其价格是大宗皮革中较高的一类。

（五）机电产品

机电产品是指使用机械、电器、电子设备所生产的各类农具机械、电器、电子性能的生产设备和生活用机具。其涉及面广泛、门类繁多，既有技术知识密集型产品，也有劳动密集型产品以及二者结合的产品。

机电产品在现代社会中无处不在，种类繁多，按自然属性分为普通机械商品、交通运输机械、仪器仪表等；按作用和特征分为重大技术设备、电工机械、专用机械、基础零件、搬运机械等。机电产品一般由气动、电器、液压、数控等系统组成。从整体来看，机电设备是机电产品的主体。机电设备主要包括四个组成部分：

1.动力部分

它是指驱动设备运转的动力，并由其带动整机工作，以实现机械设备正常工作。机电设备常用的动力装置是电动机或内燃机。

2.传动部分

传动部件是将机电设备动力部分的动力传给机电设备工作部分的中间装置，是连接动力部分和工作部分的“桥梁”。传动部件还有调节速度变化的功能，如起重机中的减速箱。传动部分是机电设备的重要组成部分之一，它在一定程度上决定了机电设备的工作性能、外形尺寸和重量，也是选型、维护、管理的关键部位。

3.工作部分

它是机电设备直接进行工作的部分，也是机电设备的用途、性能及技术能力和水平综合体现的部分。它标志着各种机电设备的不同特性，是对机电设备进行分类的主要依据。机电设备的工作部分，根据其不同的工作要求而千差万别、形式多样。有的用来提升和装卸、搬运货物，如各种起重机的吊钩部分、叉车的货叉部分；有的用来运送货物，如飞机的货舱、载货汽车的车厢；有的用来改变产品的形状和尺寸，如剪切机、机床的刀具等。

4.控制部分

它是指为了保证作业质量和安全，提高工作效率，减轻劳动强度，节省人力、物力而设置的控制器。控制部分是由控制器和控制对象组成的系统。不同控制器组成的系统也不一样，有手动操纵代替控制器的手机控制系统；有机械装置作为控制器的机械控制系统；也有气压、液压装置作为控制器的气动、液压控制系统；还有电子装置或计算机作为控制器的电子或计算机控制系统等。随着科学技术的发展，计算机控制系统在机电设备中得到了广泛应用。

（六）家具

家具主要有实木（全木）家具、金属家具、玻璃钢家具、人造板家具、弯曲家具、聚氨酯发泡家具等。

思政吾身

锤炼“能吃苦”的坚毅品格

苦难成就辉煌，困难磨砺青春。100多年来，中国青年在党的领导下，经受住了生与死、苦与乐、得与失的各种考验，从来没有被困难压垮。能吃苦，成为支撑一代代青年茁壮成长的宝贵精神财富。60多年前，河南林县，300名青年组成突击队，用17个月时间奋战红旗渠咽喉工程——青年洞，成为一代青年吃苦耐劳、战天斗地的缩影。2022年10月，习近平总书记在河南安阳红旗渠考察时强调：“年轻一代要继承和发扬吃苦耐劳、自力更生、艰苦奋斗的精神，摒弃骄娇二气，像我们的父辈一样把青春热血镌刻在历史的丰碑上。”青年时代，选择吃苦也就选择了收获，选择奉献也就选择了高尚。青年要不怕吃苦，把艰苦环境、艰巨任务作为磨炼自己的机遇，把奋斗的足迹印在实现中华民族伟大复兴的征途上。

当代青年沐浴着新时代的阳光雨露，有了更好的生活条件，但肯吃苦、能吃苦的优良传统不能丢。能吃苦展现的是一种刚健自强、百折不挠的品格，是一种不惧困难、甘于奉献的精神。青年要磨砺能吃苦的品格和精神，勇于战胜一切困难，不被任何困难所压倒，在新时代的伟大斗争中创造新业绩、赢得新胜利。

温室大棚养不出参天大树，风雪磨砺方能成就松柏挺立。共青团要引领广大青年在思想上“准备吃苦”，引导他们认识到，幸福生活不会从天而降，社会主义是拼出来、干出来的，中华民族伟大复兴不会轻轻松松实现，新征程上必须继续艰苦奋斗。战胜困难、解决难题的过程，是真正长本事的过程，只有真正长了本事，才能担当重任、创造更大成绩。要引领广大青年在行动上“自找苦吃”，引导他们真正在内心深处把困难当财富、把吃苦当收获，主动到条件艰苦的基层、国家建设的一线、项目攻关的前沿，经受锻炼、增长才干，在经历大风大浪中磨砺品质、强壮筋骨，不怕困难、攻坚克难，敢于闯新路、创新业，以刚健有为的精神风貌不断开辟事业发展新天地。

任务二 外贸出口部分商品简介

一、机电商品

(一)电声器材

电声器材是用于无线电通信的各种器具和材料的统称。其种类很多,主要包括收音机、扩音机、录音机、电视机及有关零配件等。限于篇幅,这里仅介绍汽车功放和扬声器。其工作原理如图4—2所示。

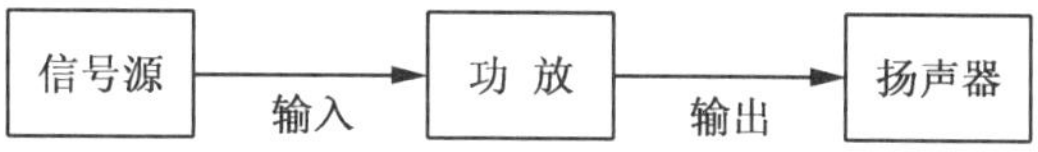

图 4—2 电声器材工作原理

1.汽车功放

其主要技术参数有:额定功率、频率响应、失真度、声道分离度、输入灵敏度、信噪比等。检验汽车功放的质量,要靠专业仪器(音频分析仪)来测试,当然也可以通过下列方法进行粗略判断:①目测。用眼睛看是最直接的一种评判质量的方法,可以目测包装、外观和内部线路板结构。②手感。一台好的汽车,功放手感要好,机壳表面不能有毛刺和划痕。③试听。失真度(放大过的信号与原信号之比的差别)是辨别汽车功放好坏的直接感官指标。

2.扬声器

其俗称"喇叭",是一种将电能转换成声能的电声器件。扬声器的主要技术参数有:额定功率、灵敏度、谐振频率、品质因数、阻抗等。检验扬声器的质量,要靠专业仪器(电声测试仪)来测试,当然也可以通过目测和试听进行粗略判断。

3.有关电声产品的国际标准

其包括:①欧洲:CE(强制)、GS等认证或检测。②北美:UL、CSA、FCC(强制)。③其他国家和地区:日本PSE(强制)、英国BSI、法国NF等。

(二)通用机械

通用机械是指通用性强、用途较广泛的机械商品,一般指泵、阀门、气体压缩机、制冷设备和空气分离设备等。

1.泵

它是受原动机控制,驱使介质运动,将原动机输出的能量转换为介质压力能的能量转换装置。泵主要用来输送液体,包括水、油、酸碱液、乳化液、悬乳液和液态金属等,也可输送液体、气体混合物以及含悬浮固体物的液体。

泵的基本性能参数主要有:流量、扬程、功率、汽蚀余量、转速和效率等。泵的分类见表4—4。

表 4—4 泵的分类

分类原则	名 称
按工作原理分	动力式泵、容积式泵、其他类型泵等
按输送液体的性质分	清水泵、污水泵、油泵、酸泵、液氨泵、液态金属泵等

续表

分类原则	名　称
按工作压力分	低压泵、中压泵、高压泵和超高压泵等
按驱动方法分	电动泵和水轮泵等
按用途分	锅炉给水泵和计量泵等
按结构分	单级泵和多级泵

2. 阀门

它是流体输送系统中的控制部件，具有截止、调节、导流、防止逆流、稳压、分流或溢流泄压等功能。用于流体控制系统的阀门，从最简单的截止阀到极为复杂的自控系统中所用的各种阀门，其品种和规格繁多。阀门可用于控制空气、水、蒸气、各种腐蚀性介质、泥浆、油品、液态金属和放射性介质等类型流体的流动。

阀门的主要技术性能包括：强度性能、密封性能、流动介质、启闭力和启闭力矩、启闭速度、动作灵敏度和可靠性、使用寿命。

二、纺织面料与服装

（一）面料

面料就是用来制作服装的材料。作为服装三要素之一，面料不仅可以诠释服装的风格和特性，而且直接左右着服装的色彩和造型的表现效果。

1. 梭织面料

它也称机织物，是把经纱和纬纱相互垂直交织在一起形成的织物。梭织面料的基本组织有平纹、斜纹、缎纹三种。不同的梭织面料也是由这三种基本组织及其变化多端的组合而构成的，主要有雪纺（Chiffon）、牛津布（Oxford）、牛仔布（Denim）、斜纹布（Drill）、法兰绒（Flannel）、花缎（Damask）等。

2. 针织面料

它是用织针将纱线或长丝构成线圈，再由线圈相互串套而成。由于针织物的线圈结构特征，单位长度内储纱量较多，因此大多有很好的弹性。针织面料有单面和双面之分，主要有汗布（Single Jersey）、天鹅绒、网眼布等。

针织面料可分为：①纬编针织面料，是将纱线按纬向喂入，同一根纱线顺序的弯曲成圈并相互串套而成的面料，最常见的毛衣即纬编针织物；②经编针织面料，线圈的串套方向与纬编相反，是一组或几组平行排列的纱线按经向喂入，弯曲成圈并相互串套。

3. 非织造面料

它是纺织纤维经黏合、熔合或其他机械、化学方法加工而成的，主要有无纺布、黏合布等。

4. 涂层面料

它是在织物表面涂覆或黏合一层高聚物材料，使其具有独特的外观或功能的面料。涂层面料的代表织物有防（羽）绒涂层面料、防水透湿涂层面料（如 PVC 或 PU）、阻燃涂层面料等。

5. 印花面料

它是用染料调制成色浆直接印在白色或浅色织物上形成花纹图案的面料，工艺简单，成本低，应用最多。通常的印制方法有平网印花、圆网印花、转移印花等。

6. 色织面料

它是指先将纱线或长丝经过染色，再使用色纱进行织布的面料。这种面料称为色织布，如牛仔布及大部分的衬衫面料是色织布。

（二）面料的主要技术指标

1. 长度指标

其包括：①经向（Warp）、经纱密度。其表示面料长度方向。该向纱线称作经纱，其1英寸内纱线的排列根数为经密（经纱密度）。②纬向（Weft）、纬纱密度。其表示面料宽度方向。该向纱线称作纬纱，其1英寸内纱线的排列根数为纬密（纬纱密度）。

2. 经纬密度

它用于表示梭织物单位长度内纱线的根数，一般为1英寸或10厘米内纱线的根数，我国国家标准规定使用10厘米内纱线的根数表示密度，但纺织企业仍习惯沿用1英寸内纱线的根数来表示密度。如通常见到的“45×45/108×58”表示经纱、纬纱的纱线支数（Yarn Count）分别为45支纱线，经纬密度为108、58。

3. 幅宽

它指面料的有效宽度，一般用英寸或厘米表示，1英寸＝2.54厘米。常见的有窄幅36英寸（91.44厘米）、中幅44英寸（112厘米）、宽幅57～60英寸（144～152厘米）等，高于60英寸（152厘米）的面料为特宽幅，一般称作宽幅布，我国特宽面料的幅宽可以达到360厘米。幅宽一般标记在密度后面，如45×45/108×58/60，即表示面料的幅宽为60英寸（152厘米）。

4. 克重

面料的克重一般为平方米面料重量的克数。它是针织面料的一个重要技术指标。此外，粗纺毛呢通常也将其作为重要的技术指标。牛仔面料的克重一般用盎司（OZ）来表示。

5. 色牢度

它是指纺织品的颜色在加工和使用过程中对各种作用的抵抗力。通常，根据试样的变色和未染色贴衬织物的沾色来评定牢度等级。色牢度是纺织品内在质量测试中一项常规检测项目，包括日晒牢度、洗涤牢度、摩擦牢度、汗渍牢度、熨烫牢度、升华牢度等。正常织物的染色牢度，一般要求达到4级或4级以上。

6. 尺寸稳定性（缩水率）

它是指面料在洗涤或浸水后收缩的百分比。一般来说，缩水率最低的面料是合成纤维及其混纺织品，其次是毛织品、麻织品，棉织品居中；而缩水率最高的是粘胶纤维、人造棉、人造毛类织品等。缩水率可以分成水洗缩率（Washing Shrinkage）和干洗缩率（Dry Cleaning Shrinkage）两种。

（三）面料的检验

1. 检验内容

（1）品名、数量、颜色和规格检验。其重点如下：①品名检验，核实面料的准确名称，检查品名标注的准确性；②数量检验，清点面料的匹数或卷数，测量每匹或每卷的长度和宽度，计算总面积；③颜色检验，对比色卡或标准样，检查颜色的均匀性，评估颜色的牢度；④规格检验，检查面料的纱支，测量面料的密度，查看面料的厚度和克重，确认面料的组织结构。

（2）外观质量检验。其重点检查污渍、纬斜、左中右色差、头尾色差、手感差、断经、断纬、油污、色花、粗纱、色污、并经并纬、胶条、胶痕、漏胶、胶粒、缩水率等。

检查时，对照原样（或买卖双方的封样，下同），采用以下办法：①眼看：布面是否光洁、匀净，织纹是否清晰、饱满，边道是否平直，并与原样对照，基本符合者为一等品，即合格品；明显有差异者为不合格品。②手摸：通过在手掌中紧握或松开时的感觉，评定织物的硬软程度，有无身骨、平滑性和褶皱的回复程度，并与原样对照，基本符合者为一等品(合格品)；明显有差异者为不合格品。

(3)内在质量。它主要检查面料的色牢度、甲醛含量、偶氮染料、气味、pH 值五项安全指标，以及标识和纤维成分含量是否符合合同或信用证的规定。

(4)包装检验。它主要是对包装材料、包装唛头、包装体积的检验。

2. 检查方法

(1)色差检查。其主要检查织物与原样色差、左中右色差、正反面色差、前后色差、匹差等。色差一般用变色用灰色样卡评定。评定时一律以布的正面为准。

(2)匹长检查。对于筒形包装的面料(包括里料)，宜放在滚筒形量布机械架上检查，这种检查方式的好处是检验完后，材料又恢复为筒形。

对于折叠包装的面料(包括里料)，一般先量两折叠处之间的长度，再数一数面料折叠的层数，用两折叠之间的长度乘以折叠的层数，就可得出匹长，然后看其匹长是否与标签的长度一致。

对于将重量作为计算单位的针织面料，首先应选取至少三个不同的部位，测量针织面料的单位面积重量，即每平方米克重(g/m^2)。其次，根据其是定重方式(即每匹织物重量一定，一般经编针织物常采用此方式)还是定长方式(即每匹织物长度一定，一般纬编针织物常采用此方式)过秤检查，看其重量与标签上标的重量是否一致。

(3)幅宽检查。其可在检查面料匹长时同时进行。检查面料幅宽时，应做好详细记录和标识，并在入库时分别堆放。检查时应特别注意有效幅宽差值，因为面料在裁剪时有的是利用计算机设备控制的。幅宽的检查应选取至少三个不同的部位——头、中、尾。

(四)服装

服装按照面料与工艺制作分为中式服装、毛皮服装、针织服装等；按照穿着组合分为整件装、外套、背心等；按照基本形态分为体形型、混合型、样式型。服装的主要技术指标包括以下几个方面：

1. 织物缩水率

它是指织物在标准状态下，通过一定程度的洗涤后，经纬向尺寸相对于原始尺寸的变化情况。缩水率为成品服装检测的首选项目。其中，机洗应满足：①织物洗后风格不会有大的改变，如不能损伤织物强力，不会引起纱线滑移、纰裂和织物表面磨损、起球等；②经 3 次水洗后，织物单位面积的变化率不大于 15%，由此推算经纬向缩水率各不大于 8%。

2. 织物缝纫强力

它是表述织物纱线的抗滑移(纰裂)性能及织物缝制后接缝强力的指标。长丝纤维织造的面料，如丝绸、仿丝绸和缎类织物，由长丝纱线织造而成，长丝纤维之间的摩擦阻力远远小于短纤维，所以织物的组织规格很大程度上影响着缝纫强力。

提高织物缝纫强力的方法主要是从织物组织规格设计上考虑，提高经纬密度、纱线捻度，采用异型截面纤维等。此外，对织物施以防纰裂整理剂在一定程度上也能提高织物的缝纫强力。

3. 织物断裂强力和撕破强力

织物的这两项强力实际上是从织物纱线的角度表示织物的物理、机械性能的。断裂强力是指实际测试时，对织物的经向或纬向施以定向拉伸力，在外力的作用下，纱线完全断裂时的强度。撕破强力是指织物在已有撕口时纱线顺序断裂所需的最大外力。织物的这两项强力通常是成正比的。一般认为撕破强力小于 8N(牛顿)，已不适用于做服装，而对于服饰类织物，往往要求断裂强力大于 200N。

4. 织物色差

这项指标是用标准的比色用灰色样卡来对比织物进行评判，并给出等级。当织物染色时，同品种、不同批次的染色布会有批次差；连续式生产的染色布，头尾会产生色差；卷染工艺染色时，卷染织物左右张力不一致或染缸内左右温度不一致，织物的左右边会出现色差。

（五）成衣

1. 规格尺寸

服装成品的规格检验是用皮尺测量成品服装主要部位的规格尺寸，并与订单中的规格尺寸对照比较，检验误差要控制在允许范围内，并确定其缺陷类别和成品等级。服装成品规格测量部位和方法见表4—5。

表4—5 服装成品规格测量部位和方法

部位名称	测量方法
领宽	领子平摊横量，立领量上口，其他领量下口
衣长（连衣裙长）	由前左侧肩缝最高点垂直量至底边（连衣裙量至裙底边）
胸围	扣好纽扣，前后身摊平，沿袖笼底缝横量（以周围计算）
袖长	由左袖最高点量至袖口边中间（衬衫量至袖头边）
连肩袖长	由后领窝中点量至袖口中间
总肩宽	由肩袖缝交叉处横量（男衬衫解开纽扣放平，由过肩两端1/2处横量）
袖口	袖口摊平横量（以周围计算）
裤长（裙长）	从腰上口沿侧缝摊平垂直量至裤脚口（裙子量至裙底边）
腰围	扣好裤钩（纽扣），沿腰宽中间横量（以周围计算）
臀围	从侧袋下口处前后身分别横量（以周围计算）

2. 纺织服装中有害化学品和金属元素

2003年6月，欧盟公布了“2003/34/EC”和“2003/36/EC”两项指令，分别列出了25种和43种致癌、诱变及危害生育的化学物质，明确规定在服装、纱线、织物、被褥、毛毯、假发、假眉毛、帽子、尿布等卫生用品，睡袋、手套、手提袋、椅套、各种钱包、手提箱、表带、鞋类、纺织及皮革玩具，带有纺织和皮革衣着的玩具等与人体长期直接接触的多类纺织品或皮革制品中，不得使用浓度超过30ppm或在特定条件下会分解产生浓度超过30ppm、被禁用的4—氨基联苯和联苯胺等在内的23种有害芳香胺的偶氮染料。

国际生态纺织品研究和检验协会于2002年颁布了“Oeko-Tex Standard 100”标准，规定在纺织服装中不能使用某些化学物质（如过敏性染料、有害的偶氮染料）和某些金属元素材料（如铅和铅合金）。“Oeko-Tex Standard 100”被纺织界称为迄今为止最严格的纺织品生态标准。Oeko-Tex Standard 100新标准修订，于2013年1月1日起生效，2013年4月1日开始正式实施，其主要是对纺织品有害物质检验的测试标准和限量值要求进行修改。

3. 纺织服装中的标识

其具体如图4—3所示。

三、工艺礼品类（文体、玩具）

工艺礼品类主要是指圣诞工艺礼品，包括装饰用品、节日用品、旅游用品、玩具、雕刻用品、编织品、布艺产品等系列产品。

四、五金类

五金是指铁、钢、铝等金属经过锻造、压延、切割等物理加工制造而成的各种金属器件，如五金

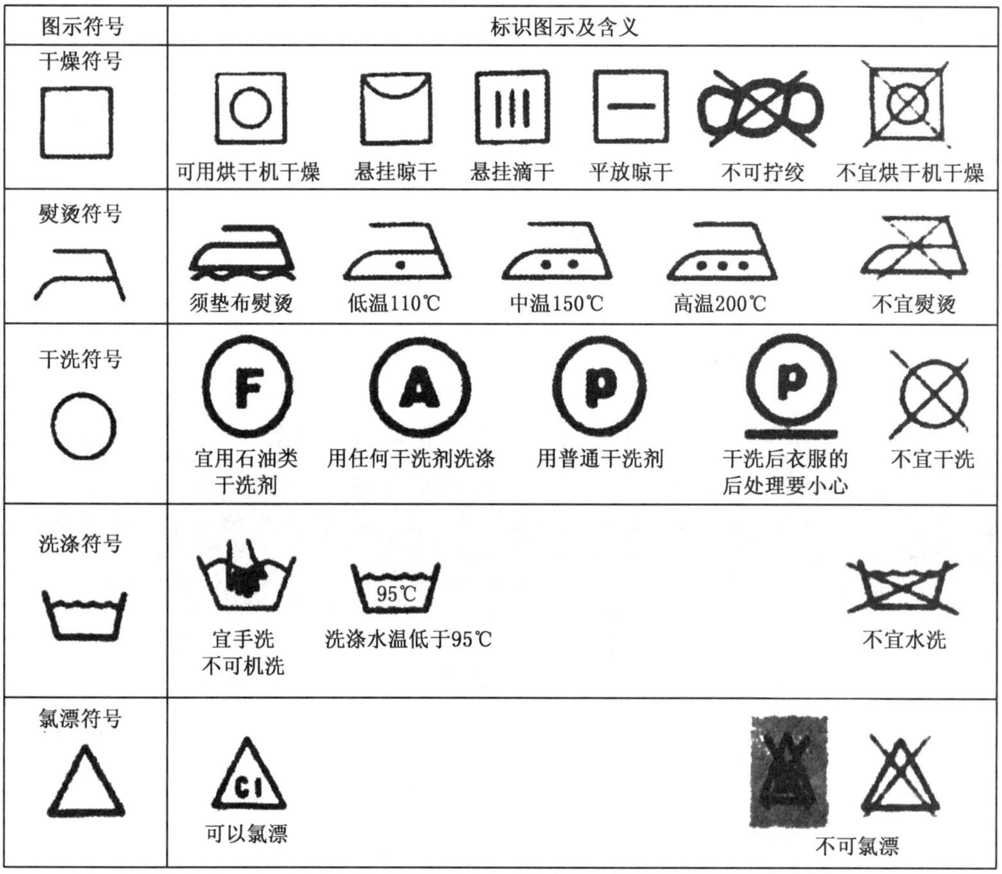

图 4—3 纺织服装中的标识

工具、五金零部件、日用五金、建筑五金和安防用品等。

五、农副产品类

农副产品是由农业生产所带来的副产品，包括农、林、牧、副、渔五业产品，分为粮食作物、经济作物、竹木材、工业用油及漆胶、禽畜产品、蚕茧蚕丝、干鲜果、干鲜菜及调味品、药材、土副产品、水产品等若干大类，每个大类又分若干小类。

六、化工塑料陶瓷类

(一)陶瓷及制品

陶瓷是陶器和瓷器的总称，从硬度上可分为硬瓷和软瓷；从用途上可分为建筑瓷器、日用瓷器、工艺美术瓷器；从颜色上可分为青瓷、白瓷和彩瓷，其品种花色繁多。

我国生产陶瓷制品的历史悠久、工艺精湛，素有“瓷器之国”之称。著名的陶器有石湾美术陶、宜兴紫砂陶、淄博和邯郸的彩花美术陶等。著名的瓷器有江西景德镇的青花、粉彩、古彩、斗彩、薄胎瓷，以及湖南醴陵的釉下五彩瓷、唐山的喷彩、广东的广彩、福建德化的白瓷、山东淄博的奶油黄和滑石瓷、浙江龙泉的青瓷等。

(二)玻璃及制品

玻璃类产品依不同的生产工艺有平板玻璃、吹制玻璃两大类。吹制玻璃做工艺品等立体造型较多。玻璃类产品的特点是耐酸(除氢氟酸外)、耐碱、耐油、防火,钢化后可耐300℃的高温。

玻璃种类繁多,按其特征可分为平板玻璃、瓶罐玻璃、石英玻璃、化学玻璃、有色玻璃、不透明玻璃、珐琅玻璃等;按其成分可分为钠玻璃、钾玻璃、铅玻璃、硼玻璃等;按其用途可分为日用玻璃、建筑用玻璃、技术用玻璃等。

(三)塑料

它主要包括:聚乙烯塑料(PE)、聚氯乙烯塑料(PVC)、聚苯乙烯塑料(PS)、ABS塑料、聚丙烯塑料(PP)、有机玻璃塑料(PMMA)、硝酸纤维素塑料(赛璐珞,CN)、密胺塑料(MF)、酚醛塑料(PF)、脲醛塑料(UF)等。

任务三　商品质量标准体系及其组织

一、国际标准组织及其质量标准

(一)国际标准的概念

国际标准是指国际标准化组织(International Organization for Standardization,ISO)、国际电工委员会(International Electrotechnical Commission,IEC)和国际电信联盟(International Telecommunication Union,ITU)所制定的标准,以及ISO为促进《贸易技术壁垒协议》及标准守则的贯彻实施所出版的《国际标准题内关键词索引》(KWIC Index)中收录的其他国际组织制定的标准。

(二)主要国际标准组织

1.国际标准化组织

它是一个由国家标准化机构组成的世界范围的联合会,现有165个成员。根据该组织章程,每一个国家或地区只能有一个最具有代表性的标准化团体作为其成员,我国是ISO成员。

2.国际电工委员会

其起源于1904年在美国圣路易斯召开的一次电气大会上通过的一项决议,根据该决议,1906年成立了IEC,它是世界上成立最早的一个标准化国际机构。中国于1957年加入IEC。IEC负责制定电工和电子产品的国际标准。IECEE是IEC内负责电工和电子产品安全认证的组织,CTL是IEC下属负责处理所采用标准的细则化测试规范和测量方法的组织。CB体系是电工和电子产品对安全标准测试结果的相互承认体系。

3.国际电信联盟

其总部位于瑞士日内瓦,是联合国系统内的一个国际组织,是各国政府和民间领域协调全球电信网络和服务的机构。其主要职责是分配和管理全球无线电频谱与卫星轨道资源,制定全球电信标准,向发展中国家提供电信援助,促进全球电信发展。

(三)ISO质量与环境标准体系

1.ISO9000概述

ISO9000是由ISO/TC176技术委员会制定的涉及质量管理和质量保证的国际标准,现已被100多个国家(地区)采用并转化为自己的国家(地区)标准,我国自1992年开始采用这套标准。ISO9000不是指一个标准,而是一组标准的统称。ISO9000包括以下4种:

(1)ISO9001质量体系——设计、开发、生产和安装的质量保证模式。当需要证实供方设计和生产合格产品的过程控制能力时,应选择和使用此种模式的标准。

(2)ISO9002质量体系——生产、安装和服务的质量保证模式。当需要证实供方生产合格产品的过程控制能力时,应选择和使用此种模式的标准。

(3)ISO9003 质量体系——最终检验和试验的质量保证模式。当仅要求供方最终检验和试验符合规定要求时,应选择和使用此种模式的标准。

以上都是质量保证标准,用于供方证明其能力和外部(如客户、第三方)对其能力进行评定。

(4)ISO9004 质量管理和质量体系要素——用于指导组织进行质量管理和建立质量体系。

ISO9000 对国际贸易的作用如下:①强化质量管理,提高企业效益;增强客户信心,扩大市场份额。②获得了国际贸易“通行证”,消除了国际贸易壁垒。③是提高产品竞争力的重要手段之一。④有利于国际经济合作和技术交流。

2. ISO14000 概述

1993 年 6 月,ISO 成立了第 207 技术委员会(TC207),主要工作是支持环境保护,改善生态环境的质量,减少人类各项活动所造成的环境污染,使之与社会经济发展相平衡。标准标号为 ISO14001~14100,统称为 ISO14000 系列标准。

ISO14000 对国际贸易的作用:有助于提高管理者和员工的环保意识,改善企业形象,减少法律纠纷和环境投诉;有助于企业申请银行贷款,降低保险费;有助于企业改进工艺,提高技术水平,节能降耗,减少排污收费,避免环境事故和环保处罚,通过环境方面的竞争优势来赢得客户,提高国际竞争力,扩大市场份额等。

(四)质量体系认证

质量体系认证是经过认证机构对企业质量体系的检查和确认并颁发证书,证明企业质量保证能力符合相应要求的活动。目前,最为重要的国际质量体系认证有国际标准化组织制定并实施的 ISO9000 质量管理体系认证和 ISO14000 环境管理体系认证;行业体系认证有 QS 汽车行业质量管理体系认证、TL9000 电信行业质量体系认证等。

(五)产品质量认证

产品质量经认证合格的,由认证机构颁发产品质量认证证书,准许企业在产品或者其包装上使用产品质量认证标志。产品质量认证包括合格认证和安全认证。

二、CE 与 GS 认证

(一)CE

“CE”标志是一种安全认证标志,被视为制造商打开并进入欧盟市场的“护照”。凡是贴有“CE”标志的产品,就可以在欧盟各成员国内销售,无须符合每个成员国的要求,从而实现了商品在欧盟成员国范围内的自由流通。

在欧盟市场,“CE”标志属强制性认证标志,不论是欧盟内部企业生产的产品还是其他国家生产的产品,要想在欧盟市场上自由流通,就必须加贴“CE”标志,以表明产品符合欧盟“关于技术协调与标准化新方法”指令的基本要求。这是欧盟法律对产品提出的一种强制性要求。

【注意】 加贴“CE”标志的商品表示其符合安全、卫生、环保和消费者保护等一系列欧洲指令所要表达的要求。“CE”标志的广泛使用,不仅可以使产品适应欧洲市场,而且适应欧洲以外的国际市场。

(二)GS

“GS”是德语 Geprufte Sicherheit(安全性已认证)的缩写,也有 Germany Safety(德国安全)的意思。GS 认证是以德国《产品安全法》为依据,按照欧盟统一标准(EN)或德国工业标准(DIN)进行检测的一种自愿性认证,是欧洲市场公认的德国安全认证标志。

“GS”标志表示该产品的使用安全性已经通过有公信力的独立机构的测试。“GS”标志虽然不是法律强制要求,但是它确实能在产品发生故障而造成意外事故时,使制造商受到严格的德国《产品安全法》的约束。所以,“GS”标志是强有力的市场工具,能增强顾客的信心及购买欲望。虽然“GS”是德国标准,但被欧盟绝大多数国家认同,而且产品有“GS”认证的同时,也会满足欧盟“CE”认证的要求。与“CE”不一样,“GS”标志并无法律强制性要求,但由于安全意识已深入普通消费者的心中,有“GS”标志的商品在市场上可能较一般商品有更强的竞争力。

(三)“GS”认证与“CE”认证的差别

其包括:①“GS”属于自愿性认证;“CE”属于强制性认证。②“GS”适用德国《产品安全法》的检测;“CE”适用欧盟统一标准(EN)检测。③“GS”由经德国政府授权的独立第三方进行检测并核发“GS”标志证书;“CE”在具备完整技术文件(包含测试报告)的前提下可自行宣告。④“GS”必须缴年费;“CE”无须缴年费。⑤“GS”由授权测试单位来核发“GS”标志,公信力及市场接受度高;“CE”是企业对产品符合性的自我宣告,公信力及市场接受度低。

三、国家(地区)标准组织及其质量标准

(一)国家标准的概念

国家标准是“由国家标准团体制定并公开发布的标准”(ISO/IEC 第 2 号指南),是指由某个国家制定、颁发,在其全国范围内统一执行的标准。

(二)主要国家标准组织及其质量标准

1. 美国标准

现行的美国标准体系实际上由 3 个子体系组成:以美国国家标准学会(ANSI)为协调中心的国家标准体系、联邦政府机构的标准体系、非政府机构(民间团体)的标准体系。

2. 日本标准

它是日本工业标准调查会(JISC)负责制定的。JISC 的主要任务是组织制定和审议日本工业标准(JIS),调查和审议 JIS 标志指定产品和技术项目。JISC 是通商产业省主管人员以及厚生劳动、农林水产、国土交通、文部科学等省的主管人员在工业标准化方面的咨询机构,就促进工业标准化问题答复有关大臣的询问和其提出的建议,经调查会审议的 JIS 标准和 JIS 标志由主管大臣代表国家批准公布。

3. 德国标准

德国主要的标准制定组织是德国标准化学会(DIN)。DIN 是一个非政府组织。德国标准化体系建设的主要特点是:协调性;连续性;DIN 标准具有事实上的法律约束力;DIN 标准兼顾德国社会各方的利益。

4. 欧洲标准

新的标准统一框架将制定欧洲产品统一标准的任务授予了欧洲标准化委员会(CEN)、欧洲电工标准化委员会(CENELEC)和欧洲电信标准化协会(ETSI),ETSI 仅负责开发欧洲信息及通信产品的技术标准。欧洲标准主要涉及卫生标准、安全标准、劳保标准、环保标准。

5. 加拿大标准

其由加拿大标准协会(Canadian Standards Association,CSA)负责制定。协会成立于 1919 年,是一个独立的私营机构,是加拿大主要的标准制定和产品认证机构,拥有 8 000 多个成员。其职能是通过产品鉴别、管理系统登记和信息产品化来发展与实施标准化。

四、我国的质量标准体系及组织

(一)我国的质量标准体系

国家市场监督管理总局是我国的质量标准归口管理部门。该局下设国家标准化管理委员会,

主管中国的标准化工作；委员会下设标准技术管理和标准创新管理部门，负责强制性国家标准的立项、编号、对外通报和授权批准发布，以及推荐性国家标准的立项、审查、批准、编号、发布和复审等工作。

（二）我国标准的分类及标准代号

商品标准种类多而复杂，从不同的角度有不同的分法。商品标准按适用范围，分为国家标准、行业标准、地方标准、企业标准；按法律约束性，分为强制性标准、推荐性标准、标准化指导性技术文件；按标准的性质，分为技术标准、管理标准、工作标准；按标准化的对象和作用，分为基础标准、产品标准、方法标准、安全标准、卫生标准、环境保护标准。

（三）我国国家标准的制定程序

我国国家标准的制定程序划分为 9 个阶段：预备、立项、起草、征求意见、审查、批准、出版、复审、废止。

（四）我国的安全认证

1. CCC 认证的内容

中国质量认证中心（CQC）是我国最大的专业性认证机构，也是我国唯一的同时具有产品认证、质量管理体系认证、环境管理体系认证资格的综合性认证机构。CCC 是 China Compulsory Certification（中国强制认证）的缩写。CCC 认证的标志为"CCC"，是国家认证认可监督管理委员会根据《强制性产品认证管理规定》（中华人民共和国国家质量监督检验检疫总局令第 5 号）制定的。

2. CCC 认证标志

目前的 CCC 认证标志分为 4 类，分别为：①CCC＋S：安全认证标志。②CCC＋EMC：电磁兼容类认证标志。③CCC＋S&E：安全与电磁兼容认证标志。④CCC＋F：消防认证标志。

（五）主要商品质量标准体系

目前，国际上比较有影响，同时对我国纺织品出口有制约作用的标准主要有：

（1）美国国家标准学会（ANSI）标准、美国材料与试验协会（ASTM）标准和美国染色师和化学工作者协会标准（AATCC）。

（2）国际标准化组织（ISO）制定的国际标准，这是国际上普遍接受的中档标准。

（3）欧洲标准（EN），由德国国家标准（DIN）、英国国家标准（BS）和法国国家标准（NF）的一部分组成，这些国家标准中的某些部分就是欧洲标准。

（4）其他的国家标准，如日本工业标准（JIS）、俄罗斯国家标准（GOST）等。

（5）国际生态纺织品标准（Oeko-Tex Standard 100）。

（6）一些国际大型采购商如 Marks & Spencer 自己制定的商业标准等。

（7）欧盟 2002/61/EC 指令的主要内容。其包括：纺织品和皮革上禁止使用经还原可裂解释放出一种或多种致癌芳香胺的偶氮染料。涉及的产品包括：服装、被褥、毛巾、假发、假睫毛、帽子、尿布及其他卫生用品、睡袋；鞋子、手套、表带、手提包、钱包/皮夹、公文包、椅子包覆材料；纺织或皮革玩具和含有纺织或皮革服装的玩具；直接使用的纱线和织物。新增加两种禁用的致癌芳香胺：邻氨基苯甲醚（2－甲氧基苯胺）和对氨基偶氮苯。

五、SA8000 社会责任管理体系

社会责任管理体系（Social Accountability 8000，SA8000）是国际上规范企业道德行为和社会责任的一种标准。该体系以保护劳动环境、条件和劳工权利等为主要内容，要求企业在童工、强制劳动、健康与安全、结社自由及集体谈判权利、歧视、惩戒性措施、工作时间、报酬和管理体系九个方面满足相应的条件。SA8000 标准的适用范围是世界各地、任何行业、不同规模的公司。

(一)SA8000 标准的主要内容

1. 劳工标准

其主要内容包括:①童工。公司不应使用或者支持使用童工,应与其他人员或利益团体采取必要的措施确保儿童和应受当地义务教育的青少年的教育,不得将其置于不安全或不健康的工作环境和条件下。②强迫性劳动。公司不得使用或支持使用强迫性劳动,也不得要求员工在受雇起始时缴纳"押金"或寄存身份证件。③自由权。公司应尊重所有员工的结社自由和集体谈判权。④歧视。公司不得因种族、社会阶层、国籍、宗教、残疾、性别、性取向、工会会员或政治归属等而对员工在聘用、报酬、训练、升职、退休等方面有歧视行为;公司不能允许强迫性、虐待性或剥削性的性侵扰行为,包括姿势、语言和身体的接触。⑤惩戒性措施。公司不得从事或支持体罚、精神或肉体胁迫以及言语侮辱的行为。

2. 工时与工资

公司在任何情况下都不能经常要求员工一周工作超过 48 小时,并且每 7 天至少应有一天休假;每周加班时间不超过 12 小时;除非特殊情况及短期业务需要,否则不得要求加班,且应保证加班能获得额外津贴。

公司支付给员工的工资不应低于法律或行业规定的最低标准,并且必须足以满足员工的基本需求。公司应为员工提供安全健康的工作环境,为所有员工提供安全卫生的生活环境。公司高管层应根据本标准制定符合社会责任与劳工条件的公司政策。

(二)SA8000 对中国出口贸易发展的影响

1. 对企业的影响

尽管从成本角度看竞争力将降低,但从获取认证可以突破国外壁垒的角度看,对企业以后的发展是有帮助的。

2. 对贸易的影响

SA8000 标准对我国多数出口企业来说是有难度的,发达国家的企业也不容易完全做到。如果一国要求其进口产品的生产企业达到 SA8000 的要求,否则不准进口,则将对贸易产生很大的影响。

3. 对投资的影响

近年来,中国吸引外资的步伐较快,除了潜在的经济发展速度和市场之外,廉价的劳动力也是外商投资的动力之一。如果将劳工标准提高到 SA8000 规定的水平,对外资的吸引力将降低,跨国公司也会担心其分包商不能达标而不愿来中国投资,这对中国吸引外资将产生消极影响。

4. 对国民经济发展的影响

我国是一个劳动力资源丰富的大国,劳动密集型产业的发展对我国国民经济的增长和解决就业问题具有重要意义。若企业全面达到 SA8000 标准,劳动力优势可能会丧失甚至变成劣势;过多剩余劳动力得不到安置,必将对我国国民经济的稳定和发展造成不良影响。

应知考核

一、单项选择题

1. 下列(　　)属于国际标准化组织制定并实施的社会责任管理体系。

A. ISO26000　　B. ISO10000　　C. ISO14000　　D. SA8000

2. 欧美客商下达生产订单前,通常会按国际上通行的某一标准进行"验厂",这种衡量企业道德行为和社会责任的标准是(　　)。

A. ISO9000　　B. ISO14000

C. SA8000　　D. Oeko-Tex Standard 100

3. 在以下图标中，属于欧盟认证图标的是(　　)。

A. UL　　B. CCC　　C. CE　　D. GS

4.《协调制度》中商品编码的前两位表示(　　)。

A. 类　　B. 章　　C. 节　　D. 目

5. 纺织纤维可以分为化学纤维和(　　)两大类，涤纶纤维属于(　　)。

A. 植物纤维，化学纤维　　B. 动物纤维，化学纤维

C. 天然纤维，动物纤维　　D. 矿物纤维，植物纤维

6. 德国安全认证标志的英文缩写是(　　)。

A. FCC　　B. UL　　C. EPA　　D. GS

7. 下列不可以用于制作食物用具的塑料是(　　)。

A. 聚乙烯塑料 PE、聚丙烯塑料 PP　　B. 聚乙烯塑料 PE、密胺塑料 MF

C. 聚丙烯塑料 PP、硝酸纤维素塑料 CN　　D. 密胺塑料 MF、聚丙烯塑料 PP

8. 图 1 和图 2 是经常出现在纺织服装中的洗涤保养标识，二者的主要区别是(　　)。

图 1

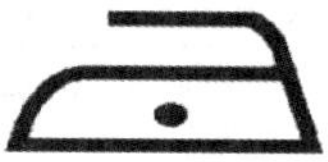

图 2

A. 熨烫工具的品牌不同　　B. 熨烫工具的购买时间不同

C. 熨烫工具的温度不同　　D. 熨烫工具的使用人不同

9. 纺织面料的色牢度是服装成品质量中的重要指标，其要求面料的颜色变化控制在一定的范围内。一般而言，牢度最好的级别是(　　)。

A. 1 级以下　　B. 2～3 级　　C. 3～4 级　　D. 4 级以上

10. SA8000 是全球规范企业道德行为和社会责任的一种民间标准，对我国某些出口加工企业具有一定的影响和约束性，以下不属于其主要内容的是(　　)。

A. 劳工权利　　B. 劳动环境　　C. 劳动条件　　D. 休息自由

二、多项选择题

1. HS 编码中，“章”的编排原则有(　　)。

A. 商品原材料的属性原则　　B. 加工程度原则

C. 商品的用途或性能原则　　D. 注释原则

2. HS 编码中，贵金属包括(　　)。

A. 金　　B. 银　　C. 稀有金属　　D. 铂及铂族金属

3. 生态纺织品必须符合的要求有(　　)。

A. 生产生态性　　B. 消费生态性　　C. 处理生态性　　D. 监督全过程化

4. 以下属于天然纤维的有(　　)。

A. 绵羊毛　　B. 大豆纤维　　C. 牛奶纤维　　D. 石棉

5. 燃烧时有弱香味的纤维包括(　　)。

A. 棉　　B. 毛　　C. 涤纶　　D. 腈纶

三、判断题

1. 我国海关进出口商品分类目录用的是十位数编码。 ( )
2. 俄罗斯马戏团到我国巡回表演，其表演用的马匹在报关时，商品编码在《协调制度》的第一类即活动物中查找。 ( )
3. 凡具有爆炸、易燃、毒害、腐蚀、放射性等特性，在运输、装卸和储存保管过程中容易造成人身伤亡和财产毁损而需要特别防护的货物，均属危险货物。 ( )
4. 石棉是化学纤维的一种。 ( )
5. 在鉴别纺织纤维的种类时，通常采用的方法是显微镜法和燃烧法。 ( )
6. 纱支高低用数字表示，数值越大，纱的长度越长，纱就越粗；反之，纱就越细。 ( )
7. 玻璃属于致密材料。 ( )
8. 天然皮革的抗张力、撕裂强度均比人造皮革好。 ( )
9. 汽车属于运输工具，不属于机电商品。 ( )
10. 玻璃类产品的特点是耐酸(所有酸)、耐碱、耐油、防火。 ( )

四、简述题

1. 简述 H.S. 编码中章的编排原则。
2. 简述我国海关商品编码的基础和编码结构。
3. 简述我国产品质量标准的分类。
4. 简述国家强制性产品认证制度的主要特点。
5. 简述 GS 与 CE 认证的差别。

应会考核

■ 观念应用

【背景资料】

某报关员向海关申报进出口商品名称时使用了方言，如将“变压器”申报为“火牛”，将“拖拉机”申报为“铁牛”等。如果真的将“变压器”申报为“火牛”，将“拖拉机”申报为“铁牛”，请回答下面问题。

【考核要求】

请问：你能归类吗？这给你什么启发？

■ 技能应用

2025 年 3 月，浙江华通机电进出口公司为杭州瑞丰混凝土公司代理进口 10 辆机动混凝土搅拌车，并委托汉德报关行办理商品归类和确定海关监管条件。

【技能要求】

任务 1：要认知归类类别，要“识货”。

任务 2：套用六大归类总规则。

任务 3：确定税则号。

任务 4：利用互联网确定海关监管条件。

■ 案例分析

【分析情境】

某企业委托一代理报检企业向宁波海关报检了一批研磨器，该批货物是从西班牙退运进口的，H.S. 编码为 8509409000，“进出境商品目录”上显示，该代码对应商品的检验检疫类别分别为民用商品入境验证、进口食品卫生监督检验、出口商品检验，货值为 5 113.2 美元。因该批货物系宁波口岸出口退运货物，宁波海关在出口退运货物追溯调查工作中发现，该企业在 2025 年 4 月向西班牙出口该批货物时，在海关出口货物报关单上所申报的 H.S. 编码为 82100000，而该编码在当时所对应商品的检验检疫类别为进口食品卫生监督检验，属于出口非法检商品。显然，该企业通过变更货物 H.S. 编码的方式在出口时逃避了海关对货物的监管。

【情境思考】

请结合所学习的知识对此案例进行分析。

项目实训

【实训项目】

外贸商品的归类。

【实训情境】

江苏泰兴市某企业出口汽车空调，将该产品以《协调制度》第 87 章出口报关，因没有出口许可证，结果延误了船期，造成了一定的损失。

【实训任务】

请对实训情境做出精析，并说明此案例给我们什么启示。

【实训要求】

1. 完成本业务，操练时间以不超过 10 分钟为准。
2. 撰写《外贸商品的归类》实训报告。

<table>
<tr><th colspan="3">《外贸跟单员的基本素质》实训报告</th></tr>
<tr><td>项目实训班级：</td><td>项目小组：</td><td>项目组成员：</td></tr>
<tr><td>实训时间：　　年　　月　　日</td><td>实训地点：</td><td>实训成绩：</td></tr>
<tr><td colspan="3">实训目的：</td></tr>
<tr><td colspan="3">实训步骤：</td></tr>
<tr><td colspan="3">实训结果：</td></tr>
<tr><td colspan="3">实训感言：</td></tr>
<tr><td colspan="3">不足与今后改进：</td></tr>
<tr><td colspan="2">项目组长评定签字：</td><td>项目指导教师评定签字：</td></tr>
</table>

项目五　外贸跟单管理

● 知识目标

理解：生产企业的组织结构；客户满意、客户忠诚、客户价值的内涵。
熟知：客户关系管理；客户信息收集的途径与方法。
掌握：精益生产和准时制生产等常见的生产管理方式。

● 技能目标

能够认识生产企业的组织结构及生产企业中各部门的职能；具备良好的跨文化交流能力和市场洞察力，以适应全球化商业环境。通过系统学习，提升个人在外贸领域的专业素养和实战能力。

● 素质目标

能够熟知生产企业的组织结构框架、生产管理方式，顺利完成跟单工作，塑造职业能力，从而使客户满意，保持客户的忠诚，最终实现客户价值。

● 思政目标

熟悉现代企业生产运作管理的基本内容和流程、方法等内容，具备现代企业生产管理所需要的生产管理、质量管理观念和意识；深刻理解不忘初心的核心要义和精神实质，塑造学生的品格、品行和品位，树立正确的世界观、人生观和价值观；丰富自己的外贸跟单意识观念和风范，激发创新创造活力和职业荣誉感。

● 知识精讲

任务一　生产运作管理概述

一、生产运作管理的概念、基本内容和基本问题

（一）生产运作管理的概念

生产运作活动是通过投入一定的资源，经过一系列多种形式的变换，使其价值增加，最终以某种形式的产出提供给社会的“投入—转换—产出”的过程。企业生产运作管理是指为了实现企业经营目标，提高企业经济效益，对企业生产运作系统的选择、设计、运行和维护等一系列管理活动的总称。

（二）生产运作管理的基本内容

1. 生产系统的设计

生产系统的设计包括产品或服务的选择和设计、生产设施的定点选择、生产设施布置、服务交付系统设计和工作设计。

2. 生产系统的运行

生产系统的运行主要涉及生产计划、组织与控制。计划方面主要解决生产什么、生产多少和何时生产的问题；组织方面主要是如何合理组织本企业的劳动者、劳动资料、劳动对象和信息等生产要素，使有限的资源得到充分合理的利用；控制方面主要解决如何保证按计划完成任务的问题。

3. 生产系统的维护和改进

生产系统的维护和改进包括设备的维修与质量保证，以及整个生产系统的不断改进和各种先进的生产方式与管理模式的采用。

（三）现代生产运作管理的基本问题

简单来说，企业生产运作管理的目标是适时地、以合理的价格向顾客提供优质的产品或服务，因此，从生产运作的目标与生产价值的实现条件可以引申出现代生产运作管理的五个基本问题。

1. 质量管理（Quality Management）

这里的质量既包括适用性，即产品或服务满足顾客要求的程度，又包括差异性，即企业生产的产品或服务在顾客看来较竞争者拥有更合适的特质。

2. 进度管理（Delivery Management）

如何保证将适时、适量的产品或服务提供给顾客，这里既涉及速度问题，又涉及柔性问题。对生产运作管理来说，速度就是如何快速地将新产品或服务开发研制出来，并及时投放市场；柔性就是如何使生产对市场的变化具有快速的反应能力。这里既涉及产量的增减管理，又涉及对产品或工艺的快速改进，即进度管理，也称交付管理。

3. 成本管理（Cost Management）

如何才能使产品的价格既为顾客所接受，又为企业带来一定的利润，这涉及人、物料、设备、能源、土地等资源的合理配置和利用及生产率的提高，还涉及企业资金的合理运用和管理。归根结底是努力降低产品的生产成本，即成本管理。

这三个问题可简称为 QDC 管理。QDC 管理是生产运作管理的基本问题，但并不意味着是生产运作管理的全部内容。QDC 管理主要是从横向角度来考虑生产运作管理，而生产决策、生产运作系统设计和运行等方面是从纵向角度来分析生产运作管理，两者相互并存、相互交错。

4. 服务管理（Service Management）

随着产品技术含量、知识含量的提高，在产品销售过程和顾客使用过程中，所需要的附加服务越来越多。

5. 环境管理（Environmental Management）

环境管理主要表现在两个方面：一是投入环节方面，要充分考虑到节约资源、人类社会可持续发展的问题；二是产出环节方面，要对生产过程中不可避免产生的“副产品”（废水、废料等）进行必要的处理。

二、现代生产运作管理的环境与特征

（一）现代生产运作管理的环境

1. 市场需求多样化

随着经济的发展和社会的进步，市场需求逐渐朝着多样化、个性化的方向发展，买卖关系中的主导权转到了买方,顾客有了极大的选择余地,对各种产品有了更高的要求。

2.技术迅猛发展

随着自动化技术、微电子技术、计算机技术、新材料技术、网络技术等一大批新技术的迅猛发展,企业可以采用更多的手段来制造多样化的产品、提供多样化的服务,因此企业要不断面对生产运作技术的选择与生产运作系统的重新设计、调整和组合。

3.竞争日趋激烈

竞争的方式和种类越来越多,竞争的内容已不单纯是合适的价格、产品基本功能等,产品质量、交货时间、售后服务、对顾客需求的快速反应、产品设计的不断更新、较宽范围的产品档次、更加灵活的供应链等,都成为竞争的主题。

(二)现代生产运作管理的特征

随着科学技术的进步和企业经营规模的不断扩大,企业所面临的环境和生产方式发生了巨大变化,企业的生产运作管理进入了一个新的阶段。新特征及其发展趋势主要表现为:生产运作的涵盖范围扩大;生产方式面临新的挑战;科学技术广泛应用;全球生产运作越来越多。

三、生产运作类型

(一)按生产方法分类

生产运作按生产方法可划分为四种生产类型,分别是合成型、分解型、调制型和提取型,每一种类型都有自己的基本生产过程特点。

(1)合成型。它的基本生产过程特点是把不同的成分或零件合成或装配成一种产品,是一种具有加工装配性质的生产,如机电产品制造企业。

(2)分解型。它的基本生产过程特点是把单一的生产原料经过加工处理后分解成多种产品,如石油化工企业、煤化工企业。

(3)调制型。它的特点是通过改变加工对象的形状或性能而制成产品,如钢铁企业、橡胶制品企业。

(4)提取型。它的特点是从自然界中直接提取产品,如煤矿企业、油田企业。

(二)按生产过程的稳定性、复杂性程度分类

按照生产过程的稳定性、重复性程度,通常把各类生产分为大量生产、单件小批生产和成批生产三种类型。

(1)大量生产类型。它是指生产的品种很少,每一种产品的产量很大(或一单位产品劳动量和年产量的乘积很大),生产能稳定地不断重复进行。一般来说,这类产品在一定时期内有相对稳定的社会需求,而且需求量很大。

(2)单件小批生产类型。单件小批生产是指产品对象基本上为一次性需求的专用产品,一般不重复生产,生产的品种繁多。

(3)成批生产类型。它的特点介于以上两者之间,其生产对象是通用产品,生产具有重复性,产品品种较多,每种产品的产量不大,形成多品种周期性地轮番生产的特点。

思政吾身

弘扬“肯奋斗”的光荣传统

习近平总书记指出:“没有广大人民特别是一代代青年前赴后继、艰苦卓绝的接续奋斗,就没有中国特色社会主义新时代的今天,更不会有实现中华民族伟大复兴的明天。”奋斗是青春最亮丽的底色。一代代青年在党的领导下接续拼搏、勇毅前行,为中华民族迎来从站起来、富起来到强起来

的伟大飞跃贡献了青春、建立了重要功勋。

实现中华民族伟大复兴是一场接力跑。在这场接力跑中，几代中国共产党人团结带领人民砥砺奋进，向历史交出了优异答卷。今天，我们比历史上任何时期都更接近中华民族伟大复兴的目标，比历史上任何时期都更有信心、有能力实现这个目标。民族复兴的使命要靠奋斗来实现，人生理想的风帆要靠奋斗来扬起。新时代是奋斗者的时代。当代青年要在青春的赛道上奋力奔跑、跑出最好成绩，就要勇于做走在时代前列的奋进者、开拓者、奉献者，把奋斗精神体现在做好每一件小事、完成好每一项任务、履行好每一项职责的实际行动中。

永久奋斗是中国青年运动的革命传统。共青团要团结带领广大青年在新时代继承和发扬这一光荣传统，既要讲好历代青年英模人物和英雄集体的奋斗故事，又要讲好当代青年向上向善向前的先进事迹，使广大青年懂得幸福是奋斗出来的、奋斗的青春最美丽的道理，引导青年一代衣食无忧而不忘艰苦、岁月静好而不丢奋斗，把青春的奋斗热情激发出来，做永不停歇的奋斗者。团结奋斗是中国人民创造历史伟业的必由之路。要不断健全党领导下的以共青团为主导的青年组织体系，不断巩固和扩大青年爱国统一战线，把各族各界青年最广泛地组织起来，更加有效地把一切可以团结的海内外中华青年团结起来。聚焦青年关心的急难愁盼问题，扎实推动中长期青年发展规划实施，帮助青年解决各种操心事、烦心事，营造有利于青年发展进步的社会环境，推动建立鼓励青年脱颖而出的政策环境，推动广大青年自觉融入党和人民团结奋斗的历史洪流，争当伟大理想的追梦人，争做伟大事业的生力军。

任务二　生产企业的组织结构和管理方式

一、生产企业的组织结构

组织结构是指组织中相对稳定的关系和方面。当今，组织结构的类型有很多，常见的组织结构大体上围绕“四个中心”——任务中心、成果中心、关系中心和决策中心。它们构建起了五种形式的组织结构，即直线制、职能制、直线职能制、矩阵制和事业部制。

（一）直线制组织形式（Straight Line Organization Type）

直线制组织形式是一种传统而简单的组织形式。其特点是企业中各级行政部门从上到下实行垂直领导，下属部门只接受一个上级部门的指令，各部门负责人对所属部门内的工作负责。直线制组织形式如图 5—1 所示。

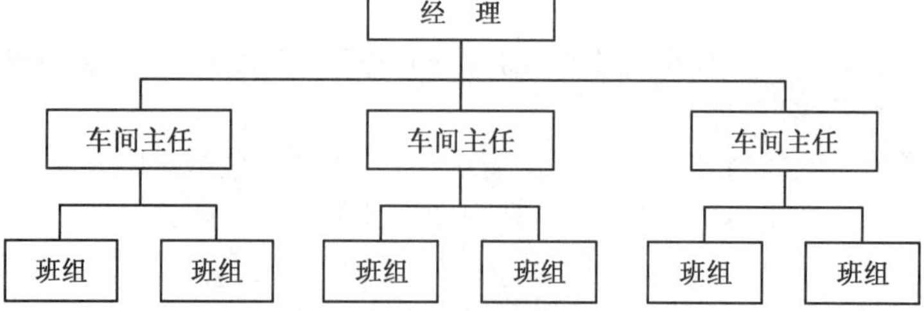

图 5—1　直线制组织形式

直线制组织形式的优点是：结构比较简单，责任分明，命令统一。其缺点是：要求部门负责人通晓多种知识和技能，亲自处理各种业务。

【提示】直线制组织形式适用于规模较小、生产技术比较简单的企业，并不适合生产技术和经营管理比较复杂的企业。

（二）职能制组织形式（Functional Organization Type）

职能制组织形式是各级行政单位除主管负责人外，还相应地设立一些职能机构，如图5－2所示。

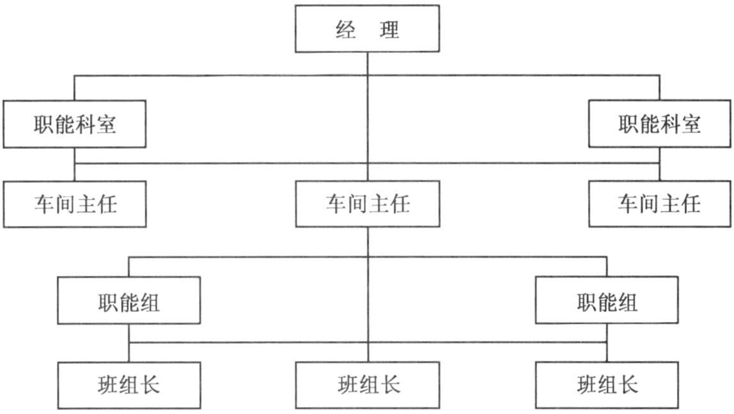

图5－2 职能制组织形式

职能制组织形式的优点是：能适应现代化工业生产技术比较复杂和管理工作比较精细的特点；能充分发挥职能机构的专业管理作用，减轻直线领导人员的工作负担。

其缺点是：妨碍了必要的集中领导和统一指挥，形成了多头领导；不利于建立和健全各级行政负责人和职能科室的责任制，在中间管理层往往会出现"有功大家抢，有过大家推"的现象；在上级领导与职能机构的指导和命令发生矛盾时，下级会无所适从，影响工作的正常进行，容易造成纪律散漫、生产管理秩序混乱。

【注意】现代企业一般不采用职能制组织形式。

（三）直线职能制组织形式（Straight Line Functional Organization Type）

直线职能制组织形式，也称生产区域制，或直线参谋制。这种组织形式把企业管理机构和人员分为两类：一类是直线领导机构和人员，按命令统一原则对各级组织行使指挥权；另一类是职能机构和人员，按专业化原则，从事组织的各项职能管理工作。直线领导机构和人员在自己的职责范围内有一定的决定权和对其下级的指挥权，并对自己部门的工作负全部责任。而职能机构和人员，则是直线指挥人员的参谋，不能对直接部门发号施令，只能进行业务指导。直线职能制组织形式如图5－3所示。

直线职能制组织形式的优点是：既保证了企业管理体系的集中统一，又可以在各级行政负责人的领导下，充分发挥各专业管理机构的作用。

其缺点是：职能部门之间协作性和配合性较差，职能部门的许多工作要直接向上层领导报告请示后才能处理，这一方面加重了上层领导的工作负担，另一方面造成办事效率低下。

直线制、职能制和直线职能制组织形式统称为传统的组织结构。下面的两种组织结构——矩阵制和事业部制属于现代组织结构。

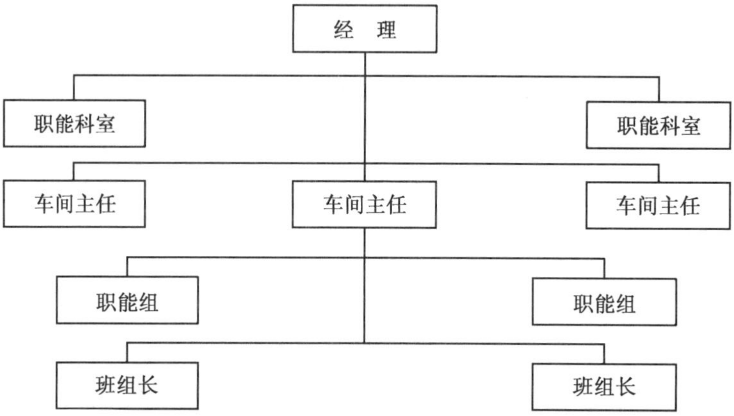

图 5—3 直线职能制组织形式

(四)矩阵制组织形式(Matrix Organization Type)

矩阵制组织形式是将按职能划分的部门和按产品(或工程项目、服务项目)划分的小组结合起来组成一个矩阵,使同一名专业人员或管理人员,既同原职能部门保持业务上的联系,又加入产品或项目小组的工作。它的最大特点是打破了传统的"一个员工只有一个岗位或领导"的体制,使一个员工从属于两个以上的部门或领导。矩阵制组织形式如图 5—4 所示。

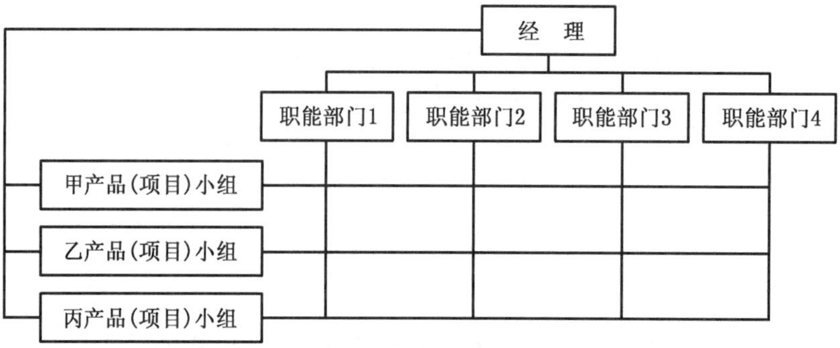

图 5—4 矩阵制组织形式

矩阵制组织形式的主要优点是:①打破了传统的一个专业管理人员只接受一个部门领导的管理原则,加强了管理中的纵向与横向的联系;②把不同部门的专业人员有机地结合起来,有利于调动和激发人们的积极性和创造性;③将完成某项任务所需的各种专业知识和经验集中在一起,有利于开发新技术和试制新产品,推广现代科学方法;④具有较强的适应性。

其主要缺点是:①每个小组成员同时接受双重领导,不利于统一指挥,尤其是当两部门领导的意见不一致时,就会使小组成员无所适从;②职能部门管理困难;③组织成员缺乏稳定感。20 世纪 50 年代末,美国洛克希德飞机公司、休斯飞机公司等率先采用了这种组织形式,取得了显著的成效,以后逐步推广到其他行业,目前在建筑业中广为流行。

【提示】 矩阵制这种组织形式适用于某些产品品种单一且需要集中各方面专业人员参加完成的项目或业务,以及一些设计、研制等创新性工作。

(五)事业部制组织形式(Institutional Organization Type)

事业部制组织形式是在组织的最高领导层下按地区或产品类别设多个事业部,事业部是一个相对独立的生产经营单位,实行独立核算,设有相应的职能部门,具有直接提供利润的职能,由事业部组织地区或产品的生产、销售、采购等全部活动。组织中最高管理机构负责重大方针政策的制定,掌握影响组织成败的重大问题的决策权。事业部制组织形式如图5—5所示。

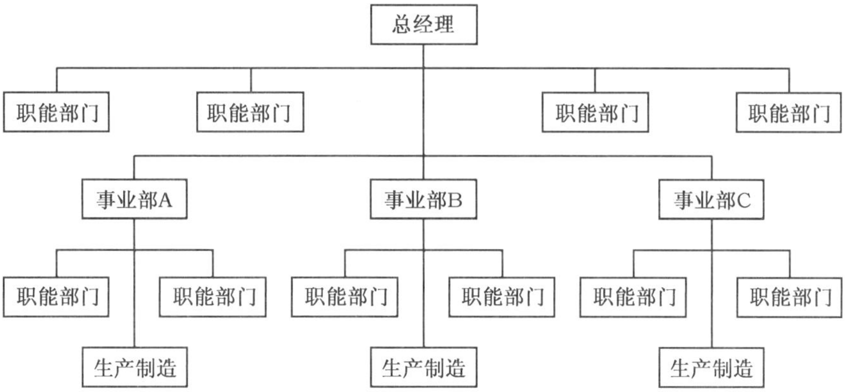

图5—5 事业部制组织形式

事业部制组织形式的主要优点是:①最高管理者可集中精力考虑大政方针;②充分发挥各层级管理人员和员工的积极性、主动性和创造性;③事业部以利润为核心责任,可以保证公司长期获得稳定的利润;④有利于培养通才式的管理者。

其主要缺点是:①造成职能机构重叠,管理人员增多,管理费用增大;②各事业部都有自己独立的经济利益,容易产生本位主义,影响先进技术和科学管理方法的交流。

事业部制组织形式首创于美国,它由通用汽车公司副总裁斯隆研究和设计。1920年,美国通用汽车公司和杜邦公司最先使用事业部制组织形式,并取得显著成效。

【提示】一般来说,事业部制组织形式适用于组织规模巨大、产品种类繁多、市场分布较广的大型企业。

二、生产企业的管理方式

在国际市场竞争日益激烈的环境下,对企业的现代化管理也提出更高要求,需要不断关注国际上企业管理的先进方式。先进管理方式主要有:精益生产方式、准时生产方式、ERP系统、MRP系统、"5S"管理等。

(一)精益生产方式

1. 精益生产的起源和基本思想

(1)精益生产的起源。精益生产(Lean Production,LP),是继泰勒生产方式(也称"科学管理法")和福特生产方式(也称"大量装配线方式")之后诞生的生产方式。它的基本原理是通过查找和消除生产过程中各种各样的浪费现象,达到降低生产成本的目的。

第二次世界大战后,日本汽车工业起步,但其汽车产量无法与美国汽车工业相比拟,总产量甚至不及福特公司一天的产量。为了尽快改变这种局面,丰田汽车公司创造了"精益生产"模式,弥补了资金、技术等方面的不足,从而赶上以美国福特汽车公司为代表的西方汽车业。1985年,美国麻省理工学院的丹尼尔·鲁斯(Daniel Roos)教授等人用了近五年的时间,对90多家汽车生产厂进行考察，将大批量生产方式与丰田生产方式进行对比分析，于 1990 年出版了《改变世界的机器》(*The Machine that Changed the World*)一书，将丰田生产方式定名为“精益生产”，并为世人所瞩目。

(2)精益生产的基本思想。以精益生产为主的一整套精益管理思想，其内涵是最大限度地减少及消除浪费，去掉一切非增值生产活动，维持高水准的产品品质，保持企业持续改进的活力。通常的浪费形式有 7 种：过多制造产品而造成的浪费、库存过多造成的浪费、品质不良返工造成的浪费、原材料等待造成的浪费、过多搬运造成的浪费、加工工序不合理造成的浪费、过早投产而产生的浪费。以上这些浪费形式是造成生产成本升高的主要原因，也是企业管理不善的主要表现。

2. 精益生产的概念和特征

(1)精益生产的概念。精益生产也称精良生产，其中的“精”表示精良、精确、精美，“益”表示利益、效益等。精益生产通过采用灵活的生产组织形式，根据市场需求的变化，及时、快速地调整生产，依靠严密细致的管理系统，消除浪费，最终达到供、产、销的最佳结合，以获得极高的生产率、极佳的产品质量。

(2)精益生产的特征。其包括：对外以用户为“上帝”，对内以“人”为中心，在组织机构上以“精简”为手段，在工作方法上采用团队工作(Team Work)和“并行设计”，在供货方式上采用准时生产方式(Just in Time，JIT)，最终目标为“零缺陷”。

第一，以用户为“上帝”，产品面向用户，与用户保持密切联系。将用户的要求纳入产品开发过程，以多变的产品、尽可能短的交货期来满足用户的需求，真正体现用户是“上帝”的精神。不仅要向用户提供周到的服务，而且要洞悉用户的想法和要求，才能生产出适销对路的产品。产品的适销性、适宜的价格、优良的质量、较快的交货速度、优质的服务是面向用户的基本内容。

第二，以“人”为中心。人是企业一切活动的主体，应以人为中心，大力推行独立自主的小组化工作方式。充分发挥一线职工的积极性和创造性，使他们积极为改进产品的质量献计献策，使一线工人真正成为“零缺陷”生产的主力军。为此，企业应对职工进行教育，并从制度上保证职工的利益与企业的利益挂钩。同时，应下放部分权力，使人人有权、有责任、有义务随时解决遇到的问题。另外，还要满足人们学习新知识和实现自我价值的愿望，形成独特的具有竞争意识的企业文化。

第三，以“精简”为手段。在组织机构方面要精简化，去掉一切多余的环节和人员，实现纵向减少层次、横向打破部门壁垒、层次细分化、管理模式转化为分布式平行网络的管理结构。在生产过程中，采用先进的加工设备，减少非直接生产工人的数量，使每个工人对产品都真正实现增值。

第四，Team Work 和并行设计。精益生产强调 Team Work 的工作方式，并进行产品的并行设计。Team Work 是指由企业各部门专业人员组成的多功能设计团队，对产品的开发和生产具有很强的指导和集成能力。

第五，JIT 供货方式。其可以保证最小的库存和最少的在制品数。为了实现这种供货方式，应与供货商建立良好的合作关系，相互信任，相互支持，利益共享。

第六，“零缺陷”工作目标。精益生产所追求的目标不是“尽可能好一些”，而是“零缺陷”，即最低的成本、最好的质量、无废品、零库存与产品的多样性。当然，这只是一种理想境界，但应无止境地去追求这一目标，才会使企业永远保持进步，永远走在他人的前面。

3. 精益生产的体系构成

如果把精益生产体系看作是一幢大厦，它的基础就是在计算机网络支持下的、以小组方式工作的并行工作方式。在此基础上的三根支柱就是：①全面质量管理，这是保证产品质量、达到“零缺陷”目标的主要措施。②准时生产和零库存，这是缩短生产周期和降低生产成本的主要方法。③成组技术，这是实现多品种、按顾客订单组织生产、扩大批量、降低成本的技术基础。

（二）准时生产方式

准时生产方式，是指将必要的零件以必要的数量在必要的时间送到生产线。其核心是严格控制时间、控制数量、控制品种（配件），杜绝过量生产、过量储备、无效劳动的现象，从而达到消除库存、优化生产物流、减少浪费的目的。因此，JIT 也被称为“零库存”管理。

这种准时生产方式适应了 20 世纪 60 年代消费（需求）多样化、个性化的趋势，成为一套独具特色的生产经营管理体系。实践证明，诸多的跨国公司通过采用 JIT 生产方式，改善生产流程、提高生产效率，取得了令人瞩目的业绩。

JIT 生产方式以准时生产为出发点，追求一种无库存或库存达到最小的生产系统，从而营造获取最大利润、降低成本的氛围，为了达到这一目标，可以采用以下手段：

1. 生产流程科学化

生产流程科学化是在生产过程中科学设置生产流程，根据流程与每个环节所需库存数量和时间先后来安排库存和组织物流，尽量减少物资在生产现场的停滞与搬运，让物资在生产流程中毫无阻碍地流动。具体的做法是在工序间不设置仓库，前一工序的产品加工结束后，立即转到下一工序，装配线与机械加工几乎平行进行，同时，在每一道工序上，合理配置设备和操作人员。

2. 资源配置合理化

资源配置合理化是实现降低生产成本目标的主要方式之一，其中的“资源”具体是指在生产线内外的设备、操作人员和零部件。资源配置合理化就是资源都得到最合理的调配与分派，在最需要的时候以最及时的方式到位。

就设备而言，相关设备的配置必须合理，体现效能最大化的原则。

就人员而言，每一个生产作业岗位的操作人员必须是“一专多能”的多面手，一方面能够解决生产过程中的问题，另一方面能够对设备中的故障及时进行处理或排除。

就零部件而言，在每一道生产作业岗位上所需的零部件规格必须是合乎要求的，数量是符合生产要求的，没有残次品或数量不足的情况发生，否则会导致停工待料，影响整个生产交货期。

3. 生产均衡化

生产均衡化是实现适时适量生产的前提条件，是指总装配线在向前工序领取零部件时应均衡地使用各种零部件，以生产各种产品。为此，在制订生产计划时就必须加以考虑，并体现在产品生产顺序计划中。在制造阶段，均衡化通过专用设备通用化和制定标准作业来实现。所谓专用设备通用化，是指通过在专用设备上增加一些工夹具的方法使之能够加工多种不同的产品。标准作业是指将作业流程内一个作业人员所应担当的一系列作业内容标准化。

4. 外贸跟单与看板管理

JIT 生产方式在生产控制上一般可以采用看板管理方式，“看板”是将总的生产计划作业书和各道工序的生产有机结合的一种外贸跟单方式，在整个跟单过程中发挥着重要作用。

看板管理是在同一道工序或者前后工序之间进行物流或信息流的传递。JIT 是一种拉动式的管理方式，它需要从最后一道工序通过信息流向上一道工序传递信息，这种传递信息的载体就是看板。没有看板，JIT 是无法进行的。因此，JIT 生产方式有时也被称作看板生产方式。

一旦主生产计划确定以后，就会向各个生产车间下达生产指令，然后每一个生产车间又向前面的各道工序下达生产指令，最后再向仓库管理部门、采购部门下达相应的指令。这些生产指令的传递都是通过看板来完成的。

（1）看板的类别。一般来说，看板总体上分为三大类：成品生产看板、半成品生产看板和原材料看板，各看板还可以派生出其他的看板。

（2）看板操作原则。其包括：①没有看板不能生产也不能搬运；②看板按前后工序次序进行；

③看板后的优劣产品分别存放；④看板后的劣质品必须查清原因；⑤看板必须按工艺要求进行；⑥看板必须有书面记录和签字。

(3)看板操作的形式。其包括：

①制作生产计划作业书。生产计划作业书也称主生产计划表，由跟单员在跟单工作开始前完成。其主要内容有：订单号/款号、生产数量、颜色配比、包装方法、交货时间、交货地点、检验要求和时间、纸箱外印刷内容等。下达生产计划作业书后，生产企业就会向各业务主管部门、各道工序下达生产指令。这些部门包括采购部门、财务部门、技术部门、仓库管理部门、商品检验部门等。各部门按照所承担的职责进行工作。

②制作"作业卡"。对每一道工序的半成品进行看板检查，按工序建立不同的"作业卡"。在"作业卡"中通常标明下道工序所需的零部件规格、数量和交付时间，各工序均按下道工序的看板指令生产，包括制造、搬运、交货和供应。

(4)看板管理的内容。其包括：①关于质量的信息，如每日、每周及每月的不合格品数量和趋势图，以及改善目标；②关于成本的信息，如生产能力数值、趋势图及目标；③关于交货期的信息，如每日生产图表；④机器设备故障数值、趋势图及目标；⑤设备综合效率；⑥提案建议件数；⑦品管圈活动；⑧其他需要公布的信息项目。

(5)看板管理的作用。其包括：①传递情报，统一认识；②帮助管理，杜渐防漏；③强势宣导，形成改善意识；④褒优贬劣，营造竞争的氛围；⑤加强客户管理，树立良好的企业形象。

拓展阅读 5－1　　看板使用实务

一、看板的使用方法

看板有若干种类，因而看板的使用方法也不尽相同。如果制定看板的使用方法是不周密的，则生产难以正常进行。我们下面从看板的使用方法上可以进一步领会 JIT 生产方式的独特性。在使用看板时，每一个传送看板只对应一种零部件，每种零部件总是存放在规定的、相应的容器内。因此，每个传送看板对应的容器也是一定的。

1. 工序内看板的使用方法

工序内看板的使用方法中最重要的一点是看板必须随实物，即与产品一起移动。后面的工序在领取中间品时摘下挂在产品上的工序内看板，然后挂上领取用的工序内看板。该工序按照看板被摘下的顺序以及这些看板所表示的数量进行生产，如果摘下的看板数量变为零，则停止生产，这样既不会延误也不会产生过量的存储。

2. 信号看板的使用方法

信号看板挂在成批制作出的产品上面。如果该批产品的数量减少到基准数时就摘下看板，送回到生产工序，然后生产工序按照该看板的指示开始生产。没有摘牌则说明数量足够，不需要再生产。

3. 工序间看板的使用方法

工序间看板挂在从前工序领来的零部件的箱子上，当该零部件被使用后，取下看板，放到设置在作业场地的看板回收箱内。看板回收箱中的工序间看板所表示的意思是"该零件已被使用，请补充"。现场管理人员定时回收看板，集中起来后再分送到各个相应的前工序，以便领取需要补充的零部件。

4. 外协看板的使用方法

外协看板的摘下和回收与工序间看板基本相同。回收以后按各协作企业分开，等各协作企业来送货时由他们带回去，成为该企业下次生产的生产参考。在这种情况下，该批产品的进货至少将会延迟一回以上。因此，需要按照延迟的回数发行相应的看板数量，这样就能够做到按照JIT进行循环。

二、用看板组织生产的过程

JIT是拉动式的生产，通过看板来传递信息，从最后一道工序一步一步往前工序拉动。生产过程共有三道工序，从第三道工序的入口存放处向第二道工序的出口存放处传递信息，第二道工序从其入口存放处向第一道工序出口存放处传递信息，而第一道工序则从其入口存放处向原料库领取原料。这样，通过看板就将整个生产过程有机地组织起来。

三、代替看板发出生产请求的其他目视化方法

看板的形式并不局限于记载有各种信息的某种卡片形式，在实际的JIT生产方式中，还有很多种代替看板发出生产请求的目视化方法，如彩色乒乓球、空容器、地面空格标识和信号标志等。

四、看板与MRP的关系

现在最为流行的MRP系统就是将JIT生产之间的看板用计算机来代替，每一道工序之间都进行联网，指令的下达、工序之间的信息沟通都通过计算机来完成。

目前，国内有很多企业在推行MRP，但真正获得成功的很少，主要原因就是企业在没有实行JIT的情况下就直接推行MRP。实际上，MRP只不过是一种将众多复杂的手工操作计算机化的软件，虽然能够大大提高生产效率，但并不能认真回应JIT所提出的一些观念和方法。因此，MRP仅仅是一个工具，必须建立在推行JIT的基础上。如果企业没有推行JIT就去直接使用MRP，那只会浪费时间和金钱。

（三）ERP系统和MRP系统

20世纪70年代末、80年代初，美国提出了一种现代企业生产管理模式和组织生产的方式。它是建立在物料需求计划（Material Requirement Planning）基础上的企业生产管理计划系统。它也被称为制造资源计划（Manufacturing Resource Planning）系统，由于二者的英文缩写是相同的，因此将前者称为MRP，而将后者称为MRPⅡ。

20世纪90年代初，美国Gartner公司根据订单，将企业内部所有资源整合在一起，对采购、生产、成本、库存、分销、运输、财务、人力资源进行规划，并结合财务核算系统，开发出了企业资源计划（Enterprise Resource Planning，ERP）综合管理系统。

1. ERP系统

（1）ERP系统的概念。ERP系统，就是通过信息技术等手段，实现企业内部资源的共享和协同，克服企业中的官僚制约，使得各业务流程无缝平滑地衔接，从而提高管理的效率和业务的精确度，提高企业的盈利能力，降低交易成本。从管理思想、软件产品、管理系统三个层次对ERP进行定义：①是由美国Gartner公司提出的一整套企业管理系统体系标准，其实质是在MRPⅡ基础上进一步发展而成的面向供应链（Supply Chain）的管理思想；②是综合应用客户服务体系、关系数据库结构、面向对象技术、图形用户界面、第四代语言（4GL）、网络通信等信息产业成果，以ERP管理思想为核心的软件产品；③是整合企业管理理念、业务流程、基础数据、人力物力、计算机硬件和软件于一体的企业资源管理系统。

（2）ERP系统的基本思想。ERP最初是一种基于企业内部供应链的管理思想，是在MRPⅡ的基础上扩展了管理范围，建立了新的结构。它的基本思想是将企业的业务流程看作是一个紧密连接的供应链，将企业内部划分成几个协同作业的支持子系统，如财务、市场营销、生产制造、质量控制、服务维护、工程技术等。

ERP的核心管理思想就是实现对整个供应链的有效管理，主要体现在以下三个方面：

第一，体现对整个供应链资源进行管理的思想。现代企业的竞争已经不是单一企业与单一企

业间的竞争，而是一个企业供应链与另一个企业供应链之间的竞争，即企业不但要依靠自己的资源，而且必须把经营过程中的有关各方如供应商、制造企业、分销网络、客户等纳入一个紧密的供应链中，才能在市场上获得竞争优势。ERP 系统正是适应了这一市场竞争的需要，才实现了对整个企业供应链的管理。

第二，体现精益生产、同步工程和敏捷制造的思想。ERP 系统支持混合型生产方式的管理，其管理思想表现在两个方面：其一是精益生产的思想，即企业把客户、销售代理商、供应商、协作单位纳入生产体系，同它们建立起利益共享的合作伙伴关系，进而组成一个企业的供应链。其二是敏捷制造（Agile Manufacturing，AM）的思想。当市场上出现新的机会，而企业的基本合作伙伴不能满足新产品开发生产的要求时，企业组织一个由特定的供应商和销售渠道组成的短期或一次性供应链，形成“虚拟工厂”，把供应商和协作单位看作是企业的一个组成部分，运用“同步工程”组织生产，用最短的时间将新产品打入市场，时刻保持产品的高质量、多样化和灵活性，这就是敏捷制造的核心思想。

第三，体现事先计划与事中控制的思想。ERP 系统中的计划体系主要包括生产计划、物流需求计划、能力计划、采购计划、销售执行计划、利润计划、财务预算和人力资源计划等，而且这些计划功能与价值控制功能已完全集成到整个供应链系统中。另外，ERP 系统通过定义事务处理相关的会计核算科目与核算方式，在处理事务的同时自动生成会计核算分录，保证了资金流与物流的同步记录和数据的一致性，从而能根据财务资金现状追溯资金的来龙去脉，并进一步追溯所发生的相关业务活动，便于实现事中控制和实时做出决策。

2. MRPⅡ

（1）MRPⅡ的概念。制造资源计划，是指企业对其生产系统和经营活动建立一种计划模型，并利用该模型把企业的制造资源和经营任务的需求进行平衡，从而保证企业目标的实现。这里的企业制造资源既包括企业生产系统的内部资源要素，如生产设备、人力资源、生产能源等，以及生产系统的非结构化要素及相应的管理体制，也包括与生产系统发生联系的企业内部和外部资源，如产品销售和原料供应的市场资源、企业筹集资金的财政资源、企业产品开发能力和工艺加工水平的技术资源等。

（2）MRPⅡ的基本思想。它是基于企业经营目标制订生产计划，围绕物料转化组织制造资源，实现按需要按时进行生产。具体来说，是将企业产品中的各种物料分为独立需求物料和相关需求物料，并按时间段确定不同时期的物料需求，从而解决库存物料订货与组织生产问题；按照基于产品结构的物料需求组织生产，根据产品完工日期和产品结构确定生产计划；根据产品结构的层次从属关系，以产品零件为计划对象，以完工日期为计划基准倒排计划，按各种零件与部件的生产周期倒推出它们生产与投入的时间和数量，按提前期的长短区别各种物料下达订单的优先级，从而保证在生产需要时所有物料都能配套齐备，不需要时不要过早积压，达到减少库存量和减少占用资金的目的。

（3）MRPⅡ的特点。包括以下几点：

第一，计划的一贯性与可行性。MRPⅡ是一种计划主导型管理模式，计划层次从宏观到微观、从战略到技术、从粗到细逐层优化，但始终保证与企业经营战略目标一致。它把通常的三级计划管理统一起来，计划编制工作集中在企业级职能部门，车间班组只能执行计划、调度和反馈信息。计划下达前反复验证和平衡生产能力，并根据反馈信息及时调整，处理好供需矛盾，保证计划的一贯性、有效性和可执行性。

第二，管理的系统性。MRPⅡ是一项系统工程，它把企业所有与生产经营直接相关部门的工作联结成一个整体，各部门都从系统整体出发做好本职工作，每个员工都知道自己的工作质量与其他职能的关系。这只有在“一个计划”下才能成为系统，条块分割、各行其是的局面应被团队精神所取代。

第三，数据共享性。MRPⅡ是一种制造企业管理信息系统，企业各部门都依据同一数据信息进行管理，任何一种数据变动都能及时地反映给所有部门，做到数据共享。在统一的数据库支持下，按照规范化的处理程序进行管理和决策，改变了过去那种信息不通、情况不明、盲目决策、相互矛盾的现象。

第四，物流、资金流的统一。MRPⅡ包含了成本会计和财务功能，可以由生产活动直接产生财务数据，把实物形态的物料流动直接转换为价值形态的资金流动，保证生产和财务数据一致。财务部门及时得到资金信息用于控制成本，通过资金流动状况反映物料和经营情况，随时分析企业的经济效益，参与决策，指导和控制经营和生产活动。

第五，模拟预见性。MRPⅡ具有模拟功能。它可以解决“如果怎样……将会怎样”的问题，可以预见在相当长的计划期内可能发生的问题，事先采取措施消除隐患，而不是等问题已经发生了再花更多的精力去处理。这将使管理人员从忙碌的事务中解脱出来，致力于实质性的分析研究，提供多个可行方案供领导决策。

第六，动态应变性。MRPⅡ是一个闭环系统，它要求跟踪、控制和反馈瞬息万变的实际情况，管理人员可随时根据企业内外环境条件的变化迅速做出响应，及时决策调整，保证生产正常进行。它可以及时掌握各种动态信息，保持较短的生产周期，因而具有较强的应变能力。

以上几个方面的特点表明，MRPⅡ是一个比较完整的生产经营管理计划体系，是实现制造业企业整体效益的有效管理模式。

(4)MRPⅡ的经济效益。据美国的调查结果，MRPⅡ用户所获得的效益主要体现在降低材料成本(11%～40%)、提高生产率(6%～45%)、加快资金周转(8%～35%)、提高用户服务水平(10%～27%)等方面。其中，MRPⅡ最能产生效益的方面为减少库存占用资金、缩短生产计划编制时间和缩短采购计划编制时间。这些效益的取得显然与企业原有的管理水平有关。对提高管理水平大有潜力可挖的企业而言，所获得的效益将会更大。

3. ERP与MRPⅡ的主要差别

(1)在资源管理范围方面的差别。MRPⅡ主要侧重对企业内部人、财、物等资源的管理，ERP系统在MRPⅡ的基础上扩展了管理范围。它把客户需求和企业内部的制造活动，以及供应商的制造资源整合在一起，形成一个完整的供应链并对供应链上所有环节如订单、采购、库存、计划、生产制造、质量控制、运输、分销、服务与维护、财务管理、人事管理、实验室管理、项目管理、配方管理等进行有效管理。

(2)在生产方式管理方面的差别。MRPⅡ系统把企业归类为几种典型的生产方式进行管理，如重复制造、批量生产、按订单生产、按订单装配、按库存生产等，对每一种类型都有一套管理标准。而在20世纪80年代末、90年代初，为了紧跟市场的变化，多品种、小批量生产以及看板式生产等则是企业主要采用的生产方式，由单一的生产方式向混合型生产发展，ERP能很好地支持和管理混合型制造环境，满足了企业的这种多样化经营需求。

(3)在事务处理控制方面的差别。MRPⅡ是通过计划的及时滚动来控制整个生产过程的，实时性较差，一般只能实现事中控制。而ERP系统支持在线分析处理(On-line Analytical Processing，OLAP)、售后服务(即质量反馈)，强调企业的事前控制能力，它可以将设计、制造、销售、运输等进行集成来并行地从事各种相关的作业，使企业具备对质量、适应变化、客户满意、绩效等关键问题的实时分析能力。

此外，在MRPⅡ中，财务系统只是一个信息的归结者，它的功能是将供、产、销中的数量信息转变为价值信息，是物流的价值反映。而 ERP 系统则将财务计划和价值控制功能集成到了整个供应链上。

(4)在管理功能方面的差别。ERP 除了 MRPⅡ系统的制造、分销、财务管理功能外，还增加了支持整个供应链上物料流通体系中供、产、需各个环节之间的运输管理和仓库管理，支持生产保障体系的质量管理、实验室管理、设备维修和备品备件管理，支持对工作流(业务处理流程)的管理。

(5)在计算机信息处理技术方面的差别。随着信息技术的飞速发展和网络通信技术的应用，ERP 系统实现了对整个供应链信息进行集成管理。ERP 系统采用客户/服务器(C/S)体系结构和分布式数据处理技术，支持 Internet/Intranet/Extranet 电子商务(E-business、Ecommerce)、电子数据交换(EDI)，此外，还能实现在不同平台上的互操作。

(6)在跨国(或地区)经营事务处理方面的差别。现代企业的发展，使得企业内部各个组织单元之间、企业与外部的业务单元之间的协调变得越来越多且越来越重要，ERP 系统应用完整的组织架构，可以支持跨国经营的多国家(或地区)、多工厂、多语种、多币制的应用需求。

(四)"5S"管理

1."5S"管理的概念

"5S"管理起源于日本，并在日本企业中广泛推行，它相当于我国企业开展的文明生产活动。"5S"管理的对象是现场的"环境"，它对生产现场环境进行综合考虑，并制订切实可行的计划与措施，从而达到规范化管理。"5S"管理的核心和精髓是"修身"，如果没有职工队伍自身修养的相应提高，"5S"管理就难以开展和坚持下去。

2."5S"管理的内容

(1)整理(Seiri)。把要与不要的人员、事、物分开，再将不需要的人、事、物加以处理，这是改善生产现场的第一步。其要点：一方面，对生产现场摆放的各种物品进行分类，区分什么是现场需要的，什么是现场不需要的；另一方面，对于现场不需要的物品，诸如用剩的材料、多余的半成品、切下的料头、垃圾、废品、多余的工具、报废的设备、工人的个人生活用品等，要坚决清理出生产现场，这项工作的重点在于坚决把现场不需要的东西清理掉。对于车间里各个工位或设备的前后、通道左右、厂房上下、工具箱内外，以及车间的各个死角，都要彻底搜寻和清理，达到现场无不用之物。坚决做好这一步，是树立好作风的开始。日本有的公司提出口号：效率和安全始于整理。

整理的目的是：①改善和增加作业面积；②现场无杂物，行走通畅，提高工作效率；③减少磕碰的机会，保障安全，提高质量；④消除管理上的混放、混料等差错事故；⑤有利于减少库存量，节约资金；⑥改变作风，保持良好的工作情绪。

(2)整顿(Setion)。把需要的人员、物料加以定量、定位。通过前一步的整理后，对生产现场需要留下的物品进行科学合理的布置和摆放，以便用最快的速度取得所需之物，在最有效的规章、制度和最简捷的流程下完成作业。

整顿活动的要点是：

第一，物品摆放要有固定的地点和区域，以便于寻找，消除因混放而造成的差错。

第二，物品摆放地点要科学合理。例如，根据物品使用的频率，经常使用的东西应放得近些(如放在作业区内)，不常使用的东西则应放得远些(如集中放在车间某处)。

第三，物品摆放目视化，使定量装载的物品做到过目知数，摆放不同物品的区域采用不同的色彩和标记加以区别。

生产现场物品的合理摆放有利于提高工作效率和产品质量，保障生产安全。这项工作已发展成一项专门的现场管理方法——定置管理。

(3)清扫(Seiso)。把工作场所打扫干净，设备异常时马上修理，使之恢复正常。生产现场在生产过程中会产生灰尘、油污、铁屑、垃圾等，导致现场变脏。脏的现场会使设备精度降低，故障多发，影响产品质量，使安全事故防不胜防；更会影响人们的工作情绪，使人不愿久留。因此，必须通过清扫活动来清除脏物，创建一个明快、舒畅的工作环境。

清扫活动的要点是：

第一，自己使用的物品，如设备、工具等，要自己清扫，而不要依赖他人，不增加专门的清洁工。

第二，对设备的清扫，着眼于对设备的维护保养。清扫设备要与设备的点检结合起来，清扫即点检；清扫设备要同时做设备的润滑工作，清扫也是保养。

第三，清扫也是为了改进。当清扫地面发现有碎屑和油水泄漏时，要查明原因，并采取措施加以改进。

(4)清洁(Seiketsu)。整理、整顿、清扫之后要认真维护，尽量使现场保持完美和最佳状态。清洁是对前三项活动的坚持与深入，从而消除发生安全事故的根源，并创造一个良好的工作环境，使工人能愉快地工作。清洁活动的要点是：

第一，车间环境不仅要整齐，而且要做到清洁卫生，保证工人身体健康，提高工人劳动热情。

第二，车间内除了物品要清洁，工人自身也要做到清洁，如工作服要清洁，仪表要整洁，及时理发、刮须、修指甲、洗澡等。

第三，工人不仅要做到形体上的清洁，而且要做到精神上的“清洁”，待人要讲礼貌、要尊重别人。

第四，要使环境不受污染，进一步消除混浊的空气、粉尘、噪声和污染源，消除“职业病”。

(5)素养(Shitsuke)，即努力提高人员的修养，养成严格遵守规章制度的习惯和作风，这是“5S”管理的核心。没有人员素质的提高，各项活动就不能顺利开展，即使开展了也坚持不了，所以，抓“5S”管理，要始终着眼于提高人员的素质。

3. 开展“5S”管理的原则

(1)自我管理的原则。良好的工作环境，不能仅靠添置设备，也不能指望别人来创造，应当充分依靠现场人员，由现场的当事人员自己动手为自己创造一个整齐、清洁、方便、安全的工作环境，使他们在改造客观世界的同时，也改造自己的主观世界，产生“美”的意识，养成现代化大生产所要求的遵章守纪、严于律己的风气和习惯。因为是自己动手创造的成果，也就容易保持和坚持下去。

(2)勤俭办厂的原则。开展“5S”管理活动，会从生产现场清理出很多无用之物，其中，有的只是在现场无用，但可用于其他的地方；有的虽然是废物，但应本着废物利用、变废为宝的精神，该利用的应千方百计地加以利用，需要报废的也应按报废手续办理并收回其“残值”，千万不可只图一时处理“痛快”，不分青红皂白地当作垃圾一扔了之。对于那种大手大脚、置企业利益于不顾的“败家子”作风，应及时制止、批评、教育，情节严重的要给予适当处分。

(3)持之以恒的原则。“5S”管理活动开展起来比较容易，可以搞得轰轰烈烈，在短时间内取得明显的效果，但要坚持下去，持之以恒，不断优化就不太容易了，不少企业发生过“一紧、二松、三垮台、四重来”的现象。因此，开展“5S”管埋活动，贵在坚持，为将这项活动坚持下去，企业首先应将“5S”管理活动纳入岗位责任制，使每个部门、每个员工都有明确的岗位责任和工作标准；其次，要严格、认真地做好检查、评比和考核工作，将考核结果与各部门和每个员工的经济利益挂钩；最后，要坚持 PDCA(计划、实施、检查、处理)循环，不断提高现场的“5S”管理水平，即要通过检查，不断发现问题，不断解决问题。在检查考核后，还必须针对问题，提出改进的措施和计划，使“5S”管理活动坚持不断地开展下去。

任务三　客户关系管理

一、客户关系管理的概念、内涵和核心思想

（一）客户关系管理的概念

客户关系管理(Customer Relationship Management,CRM)作为一种概念,至今还没有一个公认的定义。目前,对客户关系管理的概念是众说纷纭,综合现有的概念,大致上可以分为三类。

第一类概念概括为:客户关系管理是遵循客户导向的战略,对客户进行系统化的研究,通过改进对客户的服务,提高客户的忠诚度,不断争取新客户和商机;同时以强大的信息处理和技术力量确保企业业务行为的实时进行,力争为企业带来长期稳定的利润。这类概念的主要特征是从战略和理念的宏观层面对客户关系管理进行界定,但这种概念往往缺少对实施方案的思考。

第二类概念概括为:客户关系管理是一种旨在改善企业与客户之间关系的新型管理机制,它实施于企业的市场营销、服务和技术等与客户相关的领域,一方面通过对业务流程的全面管理来优化资源配置,降低成本;另一方面通过提供优质的服务吸引和保持更多的客户,增加市场份额。这类概念的主要特征是从企业管理模式、经营机制的角度来对客户关系管理进行定义。

第三类概念概括为:客户关系管理是企业通过技术投资,建立能收集、跟踪和分析客户信息的系统,或增加客户联系渠道、客户互动以及对客户渠道和企业后台整合的功能模块。这类概念主要从微观的信息技术、软件及其应用层面对客户关系管理进行定义,但这种定义与企业的实际发展情况往往存在偏差。

上述三类关于客户关系管理的定义,究其本身而言,如果就特定问题或在特定环境下对客户关系管理予以界定,都有其特定的价值,但就对客户关系管理进行整体、系统、完备和深入认识的要求来讲,它们都只是就涉及问题的个别部分的描述和界定。

对客户关系管理的完整定义应该包括以下三个基本要求:①比较全面地概括目前企业界和理论界对客户关系管理的各种认识和思考;②比较系统地反映出客户关系管理的思想、方法和应用等各个层面的内容;③比较科学地界定客户关系管理的应用价值。

在这些要求的基础上,本书的定义为:客户关系管理是企业为提高核心竞争力,达到竞争制胜、快速成长的目的,树立以客户为中心的发展战略,并在此基础上开展的包括判断、选择、争取、发展和保持客户所需实施的全部商业过程;是企业以客户关系为重点,通过开展系统化的客户研究,通过优化企业组织体系和业务流程,提高客户满意度和忠诚度,提高企业效率和利润水平的工作实践;也是企业在不断改进与客户关系相关的全部业务流程,最终实现电子化、自动化运营目标的过程中,所创造并使用的先进信息技术、软硬件和优化的管理方法、解决方案的总和。

（二）客户关系管理的内涵

根据以上对客户关系管理的定义,可以将其理解为理念、机制、技术三个层面。正确的理念、机制是客户关系管理实施的指导,信息技术是客户关系管理系统成功实施的手段和方法。三者构成客户关系管理稳固的"铁三角",如图5－6所示。

1. 理念

客户关系管理是一种先进的经营管理理念。作为一种管理理念,它起源于关系营销学,在美国产生和发展。近几十年来,关系营销学的理论和方法极大地推动了西方国家工商业的发展,深刻地影响着企业经营观念以及人们的生活方式。客户关系管理以客户为中心,视客户为企业最重要的资源,通过深入的客户分析,不断发现客户需求,并通过企业完善的服务,使客户的需求得到充分的

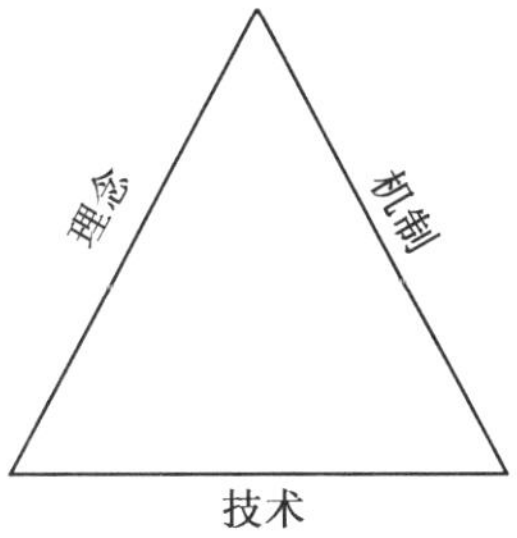

图 5—6 客户关系管理铁三角

满足，以此来建立和巩固企业与客户长期的关系，确保企业的可持续发展等，这些都是该理念的核心所在。

2. 机制

客户关系管理是一种旨在改善企业与客户之间关系的新兴管理机制，主要集中在市场营销、销售、客户服务和决策分析等企业与客户发生关系的业务领域。它一方面通过企业对业务流程的全面管理来优化资源配置，降低企业成本，缩短销售周期；另一方面通过提供更快捷、周到和优质的服务来吸引和保持更多的客户，增加市场份额。

3. 技术

客户关系管理是一整套解决方案。在实践中，客户关系管理是一种专门的管理软件和技术。它集合了很多当今最新的科技成果，包括网络技术和电子商务、多媒体技术、数据仓库和数据挖掘、专家系统和人工智能等。客户关系管理软件将先进的信息化技术与企业经营管理模式、营销理论紧密地结合起来，为企业的销售、客户服务以及营销决策提供了一个集成化的解决方案。客户关系管理系统作为企业面向客户的信息管理平台，为企业经营活动的开展提供支持和保障。

（三）客户关系管理的核心思想

1. 进一步延伸企业供应链管理

20 世纪 90 年代提出的 ERP 系统，原本是为了满足企业的供应链管理需求，但 ERP 系统的实际应用并没有达到企业供应链管理的目标，这既有 ERP 系统本身功能方面的局限性，也有信息技术发展阶段的局限性，最终 ERP 系统又退回到帮助企业实现内部资金流、物流与信息流一体化管理的系统。CRM 系统作为 ERP 系统中销售管理的延伸，借助互联网技术，突破了供应链上企业间的地域边界和不同企业之间信息交流的组织边界，建立起企业自己的 B2B 网络营销模式。CRM 与 ERP 系统的集成运行才真正解决了企业供应链中的下游链管理，将客户、经销商、企业销售部全部整合到一起，实现企业对客户个性化需求的快速响应。同时，它也帮助企业清除了营销体系中的中间环节，通过新的扁平化营销体系，缩短响应时间，降低销售成本。

2. 对企业与客户之间发生的各种关系进行全面管理

企业与客户之间发生的关系，不仅包括单纯的销售过程中所发生的业务关系，如合同签订、订单处理、发货、收款等，而且包括在企业营销及售后服务过程中发生的各种关系，如在企业市场活动、市场推广过程中与潜在客户发生的关系。

在与目标客户接触过程中，企业服务人员要将对客户提供关怀活动时间、服务内容（包括售后服务）、服务效果做明确的记录，这是对企业与客户间可能发生的各种关系进行全面管理，目的在于减少在提升企业营销能力、降低营销成本、控制营销活动过程中可能导致客户抱怨的各种行为，这是 CRM 系统的另一个重要管理思想。

3. 客户是企业发展最重要的资源之一

企业发展需要对自己的资源进行有效的组织与计划。随着人类社会的发展，企业资源的内涵也在不断扩展，早期的企业资源主要是指有形的资产，包括土地、设备、厂房、原材料、资金等。随后，企业资源概念扩展到无形资产，包括品牌、商标、专利、知识产权等。再后来，人们认识到人力资源是企业发展最重要的资源。工业经济时代后期，信息又成为企业发展的一项重要资源，乃至人们将工业经济时代后期称为“信息时代”。由于信息存在有效性问题，只有经过加工处理变为“知识”才能促进企业发展，因此，“知识”成为当前企业发展的一项重要资源，信息总监(CIO)让位于知识总监(CKO)，这在知识型企业中显得尤为重要。

在人类社会从“产品”导向时代转变为“客户”导向时代的今天，客户的选择决定着一个企业的命运，因此，客户已成为当今企业最重要的资源之一。CRM系统中对客户信息的整合集中管理体现出将客户作为企业资源之一的管理思想。在很多行业中，完整的客户档案或数据库就是一个企业颇具价值的资产。通过对客户资料的深入分析并应用销售理论中的“二八原则”将会显著改善企业营销业绩。

二、客户信息收集的途径与方法

(一)客户信息收集的途径

跟单员收集客户信息应注意信息的真实性、可靠性、准确性和及时性。

1. 案桌调研

其包括：①国内外贸易指南；②国内外展览会；③国内外新闻传播媒体(报纸、杂志、广播电台、电视、网络等)；④国内外展销会；⑤政府组织的各类商品订货会；⑥国内外行业协会——会员名录、产业公报；⑦国内外企业协会；⑧国内外各种企业联谊会或同业工会；⑨国内外政府相关统计调查报告或刊物，如企业统计资料、产业或相关研究报告等；⑩其他，如各类出版物的企业名录。

2. 直接调研

其包括：①同行交流。跟单员可通过各种合法途径得到竞争对手的客户资料。②客户介绍。向客户询问，客户可能会提供相关信息。③客户自行找上门。

(二)客户信息收集的方法

1. 统计资料法

这是跟单员收集客户信息的主要方法，它通过企业的各种统计资料、原始记录、营业日志、订货合同、客户来函等，了解企业在营销过程中的各种需求变化情况和意见反馈。这些资料多数是靠人工收集和整理的，而且分散在企业各职能部门内部，需要及时整理汇总。

2. 聘请法

根据企业对信息的需求情况，聘请外地或本地的专职或兼职信息员、顾问等，组成智囊团，为企业提供专业情报，并为企业出谋划策。

3. 购买法

这是一种有偿转让信息情报的方法。随着信息技术的发展，国内外兴起了各种信息行业，如咨询公司、顾问公司等，它们负责收集、整理各种信息资料；各类专业研究机构、大学研究部门也有各种相关信息资料。购买法就是向这些信息服务单位有偿索取，虽然这些资料多数属于二手资料，但省时且来源广，只要目的明确、善于挑选，也不失为重要来源。

4. 观察法

这主要是通过跟单员在跟单活动的第一线进行实地观察收集客户信息。此法由于信息来源直接，可以减少传递者的主观偏见，所得资料较为准确，但观察法主要是看到事实的发生，难以说明内在原因。在现实生活中是处处都有信息的,只要善于观察,就能捕捉到市场机会。

5.会议现场收集法

这主要是通过各种业务会议、经验交流会、学术报告会、信息发布会、专业研讨会、科技会、技术鉴定会等,进行现场收集。

6.加工法

企业的结构一般有底层、中层、顶层之分,不同的层次有不同的信息流。底层的一些数据,如日报、周报、月报等,还不能算是高一层次所需要的信息,但当这些数据往上输送,中层进行加工,便成为一种有用的信息。例如,企业将各部门的月报加以综合分析,便可形成一种信息。

7.网络收集法

这是现代信息收集的主要方法,具有快捷、直观、丰富等特点。互联网是主要媒体之一,企业可以自设网站征集信息,也可从别的网站下载自己需要的信息。充分利用这一资源,对企业进行信息收集大有帮助。

8.阅读法

这主要是指从各种报纸、杂志、图书资料中收集有关信息。报纸、杂志、图书资料是传播信息的媒介,只要详细阅读,认真研究,不难发现其中对自己有用的信息。据外国某战略研究所分析,世界上有60%~70%的信息情报来自公开的图书资料,可见从阅读中收集信息的重要性。

9.视听法

这主要是指在广播、电视节目中捕捉信息。广播与电视是大众传播媒介,信息传递快,除广告外还有各种市场动态报道,这些都是重要的信息源。

10.多向沟通法

这是指与企业外部有关单位建立信息联络网,互通情报,交流信息。多向沟通可分为纵向沟通与横向沟通两大类:纵向沟通是加强企业上下级之间的信息交流,建立自上而下的信息联络网,既反映企业的情况,又能取得上级有关部门的情报资料;横向沟通是指行业内企业之间、地区之间、协作单位之间建立各种信息交换渠道,定期或不定期地交换信息情报资料。

11.数据库收集法

许多公司开始使用从一个称作数据库的大型数据组中寻找所需客户资料的方法。银行、电信公司、目录营销公司,以及其他需储存客户大量信息数据的公司,它们存储的数据不仅包括客户的地址,而且包括他们的经营状况、员工人数、营业额以及其他信息。通过仔细地研究这些信息,能在如下方面受益:①了解哪些客户能够承受产品升级后的价格;②了解哪些客户可能会下订单给公司;③了解哪些客户能够成为公司的预期客户;④了解哪些客户能够成为更长期的客户并产生价值,从而给他们以关注及优惠;⑤了解哪些客户打算终止下订单,提醒公司采取一定的措施来阻止。

三、客户的分类和联络

(一)客户分类的原则

1.客户的可衡量性

客户的可衡量性是指客户分类必须是可识别的和可衡量的,即分类出来的客户不仅范围比较明晰,而且能大致判断该市场的大小,因此,据此分类的各种特征应是可识别和可衡量的。凡是企业难以识别、难以衡量的因素或特征,都不能据此分类;否则,客户的分类将会因无法界定和度量而难以描述,分类也就失去了意义。所以,恰当地选择分类衡量标准十分重要。

2.客户的反应差异性

客户的反应差异性是指分类出来的各类客户,对企业营销组合中任何要素的变动都能灵敏地做出差异性的反应。如果几类客户对于一种营销组合按相似的方式做出反应,就不需要为每一类客户制定一个单独的营销组合。例如,如果所有分类的客户按同一方式对价格变动做出反应,就无须为每一分类客户规定不同的价格策略。也就是说,这样的客户分类是不成功的。成功的客户分类应当是:某个客户分类立即会对价格变动做出反应,而不太在意价格变化的另一个客户分类却能对其他因素的变化做出更大的反应。也就是说,对分类的客户,应当统筹考虑他们对所有营销组合因素的各种反应,而不能以单一的因素为基础加以考虑。只有这样进行分类,才可能为分类出的客户制订有效的营销组合方案。

3.客户的可开发性

客户的可开发性是指分类的客户应是企业的业务活动能够开发的,即分类出来的客户应是企业能够对其产生影响,产品能够展现在其面前的。这主要表现在三个方面:一是企业具有开发这些客户的资源条件和竞争实力;二是企业能够通过一定的传播途径把产品信息传递给客户;三是产品能够经过一定的方式抵达该客户。考虑客户的可开发性,实际上就是考虑企业业务活动的可行性。显而易见,对于不能开发或难以开发的客户进行分类是没有意义的。

4.客户的需求足量性

分类出来的客户总量,必须大到足以使企业实现其利润目标。在进行分类时,企业必须考虑客户的数量及订单数量和金额。大的、关键的客户,应是那些有足够市场拓展能力,并且有充足的货币支付能力,使企业能够补偿生产与营销成本,并能获得利润的客户。因此,分类不能从销售潜力有限的客户起步。比如,波音747飞机的整个订单是按商用与军用、货机与客机客户加以细分的,而私人定制的客户极少,如果按私人定制的需求特征去分类,那将是极其愚蠢的。

(二)客户的分类

(1)按客户地理位置,可以分为国内客户和国外客户。

(2)按客户所在行业,可以分为贸易客户和非贸易客户。

(3)按客户成交金额分类,主要是以某一时期客户与企业成交的金额高低来进行的,以便进行重点管理。

(4)按照“二八原则”,可以把客户分为A、B、C三类客户。其中,A类客户成交额占企业总成交额的70%,而客户的数量只占10%;B类客户成交额占企业总成交额的20%,客户数量也是占20%左右;C类客户成交额占企业总成交额的10%,而客户的数量占70%。应对措施:一般来说,对于A类客户,跟单员需要重点跟踪,加强联络;对于B类客户也可以进行必要的跟踪;而对于C类客户可以按年或按季进行跟踪,必要的时候甚至可以放弃。要用发展的眼光来看问题,三类客户也可能互相转变,同时要结合周边环境动态分析三类客户。

(5)按企业经营角度,可以分为一般客户(常规客户)、合适客户(潜力客户)、关键客户(头顶客户)。

(6)按企业性质,可以分为制造商、境外进口批发商、境外零售商、境外中间商等。

(三)客户的联络

1.客户联络的目的

跟单员工作的重点就是联络或访问客户,其目的在于:①创造一个与客户交流的机会,联络感情;②向客户传达资料、样品等难以用言语表达清楚的信息;③引导客户决策;④对客户的信用状况(是否会下订单或多下订单等)做出判断;⑤对客户的经营风格和个人人格进行考察;⑥听取客户的要求和条件。

2.确定联络计划

其包括:①联络重点;②预计订货品种、数量、金额;③联络频率;④联络时间;⑤定期联络。

3.联络准备

其包括:①客户相关材料;②商品资料、样品;③各类文书、票据;④名片、印章、文具等;⑤交通工具。

(四)处理客户的投诉

处理客户的投诉,对客户表示同情、道歉,只是礼节上的需要,客户投诉的主要目的还是希望对投诉的问题做出妥善的处理。因此,处理客户的问题是最重要的一环,其中答复对方的解决方案又是最关键的步骤。最终的答复方案应当做到明快、诚恳、稳妥。

客户投诉一是来源于产品,二是来源于售后服务。跟单员处理客户投诉的方法主要有电话处理、书信处理、现场处理三种方式。

职场指南 5-1　　跟踪外贸客户的四点技巧

外贸业务中,有些有订单意向但没有落实的客户,该如何跟踪这些客户呢?就像化学反应的规律一样,在商业领域,也有其独特的规律,掌握了规律,就等于掌握了开启成功的钥匙。有几点技巧供大家参考:

首先,认真看待"狗熊掰玉米,来一个去一个"的现象。由于未掌握正确的客户信誉培养周期,造成了客户来也容易、去也容易,成本大增,业务员信心大减,经常有业务员徘徊在是放弃还是坚持的"十字路口"。

其次,对客户成熟期的把握是决策的最重要基础。就像种一棵树,没有对树的成长周期有所了解的话,树是长不活或长不好的。一般客户的培养,仅信誉的培养周期就长达几月,甚至数年。有些日本公司不但要求公司员工对客户的信誉培养放到一个长期、不懈努力的战略高度,而且不惜代价将培养客户的信誉看得重于做几单生意。有些日本公司甚至对自己员工的信誉考验期延长到3~5年。业务员最容易犯的错误是轻易地相信所谓"机会"的神话,而过早地结束客户的相互信誉培养的周期。

再次,定位精确、持之以恒。据说美国有一个超级销售大王,他曾经一年销售了4 000辆汽车,享受着总裁般的工作待遇。究其原因,他对进门来的潜在客户做了一个半年到一年的服务计划,他每日的工作几乎就是给潜在客户们提供许多汽车的各种服务信息(有钱怎么买车、钱少怎么贷款买车等),目的就是长期建立商业信誉,让客户感觉要买车只有找他了。由于他"准确、有效"的努力,每日的汽车销量就像果树到了秋天,果实往下掉一样,源源不断。

最后,两种不同方法的成本比较:一种是碰机会法,另一种是客户信誉培养法。前者看起来是像排球"短、平、快"的战术,但底气和实力不够,而发展高弹跳、中台扣球的技术,虽然时间长,但底气足、实力强。前期对客户的投入,如果中途放弃的话,其成本比长期坚持的成本要大几倍。

四、客户满意

(一)客户满意的概念

客户满意(Customer Satisfaction)是20世纪80年代中后期出现的一种经营思想,其基本内容是:企业的整个经营活动要以客户满意度为导向,要从客户的角度,用客户的观点而不是企业自身的利益和观点来分析客户的需求,尽可能全面尊重和维护客户的利益。从消费者价值选择的角度讲,早期消费者遵循理性消费的观念,不但重视产品的价格,而且看重产品的质量,"物美价廉"反映出消费者的价值选择的标准是"好"和"差"。后来,消费者的价值选择更多受到感觉的影响,开始注重产品的形象、品牌、设计以及使用的方便性、新颖性,对产品价值选择的标准发展为"喜欢"和"不喜欢"。当前,消费者越来越重视产品所带来的情感和心灵上的充实或满足,因而更在意和追求购买与消费过程中的满足感，其价值选择的标准演变为“满意”和“不满意”。

客户满意是客户对某种产品或服务可感知的实际体验与他们对产品或服务的期望值之间的比较。满意度是对客户满意程度的度量。由此可见，客户的满意度是由客户对产品或服务的期望值与客户对购买的产品或服务所感知的实际体验两个因素决定的。

从上面的定义可以看出，客户满意是指客户通过对一个产品或服务的可感知的效果，与他的期望值相比较后形成的愉悦或失望的感觉状态。它是一种客户心理反应，而不是一种客户行为。

从理论上说，客户满意可分为三种类型：不满意、一般满意和高度满意。如果可感知效果低于期望值，客户就会不满意；如果可感知效果与期望值相等，客户就会感到一般满意；如果可感知效果超过期望值，客户就会感到高度满意。可以用图5—7来表示这种关系，假设客户对产品或服务的期望值为Q_0，客户对产品或服务所感知的实际体验为Q_1，则客户可感知效果与期望值比较的结果为不满意、一般满意或者高度满意。

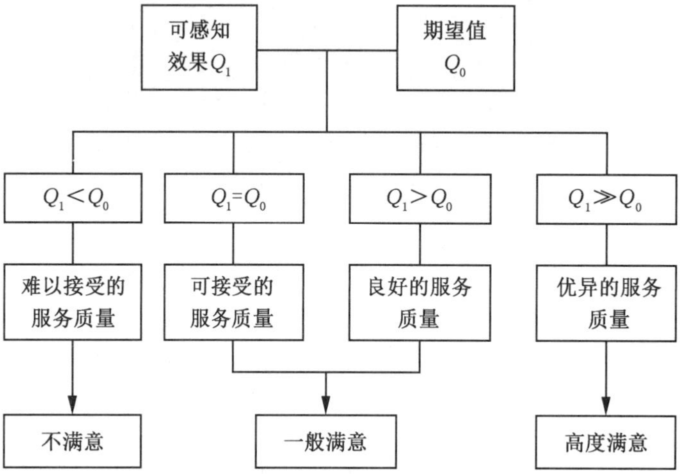

图5—7 客户满意的类型

对企业来说，不满意的客户下次将不会再购买企业的产品，一般满意的客户一旦发现有更好或更便宜的产品后也会很快地更换品牌，只有高度满意的客户才有可能成为企业的忠诚客户。因此，现代企业把追求客户的高度满意作为自己的经营目标，以培养客户对品牌的高度忠诚度。市场营销学泰斗菲利普·科特勒甚至认为：“市场营销就是指在可盈利的情况下创造客户满意。”

客户满意度不仅决定了客户自己的行为，而且他还会将自己的感受向其他人传播，从而影响到他人的行为。研究表明，如果客户不满意，他会将其不满意告诉22个人，除非独家经营，否则他不会重复购买；如果客户一般满意，他会将一般满意告诉8个人，但该客户未必会重复购买，因为竞争者有更好、更便宜的产品；如果客户高度满意，他会将高度满意告诉10个人以上，并肯定会重复购买，即使该产品与竞争者的产品相比并没有什么优势。随着客户满意度的增加和时间的推移，客户推荐将给企业带来更多的利润，同时因宣传、推销方面的成本的减少也将带来利润的增加，而这两者加起来要远远超出其给企业创造的基本利润。因此，有人说，“一个满意的客户胜过十个推销员”。这也是企业为何要将客户满意度作为营销管理的核心内容的一个主要原因。

（二）影响客户满意的因素

影响客户满意的因素是多方面的，涉及企业形象、产品、营销与服务体系、企业与客户的沟通、客户关怀等因素。其中任何一个方面给客户创造了更多的价值，都有可能增加客户的满意度；反之，上述任何一个方面的减少或缺乏，都会降低客户的满意度。根据“木桶原理”，一个木桶所能装水的最大容量是由其最短的一块木板所决定的。同样，一个企业能够得到的最大客户满意度，是由其工作和服务效率最差的一个环节或部门所决定的。也就是说，企业要达到客户的高度满意，必须使所有的环节和部门都能够为客户创造超出其期望值的价值。

影响客户满意的因素可归结为以下五个方面：

1. 企业因素

企业是产品与服务的提供者，其规模、效益、形象、品牌和公众舆论等在内部或外部表现的东西都影响着消费者的判断。如果企业给消费者一个很糟糕的形象，很难想象消费者会考虑选择其产品。

2. 产品因素

产品因素包含四个层次的内容：①产品与竞争者同类产品在功能、质量、价格方面的比较。如果有明显优势或个性化较强，则容易获得客户满意。②产品的消费属性。客户对高价值、耐用消费品要求比较苛刻，因此这类产品难以取得客户满意，但一旦客户满意，客户忠诚度将会很高。客户对价格低廉、一次性使用的产品要求较低。③产品包含服务的多少。如果产品包含服务较多，则难以每项服务都能取得客户满意，而不含服务的产品只要核心指标基本合适，客户就容易满意。如果其产品与其他企业差不多，客户很容易转向他处。④产品的外观因素，如包装、运输、配件等，如果产品设计得细致，有利于客户使用并能体现其地位，往往会使客户满意。

3. 营销与服务体系

企业的营销与服务体系是否有效、简洁，能否为客户带来方便，售后服务时间长短，服务人员的态度、响应时间，投诉与咨询的便捷性等都会影响客户满意度。另外，经销商作为中间客户，有其自身的特殊利益与处境。企业通过分销政策、良好服务赢得经销商的信赖，提高其满意度，能使经销商主动向消费者推荐产品，解决消费者一般性的问题。

4. 沟通因素

企业与客户的良好沟通是提高客户满意度的重要因素。很多情况下，客户因对产品性能不了解，造成使用不当，需要企业提供咨询服务；客户因为质量、服务中存在的问题要向企业投诉，与企业联系时如果缺乏必要的渠道或渠道不畅，容易导致客户不满意。

5. 客户关怀

客户关怀是指不论客户是否咨询、投诉，企业都主动与客户联系，就产品、服务等方面可能存在的问题主动向客户征求意见，帮助客户解决以前并未提出的问题，倾听客户的抱怨、建议。通常，客户关怀能大幅度提高客户满意度。但客户关怀不能太频繁，否则会引起客户反感。

五、客户忠诚

客户忠诚被认为是企业取得长期利润增长的途径。因为取得新客户的成本是非常高的，包括广告、销售、开创新业务及客户学习过程的成本，而保留客户的成本仅包括维系服务的成本和沟通成本，这种成本呈不断下降的趋势。保留客户是指通过客户不断购买产品并将产品推荐给其他人，促进企业收入的增长，且客户的价值随着时间的推移而不断增长。据估计，企业争取一个新客户的成本是保留一个老客户的5倍，留住5%的客户有可能会为企业带来100%的利润。所以，企业要不断提高自身的服务效率，完善服务方式，通过让客户满意逐步培养起客户的忠诚度，从而为企业带来新的收益。

（一）客户忠诚的概念

客户忠诚（Customer Loyalty）是指客户对某一特定产品或服务产生了好感，形成了偏爱，进而重复购买的一种行为趋向。客户忠诚实际上是一种客户行为的持续性。客户忠诚度是指客户忠诚于企业的程度。客户忠诚表现为两种形式：一种是客户忠诚于企业的意愿，另一种是客户忠诚于企业的行为。一般的企业容易将这两种形式混淆起来，其实这两者具有本质的区别，前者对于企业来说本身并不产生直接的价值，而后者则对企业具有重要价值。道理很简单，客户只有意愿，却没有行动，对企业来说没有意义。企业要做的，一是推动客户从"意愿"向"行为"的转化程度，二是通过交叉销售和追加销售等途径进一步提升客户与企业的交易频度。

1.促成客户忠诚的因素

促成客户忠诚的因素主要包括以下四点：

(1)产品和服务的特性。企业长期提供的是价格合理、质量可靠、合乎客户使用要求的产品和服务，已经赢得了客户的高度认同。

(2)避免购买风险。当客户面对众多新的选择时，往往会选择自己熟悉的品牌和企业，以降低购买风险，所以，一个企业要从竞争对手中夺得一个对方的长期客户是十分困难的。

(3)降低客户的相关购买成本。要寻找一个新企业，必须花费相当的时间、精力和金钱，为了减轻这方面的代价，客户宁愿选择熟悉的企业与其进行长期合作。

(4)符合客户的心理因素。客户对某一品牌或某一企业的产品和服务忠诚，可能是为了体现自身的价值，或是认同对方的价值观，也可能是因为对企业的承诺放心等。比如，客户购买高档服装可能是为了体现身价，而购买"海尔"家电可能是对公司"全心全意为客户服务"的价值观的认同。

2.客户忠诚度的衡量

客户忠诚度可以从以下几个方面进行衡量：

(1)客户重复购买的次数。在一段时间之内，客户对某一种产品重复购买的次数越多，说明客户对该产品的忠诚度越高；反之则越低。对产品多元化的企业而言，客户重复性地购买同一企业品牌的不同产品，也是一种忠诚度高的表现。

(2)客户购买量占其对该产品总需求量的比例。这个比例越高，表明客户的忠诚度越高。

(3)客户对企业产品或品牌的关心程度。客户通过购买或非购买的形式，对企业的商品或品牌予以关注的次数、渠道和信息越多，其忠诚度也就越高。必须指出的是，客户的关心程度与购买次数并不完全相同，例如一些品牌的专卖店，客户可能经常会光顾，但并不一定每次都会买。

(4)客户购买时的挑选时间。一般而言，客户挑选产品所用的时间越短，表明其忠诚度越高。

(5)客户对产品价格的敏感程度。客户对某产品价格的敏感程度越低，忠诚度越高。客户对产品价格的敏感程度可以通过侧面来了解，例如公司在价格调整以后，客户的购买量的变化、其他的反馈等。此外，在运用这一标准的时候，需要结合产品的供求状况、产品对于人们的必需程度，以及产品市场的竞争程度等因素综合考察。

(6)客户对竞争产品的态度。人们对某一品牌的态度的变化，大多是通过与竞争产品的比较而产生的，如果客户对竞争产品表现出越来越多的偏好，表明客户对本企业的忠诚度下降。

(7)客户对产品质量事故的承受能力。客户对产品或品牌的忠诚度越高，对出现的质量事故也就越宽容。

(8)客户对产品的认同度。客户对产品的认同度是通过向身边的人推荐产品，或间接地评价产品表现出来的。如果客户经常向身边的人推荐产品，或在间接的评价中表示认同，则表明忠诚度较高。

3.客户忠诚的效应

客户忠诚是企业发展、受益，并最终盈利的关键所在。一般来说，客户忠诚给企业带来的效应主要表现在以下几方面：

(1)销售量上升。忠诚客户往往是良性消费者，不会刻意追求价格上的折扣。

(2)加强竞争地位。忠诚客户会排斥企业竞争对手的产品,则企业在市场上的地位会变得更加稳固。

(3)减少营销费用。忠诚客户常常会以口碑进行推荐,给企业带来新客户,从而降低企业吸引新客户的成本。

(4)有利于新产品的推广。忠诚客户会很乐意尝试企业的新产品并向周围的人介绍,有利于企业拓展新业务。

(二)提高客户忠诚度的要点

忠诚客户所带来的收益是长期并具有累计效应的。一个企业的忠诚客户越多,客户对企业保持忠诚的时间越久,客户为企业创造的价值就越大,企业所获得的利益也就越多。因此,现代企业不仅要使客户满意,而且要努力培养客户的忠诚度,使更多的满意客户进一步升级为忠诚客户。

1. 选择培养目标

并不是所有的客户都能发展为忠诚客户,因此企业在培养忠诚客户之前,必须首先确定自己培养的对象,通过对客户资料的分析,寻找那些最具有潜力成为忠诚客户的客户群。

2. 提供特色服务

客户的忠诚主要是建立在非常满意因素的基础上的,因此,企业除了要提供高质量的产品和无可挑剔的基本服务以外,还要选择最吸引客户的方式,提供与众不同的特色服务,以增加对客户的吸引力。

3. 加强与客户的沟通

企业要保证畅通的沟通渠道,让客户发表自己的意见和建议,在客户需要的时候随时与之交流,及时了解客户的需求,不断增进与客户的情感。通过与客户进行交流而获得的信息将成为企业宝贵的财产,为企业的经营注入活力。

4. 妥善处理客户抱怨

任何企业都难免出现不尽如人意的地方,因此客户抱怨随时都有可能发生。客户的抱怨会对企业产生负面影响,因而要尽力避免客户抱怨的发生。但在客户抱怨已经发生的情况下,企业应当认真听取客户的抱怨,真诚地接受客户的批评,并全力帮助客户解决所遇到的问题。实践证明,客户的抱怨如果能够得到妥善的处理,反而更容易使其成为忠诚客户。因此,企业应该把客户抱怨的妥善处理作为企业建立客户忠诚的一个重要途径。

六、客户价值

(一)客户价值的概念

在营销领域,客户价值(Customer Value)已经成为一个非常流行的术语,许多企业也将客户价值视为一种基本的战略导向。企业界普遍认为,增加客户价值是实现利润增长和提高企业总体价值的关键。但是,对于客户价值概念的理解,目前营销界和学术界存在多种不同的看法,有些看法之间甚至存在着严重对立,很可能引起战略应用上的误区。因此,有必要对客户价值的内涵进行深入的探讨,澄清不同的观点,以便更好地指导企业战略的制定和实施。

1. 客户价值的方向定位

目前,在使用客户价值的概念时,主要有两个方向:企业为客户创造或提供的价值以及客户为企业创造的价值,显然这两个价值的内涵是截然相反的。因此,要理解客户价值的内涵,首先必须搞清楚客户价值的方向定位,即客户价值到底是对谁的价值——是企业为客户创造的价值,还是客户为企业创造的价值。不同方向的价值定义带来的营销策略可能完全不同。如果混淆向客户传送的价值和从客户那里获得的价值,可能会导致决策的失误。

在大多数学者的研究中，客户价值更多地被认为是企业为客户创造的价值，即客户对企业提供的产品与服务给他带来的价值的判断。与此相对应，将"客户为企业带来的价值"归结为"关系价值"，即"企业维持与客户的关系，能够为企业带来的价值"。客户价值和客户关系价值从不同角度对客户价值进行描述，共同构成客户关系管理的两大价值支柱。

2. 客户价值与客户关系价值的联系

向客户传送的价值与从客户那里获得的价值事实上是一对矛盾统一体。向客户传送超凡的价值无疑可以带来经营上的成功，但必须同时考虑这种价值传送活动是否有利可图、能否为公司带来满意的经济效益。如果一味追求"所有客户 100%的满意"，可能会适得其反：一来因为这仅仅是一种理念层次上的东西，根本不可能达到，也不可能真正为内部员工所接受；二来要实现这种目标，就意味着必须向所有的客户提供高质量的服务，而不考虑该客户能否给公司带来价值回报，此举无疑会大幅度增加企业的成本。因此，要增加为客户创造的价值，势必带来产品或服务提供成本的增加，从而减少企业能从客户处获得的价值。但是，两个方向的价值之间又存在统一性。为客户创造的价值越多，越能增强客户的满意度，提高客户忠诚度，实现客户挽留，因此，从长期来看，为客户创造价值有利于增加客户为企业创造的价值。

在客户关系管理中，价值一直被视为是十分重要的因素。如果某个企业能够向客户提供超凡的价值，无疑也就拥有了新的差别化竞争优势。再则，通过增加核心产品或服务的价值，无疑能够提高客户满意度，赢得客户忠诚。

3. 客户价值的概念

由于目前对客户价值的看法过于分散，很难找出一个合理的定义能将所有的观念囊括其中。为了探索客户对价值的看法，许多学者做了大量的实证研究。伍德罗夫归纳总结了这些实证结果，从客户的角度对客户价值定义如下：客户价值是客户对产品属性、属性效能以及使用结果（对实现客户目标和初衷的促进或阻碍）的感知偏好和评价。这个定义不仅综合考虑了客户的期望价值和实现价值，而且强调价值来源于客户感知、偏好和评价，同时将产品与使用环境和相应的客户感知效果紧密地联系起来，抓住和反映了客户价值的本质。

（二）客户价值管理

客户价值管理的根本目的是使企业的经营理念、能力、过程及组织结构与客户感知的价值因素相适应，以向客户传递最大化的价值。换句话说，客户价值管理就是向客户准确地提供其需要的产品或服务。目前，由于基于产品和价格的差别化竞争优势越来越小，因此，如何吸引客户和如何实现持续成长也就成为各大企业面临的主要问题。因此，基于客户价值创造的竞争优势越来越受到企业界和学术界的重视，越来越多的企业采用客户价值管理方法来识别自己所能创造的价值，而这种价值不仅体现在产品上，而且体现在过程和服务上。企业必须调整和营造自身的能力，以期在每一次与客户接触的过程中为客户创造其需要的价值。总之，如果一个企业希望成功地开展客户关系管理，吸引忠诚的客户，并依靠客户价值来延续成长态势，那么客户价值管理是至关重要的。

关于客户价值管理的内涵，汤普森和斯通给出了一个精辟的定义：客户价值管理是为了获得具有营利性的战略竞争地位、实现企业能力（如过程、组织结构）与价值链之间协调统一的一套系统方法，其目的在于确保当前的或未来的目标客户能够从企业提供的服务、过程或关系中获得最大化的利益满足。

理解客户价值管理的内涵，必须把握以下几个方面的内容：

1. 客户导向型过程

在客户价值管理中，过程的概念十分重要。过程由一系列跨越不同职能部门的活动构成，其目的在于产生预期的结果、产品或服务。比如，过程可能是处理客户的订单，或是开发新产品。当过程跨越不同的部门时，常常会发生各个部门“闭关自守”，置企业整体利益和客户利益于不顾的情形。因此，客户价值管理必须系统地管理企业内部的业务流程，消除各部门之间的界限和壁垒。在当今激烈竞争的环境中，经营管理者必须确保企业的每一个过程都是“客户导向型”的，并能不断地根据客户的需求变化做出调整。

2. 战略性任务

客户价值管理是战略性的任务，而不仅仅是涉及营销的局部问题。客户价值管理必须应用在战略层次上，考虑客户价值创造和传递过程中的方方面面。客户价值管理不仅是营销或客户管理，而且是通过企业许多跨部门业务过程的整合，确保企业的产品或服务提供能力与通过营销渠道所做出的承诺相一致。反过来，企业的市场承诺、业务过程和能力也必须与客户的期望结果或价值相符，以驱动目标顾客的行为和忠诚。在客户关系管理中，客户价值管理对于培养客户的忠诚、实现客户挽留意义十分重大。因此可以说，客户价值管理是客户关系管理中的核心任务之一。

3. 营利性

通过为客户创造超凡的价值，客户价值管理的最终目的是实现本企业利润的最大化。客户价值管理对企业营利性的贡献主要通过如下渠道完成：①采用客户价值管理，企业可以更有效地为客户创造价值，实现企业目标；②通过价值传递，提高客户愿意支付的价格，拉大收入与成本之间的差距，从而增加通过产品或服务提供而实现的利润；③通常获得价值满足的客户更容易表现出忠诚度，有助于实现客户挽留，从而减少企业的客户获取成本和因客户流失而造成的损失。

4. 竞争性

在竞争性环境中，企业之间就目标客户的争夺日趋白热化。从某种意义上讲，竞争的成败取决于各企业客户价值管理的效率和有效性。采用客户价值管理，可以确保企业正确地投入和配置适当的资源和能力，以最大化地发挥效率，吸引和获取新客户，挽留老客户，进而发展稳固的客户关系。越是在竞争的环境中，越能体现差别化客户价值管理的竞争优势。

5. 整合能力

整合能力是指如何整合企业的过程、组织结构和基础设施，以有效地向目标市场传递超凡的价值。通常，产品或服务的提供依靠跨部门的协作过程，因此，整合能力必须能够涵盖整个企业的经营——所有的职能部门、所有的地域和所有的产品与服务，以使企业的价值创造活动满足客户的价值需求。

6. 价值链

客户价值管理可能会跨越传统的企业边界。任何企业都只是价值链上的一个环节，接受上游企业的输出，实现价值增值后，再传递给下游企业，直到最终消费者。而客户需求的传递方向刚好相反，需求在传递过程中，不断地分解为价值链上各个企业的目标和任务以及对上游企业的产品或服务的需求。在以往，由于协调和沟通上的困难，要优化和管理跨企业价值链中的客户关系并非一件容易的事。随着企业外联网（Extranet）等信息系统的发展，优化和管理跨企业价值链也变得越来越简单和容易。

采用客户价值管理，必须实现与价值链上其他参与者的紧密合作，以向下一个环节的客户传递产品或服务。此外，客户价值管理也有利于帮助企业理解和优化各种客户、供应商关系，如企业与供应商、企业与最终客户之间的关系。

7. 满足客户当前或未来的需求

客户价值管理的主要驱动因素是客户的利益需求。客户价值管理不同于传统的市场研究方法，它不仅要重视现有产品、服务、过程和关系的特性，而且要探测目标市场的价值特性，以满足客户未来的需求。

由此可见，客户价值管理是一系列“以客户为中心”的管理活动，通过对客户需求和偏好的分析和理解，来调整和安排企业的业务流程，以有效地为客户提供能满足其需求的产品或服务，提高客户的感知价值，赢得客户的忠诚，最终营造持续的竞争优势。

【做中学 5—1】 跟单员在进口货物交拨给国内用户后，准备进行售后的客户满意度调查(邮寄满意度调查表)，结果接到客户对产品质量和包装的投诉电话。如果你是接到投诉电话的人，请问应该如何处理投诉电话?

要求：

1. 填写客户投诉记录表(见表 5—1)。
2. 提出处理意见，填写处理通知书，并报公司主管部门批准(见表 5—2)。
3. 实施处理后，对客户进一步追踪，了解其满意度，填写投诉登记追踪表(见表 5—3 和表 5—4)。

表 5—1 **客户投诉记录表**

经办人： 年 月 日

<table>
<tr><td>客户</td><td></td><td>订单 No.</td><td colspan="2"></td><td>制造部门</td><td colspan="2"></td><td>交运日期</td><td></td></tr>
<tr><td colspan="3">品名及规格</td><td colspan="2">单位</td><td colspan="3">交货数量</td><td colspan="2">金额</td></tr>
<tr><td colspan="3"></td><td colspan="2"></td><td colspan="3"></td><td colspan="2"></td></tr>
<tr><td colspan="3"></td><td colspan="2"></td><td colspan="3"></td><td colspan="2"></td></tr>
<tr><td colspan="3"></td><td colspan="2"></td><td colspan="3"></td><td colspan="2"></td></tr>
<tr><td rowspan="4">投诉内容</td><td>投诉理由</td><td colspan="6">□所附文件 □投诉记录 □传真件
□信件 □其他</td><td rowspan="3">经办</td><td rowspan="4"></td></tr>
<tr><td rowspan="2">客户要求</td><td rowspan="2">赔款 元</td><td rowspan="2">折价 %</td><td rowspan="2">退货</td><td>数量：</td><td rowspan="2" colspan="2">其他</td></tr>
<tr><td>金额：</td></tr>
<tr><td>经办人意见</td><td colspan="6"></td><td>主管</td></tr>
<tr><td colspan="6">业务部意见：</td><td colspan="4">采购意见(采购如涉及供应商同意事项，应附供应商同意书)：</td></tr>
<tr><td colspan="10">制造部意见：</td></tr>
<tr><td colspan="10">研发部意见：</td></tr>
<tr><td colspan="10">副总经理批示：</td></tr>
<tr><td colspan="10">总经理批示：</td></tr>
</table>

表 5—2 **客户投诉处理通知书**

发文号： 发文日期： 年 月 日

<table>
<tr><td>客户名称</td><td></td><td>单位</td><td></td><td>经办</td><td></td></tr>
<tr><td>图号</td><td colspan="3"></td><td colspan="2"></td></tr>
<tr><td>订单编号</td><td></td><td colspan="2">问题发生单位</td><td colspan="2"></td></tr>
<tr><td>订购年月日</td><td></td><td colspan="2">制造日期</td><td colspan="2"></td></tr>
<tr><td>索赔个数</td><td></td><td colspan="2">制单号码</td><td colspan="2"></td></tr>
</table>

续表

<table>
<tr><td>索赔金额</td><td></td><td>订购数量</td><td colspan="5"></td></tr>
<tr><td>再发率</td><td></td><td>处理期限</td><td>年 月 日</td><td></td><td>回答</td><td>是</td><td>否</td></tr>
<tr><td colspan="3" rowspan="2">发生原因的研查结果：</td><td colspan="5">客户希望：
1. 换新品
2. 退款
3. 打折
4. 至营业处更换
5. 其他</td></tr>
<tr><td colspan="5">营业部观察结果：</td></tr>
<tr><td colspan="3" rowspan="2">处置及公司对策：</td><td colspan="5">公司对策实施要领：</td></tr>
<tr><td colspan="5">对策实施确认：</td></tr>
</table>

签核：

表 5—3 **客户投诉登记追踪表**

年 月 No.：

序号	受理		客户	交货单编号	品名规格	交运		不良品数量	投诉内容	制造部门	处理方式	损失金额	责任归属		个人处罚		处理时效						
	日期	编号				日期	数量和金额						部门	比率(%)	姓名	类别	收发	品管部门	会签部门	业务部门	总经理室	结束	合计

表 5—4 **客户满意度调查表**

贵公司所在国家：日本		贵公司与本公司同行来往的企业数量：										
No.	服务项目 / 服务状态	非常满意		满意		尚可		不满意		极不满意		备注
		10	9	8	7	6	5	4	3	2	1	
1	产品交付状况和质量											
2	产品款式和先进性											
3	产品价格和费用											
4	市场退货和满意度											
5	对不良品的处理方式和结果											

续表

6	技术支援情况											
7	维护、保修状况											
8	样品处理速度											
9	企业方面的配合度											
10	人员服务的礼貌态度与效果											
总得分情况												
对我公司的其他宝贵意见： 顾客代表签字：　　日期：　年　月　日												

应知考核

一、单项选择题

1. 按照客户与企业的成交金额高低，通常以一年为期，可以将客户分为(　　)。

A. 关键客户、合适客户与一般客户

B. 头等客户、潜力客户与常规客户

C. A类客户、B类客户与C类客户

D. 重点客户、一般客户与非重点客户

2. 下列关于CRM的表述中，不正确的是(　　)。

A. CRM是一种管理理念，核心思想是将客户作为最重要的企业资源

B. CRM是一种旨在改善企业与客户之间关系的新型管理机制

C. CRM通过管理软件和技术进一步延伸了企业供应链管理

D. CRM是指客户投诉处理

3. 俗话说，“一山难容二虎”“一条船不能有两个船长”。从管理的角度看，对这些话的如下解释，你认为最恰当的是(　　)。

A. 领导班子中有多个固执己见的人最终会降低管理效率

B. 对于需要高度集权管理的组织不能允许有多个直线领导核心

C. 组织中的能人太多必然会造成内耗增加从而导致效率下降

D. 组织中不能允许存在两种以上的观点，否则易造成管理混乱

4. SD公司由张萍和李楠合伙注册经营，其主要业务是为客户设计网页。到目前为止，公司一直没有招聘员工，两个人既当经理又当员工。联系正式组织和非正式组织的问题，你认为对SD公司的判断最合适的是(　　)。

A. 目前是一个非正式组织，当扩招员工后，将变成一个正式组织

B. 只是一个正式组织，但公司内部不会有非正式组织

C. 是一个正式组织，同时公司内部也可能存在非正式组织

D. 本身是一个正式组织，同时公司内部也一定存在非正式组织

5. 沸光广告公司是一家大型广告公司，业务包括广告策划、制作和发行。考虑到一个电视广告设计至少要经过创意、文案、导演、美工、音乐合成、制作等专业的合作才能完成，(　　)组织结构

能最好地支撑沸光广告公司的业务要求。

A. 直线制　　B. 职能制　　C. 矩阵制　　D. 事业部制

6. 某企业订立有严格的上下班制度并一直遵照执行。一天深夜突降大雪，给交通带来极大不便，次日早晨便有许多员工上班迟到了，经理决定对此日的迟到者免于惩罚。对此，企业内部员工议论纷纷。在下列议论中，(　　)最有道理。

A. 经理滥用职权

B. 经理执行管理制度应征询大部分员工的意见

C. 企业制度又不是经理一人制定的，经理无权随便变动

D. 规章制度应有一定的灵活性，特殊情况可以特殊处理

7. 某企业采用直线职能制的组织结构，企业中共有管理人员 42 人，其中经理 1 人、车间主任 4 人、班组长 18 人、职能科长 3 人、科员 16 人。每一岗位均不设副职。这时，经理的管理幅度为(　　)。

A. 4　　B. 7　　C. 22　　D. 23

8. 某公司下属分公司的会计科科长一方面要向分公司经理报告工作，另一方面要遵守由总公司财务经理制定和设计的会计规章、会计报表。试问，会计科科长的直接主管应该是(　　)。

A. 总公司财务经理　　B. 总公司总经理

C. 分公司经理　　D. 总公司财务经理和分公司经理

9. 小王是一名合资企业的职员，在日常工作中，他经常接到来自上层的两个有时甚至是相互冲突的命令。导致这一现象的最本质的原因很可能是(　　)。

A. 该公司在组织设计上层次设计过多

B. 该公司在组织设计上采取了职能型结构

C. 该公司在组织运作中出现了越级指挥问题

D. 该公司在组织设计运行中有意或无意地违背了统一指挥原则

10. 某组织设有一管理岗位，连续选任了几位干部，结果都由于难以胜任岗位要求而被中途免职。从管理的角度来看，出现这一情况的根本原因最可能是(　　)。

A. 组织设计上没有考虑命令统一的原则

B. 管理部门在是从外部选聘干部还是从内部提拔人员的决策上犹豫不定

C. 组织设计中忽略了对任职干部特点与能力要求的考虑

D. 组织设计没有考虑到权责对等原则

二、多项选择题

1. 生产企业组织结构的形式包括(　　)。

A. 直线制　　B. 职能制　　C. 事业部制　　D. 模拟分权制

2. 客户分类整理的原则有(　　)。

A. 客户可衡量性　　B. 客户的需求足量性

C. 客户的可开发性　　D. 客户的反映差异性

3.“看板”是指跟单员在跟单过程中，按工艺要求，在规定的时间内对规定数量的商品进行质量检查。一般来说，可以通过(　　)方式进行。

A. 成品生产的“看板”　　B. 外购的“看板”

C. 半成品的“看板”　　D. 原(辅)材料的“看板”

4. 客户关系管理(CRM)的核心思想包括(　　)。

A. 客户是企业发展最重要的资源之一

B. 对企业与客户发生的各种关系进行全面管理

C. 客户管理要高于生产管理

D. 进一步延伸企业供应链管理

5. 外贸跟单员在处理客户投诉时，必须针对不同的客户、不同的地区和不同的商品分别采用不同的方法(方式)来处理，其中主要的方法有(　　)。

A. 电话或传真　　B. 书信或电子邮件　　C. 运用 GPS　　D. 现场沟通

三、判断题

1. 物料需求计划的英文为“Material Requirement Planning”;制造资源计划的英文为“Manufacturing Resource Planning”。 (　　)

2. “5S”是整理(Seiri)、整顿(Seiton)、清扫(Seiso)、清洁(Seiketsu)和素养(Shitsuke)这 5 个词的首字母缩写。 (　　)

3. 在生产管理方式中，有精益生产方式、准时生产方式等，其中精益生产方式可以用“JIS”表示。 (　　)

4. 现代企业管理中，越来越多的外贸企业通过 ERP 系统进行管理，即通过信息技术等手段，实现企业内部资源的共享，提高管理效率和企业的盈利能力，降低交易成本。 (　　)

5. 客户信息的收集方法可以通过购买法、网络收集法、会议现场收集法、观察法等多种途径。 (　　)

6. “看板”是 JIT 生产方式中独具特色的管理工具，其本质就是跟单。 (　　)

7. CRM 的核心是客户价值管理，就是以客户为中心并为客户提供最合适的个性化服务。 (　　)

8. 客户价值管理是一系列“以客户为中心”的管理活动。 (　　)

9. 客户满意不仅是一种客户心理反应，而且是一种客户行为。 (　　)

10. 客户对产品或品牌的忠诚度越高，对出现的质量事故也就越宽容。 (　　)

四、简述题

1. 简述 ERP 与 MRPⅡ的主要区别。

2. 简述“看板”跟单操作的形式。

3. 如何把握客户价值管理的内涵?

4. 简述提高客户忠诚度的要点。

5. 简述影响客户满意的因素。

应知考核

■ 观念应用

【背景资料】

生产系统在大多数情况下是一个内向型的组织，相对比较封闭，无论是连续型生产模式还是离散型生产模式，都可以用类似的分析方法和思路。生产制造过程大概分为四大类阶段，即传统生产、精益生产、数据化生产、智能生产。不同的阶段，数据分析能够发挥的作用也不同。

(1)在传统生产阶段下，数据化程度不足，缺少信息系统的支持，多数的数据是以记录表、纸张、条子等形式存在的，被锁在柜子里，数据分析能够起到的作用是有限的，处理数据的成本是非常高的。

(2)在精益生产阶段中，引入了大量数据分析的内容，包括全面质量管理，以及精益生产管理中的各种数据指标和分析方法都开始用数据来说话，包括典型的看板管理就是数字化的管理模式。用数据可以看到公司的行为，用可视化的方式可以让全员能够看到自己的进度、看到产品的质量。

(3)在数据化生产阶段中，通过数据可以知道整个生产过程在发生什么，该怎么生产才能更好地满足客户的需求，如何更好地满足客户的个性化需求。数据化让所有的过程更加清晰和透明，让更多的信息更好地匹配客户的需求。

(4)在智能生产阶段中，通过全供应链流程的通信管理，让工厂为消费者的个性化需求高效地生产。更多的无人参与的工厂会涌现，更多的灵活生产的生产线会产生，智能化生产是未来的基本生产模式。

目前，中国的企业大多数仍然处在传统生产模式中，中国企业要想跟进国际企业的进程，必须要在数据化管理上弯道超车，必须加快数字化建设，让数据成为企业决策的依据，让数据本身能够产生管理的智慧和生产的智慧。

智能生产的基础是数据化，数据化的基础是信息化，信息化的基础是管理的正规化。

【考核要求】

在生产管理领域的数据分析中，TCQQ 即交期(Time)、成本(Cost)、产量(Quantity)和品质(Quality)四个维度是需要数据化的，而且这四个维度之间是相互作用的。请从上述四个视角分析我们应该如何做、怎么做。

■ 技能应用

某公司是一家大型商贸公司，拥有三个独立经营的分公司。公司下设四部一室，即人事部、财务部、企管部、保卫部、总经理办公室，主要负责公司的人事决策、财务控制、规章制度建设管理等。各分公司对其经营的产品负有全部责任，实行独立核算，自负盈亏。尽管每个分公司的经营业务不同，但组织结构大体一致，分别设有财务处、储运处、业务处、现场管理处等若干部门和商场，每一商场又设有若干商品柜组，从事着自己的商品经营业务。在公司总部的正确指导和各分公司的积极努力下，经营业绩不断提高。

【技能要求】

(1)画出该公司的组织结构图。

(2)该公司采用的是什么类型的组织结构？其特点是什么？

■ 案例分析

【分析情境】

在每年的节假日，有出游计划的人在紧锣密鼓地寻找旅游目的地并为此做着准备。因此，如果您是旅游和酒店业的从业人员，那么您也得赶快做好准备。

虽然目前还没有快速建立品牌黏度以及从客户中源源不断获取价值的秘诀，但“客户忠诚度和奖励计划”对旅游和酒店企业而言是一个很好的切入点，因为它不只是一个提供折扣、积分和优惠的机制，还是一个可以丰富客户体验的定制化品牌互动过程。

Forrester 的研究结果显示，当前只有 55%的品牌制订了有效的个性化奖励计划，因此大多数企业在这方面仍有很大的增长和改进空间。如果旅游和酒店品牌想要在数字化时代脱颖而出，它们就必须通过重新设计自己的客户忠诚度计划来提供最佳体验。

【情境思考】

请根据上述资料回答下列问题：

(1)旅游和酒店业如何提高客户忠诚度?

(2)哪些因素阻碍忠诚度计划取得成功?

项目实训

【实训项目】

设计组织结构。

【实训情境】

把学生分为若干个小组,每组5~8人,要求每组创办一家模拟公司,结合所学组织结构内容,构建公司组织框架,并制定组织目标和相关行动方案。

【实训任务】

以实训报告的形式上交,教师在课堂内组织讨论,并评价各自的优劣。

【实训要求】

1. 教师依据实训报告和讨论课上学生的表现给出成绩。

2. 撰写《设计组织结构》实训报告。

<table>
<tr><td colspan="3">《外贸跟单员的基本素质》实训报告</td></tr>
<tr><td>项目实训班级:</td><td>项目小组:</td><td>项目组成员:</td></tr>
<tr><td>实训时间: 年 月 日</td><td>实训地点:</td><td>实训成绩:</td></tr>
<tr><td colspan="3">实训目的:</td></tr>
<tr><td colspan="3">实训步骤:</td></tr>
<tr><td colspan="3">实训结果:</td></tr>
<tr><td colspan="3">实训感言:</td></tr>
<tr><td colspan="3">不足与今后改进:</td></tr>
<tr><td colspan="2">项目组长评定签字:</td><td>项目指导教师评定签字:</td></tr>
</table>

项目六　外贸跟单业务法规与制度

● 知识目标

理解:合同的基本内容。

熟知:加工贸易货物管理制度。

掌握:对外贸易管理制度;出口货物退(免)税管理办法。

● 技能目标

能够掌握对外贸易管制的措施及管制要求,为各项管制证件的跟单办理打下基础;培养分析国际市场风险的能力,确保交易合规性,防范欺诈行为,有效协调内外部资源,以保障订单顺利执行,维护企业利益,形成对国际商务环境敏锐洞察力,为企业的全球化经营提供坚实支持。

● 素质目标

能够根据所掌握的知识解决企业在进出口业务中所涉及的外贸管制问题,从而做到学思用贯通、知信行统一;培养从业者具备全面的国际贸易法律知识,提升分析和解决实际问题的能力,确保在国际商务活动中遵守各国法律法规,防范风险,保护企业合法权益;同时,强化职业道德意识,促进诚信经营,为构建公平、透明的国际贸易环境贡献力量。

● 思政目标

在掌握进出口许可证管理的规范基础上,能利用工具查找所需要的监管证件;深刻理解不忘初心的核心要义和精神实质,塑造学生的品格、品行和品位,树立正确的世界观、人生观和价值观;培养自己的职业情感和良好的心境,塑造外贸跟单业务行为的基本道德素养。

● 知识精讲

任务一　外贸合同

一、合同的概念

合同是平等主体的自然人、法人、其他组织之间设立、变更、终止民事权利和义务关系的协议。依法成立的合同，对当事人具有法律约束力。当事人行使权利、履行义务应当遵循诚实信用原则。当事人应当按照约定履行自己的义务，不得擅自变更或者解除合同。

二、合同的订立

(一)合同有效成立的条件

交易一方的发盘一经对方有效接受，合同即告成立。但合同是否具有法律效力，还要视其是否具备了一定的条件而定，不具备法律效力的合同是不受法律保护的。因此，了解和掌握合同有效成立的条件非常重要。概括起来，合同应具备下述条件才算有效成立：

1. 当事人必须在自愿和真实的基础上达成协议

“契约自由”是订立合同的基本原则。合同成立必须建立在双方当事人自愿的基础上。一方自愿发价，另一方明确表示愿意承诺，双方自愿表示达成协议的诚意，承诺履行合同责任与义务。这种合同不是单方面的行为，而是一种在双方意思一致基础上产生的行为。这样的合同是合法的，是受法律保护的。如果一方采取强制、威胁、暴力、诈骗等手段迫使对方就范，那么订立的合同在法律上是无效的。

2. 买卖双方当事人应具有的资格和能力

(1)自然人订立合同的资格和能力

各国法律对于哪些人具有订立合同的资格和能力、哪些人没有订立合同的资格和能力，都有具体的规定。我国《民法典》把公民的民事行为能力分为三类：

①有完全民事行为能力的人。十八周岁以上的自然人为成年人。不满十八周岁的自然人为未成年人。成年人为完全民事行为能力人，可以独立实施民事法律行为。十六周岁以上的未成年人，以自己的劳动收入为主要生活来源的，视为完全民事行为能力人。具有完全民事行为能力的人，可以独立进行民事活动，包括订立各种合同。

②限制民事行为能力的人。八周岁以上的未成年人为限制民事行为能力人，实施民事法律行为由其法定代理人代理或者经其法定代理人同意、追认；但是，可以独立实施纯获利益的民事法律行为或者与其年龄、智力相适应的民事法律行为。不能完全辨认自己行为的成年人为限制民事行为能力人，实施民事法律行为由其法定代理人代理或者经其法定代理人同意、追认；但是，可以独立实施纯获利益的民事法律行为或者与其智力、精神健康状况相适应的民事法律行为。

③无民事行为能力的人。不满八周岁的未成年人为无民事行为能力人，由其法定代理人代理实施民事法律行为。不能辨认自己行为的成年人为无民事行为能力人，由其法定代理人代理实施民事法律行为。

(2)法人的行为能力

法人是拥有独立的财产、能够以自己的名义享受民事权利和承担民事义务并且依照法定程序成立的法律实体。法人是由自然人组织起来的，它必须通过自然人才能进行活动和订立合同。

3. 合同必须以双方互惠有偿为原则

国际货物买卖是互为有偿的交换，英美法称此有偿交换为“对价”，法国法称之为“约因”。其概念是:在合同中一方所享有的权利,以另一方所负有的义务为基础,双方应互有权利与义务,卖方负责交付约定的实物,买方必须受领货物并支付价金,如其中任何一方不按合同履行责任与义务,都负有向对方赔偿损失的责任。

4. 合同的标的和内容必须合法

英美法系国家和大陆法系国家都承认,"契约自由"和"意思自主"是订立合同的基本原则。契约自由是指任何有订约能力的人,都可以按照他们的意愿自由地订立合同,即可自由地决定是否订立合同、自由地选择订约对象、自由地同订约方商定合同的内容,但各国也都对契约自由加以一定的限制。各国法律都要求当事人所订立的合同必须合法,并规定凡是违反法律、违反公序良俗的合同一律无效。

5. 合同的形式必须符合法律规定的要求

各国法律对合同成立的形式要求不尽相同。《公约》对国际货物买卖合同的形式,原则上不加以限制,无论是采用书面方式还是采用口头方式,均不影响合同的效力。我国《民法典》第 469 条规定:"当事人订立合同,可以采用书面形式、口头形式或者其他形式。书面形式是合同书、信件、电报、电传、传真等可以有形地表现所载内容的形式。以电子数据交换、电子邮件等方式能够有形地表现所载内容,并可以随时调取查用的数据电文,视为书面形式。"

(二)书面合同的签订

买卖双方经过磋商,一方的发盘被另一方有效接受,交易即达成,合同宣告成立。但在实际业务中,按照一般习惯做法,买卖双方达成协议后,通常还要制作书面合同将各自的权利和义务用书面方式加以明确,即签订合同。

1. 书面合同的类型

(1)正式合同(Contract)。它是带有"合同"字样的法律契约。它包括销售合同和购货合同。合同的文字解释要清楚,经济责任要明确,并对双方要有约束性,签订手续要完备。

(2)确认书(Confirmation)。它较正式合同简单些,是买卖双方在通过交易磋商达成交易后,寄给双方加以确认的列明达成交易条件的书面证明。经买卖双方签署的确认书,是法律上有效的文件,对买卖双方具有同等的约束力。确认书包括销售确认书和购货确认书。

(3)协议(Agreement)。它在法律上是合同的同义词。只要协议对买卖双方的权利和义务作出明确、具体和肯定的规定,即使书面文件上被冠以"协议"或"协议书"的名称,一经双方签署确认,即与合同一样对买卖双方具有约束力。

2. 书面合同的作用

(1)作为合同成立的证据。在法律上,当双方当事人在交易(合同)的履行过程中发生争端或纠纷时,提供以书面形式签订的合同是证明双方存在合同关系的一种最有效、最简便的方法,也可作为仲裁员和法官进行仲裁和做出判断的一个有力的证据。因此,签订书面合同,为将来争议的解决提供了一种法律依据。

(2)作为履行合同的依据。无论是口头还是书面达成的协议,如果没有一份包括各项条款的合同,则会给履行带来许多不便,所以在实际业务中,双方都要求将各自应享受的权利和应承担的义务用文字确定下来,作为正确履行合同的依据。

(3)作为合同生效的条件。在国际贸易实务中,有时合同的生效是以书面签订合同作为条件的。买卖双方为达成协议所交换的信件、电报、电传也常常可以构成书面合同。特别是在一方当事人要求签订确认书时,只有当签订确认书后,合同才告成立;否则在此之前,即使双方已对交易条件全部取得了满意的结果,也不构成法律上的有效合同。

3. 书面合同的格式

书面合同的格式一般由下列三部分组成：

(1)约首。它是指合同的序言部分，其中包括合同的名称、订约双方当事人的名称和地址(要求写明全称)。除此之外，在合同序言部分常常写明双方订立合同的意愿和执行合同的保证。该序言对双方均具有约束力。因此，在规定该序言时，应慎重考虑。

(2)本文。它是合同的主体部分，具体列明各项交易的条件或条款，如品名、品质规格、数量、单价、包装、交货时间与地点、运输与保险条件、支付方式，以及检验、索赔、不可抗力和仲裁条款等。这些条款体现了双方当事人的权利和义务。

(3)约尾。它一般列明合同的份数、使用的文字及其效力、订约的时间和地点及生效的时间。合同的订约地点往往涉及合同依据法的问题，因此要慎重对待。

【注意】我国的出口合同的订约地点一般写在我国。有时，有的合同将订约时间和地点在约首写明。

三、订立合同的形式

双方当事人之间就合同的主要条款进行协商、议定，最终确定和认可其内容，这就是合同的订立。我国《民法典》第471条规定："当事人订立合同，可以采取要约、承诺方式或者其他方式。"因此，合同的订立包括要约和承诺两个阶段。

(一)要约

所谓要约，就是指希望与他人订立合同的意思表示。要约的特征表现为以下三方面：

(1)要约是以订立合同为目的的意思表示，表现为要约人主动要求与受要约人订立合同。

(2)要约的内容应具体确定，即要约的内容应当包括合同得以成立所必需的条款。

(3)表明经受要约人承诺，要约人即受该意思表示的约束，要约一经受要约人接受，合同即可成立。

根据相关规定，在要约生效之前，要约人可以通过撤回的方式阻止要约生效，使尚未生效的要约不生效。撤回要约的通知应当在要约到达受要约人之前或者与要约同时到达受要约人，应当不迟于要约到达受要约人。而且，在要约生效之后受要约人发出承诺通知之前，要约人可以通过撤销的方式使已经生效的要约不再继续生效，即撤销要约。

【提示】撤销要约的通知应当在受要约人发出承诺通知之前到达受要约人。

需要注意的是，根据我国《民法典》第476条的规定，要约可以撤销，但是有下列情形之一的除外：①要约人以确定承诺期限或者其他形式明示要约不可撤销；②受要约人有理由认为要约是不可撤销的，并已经为履行合同做了合理准备工作。

此外，根据我国《民法典》第478条的规定，有下列情形之一的，要约失效：①要约被拒绝；②要约被依法撤销；③承诺期限届满，受要约人未作出承诺；④受要约人对要约的内容作出实质性变更。

(二)承诺

所谓承诺，是受要约人同意要约的意思表示。承诺是针对要约的回应，因此，承诺的特征表现为以下几方面：

(1)承诺应由受要约人作出。

(2)承诺是由受要约人向要约人作出的。

(3)承诺的内容应当与要约的内容一致。受要约人对要约的内容作出实质性变更的，为新要约。有关合同标的、数量、质量、价款或报酬、履行期限、履行地点和方式、违约责任和解决争议方法等的变更，是对要约内容的实质性变更。承诺对要约的内容作出非实质性变更的，除要约人及时表示反对或者要约表明承诺不得对要约的内容作出任何变更的以外，该承诺有效，合同的内容以承诺的内容为准。

(4)作为有效承诺的要件之一，承诺应当在要约确定的期限内到达要约人。如同要约可以撤回一样，承诺同样可以撤回。撤回承诺的通知应当在承诺通知到达要约人之前或者与承诺通知同时到达要约人。但是，承诺不得撤销。

承诺意味着受要约人同意要约的意思表示，标志着合同的成立。我国《民法典》的相关规定如下，第483条："承诺生效时合同成立，但是法律另有规定或者当事人另有约定的除外。"第484条："以通知方式作出的承诺，生效的时间适用本法第137条的规定。承诺不需要通知的，根据交易习惯或者要约的要求作出承诺的行为时生效。"第137条："以对话方式作出的意思表示，相对人知道其内容时生效。以非对话方式作出的意思表示，到达相对人时生效。以非对话方式作出的采用数据电文形式的意思表示，相对人指定特定系统接收数据电文的，该数据电文进入该特定系统时生效；未指定特定系统的，相对人知道或者应当知道该数据电文进入其系统时生效。当事人对采用数据电文形式的意思表示的生效时间另有约定的，按照其约定。"

四、合同的效力

(1)依法成立的合同，自成立时生效。

(2)有下列情形之一的，合同无效：①一方以欺诈、胁迫的手段订立合同，损害国家利益的；②恶意串通，损害国家、集体或者第三人利益的；③以合法形式掩盖非法目的的；④损害社会公共利益的；⑤违反法律、行政法规的强制性规定的。

(3)合同中的下列免责条款无效：①造成对方人身伤害的；②因故意或者重大过失造成对方财产损失的。

(4)下列合同，当事人一方有权请求人民法院或者仲裁机构变更或者撤销：①因重大误解订立的；②在订立合同时显失公平的。一方以欺诈、胁迫的手段或者乘人之危，使对方在违背真实意思的情况下订立的合同，受损害方有权请求人民法院或者仲裁机构变更或者撤销。

五、合同的履行

(1)当事人应当按照约定全面履行自己的义务。

(2)当事人就有关合同内容约定不明确，依照规定仍不能确定的，适用下列规定：①质量要求不明确的，按照国家标准、行业标准履行；没有国家标准、行业标准的，按照通常标准或者符合合同目的的特定标准履行。②价款或者报酬不明确的，按照订立合同时履行地的市场价格履行；依法应当执行政府定价或者政府指导价的，按照规定履行。③履行地点不明确，给付货币的，在接受货币一方所在地履行；交付不动产的，在不动产所在地履行；其他标的，在履行义务一方所在地履行。④履行期限不明确的，债务人可以随时履行，债权人也可以随时要求履行，但应当给对方必要的准备时间。⑤履行方式不明确的，按照有利于实现合同目的的方式履行。⑥履行费用的负担不明确的，由履行义务一方负担；因债权人原因增加的履行费用，由债权人负担。

(3)撤销权自债权人知道或者应当知道撤销事由之日起一年内行使。自债务人的行为发生之日起，五年内没有行使撤销权的，该撤销权消灭。

合同生效后，当事人不得因姓名、名称的变更或者法定代表人、负责人、承办人的变动而不履行合同义务。

六、其他规定

（一）争议、仲裁和裁决

当买卖双方当事人在履行合同时因一方的违约而发生争议时，当事人不愿和解、调解或者和解、调解不成的，可以根据仲裁协议向仲裁机构申请仲裁。涉外合同的当事人可以根据仲裁协议向中国仲裁机构或者其他仲裁机构申请仲裁。当事人没有订立仲裁协议或者仲裁协议无效的，可以向人民法院起诉。当事人应当履行发生法律效力的判决、仲裁裁决、调解书；拒不履行的，对方可以请求人民法院执行。

（二）提起诉讼或申请仲裁的期限

因国际货物买卖合同和技术进出口合同争议提起诉讼或者申请仲裁的期限为四年，自当事人知道或者应当知道其权利受到侵害之日起计算。因其他合同争议提起诉讼或者申请仲裁的期限，依照有关法律的规定。

任务二 出口货物退（免）税管理

一、出口退税

出口退税是指一个国家或地区对已报送离境的出口货物，由税务机关将其在出口前的生产和流通的各环节已经缴纳的国内税金（增值税、消费税）等间接税税款退还给出口企业的一项税收制度。出口货物以不含税的价格进入国际市场，可以避免本国出口产品遭遇国际双重征税。对出口实行零税率，是国际通行的做法，各国普遍采用此项政策来增强本国产品的国际竞争力。

动漫视频

出口退税备案单证

为规范出口货物退（免）税管理，根据《中华人民共和国税收征收管理法》、《中华人民共和国税收征收管理法实施细则》、《中华人民共和国增值税法》（简称《增值税法》）、《中华人民共和国消费税暂行条例》（简称《消费税暂行条例》）以及国家其他有关出口货物退（免）税规定，制定了《出口货物退（免）税管理方法》。

二、出口货物退（免）税管理的概念

动漫视频

出口退税流程

税务机关应当按照办理出口货物退（免）税的程序，根据工作需要，设置出口货物退（免）税认定管理、申报受理、初审、复审、调查、审批、退库和调库等相应工作岗位，建立岗位责任制。出口商自营或委托出口的货物，除另有规定者外，可在货物报关出口并在财务上做销售核算后，凭有关凭证报送所在地国家税务局（简称“税务机关”）批准退还或免征其增值税、消费税。

三、出口货物、劳务和跨境应税行为退（免）增值税基本政策

我国的出口货物、劳务和跨境应税行为退（免）增值税是指在国际贸易业务中，对报关出口的货物、劳务和跨境应税行为退还或免征其在国内各生产和流转环节按税法规定已缴纳的增值税，即对应征收增值税的出口货物、劳务和跨境应税行为实行零税率（国务院另有规定的除外）。其目的是使本国出口商品以不含税的价格或成本进入国际市场，避免国际双重征税和税负不公平，增强本国产品的出口竞争能力。

我国出口货物、劳务和跨境应税行为的零税率，从税法上理解有两层含义：一是对本道环节生

产或销售货物、劳务和跨境应税行为的增值部分免征增值税；二是对出口货物、劳务和跨境应税行为前道环节所含的进项税额进行退付。

目前，我国出口货物、劳务和跨境应税行为退（免）增值税的基本政策分为以下三种形式。

1.出口免税并退税（又免又退）

其分为“免、抵、退”税和“免、退”税两种：

出口免税是指对货物、劳务和跨境应税行为在出口销售环节免征增值税。这是把货物、劳务和跨境应税行为出口环节与出口前的销售环节都视为同样的征税环节。

出口退税是指对货物、劳务和跨境应税行为在出口前实际承担的税收负担，按规定的退税率计算后予以退还。

2.出口免税不退税（只免不退）

出口不退税是指适用该政策的出口货物、劳务和跨境应税行为因在前一道生产、销售环节或进口环节是免税的，出口时该货物、劳务和跨境应税行为的价格中本身就不含税，也无须退税，即适用免税政策。

3.出口不免税也不退税（不免不退）

出口不免税是指对国家限制或禁止出口的某些货物、劳务和跨境应税行为的出口环节视同内销环节，照常征税；出口不退税是指对这些货物、劳务和跨境应税行为出口不退还出口前其所负担的税款。简而言之，出口不免税也不退税，适用征税政策。

四、出口退（免）税的税种范围

根据《增值税暂行条例》和《消费税暂行条例》的规定，出口货物、劳务和跨境应税行为退（免）税的税种仅限增值税和消费税。

五、出口货物、劳务和跨境应税行为增值税退（免）税政策适用范围

（一）适用增值税退（免）税政策的出口货物、劳务和跨境应税行为（又免又退）

对下列出口货物、劳务和跨境应税行为实行免征和退还增值税（除特殊规定外）：

1.出口企业出口货物

出口企业是指依法办理了工商登记、税务登记、对外贸易经营者备案登记，自营或委托出口货物的单位或个体工商户，以及依法办理工商登记、税务登记但未办理对外贸易经营者备案登记，委托出口货物的生产企业。

出口货物是指向海关报关后实际离境并销售给境外单位或个人的货物，分为自营出口货物和委托出口货物两类。

企业出口给外商的新造集装箱，交付到境内指定堆场，并取得出口货物报关单（出口退税专用），同时符合其他出口退（免）税规定的，准予按照现行规定办理出口退（免）税。

2.出口企业或其他单位视同出口货物

出口企业或其他单位视同出口的货物具体是指：

（1）出口企业对外援助、对外承包、境外投资的出口货物。

（2）出口企业经海关报关进入国家批准的出口加工区、保税物流园区、保税港区、综合保税区等特殊区域并销售给特殊区域内单位或境外单位、个人的货物。

（3）免税品经营企业销售的货物。

（4）出口企业或其他单位销售给用于国际金融组织或外国政府贷款国际招标建设项目的中标

机电产品。

(5)出口企业或其他单位销售给特殊区域内生产企业生产耗用且不向海关报关而输入特殊区域的水(包括蒸汽)、电力、燃气(简称“输入特殊区域的水电气”)。

(6)出口企业或其他单位销售给国际运输企业用于国际运输工具上的货物,如外轮供应公司、远洋运输供应公司销售给外轮、远洋国轮的货物,国内航空供应公司生产销售给国内和国外航空公司国际航班的航空食品。

3.生产企业视同出口自产货物

生产企业视同出口自产货物必须满足以下条件:

(1)持续经营以来从未发生骗取出口退税、虚开增值税专用发票或农产品收购发票、接受虚开增值税专用发票(善意取得的除外)行为且同时具备相应条件的生产企业出口的外购货物,可视同自产货物适用增值税退(免)税政策。

(2)持续经营以来从未发生骗取出口退税、虚开增值税专用发票或农产品收购发票、接受虚开增值税专用发票(善意取得的除外)行为但不能同时符合相应条件的生产企业,出口的外购货物符合相应条件之一的,可视同自产货物申报适用增值税退(免)税政策。

4.出口企业对外提供加工、修理修配劳务

对外提供加工、修理修配劳务是指对进境复出口货物或从事国际运输的运输工具进行的加工、修理修配。

5.融资租赁货物出口

融资租赁企业、金融租赁公司及其设立的项目子公司,以融资租赁方式租赁给境外承租人且租赁期限在5年(含)以上,并向海关报关后实际离境的货物,试行增值税、消费税出口退税政策。

融资租赁出口货物的范围包括飞机、飞机发动机、铁道机车、铁道客车车厢、船舶及其他货物(具体应符合《中华人民共和国增值税暂行条例实施细则》有关“固定资产”的规定)。

(二)适用增值税免税政策的出口货物、劳务和跨境应税行为(出口免税但不退税,即只免不退)

对符合条件的出口货物、劳务和跨境应税行为,实行免征增值税政策(除另有规定外)。

(1)出口企业或其他单位出口规定的货物,具体是指:①增值税小规模纳税人出口的货物;②避孕药品和用具、古旧图书;③软件产品,其具体范围是指海关税则号前四位为“9803”的货物;④含黄金、铂金成分的货物,钻石及其饰品;⑤国家计划内出口的卷烟;⑥非出口企业委托出口的货物;⑦非列名生产企业出口的非视同自产货物;⑧农业生产者自产农产品;⑨油、花生果仁、黑大豆等财政部和国家税务总局规定的出口免税的货物;⑩外贸企业取得普通发票、废旧物资收购凭证、农产品收购发票、政府非税收入票据的货物;⑪来料加工复出口的货物;⑫特殊区域内的企业出口的特殊区域内的货物;⑬以人民币现金作为结算方式的边境地区出口企业从所在省(自治区)的边境口岸出口到接壤国家的一般贸易和边境小额贸易出口货物;⑭以旅游购物贸易方式报关出口的货物。

(2)出口企业或其他单位视同出口的下列货物、劳务:①国家批准设立的免税店销售的免税货物[包括进口免税货物和已实现退(免)税的货物];②特殊区域内的企业为境外的单位或个人提供加工、修理修配劳务;③同一特殊区域、不同特殊区域内的企业之间销售特殊区域内的货物。

(3)出口企业或其他单位未按规定申报或未补齐增值税退(免)税凭证的出口货物、劳务。

(4)境内的单位和个人销售的跨境应税行为免征增值税,但适用零税率的除外。

(5)市场经营户自营或委托市场采购贸易经营者以市场采购贸易方式出口的货物,免征增值税。

(6)出口企业或其他单位未按规定进行单证备案(因出口货物的成交方式特性,企业没有有关备案单证的情况除外)的出口货物,不得申报退(免)税,适用免税政策。已申报退(免)税的,应用负数申报冲减原申报。

(7)出口企业申报退(免)税的出口货物,须在退(免)税申报期截止之日内收汇(跨境贸易人民币结算的为收取人民币,下同),并按《国家税务总局关于出口企业申报出口货物退(免)税提供收汇资料有关问题的公告》的规定提供收汇资料;未在退(免)税申报期截止之日内收汇的出口货物(除另有规定外),适用增值税免税政策。

对于适用增值税免税政策的出口货物、劳务,出口企业或其他单位可以依照现行增值税有关规定放弃免税,按规定缴纳增值税。

(三)适用增值税征税政策的出口货物、劳务和跨境应税行为(不免不退——征税)

适用增值税征税政策的出口货物、劳务和跨境应税行为,是指:

(1)出口企业出口或视同出口财政部和国家税务总局根据国务院决定明确取消出口退(免)税的货物(不包括来料加工复出口货物、中标机电产品、列名原材料、输入特殊区域的水电气、海洋工程结构物)。

(2)出口企业或其他单位销售给特殊区域内的生活消费用品和交通运输工具。

(3)出口企业或其他单位因骗取出口退税被税务机关停止办理增值税退(免)税期间出口的货物。

(4)出口企业或其他单位提供虚假备案单证的货物。

(5)出口企业或其他单位增值税退(免)税凭证有伪造或内容不实的货物。

(6)出口企业或其他单位未在国家税务总局规定的期限内申报免税核销以及经主管税务机关审核不予免税核销的出口卷烟。

(7)出口企业或其他单位有以下情形之一的出口货物、劳务:

①将空白的出口货物报关单、出口退税凭证等退(免)税凭证交由除签有委托合同的货代公司、报关行,或由境外进口方指定的货代公司(提供合同约定或者其他相关证明)以外的其他单位或个人使用的。

②以自营名义出口,其出口业务实质上是由本企业及其投资的企业以外的单位或个人借该出口企业名义操作完成的。

③以自营名义出口,其出口的同一批货物既签订购货合同,又签订代理出口合同(或协议)的。

④出口货物在海关验放后,自己或委托货代承运人对该笔货物的海运提单或其他运输单据等上的品名、规格等进行修改,造成出口货物报关单与海运提单或其他运输单据有关内容不符的。

⑤以自营名义出口,但不承担出口货物的质量、收款或退税风险之一的,即出口货物发生质量问题不承担购买方的索赔责任(合同中有约定质量责任承担者除外);不承担未按期收款导致不能核销的责任(合同中有约定收款责任承担者除外);不承担因申报出口退(免)税的资料、单证等出现问题造成不退税责任的。

⑥未实质参与出口经营活动、接受并从事由中间人介绍的其他出口业务,但仍以自营名义出口的。

简而言之,出口货物退(免)税的方式主要有“免、抵、退”税、“免、退”税及免税,出口货物也有按照规定征税不退税的情形,见表6—1。

表 6—1 出口货物、劳务和跨境应税行为退(免)税的方式

增值税处理	适用情况
"免、抵、退"税	生产企业
"免、退"税	不具有生产能力的外贸(综合服务)企业或其他企业
免税	规定的免税货物出口、增值税小规模纳税人出口自产货物、来料加工复出口、非出口企业委托出口货物、旅游购物贸易
征税	取消出口退税的货物、劳务,特殊销售对象,违规企业,无实质性出口

六、增值税退(免)税办法

适用增值税退(免)税政策的出口货物、劳务和应税行为,实行增值税"免、抵、退"税或"免、退"税办法。

(一)"免、抵、退"税办法

(1)适用增值税一般计税方法的生产企业出口自产货物与视同自产货物、对外提供加工修理修配劳务,以及列名的 74 家生产企业出口非自产货物,免征增值税,相应的进项税额抵减应纳增值税税额(不包括适用增值税即征即退、先征后退政策的应纳增值税税额),未抵减完的部分予以退还。

(2)跨境应税行为适用增值税零税率的服务和无形资产。

(3)境内的单位和个人提供适用增值税零税率的应税服务或者无形资产,如果属于适用一般计税方法的,生产企业实行"免、抵、退"税办法;外贸(综合服务)企业直接将服务或自行研发的无形资产出口,视同生产企业连同其出口货物统一实行"免、抵、退"税办法。

境内的单位和个人提供适用增值税零税率应税服务的,可以放弃适用零税率,选择免税或按规定缴纳增值税。放弃适用增值税零税率的,36 个月内不得再申请适用增值税零税率。

(二)"免、退"税办法

(1)不具有生产能力的出口企业(以下称"外贸企业")或其他单位出口货物、劳务,免征增值税,相应的进项税额予以退还。

(2)适用增值税一般计税方法的外贸企业外购服务或者无形资产出口实行"免、退"税办法。

(3)外贸企业外购研发服务和设计服务免征增值税,其对应的外购应税服务的进项税额予以退还。

增值税出口"退(免)税"办法的适用情况详见表 6—2。

表 6—2 增值税出口"退(免)税"办法的适用情况

退(免)税办法	适用企业和情况		基本政策规定
	企业	具体情况	
"免、抵、退"税	生产企业	(1)出口自产货物和视同自产货物及对外提供加工修理修配劳务; (2)列名生产企业出口非自产货物	免征增值税,相应的进项税额抵减应纳增值税税额(不包括适用增值税即征即退、先征后退政策的应纳增值税税额),未抵减完的部分予以退还
"免、退"税	外贸(综合服务)企业或其他单位	不具有生产能力的出口企业或其他单位出口货物、劳务	免征增值税,相应的进项税额予以退还

七、出口退税率

出口货物的退税率是出口货物的实际退税额与退税计税依据的比例。国家鼓励出口的货物，退税率就高一些；国家限制出口的货物，退税率就低一些。出口退税率是个动态指标，随对外贸易政策的调整而变化。

我国现行增值税出口退税率调整为13%、10%、9%、6%和0五档，出口货物的消费税退税率与消费税征税率一致。

不同的出口货物，国家规定的退税率也不相同，但都在0至13%之间浮动，国家可根据国际经济环境、国内进出口情况等因素调整出口退税率。

调整出口货物退税率的执行时间及出口货物的时间，以出口货物报关单上注明的出口日期为准；调整跨境应税行为退税率的执行时间及销售跨境应税行为的时间，以出口发票的开具日期为准。

具体可从以下三方面理解增值税出口退税率：

(1)除财政部和国家税务总局根据国务院决定而明确的增值税出口退税率外，出口货物的退税率为其适用税率。

(2)退税率的特殊规定：

①外贸企业购进按简易办法征税的出口货物、从小规模纳税人购进的出口货物，其退税率分别为简易办法实际执行的征收率、小规模纳税人征收率。该出口货物取得增值税专用发票的，退税率按照增值税专用发票上的税率和出口货物退税率孰低的原则确定。

②出口企业委托加工、修理修配货物，其加工、修理修配费用的退税率，为出口货物的退税率。

③中标机电产品、出口企业向海关报关进入特殊区域销售给特殊区域内生产企业生产耗用的列名原材料、输入特殊区域的水电气，其退税率为适用税率。如果国家调整列名原材料的退税率，列名原材料应当自调整之日起按调整后的退税率执行。

(3)适用不同退税率的货物、劳务及应税服务，应分开报关、核算并申报退(免)税；否则，从低适用退税率。

八、增值税退(免)税的计税依据

出口货物、劳务的增值税退(免)税的计税依据，按出口货物、劳务的出口发票(外销发票)，其他普通发票或购进出口货物、劳务的增值税专用发票，海关进口增值税专用缴款书确定，见表6—3。

九、增值税"免、抵、退"税和"免、退"税的计算

(一)增值税"免、抵、退"税的计算

"免、抵、退"税办法适用于生产企业出口自产货物和视同自产货物及对外提供加工、修理修配劳务，以及列名生产企业出口非自产货物。

"免"税是指生产企业出口的自产(含视同自产)货物和应税劳务等免征本企业生产销售环节增值税。

表 6—3　　增值税退(免)税的计税依据

出口企业	出口行为	退(免)税计税依据
1. 生产企业	①出口货物劳务(进料加工复出口货物除外)	出口货物、劳务的实际离岸价(FOB)。实际离岸价应以出口发票上的离岸价为准;如果出口发票不能反映实际离岸价,主管税务机关有权予以核定
	②进料加工复出口货物	按出口货物人民币离岸价扣除出口货物耗用的保税进口料件金额的余额确定
	③国内购进无进项税额且不计提进项税额的免税原材料加工后出口的货物	按出口货物的离岸价扣除出口货物所含的国内购进免税原材料的金额后确定
	④中标机电产品	销售机电产品的普通发票注明的金额
	⑤向海上石油天然气开采企业销售的自产海洋工程结构物	销售海洋工程结构物的普通发票注明的金额
	⑥输入特殊区域的水电气	作为购买方的特殊区域内生产企业购进水(包括蒸汽)、电力、燃气的增值税专用发票注明的金额
2. 外贸(综合服务)企业	①出口货物(委托加工、修理修配货物除外)	购进出口货物的增值税专用发票注明的金额或海关进口增值税专用缴款书注明的完税价格
	②出口委托加工、修理修配货物	加工、修理修配费用增值税专用发票注明的金额。外贸企业应将加工、修理修配使用的原材料(进料加工海关保税进口料件除外)作价销售给受托加工、修理修配的生产企业,受托加工、修理修配的生产企业应将原材料成本并入加工、修理修配费用开具发票
	③中标机电产品	购进货物的增值税专用发票注明的金额或海关进口增值税专用缴款书注明的完税价格
3. 出口企业	出口进项税额未计算抵扣的已使用过的设备(指根据财务会计制度已经计提折旧的固定资产)	退(免)税计税依据=增值税专用发票上的金额或海关进口增值税专用缴款书注明的完税价格×已使用过的设备固定资产净值÷已使用过的设备原值 已使用过的设备固定资产净值=已使用过的设备原值−已使用过的设备已提累计折旧
4. 免税品经营企业	销售的货物	购进货物的增值税专用发票注明的金额或海关进口增值税专用缴款书注明的完税价格
5. 跨境应税行为	1. 实行“免、抵、退”税办法的: (1)以铁路运输方式载运旅客的,为按照铁路合作组织清算规则清算后的实际运输收入 (2)以铁路运输方式载运货物的,为按照铁路运输进款清算办法,对“发站”或“到站(局)”名称包含“境”字的货票上注明的运输费用以及直接相关的国际联运杂费清算后的实际运输收入 (3)以航空运输方式载运货物或旅客的,如果国际运输或港澳台运输各航段由多个承运人承运,为中国航空结算有限责任公司清算后的实际收入;如果国际运输或港澳台运输各航段由一个承运人承运,为提供航空运输服务取得的收入 (4)其他实行“免、抵、退”税办法的增值税零税率应税行为,为提供增值税零税率应税行为取得的收入 2. 实行“免、退”税办法的退(免)税计税依据为购进应税服务的增值税专用发票或解缴税款的中华人民共和国税收缴款凭证上注明的金额	

备注:1. 增值税退(免)税的计税依据,对生产企业而言,一般是扣减所含保税和免税金额之后的离岸价;对外贸企业而言,一般是购进货物增值税专用发票注明的金额或海关进口增值税专用缴款书注明的完税价格

2. 实行退(免)税办法的服务和无形资产,主管税务机关如果认定出口价格偏高,有权按照核定的出口价格计算退(免)税;核定的出口价格低于外贸企业购进价格的,低于部分对应的进项税额不予退税,转入成本

“抵”税是指生产企业出口自产货物、应税劳务等所耗用的原材料、零部件、燃料、动力等所含应予退还的进项税额,抵减内销货物的应纳税额。

"退"税是指生产企业出口自产货物、应税劳务等在当月内应抵减的进项税额大于内销应纳税额时，对未抵减完的部分予以退税。

在计算"免、抵、退"税时，考虑到退税率低于征税率的情况，需要计算不予"免、抵、退"税的金额，从进项税额中剔除，转入出口产品的销售成本中。"免、抵、退"税计算实际上涉及免、剔、抵、退四个步骤。①免：出口货物免征增值税。②剔：进项税额转出的过程，把退税率低于征税率而需要剔除的增值税转入外销的成本中。③抵：用出口应退税额抵减内销应纳税额，让企业用内销少缴税的方式得到出口退税的实惠。"抵"之后企业应纳税额可能出现的情况是：结果为正数或结果为负数。④退：在企业计算出当期应纳税额小于0时，才涉及出口退税，即内销的应纳税额已经全部被出口应退税额冲抵掉了，而出口应退税额还没有被抵完。

1.生产企业出口货物、劳务、服务和无形资产

生产企业出口货物、劳务、服务和无形资产的增值税"免、抵、退"税，依下列公式计算：

(1)当期应纳税额的计算。

$$\text{当期应纳税额}=\text{当期销项税额}-(\text{当期进项税额}-\text{当期不得免征和抵扣税额})$$

$$\begin{matrix}\text{当期不得免征}\\\text{和抵扣税额}\end{matrix}=\begin{matrix}\text{当期出口}\\\text{货物离岸价}\end{matrix}\times\begin{matrix}\text{外汇人民}\\\text{币折合率}\end{matrix}\times\left(\begin{matrix}\text{出口货物}\\\text{适用税率}\end{matrix}-\begin{matrix}\text{出口货物}\\\text{退税率}\end{matrix}\right)-\begin{matrix}\text{当期不得免征和}\\\text{抵扣税额抵减额}\end{matrix}$$

$$\text{当期不得免征和抵扣税额抵减额}=\text{当期免税购进原材料价格}\times\left(\begin{matrix}\text{出口货物}\\\text{适用税率}\end{matrix}-\begin{matrix}\text{出口货物}\\\text{退税率}\end{matrix}\right)$$

出口货物离岸价以出口发票计算的离岸价为准。实际离岸价应以出口发票上的离岸价为准，但如果出口发票不能反映实际离岸价，主管税务机关有权予以核定。

(2)当期"免、抵、退"税额的计算。

$$\begin{aligned}\text{当期“免、抵、退”税额}=&\text{当期出口货物离岸价}\times\text{外汇人民币折合率}\times\text{出口货物退税率}\\&-\text{当期“免、抵、退”税额抵减额}\end{aligned}$$

$$\text{当期“免、抵、退”税额抵减额}=\text{当期免税购进原材料价格}\times\text{出口货物退税率}$$

(3)当期应退税额和免抵税额的计算。

①当期期末留抵税额≤当期"免、抵、退"税额，则：

$$\text{当期应退税额}=\text{当期期末留抵税额}$$

$$\text{当期免抵税额}=\text{当期“免、抵、退”税额}-\text{当期应退税额}$$

②当期期末留抵税额＞当期"免、抵、退"税额，则：

$$\text{当期应退税额}=\text{当期“免、抵、退”税额}$$

$$\text{当期免抵税额}=0$$

当期期末留抵税额为当期增值税纳税申报表中的"期末留抵税额"。

(4)当期免税购进原材料的价格包括当期国内购进的无进项税额且不计提进项税额的免税原材料的价格和当期进料加工保税进口料件的价格，其中当期进料加工保税进口料件的价格为进料加工出口货物耗用的保税进口料件金额。

$$\begin{aligned}\text{进料加工出口货物耗用的保税进口料件金额}=&\text{进料加工出口货物人民币离岸价}\\&\times\text{进料加工计划分配率}\end{aligned}$$

$$\text{计划分配率}=\text{计划进口总值}\div\text{计划出口总值}\times100\%$$

计算不得免征和抵扣税额时，应按当期全部出口货物的销售额扣除当期全部进料加工出口货物耗用的保税进口料件金额后的余额乘以征、退税率之差计算。

进料加工出口货物收齐有关凭证申报免抵退税时，以收齐凭证的进料加工出口货物人民币离岸价扣除其耗用的保税进口料件金额后的余额计算"免、抵、退"税额。

【做中学 6－1】　A 为一家自营出口的生产企业(增值税一般纳税人),出口货物的征税率为 13%,退税率为 10%,2025 年 1 月该公司有关经营业务为:购进原材料一批,取得的增值税专用发票注明的价款为 600 万元,外购货物准予抵扣的进项税额 78 万元。当月进料加工出口货物耗用的保税进口料件金额为 300 万元。上期期末留抵税款为 18 万元。本月内销货物不含税销售额为 300 万元,收款 339 万元存入银行。本月出口货物销售额折合人民币 600 万元。

要求:计算该企业当期的"免、抵、退"税额。

解析:

(1)"免、抵、退"税不得免征和抵扣税额抵减额＝进料加工出口货物耗用的保税进口料件金额×(出口货物征税率－出口货物退税率)＝300×(13%－10%)＝9(万元)。

(2)"免、抵、退"税不得免征和抵扣税额＝当期出口货物离岸价×外汇人民币牌价×(出口货物征税率－出口货物退税率)－"免、抵、退"税不得免征和抵扣税额抵减额＝600×(13%－10%)－9＝9(万元)。

(3)当期应纳税额＝300×13%－(78－9)－18 ＝－48(万元)。

(4)"免、抵、退"税额抵减额＝免税购进原材料×材料出口货物退税率＝300×10% ＝30(万元)。

(5)出口货物"免、抵、退"税额＝600×10%－30 ＝30(万元)。

(6)按规定,如当期期末留抵税额＞当期"免、抵、退"税额,当期应退税额＝当期"免、抵、退"税额,该企业应退税额＝30(万元)。

(7)当期免抵税额＝当期"免、抵、退"税额－当期应退税额,当期该企业免抵税额＝30－30＝0。

(8)期末留抵结转下期继续抵扣税额为 18 万元(48 －30)。

(5)零税率应税行为增值税退(免)税的计算。

①当期"免、抵、退"税额的计算。

当期零税率应税行为"免、抵、退"税额＝当期零税率应税行为"免、抵、退"税计税依据×外汇人民币折合率×零税率应税行为增值税退税率

②当期应退税额和当期免抵税额的计算。

当期期末留抵税额≤当期"免、抵、退"税额时:

当期应退税额＝当期期末留抵税额

当期免抵税额＝当期"免、抵、退"税额－当期应退税额

当期期末留抵税额＞当期"免、抵、退"税额时:

当期应退税额＝当期"免、抵、退"税额

当期免抵税额＝0

"当期期末留抵税额"为当期"增值税纳税申报表"中的"期末留抵税额"。

【做中学 6－2】　B 国际运输公司(增值税一般纳税人)实行"免、抵、退"税管理办法,2025 年 1 月实际发生如下业务:

(1)该企业当月承接了 3 个国际运输业务,取得经确认的收入 240 万元人民币。

(2)该企业进行增值税纳税申报时,期末留抵税额为 60 万元人民币。

要求:计算该企业当月的退税额。

解析:当期零税率应税行为"免、抵、退"税额＝当期零税率应税行为"免、抵、退"税计税依据×外汇人民币折合率×零税率应税行为增值税退税率＝240×10%＝24(万元)。

因为当期期末留抵税额 60 万元＞当期"免、抵、退"税额 24 万元,所以当期应退税额＝当期

“免、抵、退”税额＝24 万元。

进行退税申报后，结转下期留抵的税额为 36 万元(60—24)。

2.外贸企业出口货物、劳务和应税行为

外贸企业出口货物、劳务和应税行为增值税退(免)税，依下列公式计算：

(1)外贸企业出口委托加工修理修配货物以外的货物。

增值税应退税额＝增值税退(免)税计税依据×出口货物退税率

【做中学 6—3】 甲进出口公司 2025 年 2 月出口意大利平纹布 4 000 平方米，进货增值税专用发票列明单价为 30 元/平方米，计税金额为 120 000 元，增值税出口退税率为 10%。

要求：计算当期应退增值税税额。

解析：应退税额＝120 000×10%＝12 000(元)

(2)外贸企业出口委托加工修理修配货物。

出口委托加工修理修配货物的增值税应退税额＝委托加工修理修配的增值税退税计税依据×出口货物退税率

【做中学 6—4】 甲进出口公司 2025 年 2 月购进牛仔布，并接受委托将其加工成服装出口，取得增值税发票一张，注明计税金额为 50 000 元；取得的服装加工费的计税金额为 3 000 元，受托方将原材料成本并入加工修理修配费用并开具了增值税专用发票。假设增值税出口退税率为 13%。

要求：计算当期应退的增值税税额。

解析：应退增值税税额＝(50 000＋3 000)×13%＝6 890(元)

(3)外贸企业兼营的零税率应税行为增值税免退税的计算。

外贸企业兼营的零税率应税行为应退税额＝外贸企业兼营的零税率应税行为免退税计税依据×零税率应税行为增值税退税率

3.退税率低于适用税率

退税率低于适用税率的，相应计算出的差额部分的税款计入出口货物劳务成本。

4.出口企业既有适用增值税“免、抵、退”的项目，也有适用增值税即征即退、先征后退的项目

出口企业既有适用增值税“免、抵、退”项目，也有适用增值税即征即退、先征后退项目的，增值税即征即退和先征后退项目不参与出口项目“免、抵、退”税计算。出口企业应分别核算增值税“免、抵、退”项目和增值税即征即退、先征后退项目，并分别申请享受增值税“免、抵、退”和即征即退、先征后退政策。

用于增值税即征即退或者先征后退项目的进项税额无法划分的，按照下列公式计算：

无法划分的进项税额中用于增值税即征即退或者先征后退项目的部分＝当月无法划分的全部进项税额×当月增值税即征即退或者先征后退项目销售额÷当月全部销售额、营业额合计

5.实行“免、抵、退”税办法的零税率应税行为

实行“免、抵、退”税办法的零税率应税行为提供者如同时有货物、劳务(劳务指对外加工修理修配劳务，下同)出口且未分别计算的，可一并计算“免、抵、退”税额。税务机关在审批时，按照出口货物、劳务、零税率应税行为“免、抵、退”税额比例划分出口货物劳务、零税率应税行为的退税额和免抵税额。

(二)融资租赁出口货物退税的计算

融资租赁出租方将融资租赁出口货物租赁给境外承租方、将融资租赁海洋工程结构物租赁给

海上石油天然气开采企业，向融资租赁出租方退还其购进租赁货物所含增值税。其计算公式为：

增值税应退税额＝购进融资租赁货物的增值税专用发票注明的金额或海关进口增值税专用缴款书注明的完税价格×融资租赁货物适用的增值税退税率

融资租赁出口货物适用的增值税退税率，按照统一的出口货物适用退税率执行。从增值税一般纳税人购进的按简易办法征税的融资租赁货物和从小规模纳税人购进的融资租赁货物，其适用的增值税退税率，按照购进货物适用的征收率和退税率孰低的原则确定。

【做中学 6－5】 2025 年 2 月某融资租赁公司根据合同规定，将 1 台设备以融资租赁方式出租给境外的甲企业使用。融资租赁公司购进该设备的增值税专用发票上注明的金额为 100 万元人民币。假设增值税出口退税率为 13%。

要求：计算该企业当期应退的增值税税额。

解析：应退的增值税税额＝100×13%＝13(万元)

如果融资租赁出口货物、融资租赁海洋工程结构物(简称“融资租赁货物”)属于消费税应税消费品，应向融资租赁出租方退还前一环节已征的消费税。其计算公式为：

应退消费税税额＝购进融资租赁货物税收(出口货物专用)缴款书或海关进口消费税专用缴款书注明的消费税税额

(三)境外旅客购物离境退税政策

离境退税政策是指境外旅客在离境口岸离境时，对其在退税商店购买的退税物品退还增值税的政策。

境外旅客是指在我国境内连续居住不超过 183 天的外国人和港澳台同胞。

退税物品是指由境外旅客本人在退税商店购买且符合退税条件的个人物品，但不包括下列物品：①“中华人民共和国禁止、限制进出境物品表”所列的禁止、限制出境物品；②退税商店销售的适用增值税免税政策的物品；③财政部、海关总署、国家税务总局规定的其他物品。

境外旅客申请退税，应当同时符合以下条件：①同一境外旅客同一日在同一退税商店购买的退税物品金额达到 500 元人民币；②退税物品尚未启用或消费；③离境日距退税物品购买日不超过 90 天；④所购退税物品由境外旅客本人随身携带或随行李托运出境。

适用 13%税率的境外旅客购物离境退税物品，退税率为 11%；适用 9%税率的境外旅客购物离境退税物品，退税率为 8%。

应退增值税额＝退税物品销售发票金额(含增值税)×退税率

实退增值税额＝应退增值税额－退税代理机构退税手续费

(四)外国驻华使(领)馆及其馆员在华购买货物和服务增值税退税政策

根据《外国驻华使(领)馆及其馆员在华购买货物和服务增值税退税管理办法》(国家税务总局、外交部公告 2016 年第 58 号)，外国驻华使(领)馆及其馆员(简称“享受退税的单位和人员”)包括外国驻华使(领)馆的外交代表(领事官员)及行政技术人员，但中国公民或在中国永久居留的人员除外。

实行增值税退税政策的货物与服务范围，包括按规定征收增值税、属于合理自用范围内的生活办公类货物和服务(含修理修配劳务)。工业用机器设备、金融服务以及财政部和国家税务总局规定的其他货物和服务，不属于生活办公类货物和服务。

下列情形不适用增值税退税政策：①购买非合理自用范围内的生活办公类货物和服务；②购买货物单张发票含增值税销售金额不足 800 元人民币(自来水、电、燃气、暖气、汽油、柴油除外)，购买服务单张发票含增值税销售金额不足 300 元人民币；③使(领)馆馆员个人购买货物和服务，除车辆和房租外，每人每年申报退税的含增值税销售金额超过 18 万元人民币的部分；④增值税免税货物和服务。

申报退税的应退税额，为增值税发票上注明的税额。

使（领）馆及其馆员购买电力、暖气、汽油、柴油，发票上未注明税额的，增值税应退税额按不含税销售额和适用的增值税税率计算。计算公式为：

增值税应退税额＝发票金额（含增值税）÷（1＋增值税适用税率）×增值税适用税率

享受退税的单位和人员，应按季度向外交部礼宾司报送退税凭证和资料申报退税，报送时间为每年的 1 月、4 月、7 月、10 月。本年度购买的货物和服务（以发票开具日期为准），最迟申报不得迟于次年 1 月。

外交部礼宾司受理使（领）馆退税申报后，在 10 个工作日内，对享受退税的单位和人员的范围进行确认，对申报时限及其他内容进行审核、签章，将各使（领）馆申报资料一并转送北京市税务局办理退税，并履行交接手续。

十、增值税出口退（免）税的管理

我国对已按规定办理出口退（免）税资格认定的出口企业和其他单位（以下简称“出口企业”），采用分类管理办法，具体规定如下：

（一）分类办法

1. 类别

出口企业管理类别分为一类、二类、三类、四类。

2. 分类办法

（1）一类出口企业的评定标准。

生产企业应同时符合下列条件：①企业的生产能力与上一年度申报出口退（免）税规模相匹配；②近三年（含评定当年，下同）未发生过虚开增值税专用发票或者其他增值税扣税凭证、骗取出口退税行为；③评定时纳税信用级别为 A 级或 B 级；④企业内部建立了较为完善的出口退（免）税风险控制体系。

外贸企业应同时符合下列条件：①近三年未发生过虚开增值税专用发票或者其他增值税扣税凭证、骗取出口退税行为；②上一年度的年末净资产大于上一年度该企业已办理出口退税额的 60%；③持续经营 5 年以上（因合并、分立、改制重组等原因新设立企业的情况除外）；④评定时纳税信用级别为 A 级或 B 级；⑤评定时海关企业信用管理类别为高级认证企业或一般认证企业；⑥评定时外汇管理的分类管理等级为 A 级；⑦企业内部建立了较为完善的出口退（免）税风险控制体系。

外贸综合服务企业应同时符合下列条件：①近三年未发生过虚开增值税专用发票或者其他增值税扣税凭证、骗取出口退税行为；②上一年度的年末净资产大于上一年度该企业已办理出口退税额的 30%；③上一年度申报从事外贸综合服务业务的出口退税额，大于该企业全部出口退税额的 80%；④评定时纳税信用级别为 A 级或 B 级；⑤评定时海关企业信用管理类别为高级认证企业或一般认证企业；⑥评定时外汇管理的分类管理等级为 A 级；⑦企业内部建立了较为完善的出口退（免）税风险控制体系。

（2）具有下列情形之一的出口企业，其出口企业管理类别应评定为三类：①自首笔申报出口退（免）税之日起至评定时未满 12 个月；②评定时纳税信用级别为 C 级，或尚未评定纳税信用级别；③上一年度累计 6 个月以上未申报出口退（免）税（从事对外援助、对外承包、境外投资业务的，以及出口季节性商品或出口生产周期较长的大型设备的出口企业除外）；④上一年度发生过违反出口退

(免)税有关规定的情形,但尚未达到税务机关行政处罚标准或司法机关处理标准的;⑤存在省税务局规定的其他失信或风险情形。

(3)具有下列情形之一的出口企业,其出口企业管理类别应评定为四类:①评定时纳税信用级别为D级;②上一年度发生过拒绝向税务机关提供有关出口退(免)税账簿、原始凭证、申报资料、备案单证等情形;③上一年度因违反出口退(免)税有关规定,被税务机关行政处罚或被司法机关处理过的;④评定时企业因骗取出口退税被停止出口退税权,或者停止出口退税权届满后未满2年;⑤四类出口企业的法定代表人新成立的出口企业;⑥列入国家联合惩戒对象的失信企业;⑦海关企业信用管理类别认定为失信企业;⑧外汇管理的分类管理等级为C级;⑨存在省税务局规定的其他严重失信或风险情形。

(4)被评定为一类、三类、四类以外管理类别的出口企业,其管理类别应评定为二类。

(二)分类管理办法

管理类别为一类的出口企业,在出口退(免)税申报的相关电子信息齐全并经预审通过后,即可进行正式申报,申报时不需要提供原始凭证,对应的原始凭证按规定留存企业备查;管理类别为二类、三类的出口企业,在申报出口退(免)税时,应按规定提供原始凭证、资料及正式申报电子数据;管理类别为四类的出口企业,在申报出口退(免)税时,除提供上述原始凭证、资料及正式申报电子数据外,还须同时按规定报送收汇凭证。

税务机关发现出口企业分类条件发生变化的,如纳税信用等级发生变化、因违反出口退(免)税有关规定被税务机关行政处罚或司法机关处理等,应自发现之日起20个工作日内,按规定对出口企业管理类别实施动态管理,及时调整出口企业类别。

职场指南6-1　　出口退税报关单丢失后应怎样补办

出口企业如果丢失海关签发的"出口退税报关单"而要求海关补办时,应向海关交验当地主管退税的县级以上税务机关出具的该批货物尚未办理出口产品退税的证明,经海关查核该批货物确已出口,才能给予补签的"出口退税报关单"上签注"补办"字样。

任务三　加工贸易货物管理

一、出口加工区

(一)出口加工区的概念、功能与管理

1. 概念

出口加工区是指国务院批准在我国境内设立的、由海关对保税加工进出口货物实行封闭式监管的特定区域。

2. 功能

出口加工区的主要功能是保税加工,以及在此基础上拓展保税物流及研发、检测、维修等业务。其内设出口加工企业、仓储物流企业以及经海关核准专门从事区内货物进出的运输企业。

3. 管理

第一,设施。设置隔离设施、闭路电视监控系统,设立卡口,建立符合海关监管要求的电子计算机管理数据库,并与海关实行计算机联网,进行电子数据交换。

第二,货物。出口加工区货物管理见表6-4。

表 6－4　出口加工区货物管理

货物流向	报关	许可证	出口退税	税　费
境内区外入区	出口报关	交	入区：可以办理（除基建物资）	交
与境外之间	进口报关电子账册管理	免（除另有规定外）	—	入境：加工贸易货物全额保税；无台账；自用生产、管理所需设备、物资，免税；交通车辆和生活用品不免
备注	国家禁止进出口的货物，不得进出加工区。因国内技术无法达到产品要求，需将国家禁止出口或统一经营的商品运至加工区内进行某项工序加工的，应报商务主管部门批准，海关比照出料加工管理方法进行监管，其运入加工区的货物，不予签发出口退税报关单。			

第三，其他。不准开展商业零售、转口贸易，不得在加工区居住，不得建立营业性的生活消费设施。除安全人员和企业值班人员外，其他人不得居住在加工区内。

（二）报关程序

出口加工区内企业在进出口货物前，应向主管海关申请建立电子账册。出口加工区电子账册包括“加工贸易电子账册（H 账册）”和“企业设备电子账册”。出口加工区进出境货物和进出区货物通过电子账册办理报关手续。

出境加工，是指我国境内符合条件的企业将自有的原辅料、零部件、元器件或半成品等货物委托境外企业制造或加工后，在规定的期限内复运进境并支付加工费和境外料件费等相关费用的经营活动。出境加工是一种国际通行的业务和做法，其主要特点为“两头在内、中间在外”，有助于企业在更广阔的全球化市场范围内进行产业结构调整和资源优化配置。

企业开展出境加工业务，需要满足的条件有：信用等级为一般认证及以上企业；不涉及国家禁止、限制进出境货物；不涉及国家应征出口关税货物。企业有下列情形之一的，不得开展出境加工业务：涉嫌走私、违规，已被海关立案调查、侦查，且案件尚未审结的；未在规定期限内向海关核报已到期出境加工账册的。

开展出境加工业务的企业，应向其所在地海关办理账册设立手续，并提交下列单证：出境加工合同；生产工艺说明；相关货物的图片或样品等；海关需要收取的其他证件和材料。企业提交单证齐全有效的，主管海关应自接受企业账册设立申请之日起 5 个工作日内完成出境加工账册设立手续，账册核销期为 1 年。

办理出境加工账册设立手续时，企业应如实申报进出口口岸、商品名称、商品编号、数量、规格型号、价格和原产地等；使用境外料件的，还应如实申报使用境外料件的数量、金额。账册设立内容发生变更的，企业应在账册有效期内办理变更手续。

出境加工账册按以下方式进行核销：

第一，出境加工账册采取企业自主核报、自动核销模式，企业应于出境加工账册核销期结束之日起 30 日内向主管海关核报出境加工账册。

第二，出境加工货物因故无法按期复运进境的，企业应及时向主管海关书面说明情况，海关据此核扣复运进境商品数量。

第三，对逾期不向海关核报的出境加工账册，海关可通过电子公告牌等方式联系企业进行催核；催核后仍不核报的，海关可直接对账册进行核销。

第四，对账册不平衡等异常情况，企业应做出说明并按具体情况办结相应海关手续后予以核销；需要删改报关单的，企业应按《中华人民共和国海关进出口货物报关单修改和撤销管理办法》办理。

1. 出口加工区与境外之间进出货物的报关

出口加工区企业从境外运进货物或运出货物到境外，由收发货人或其代理人填写进出境货物核注清单，向出口加工区海关报关。对于跨关区进出境的出口加工区货物，除邮递物品、个人随身携带物品、跨越关区进口车辆和出区在异地口岸拼箱出口的货物外，可以按照转关运输中的直转转关方式办理转关。对于同一直属海关关区内的出口加工区进出境货物，可以按照直通式报关。

(1)境外货物运入出口加工区的报关程序(见图 6—1)。

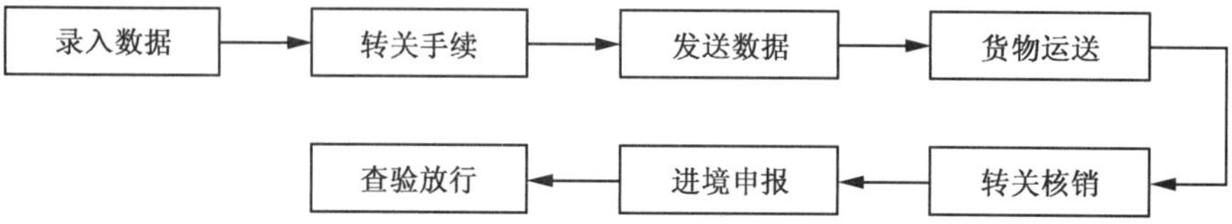

图 6—1 境外货物运入出口加工区的报关程序

第一步：录入数据。在口岸海关，企业录入申报数据。

第二步：转关手续。在口岸海关物流监控部门，企业持“进口转关货物申报单”“汽车载货登记簿”办理转关。

第三步：发送数据。口岸海关向出口加工区海关发送转关申报电子数据，并对运输车辆进行加封。

第四步：货物运送。货物运抵出口加工区。

第五步：转关核销。在出口加工区海关，企业办理转关核销手续。出口加工区海关物流监管部门核销“汽车载货登记簿”，并向口岸海关发送核销电子回执。

第六步：进境申报。在出口加工区海关，企业录入“出口加工区进境货物核注清单”，提交运单、发票、装箱单、电子账册编号、相应的许可证件等。

第七步：查验放行。出口加工区海关审核单证，进行必要的查验，办理放行，签发有关核注清单证明联，税务部门在为实行自动核销方式的单位办理出口退税时，应依据从外汇局接收的电子数据及外汇局提供的核销清单进行审核，不再要求单位提供出口收汇核销单退税联。

出口保税核注清单见样例 6—1。

(2)出口加工区货物运往境外的报关程序(如图 6—2)。

第一步：出口报关。在出口加工区海关，企业录入核注清单，提交运单、发票、装箱单、电子账册编号等。

第二步：转关手续。在出口加工区海关物流监控部门，企业持“出口加工区出境货物核注清单”“汽车载货登记簿”办理出口转关。

第三步：发送数据。出口加工区海关审核同意企业转关申请后，向口岸海关发送转关申报电子数据，并对运输车辆进行加封。

第四步：货物运送。货物运抵出境地海关。

第五步：转关核销。出境地海关核销“汽车载货登记簿”，并向出口加工区海关发送转关核销电子回执。

第六步：离境处理。货物离境后，出境地海关核销清洁载货清单并反馈出口加工区海关，出口加工区海关凭以签发有关核注清单证明联。

2. 出口加工区与境内区外其他地区之间进出货物的报关

(1)出口加工区货物运往境内区外(先进口报关后出口报关)。

出口保税核注清单

仅供核对使用　　　　打印时间：2019/09/10 13:53:38

预录入统一编号	DLHZ091019E000022829	清单编号	QD091019E000010533	手（账）册编号	T0910W000014	清单申报日期	2019/09/02
经营企业编码	210263K900	经营企业社会信用代码	91210242792014979K	经营企业名称	大连悦丰万鑫国际物流有限公司	企业内部编号	
加工企业编码	210263K900	加工企业社会信用代码	91210242792014979K	加工企业名称	大连悦丰万鑫国际物流有限公司	录入日期	2019/09/02
申报单位代码	210263K900	申报单位社会信用代码	91210242792014979K	申报单位名称	大连悦丰万鑫国际物流有限公司	清单进出卡口状态	完全过卡
料件、成品标志	料件	监管方式	区内物流货物	运输方式	水路运输	流转类型	非流转类
进(出)境关别	连大窑湾	主管海关	连保税港	核扣标志	已核扣	申报表编号	
录入单位代码	210263K900	录入单位社会信用代码	91210242792014979K	录入单位名称	大连悦丰万鑫国际物流有限公司	报关标志	报关
报关类型	对应报关	报关单类型	出境备案清单	清单类型	普通清单	报关单申报日期	2019/09/03
对应报关单编号	091020190100041783	对应报关单申报单位代码	210263K900	对应报关单申报单位名称	大连悦丰万鑫国际物流有限公司	对应报关单申报单位社会信用代码	91210242792014979K
关联报关单编号		关联清单编号		关联手（账）册备案号			
关联报关单境内收发货人代码			收发货人名称			社会信用代码	
关联报关单生产销售（消费使用）单位代码			单位名称			社会信用代码	
关联报关单申报单位代码			申报单位名称			社会信用代码	
启运国（地区）/运抵国（地区）		朝鲜	备注				

表体

商品序号	备案序号	商品料号	商品编码	商品名称	规格型号	原产国（地区）	最终目的国（地区）	申报单价	申报总价	币制	申报数量	申报单位	法定单位	法定数量	法定第二单位	法定第二数量	征免方式	单耗版本号
1	2963	FLD01	1905310000	饼干	小麦面粉，黄油，糖粉，植物油，纯净水等	柬埔寨	朝鲜	19.3440	18667	美元	965	件	千克	7671.50			全免	
2	2964	FDL02	1904100000	薯片	膨化，阴凉干燥处保存，开封后尽快食用	柬埔寨	朝鲜	10.3524	3913.20	美元	378	件	千克	1271.40			全免	

简单加工清单料件表体

商品序号	备案序号	商品料号	商品编码	商品名称	规格型号	原产国（地区）	最终目的国（地区）	申报单价	申报总价	币制	申报数量	申报单位	法定单位	法定数量	法定第二单位	法定第二数量	征免方式	单耗版本号

集报清单—出入库单信息

序号	出入库单编号

保税电商清单—电商清单信息

序号	电商清单编号

样例 6—1　出口保税核注清单

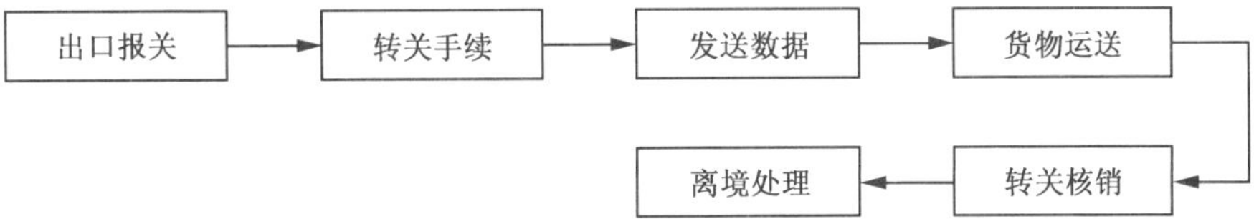

图 6—2　出口加工区货物运往境外的报关程序

①程序。在出口加工区海关办理的手续如图 6—3 所示。

图 6—3　出口加工区货物运往境内区外报关的程序

第一步：进口报关。区外企业录入进口货物报关单，凭发票、装箱单、相应许可证件等单证向出口加工区海关办理进口报关手续。

第二步：出区报关。区内企业填制“出境货物核注清单”，凭发票、装箱单、电子账册编号等向出口加工区海关办理出口报关手续。

第三步：签证明联。放行货物后，海关向区外企业签发报关单付汇证明联；向区内企业签发核注清单收汇证明联。

②税收和许可证件。其管理办法见表 6—5。

表 6—5　　税收和许可证件管理办法

货物	处理方法	税收管理	许可证管理
加工贸易制成品	内销	以接受内销申报的同时或大约同时进口的相同或类似货物的进口成交价格为基础确定完税价格	按照对区外其他加工贸易货物内销的相关规定办理
副产品	内销	区外企业按内销价格缴纳有关税费，免缓税利息	属于许可证管理的，需提交
边角料废品	内销	海关按照报验状态归类后适用的税率和审定的价格计征税款	免予提交许可证件
	以处置方式销毁的	按照对区外其他加工贸易货物内销的相关规定办理	属于禁止进口的固体废物需出区进行利用或者处置的，区内企业持处置单位的“危险废物经营许可证”复印件以及出口加工区管委会和所在地地（市）级环保部门的批准文件向海关办理有关手续
	以其他方式销毁的	海关予以免税	凭出口加工区管委会的批件，向主管海关办理出区手续，并免予验核进口许可证件
残次品	内销	按成品（内销价格）征收进口关税和进口环节代征税	属于进口许可证件管理的应提交；属于《出入境检验检疫机构实施检验检疫的进出境商品目录》内的，经出入境检验检疫机构按照国家技术规范的强制性要求检验合格后，方可内销

【注意】边角料、残次品、废品等原则上应复运出境。如出区内销，应按照对区外其他加工贸易货物内销的相关规定办理。

③委托加工。出口加工区内企业在需要时，可将有关模具、半成品运往区外进行加工，经加工区主管海关的关长批准，由接受委托的区外企业，向加工区主管海关缴纳与货物应征关税和进口环节增值税等值的保证金或银行保函后方可办理出区手续。加工完毕后，加工产品应按期（一般为 6 个月）运回加工区，区内企业向加工区主管海关提交运出加工区时填写的“委托区外加工申请书”及有关单证，办理验放核销手续。加工区主管海关办理验放核销手续后，应退还保证金或撤销保函。

④维修、测试、检验和展示。出口加工区区内企业经主管海关批准，可在境内区外进行产品的测试、检验和展示活动。测试、检验和展示的产品，应比照海关对暂时进口货物的管理规定办理出区手续。区内使用的机器、设备、模具和办公用品经主管海关批准可运往境内区外维修、测试或检验，但不得用于境内区外加工生产和使用，并自运出之日起 60 天内运回区内，特殊情况应于届满前 7 天申请，最多可延期 30 天。

(2)境内区外货物运入出口加工区(先出口报关后进口报关)。在出口加工区海关办理的手续如图 6—4 所示。

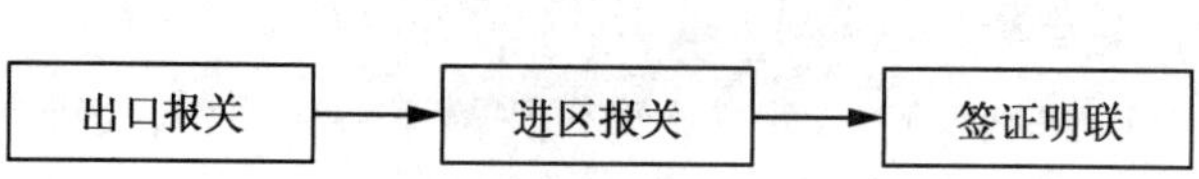

图 6—4　境内区外货物运入出口加工区的报关程序

第一步：出口报关。区外企业录入出口货物报关单，凭购销合同（协议）、发票、装箱单等单证向出口加工区海关办理出口报关手续。

第二步：进区报关。区内企业填制“进境货物核注清单”，凭购销发票、装箱单、电子账册编号等向出口加工区海关办理进区报关手续。

第三步：签证明联。查验放行货物后，海关向区外企业签发报关单付汇证明联；向区内企业签发核注清单收汇证明联。

【提示】从境内区外进入出口加工区供区内企业使用的国产机器、设备、原材料、零部件、元器件、包装物料以及建造基础设施、加工企业和行政管理部门生产、办公用房所需合理数量的国产基建物资等，按照对出口货物的管理规定办理出口报关手续，海关签发出口货物报关单退税证明联（除不予退税的基建物资外）。境内区外企业依据出口货物报关单退税证明联向税务部门申请办理出口退（免）税手续。

（3）出口加工区货物出区深加工结转。它是指出口加工区内企业经海关批准并办理相关的手续，将本企业加工生产的产品直接或者通过保税仓库转入其他出口加工区、保税区等海关特殊监管区域及区外加工贸易企业进一步加工后复出口的经营活动。出口加工区深加工结转的注意事项见表 6—6。

表 6—6　　**出口加工区深加工结转的注意事项**

项　目	转入其他海关特殊监管区域	转入非其他海关特殊监管区域
批复	转出企业凭出口加工区管委会的批复；转入企业凭其所在区域管委会的批复	转出企业凭出口加工区管委会的批复；转入企业凭商务主管部门的批复
许可证	无表述	属于加工贸易项下进口许可证件管理商品的，企业提交许可证件
结转手续办理地点	转出、转入企业分别在自己的主管海关办理	转出、转入企业在转出地主管海关办理

【注意】对转入特殊监管区域的深加工结转货物，除特殊情况外，比照转关运输方式办理结转手续。不能比照转关运输方式办理结转手续的，在向主管海关提供相应的担保后，由企业自行运输。

出口加工区结转货物报关程序如图 6—5 所示。

图 6—5　出口加工区结转货物报关程序

第一步：计划备案。转入企业在“海关出口加工区货物出区深加工结转申请表”中填写本企业的转入计划，凭申请表向转入地海关备案。转出企业自转入地海关备案之日起 30 日内向主管海关备案。

第二步：实际收发货登记。转出、转入企业办理结转备案后，凭双方海关核准的申请表进行实际收发货。

转出企业的每批次发货记录应当在一式三联的“出口加工区货物实际结转情况登记表”上如实登记，转出地海关在“卡口”签注登记表后，货物出区。

第三步：结转报关。转入、转出企业每批实际收、发货后，可以凭申请表和转出地卡口海关签注的登记表分批或集中办理报关手续；转入、转出企业每批实际收、发货后应当自实际收、发货之日起30日内办结该批货物的报关手续，转入企业填报结转进口报关单，转出企业填报结转出口核注清单，一份结转进口报关单对应一份结转出口核注清单。

二、加工贸易“放管服”改革

（一）手册设立（变更）一次申报，取消备案资料库申报

企业通过金关二期加工贸易管理系统办理加工贸易手册设立（变更）时，不再向海关申报设立备案资料库，直接发送手册设立（变更）数据，海关按规定对企业申报的手册设立（变更）数据进行审核并反馈。

（二）账册设立（变更）一次申报，取消商品归并关系申报

企业通过金关二期加工贸易管理系统办理加工贸易账册设立（变更）时，不再向海关申报归并关系，由企业根据自身管理实际，在满足海关规范申报和有关监管要求的前提下，自主向海关申报有关商品信息。企业内部管理商品与电子底账之间不是一一对应的，归并关系由企业自行留存备查。

（三）外发加工一次申报，取消外发加工收发货记录

简化外发加工业务申报手续，企业通过金关二期加工贸易管理系统办理加工贸易外发加工业务时，应在规定的时间内向海关申报“外发加工申报表”，不再向海关申报外发加工收发货登记，实现企业外发加工一次申报、收发货记录自行留存备查。企业应如实填写并向海关申报“外发加工申报表”，对全工序外发的，应在申报表中勾选“全工序外发”标志，并按规定提供担保后开展外发加工业务。

（四）深加工结转一次申报，取消事前申请和收发货记录

简化深加工结转业务申报手续，海关对加工贸易深加工结转业务不再进行事前审核。企业通过金关二期加工贸易管理系统办理加工贸易深加工结转业务时，不再向海关申报“深加工结转申报表”和收发货记录，应在规定的时间内直接向海关申报保税核注清单及报关单办理结转手续，实现企业深加工结转一次申报、收发货记录自行留存备查。企业应于每月15日前对上月深加工结转情况进行保税核注清单及报关单的集中申报，但集中申报不得超过手（账）册有效期或核销截止日期，且不得跨年申报。

（五）余料结转一次申报，不再征收风险担保金

简化余料结转业务申报手续，海关对加工贸易余料结转业务不再进行事前审核。企业通过金关二期加工贸易管理系统办理加工贸易余料结转业务时，不再向海关申报“余料结转申报表”，企业应在规定的时间内向海关申报保税核注清单办理余料结转手续，实现企业余料结转一次申报。取消企业办理余料结转手续需征收风险担保金的相关规定，对同一经营企业申报将剩余料件结转到另一加工企业的、剩余料件转出金额达到该加工贸易合同项下实际进口料件总额50%及以上的、剩余料件所属加工贸易合同办理两次及两次以上延期手续的等情形，企业不再提供担保。

（六）内销征税一次申报，统一内销征税申报时限

优化加工贸易货物内销征税手续，企业通过金关二期加工贸易管理系统办理加工贸易货物内销业务时，直接通过保税核注清单生成内销征税报关单，并办理内销征税手续，不再向海关申报“内销征税联系单”。统一区外加工贸易企业集中办理内销征税手续申报时限，符合条件集中办理内销征税手续的加工贸易企业，应于每月15日前对上月内销情况进行保税核注清单及报关单的集中申报，但集中申报不得超过手（账）册有效期或核销截止日期，且不得跨年申报。

（七）优化不作价设备监管，简化解除监管流程

企业通过金关二期加工贸易管理系统办理不作价设备手册设立等各项手续，根据规范申报要求上传随附单证进行在线申报。简化不作价设备解除监管流程，对于监管期限已满的不作价设备，企业不再向海关提交书面申请等纸质单证，通过申报监管方式为“BBBB”的设备解除监管专用保税核注清单，向主管海关办理设备解除监管手续。保税核注清单审核通过后，企业如有需要，可自行打印解除监管证明。不作价设备监管期限未满，企业申请提前解除监管的，由企业根据现有规定办理复运出境或内销手续。

（八）创新低值辅料监管，纳入保税料件统一管理

将低值辅料纳入加工贸易手（账）册统一管理。企业使用金关二期加工贸易管理系统，将低值辅料纳入进口保税料件申报和使用，适用加工贸易禁止类、限制类商品目录等相关管理政策，实现低值辅料无纸化、规范化管理。海关停止签发“低值辅料登记表”，之前已经签发的企业可正常执行完毕。

拓展阅读 6—1　　与加工贸易相关的概念

1. 来料加工，是指进口料件由境外企业提供，经营企业不需要付汇进口，按照境外企业的要求进行加工或者装配，只收取加工费，制成品由境外企业销售的经营活动。

2. 进料加工，是指进口料件由经营企业付汇进口，制成品由经营企业外销出口的经营活动。

3. 加工贸易货物，是指加工贸易项下的进口料件、加工成品以及加工过程中产生的边角料、残次品、副产品等。

4. 加工贸易企业，包括经海关注册登记的经营企业和加工企业。

5. 经营企业，是指负责对外签订加工贸易进出口合同的各类进出口企业和外商投资企业，以及经批准获得来料加工经营许可的对外加工装配服务公司。

6. 加工企业，是指接受经营企业委托，负责对进口料件进行加工或者装配，且具有法人资格的生产企业，以及由经营企业设立的虽不具有法人资格，但实行相对独立核算并已经办理工商营业证（执照）的工厂。

7. 单位耗料量，简称单耗，是指加工贸易企业在正常生产条件下加工生产单位出口成品所耗用的进口料件的数量。

8. 深加工结转，是指加工贸易企业将保税进口料件加工的产品转至另一加工贸易企业进一步加工后复出口的经营活动。

9. 承揽企业，是指与经营企业签订加工合同，承接经营企业委托的外发加工业务的生产企业。承揽企业须经海关注册登记，具有相应的加工生产能力。

10. 外发加工，是指经营企业因受自身生产特点和条件限制，经海关批准并办理有关手续，委托承揽企业对加工贸易货物进行加工，在规定期限内将加工后的产品运回本企业并最终复出口的行为。

11. 核销，是指加工贸易经营企业加工复出口或者办理内销等海关手续后，凭规定单证向海关申请解除监管，海关经审查、核查属实且符合有关法律、行政法规、规章的规定，予以办理解除监管手续的行为。

加工贸易项下的出口产品属于应当征收出口关税的，海关按照有关规定征收出口关税。海关按照国家规定对加工贸易货物实行担保制度。加工贸易货物不得抵押、质押、留置。

任务四　对外贸易管制概述

一、对外贸易管制的内容

对外贸易管制的内容见表 6－7。

表 6－7　对外贸易管制的内容

概念	一国从国家的宏观经济利益和对内对外政策的需要出发，在国际贸易有关规则的基础上，对本国的对外贸易活动实施有效管理而实行的各种贸易政策、制度和措施的总称
性质	各国政府为保护和促进国内生产发展、适时限制进出口而采取的鼓励或限制措施，或为政治目的采取禁止或限制的措施
分类形式	按照管理目的分为：进口贸易管制和出口贸易管制。按照管制管理手段分为：关税管制和非关税措施管制。按照管制对象分为：货物进出口贸易管制、技术进出口贸易管制、国际服务贸易管制
管制目的	保护本国经济发展；推行本国的外交政策，实现国家政治目的或军事目标；行使国家职能
管制特点	一国对外政策的体现；具有因时间、形势而变化的特性；以进口管制为重点

二、我国对外贸易管制的基本框架与法律体系

（一）法律

我国现行的与对外贸易管制有关的法律主要有《中华人民共和国对外贸易法》（简称《对外贸易法》）、《中华人民共和国海关法》、《中华人民共和国进出口商品检验法》（简称《进出口商品检验法》）、《中华人民共和国进出境动植物检疫法》（以下简称《进出境动植物检疫法》）、《中华人民共和国固体废物污染环境防治法》、《中华人民共和国国境卫生检疫法》（简称《国境卫生检疫法》）、《中华人民共和国野生动物保护法》、《中华人民共和国药品管理法》、《中华人民共和国文物保护法》等。

（二）行政法规

我国现行的与对外贸易管制有关的行政法规主要有《中华人民共和国货物进出口管理条例》（简称《货物进出口管理条例》）、《中华人民共和国技术进出口管理条例》（简称《技术进出口管理条例》）、《中华人民共和国关税法》、《中华人民共和国知识产权海关保护条例》、《中华人民共和国陆生野生动植物保护实施条例》、《中华人民共和国外汇管理条例》、《中华人民共和国反补贴条例》、《中华人民共和国反倾销条例》、《中华人民共和国保障措施条例》等。

（三）部门规章

我国现行的与对外贸易管制有关的部门规章有很多，如《货物进口许可证管理办法》《货物出口许可证管理办法》《货物自动进口许可管理办法》《药品进口管理办法》等。

（四）国际条约、协定

我国目前所缔结或者参加的各类国际条约、协定，虽然不属于我国国内法的范畴，但就其效力而言，可视为我国的法律渊源之一。其主要有加入世界贸易组织（WTO）所签订的有关双边或多边的各类贸易协定、《关于简化和协调海关业务制度的国际公约》（也称《京都公约》）、《濒危野生动植物种国际贸易公约》（也称《华盛顿公约》）、《关于消耗臭氧层物质的蒙特利尔议定书》、《联合国禁止非法贩运麻醉药品和精神药物公约》、《关于化学品国际贸易资料交换的伦敦准则》、《关于在国际贸易中对某些危险化学品和农药采用事先知情同意程序的鹿特丹公约》、《控制危险废物越境转移及其处置的巴塞尔公约》和《建立世界知识产权组织公约》等。

三、对外贸易经营者管理制度

对外贸易经营者，是指依法办理工商登记或者其他执业手续，依照《对外贸易法》和其他有关法律、行政法规、部门规章的规定从事对外贸易经营活动的法人、其他组织或者个人。

自 2022 年 12 月 30 日起，我国取消了对外贸易经营者备案登记制度，从事进出口业务的企业不再需要办理对外贸易经营者备案登记手续，企业自动获取进出口权，但仍需办理海关登记获取报关权限等。这一变革是我国外贸领域深化"放管服"改革的关键一步，旨在进一步激发市场主体活力，降低市场准入门槛，让更多的企业能够更加自由、便捷地参与到对外贸易活动中来，有助于提升贸易效率，优化营商环境，增强我国外贸行业在全球市场的竞争力和适应力，为我国对外贸易的高质量发展开辟新的道路，注入新的动力，以更好地适应国际贸易形势的新变化和新需求，推动我国从贸易大国向贸易强国加速迈进。

目前，我国实行国营贸易管理的商品主要包括玉米、大米、煤炭、原油、成品油、棉花、锑及锑制品、钨及钨制品、白银等。

四、对外贸易管制的主要管理措施

（一）禁止进出口管理

1. 禁止进口管理

（1）禁止进口货物管理规定。我国政府明令禁止进口的货物包括：列入由国务院商务主管部门或由其会同国务院有关部门制定的《禁止进口货物目录》的商品，国家有关法律、法规明令禁止进口的商品及其他因各种原因停止进口的商品。禁止进口货物管理情况见表 6—8。

表 6—8 禁止进口货物管理情况

禁止进口原因	禁止进口情况
列入《禁止进口货物目录》的商品	列入《禁止进口货物目录》的商品共七批： 第一批：为了保护我国的自然生态环境和生态资源以及履行我国所参加或缔结的与保护世界生态环境相关的国际公约和协定而发布的。如四氯化碳、犀牛角、麝香和虎骨等都禁止进口。 第二批：国家对涉及生产安全、人身安全和环境保护的旧机电产品所实施的。如旧电器、旧医疗设备、旧汽车等。 第三、第四、第五批：合并修订而成《禁止进口固体废物目录》，所涉及的是对环境有污染的固体废物类。如废橡胶、废玻璃、废弃机电产品和设备等。 第六批：为了保护人的健康，维护环境安全，淘汰落后产品，履行《关于在国家贸易中对某些危险化学品和农药采用事先知情同意程序的鹿特丹公约》和《关于持久性有机污染物的斯德哥尔摩公约》而颁布的。如长纤维青石棉、二噁英等。 第七批：为履行《关于持久性有机污染物的斯德哥尔摩公约》《关于汞的水俣公约》，依据《对外贸易法》《货物进出口管理条例》，公布《禁止进口货物目录（第九批）》，自 2024 年 1 月 1 日起实施。如四溴二苯醚、零售包装的含有灭蚁灵或十氯酮的杀虫剂、直管型热阴极荧光灯、含汞燃料电池等 75 种货物。
国家有关法律、法规明令禁止进口的商品	（1）来自疫区或不符合我国卫生标准的动物和动物产品。 （2）动植物病源（包括菌种、毒种等）及其他有害生物、动物尸体、土壤。 （3）带有违反"一个中国"原则内容的货物及其包装。 （4）以氯氟羟物质为制冷剂、发泡剂的家用电器产品和以氯氟羟物质为制冷剂的家用电器压缩机。 （5）滴滴涕、氯丹。 （6）莱克多巴胺和盐酸莱克多巴胺。 （7）《固体废物污染环境防治法》：禁止以任何方式进口固体废物。
其他	比如旧服装、氯酸钾、硝酸铵、Ⅷ因子制剂等血液制品、以 CFC-12 为制冷剂的汽车及以 CFC-12 为制冷剂的汽车空调压缩机（含汽车空调器）、100 瓦及以上普通照明白炽灯。

(2)禁止进口技术管理规定。根据《对外贸易法》《技术进出口管理条例》《禁止进口限制进口技术管理办法》的有关规定,国务院商务主管部门会同国务院有关部门制定、调整并公布禁止进口的技术目录。属于禁止进口技术的,不得进口,这涉及钢铁冶金、有色金属冶金、化工、消防、电工、石油化工、轻工、印刷、医药等技术领域。

2.禁止出口管理

(1)禁止出口货物管理规定。我国政府明令禁止出口的货物主要有列入《禁止出口货物目录》的商品,国家有关法律、法规明令禁止出口的商品以及其他各种原因停止出口的商品。禁止出口货物管理情况见表6—9。

表6—9　　禁止出口货物管理情况

禁止出口原因	禁止出口情况
列入《禁止出口货物目录》的商品	列入《禁止出口货物目录》的商品共六批: 第一批:为了保护我国的自然生态资源和生态环境以及履行我国所参加的或缔结的与保护世界生态环境相关的国际条约和协定而发布的。如四氯化碳、麝香、犀牛角和虎骨、发菜和麻黄草等都禁止出口。 第二批:为了保护我国匮乏的森林资源,防止滥砍滥伐而发布的。如禁止出口木炭。 第三批:为了保护人的健康,维护环境安全,淘汰落后产品,履行《关于在国际贸易中对某些危险化学品和农药采用事先知情同意程序的鹿特丹公约》和《关于持久性有机污染物的斯德哥尔摩公约》而颁布。如长纤维青石棉、二噁英等。 第四批:包括硅砂、石英砂及其他天然砂。 第五批:无论是否经化学处理过的森林凋落物以及泥炭(草炭)。如腐叶、腐根、树皮、树根等森林凋落物;沼泽(湿地)中,地上植物枯死、腐烂堆积而成的有机矿体。 第六批:为履行《关于持久性有机污染物的斯德哥尔摩公约》《关于汞的水俣公约》,依据《对外贸易法》《货物进出口管理条例》,公布《禁止出口货物目录(第八批)》,自2024年1月1日起实施。如氯丹、含汞燃料电池、含汞消毒剂等75种货物。
国家有关法律、法规明令禁止出口的商品	(1)禁止出口未命名的或新发现并有重要价值的野生植物。 (2)原料血浆。 (3)商业性出口的野生红豆杉及其部分产品。 (4)以氯氟羟物质为制冷剂、发泡剂的家用电器产品以及氯氟羟物质为制冷剂的家用电器压缩机。 (5)禁止出口劳改产品。 (6)滴滴涕、氯丹。 (7)莱克多巴胺和盐酸莱克多巴胺。

(2)禁止出口技术管理规定。根据《对外贸易法》《技术进出口管理条例》《禁止进口限制进口技术管理办法》的有关规定,国务院商务主管部门会同国务院有关部门制定、调整并公布禁止出口的技术目录。属于禁止出口技术的,不得出口,这涉及渔、牧、有色金属矿采选、农副食品加工、饮料制造、造纸、计算机及其他电子设备制造等。

同步案例6—1　黄埔海关在跨境电商出口渠道查获清代及民国时期文物6件

7月13日,某快件公司在东莞市世通国际快件监管中心向海关申报出口跨境电商商品一批。现场关员在对一票申报为"画1件,重4千克"的货物查验时发现,这票货物实际为7件,分别是署名"黄士陵"的盆景画5幅、书法作品1幅、九张字帖1幅。查验关员立即对该车辆货物进行重点查验,对相关物品予以暂扣,并送广东省文物鉴定站做进一步鉴定。

同步案例6-1
案例精析

8月7日,经广东省文物鉴定站实物鉴定,上述物品中共有禁止出境一般文物

3件，分别为清代山水画轴1件、清代书画册1件、清代五言诗轴1件；限制出境一般文物3件，分别为民国山水画轴1件、民国仿画图2件。请问：此案例带给你什么启示？

（二）限制进出口管理

1.限制进口管理

（1）限制进口货物管理规定。

其一，许可证件管理。国务院商务主管部门或国务院有关部门在各自的职责范围内，根据法律、行政法规的有关规定签发上述各类许可证件，海关凭相关证件验放货物。许可证件管理主要包括进口许可证、两用物项和技术进口许可证、濒危物种进口、药品进口、音像制品进口、黄金及其制品进口等管理。

其二，关税配额管理。关税配额是指对货物进口的绝对数额不加限制，而对在一定时期（一般为1年）内，在规定配额内的进口货物，给予低税、减税或免税待遇；对超过配额的进口货物增收附加税或罚款，即配额内实施配额内关税率，配额外实施配额外关税率。为达到限制进口的目的，配额内税率和配额外税率往往相差很大。如粮食、棉花等农产品，配额内关税率为4%～6%，配额外关税率高达50%～70%。

对实施进口关税配额管理的货物，海关凭关税配额证明验放。

（2）限制进口技术管理规定。限制进口技术实行目录管理。属于目录范围内的限制进口的技术，实行许可证管理，未经国家许可，不得进口。进口审批程序如下：向国务院商务主管部门申请→获得中华人民共和国技术进口许可意向书→对外签订技术进口合同→申请获得技术进口许可证→凭技术进口许可证通关。

目前，我国《禁止进口限制进口技术目录》中列明属限制进口之技术包括生物技术、化工技术、石油炼制技术、石油化工技术、生物化工技术和造币技术。

2.限制出口管理

（1）限制出口货物管理规定。对于限制出口货物的管理，我国《货物进出口管理条例》规定，国家规定有数量限制的出口货物，实行配额管理；其他限制出口货物，实行许可证件管理。实行配额管理的限制出口货物，由国务院商务主管部门和国务院有关经济管理部门按照国务院规定的职责划分进行管理。我国货物限制出口按照其限制方式划分为出口配额限制、出口非配额限制。

第一，出口配额限制。它包括以下两点：

①出口配额许可证管理。国家对部分商品的出口，在一定时期内（一般是1年）规定数量总额，经国家批准获得配额的允许出口，否则不准出口。

出口配额许可证管理是通过直接分配的方式，由国务院商务主管部门或国务院有关部门在各自的职责范围内根据申请者的需求并结合其进出口实绩、能力等条件，按照效益、公正、公开和公平竞争的原则进行分配。国家各配额主管部门对经申请有资格获得配额的申请者发放各类配额证明。申请者取得配额证明后，应到国务院商务主管部门及其授权发证机关，凭配额证明申请出口许可证。

②出口配额招标管理。国家对部分商品的出口，在一定时期内（一般是1年）规定数量总额，采取招标分配的原则，经招标获得配额的允许出口，否则不准出口。

国家各配额主管部门对中标者发放各类配额证明。中标者取得配额证明后，到国务院商务主管部门及其授权发证机关，凭配额证明申领出口许可证。

第二，出口非配额限制。它是国家各主管部门以签发许可证件的方式来实现的各类限制出口措施。目前，我国出口非配额限制管理主要包括出口许可证管理以及濒危物种出口、两用物项出口、黄金及其制品出口等许可管理。

(2)限制出口技术管理规定。我国限制出口技术实行目录管理和许可证管理。目前,限制出口的技术目录主要有《两用物项和技术进出口许可证管理目录》和《禁止出口限制出口技术目录》。出口属于上述目录的技术,应当向国务院商务主管部门提出技术出口申请,经国务院商务主管部门审核批准后取得技术出口许可证件,凭此向海关办理出口通关手续。

对限制进出口管理内容的总结见表6—10。

表6—10　　对限制进出口管理内容的总结

<table>
<tr><td rowspan="3">进　口</td><td rowspan="2">货　物</td><td colspan="2">许可证</td></tr>
<tr><td colspan="2">关税配额</td></tr>
<tr><td>技术</td><td colspan="2">许可证</td></tr>
<tr><td rowspan="4">出　口</td><td rowspan="3">货物</td><td rowspan="2">出口配额</td><td>配额许可证</td></tr>
<tr><td>配额招标</td></tr>
<tr><td colspan="2">出口非配额</td></tr>
<tr><td>技术</td><td colspan="2">许可证</td></tr>
</table>

同步案例6-2

案例精析

同步案例6—2　　锦州海关查获管制刀具

8月1日,沈阳海关隶属锦州海关关员在进出境邮件监管过程中,从寄自比利时的进境包裹中查获申报为"个人用品"的管制刀具7把,分别为军刀4把、拐杖剑3把。请问:管制刀具违反了什么规定?带给你什么启示?

(三)自由进出口管理

基于监测进出口情况的需要,国家对部分属于自由进口的货物实行自动进口许可管理;对所有自由进出口的技术实行技术进出口合同登记管理。

1.货物自动进口许可管理

它是在任何情况下对进口申请一律予以批准的进口许可制度。这种进口许可制度实际上是一种在进口前具有自动登记性质的许可制度,通常用于国家对列入许可证项下的货物的统计和监督。

进口属于自动进口许可管理的货物,经营者应当在办理海关报关手续前,向国务院商务主管部门或者国务院有关经济管理部门提交自动进口许可申请,凭相关部门发放的自动进口许可证向海关办理报关手续。

2.技术进出口合同登记管理

进出口属于自由进出口的技术,应当向国务院商务主管部门或者其委托的机构办理合同备案登记。国务院商务主管部门应当自收到规定的文件之日起3个工作日内,对技术进出口合同进行登记,颁发技术进出口合同登记证,申请人凭技术进出口合同登记证办理外汇、银行、税务、海关等相关手续。

自动进口许可证见样例6—2。

五、出入境检验检疫制度

(一)出入境检验检疫的职责、范围

我国出入境检验检疫制度实行目录管理,由海关公布并调整《出入境检验检疫机构实施检验检疫的进出境商品目录》(又称《法检目录》)。《法检目录》所列明的商品称为法定检验商品,即国家规

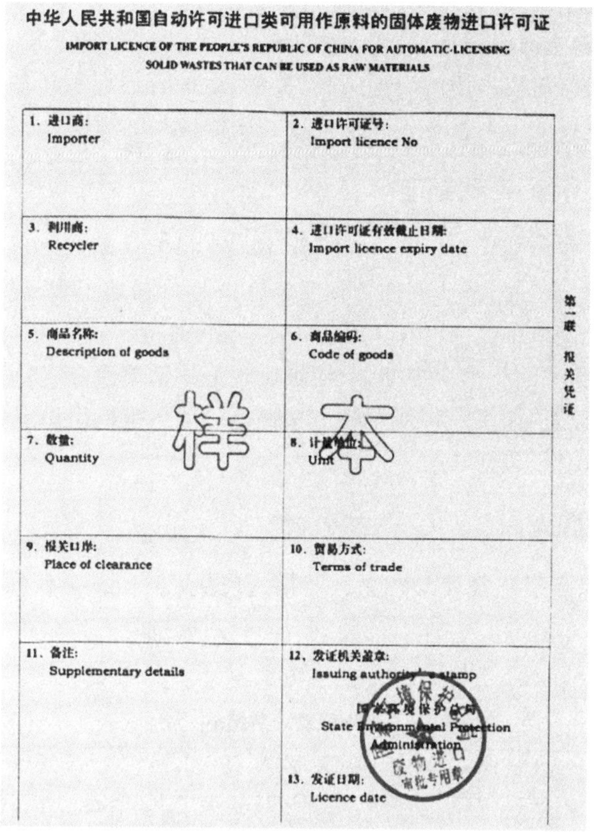

中华人民共和国自动许可进口类可用作原料的固体废物进口许可证

IMPORT LICENCE OF THE PEOPLE'S REPUBLIC OF CHINA FOR AUTOMATIC-LICENSING SOLID WASTES THAT CAN BE USED AS RAW MATERIALS

1. 进口商: Importer	2. 进口许可证号: Import licence No
3. 利用商: Recycler	4. 进口许可证有效截止日期: Import licence expiry date
5. 商品名称: Description of goods	6. 商品编码: Code of goods
7. 数量: Quantity	8. 计量单位: Unit
9. 报关口岸: Place of clearance	10. 贸易方式: Terms of trade
11. 备注: Supplementary details	12. 发证机关盖章: Issuing authority's stamp 国家环境保护总局 State Environmental Protection Administration 13. 发证日期: Licence date

第一联　报关凭证

样本

样例 6—2　自动进口许可证

定实施强制性检验的进出境商品。

对关系国计民生、价值较高、技术复杂或涉及环境卫生、疫情标准的重要进出口商品，收货人应当在对外贸易合同中约定在出口国装运前进行预检验、监造或监装，以及保留到货后最终检验和索赔的条款。

（二）出入境检验检疫制度的组成

我国出入境检验检疫制度包括进出口商品检验制度、进出境动植物检疫制度和国境卫生监督制度。这三种制度的区别见表 6—11。

表 6—11　　出入境检验检疫三种制度的区别

制度组成	法律依据	检验检疫范围和检查重点	检查要求
进出口商品检验制度	《进出口商品检验法》《进出境动植物检疫法》《国境卫生检疫法》《食品卫生法》	范围：动植物检疫、国境卫生检疫小于进出口商品检验 重点：进出口商品检验侧重于商业性要求；动植物检疫、国境卫生检疫侧重于卫生要求	进出口商品检验可以分成法定检验和非法定检验；动植物检疫、国境卫生检疫的检验主体是海关
进出境动植物检疫制度			
国境卫生监督制度			

进出口商品检验制度是根据《进出口商品检验法》的规定，海关对进出口商品进行品质、质量检验和监督管理的制度。

进出境动植物检疫制度是根据《进出境动植物检疫法》及其实施条例的规定，海关对进出境动植物及其产品的生产、加工、存放过程实行检疫监督的制度。

国境卫生监督制度是指海关根据《国境卫生检疫法》及其实施细则，以及其他的卫生法律、法规和卫生标准，在进出口口岸对出入境的交通工具、货物、运输容器以及口岸辖区的公共场所、环境、生活设施、生产设备所进行的卫生检查、鉴定、评价和采样检验的制度。

六、进出口货物收、付汇管理制度

海关总署、国家外汇管理局决定，全面取消报关单收、付汇证明联和办理加工贸易核销的海关核销联。自 2019 年 6 月 1 日起，企业办理货物贸易外汇收付和加工贸易核销业务，按规定须提交纸质报关单的，可通过中国电子口岸(https://www.chinaport.gov.cn/)自行以普通 A4 纸打印报关单并加盖企业公章。为了简化退税周期，取消纸质收汇核销单后，出口企业仍需要按规定期限及时办理出口收汇核销手续，税务机关将使用收汇核销电子信息审核出口退(免)税，企业需要登录电子口岸在出口退税子系统里报送数据。

七、对外贸易救济措施

反倾销、反补贴和保障措施都属于贸易救济措施(见表 6－12)。反倾销和反补贴的对象针对的是价格歧视这种不公平贸易行为，保障措施的对象针对的则是在价格平等、公平贸易条件下进口激增的行为。

表 6－12　　对外贸易救济措施

措施	适用对象	实施形式	实施期限
反倾销措施	不公平贸易或不公平竞争	现金保证金、价格承诺、保函	自临时反倾销措施决定公告规定实施之日起，不超过 4 个月，在特殊情况下延长至 9 个月
反补贴措施	同上	同上	自临时反补贴措施决定公告规定实施之日起，不超过 4 个月
保障措施	公平条件下数量猛增的进口产品	加征关税、实行配额数量限制或最终加征关税或实行关税配额等	临时性措施的实施期限不得超过 200 天，最终保障措施一般不超过 4 年，也可相应延长，但不得超过 10 年(包括临时保障措施实施期限的 200 天)

(一)反倾销措施

反倾销措施是进口国政府为了保护国内产业而对实行倾销的进口产品所采取的措施，目的是提高进口产品价格，降低其竞争力，从而有效保护国内市场。反倾销措施包括临时反倾销措施和最终反倾销措施。

1. 临时反倾销措施

它是指进口方主管机构经过调查，初步认定被指控产品存在倾销，并对国内同类产业造成损害，据此可以依据 WTO 所规定的程序进行调查，在全部调查结束之前，采取临时性的反倾销措施，以防止在调查期间国内产业继续受到损害。

2. 最终反倾销措施

如终裁确定倾销成立并由此对国内产业造成损害的，可以征收反倾销税。征收反倾销税应当符合公共利益。

(二)反补贴措施

反补贴措施是进口国政府为了保护国内产业而对接受补贴的进口产品所采取的措施，目的是提高进口产品价格，降低其竞争力，从而有效保护国内市场。反补贴措施包括临时反补贴措施和最终反补贴措施。

1. 临时反补贴措施

初裁确定补贴成立并由此对国内产业造成损害的，可以采取临时反补贴措施。

2. 最终反补贴措施

在为完成磋商的努力没有取得效果的情况下，终裁确定补贴成立并由此对国内产业造成损害的，可以征收反补贴税。征收反补贴税应当符合公共利益。

（三）保障措施

保障措施分为临时保障措施和最终保障措施。

1. 临时保障措施

它是指在有明确证据表明进口产品数量增加将对国内产业造成难以补救之损害的紧急情况下，进口国与成员国之间可不经磋商而做出初裁决定，并采取临时性保障措施。临时保障措施采取提高关税的形式。如果事后调查不能证实进口激增对国内有关产业已经造成损害的，已征收的临时关税应当予以退还。

2. 最终保障措施

它可以采取提高关税、数量限制和关税配额等形式。但保障措施应当限于防止、补救严重损害并便利调整国内产业所必要的范围内。

保障措施的实施期限一般不超过 4 年，在此基础上如果继续采取保障措施则必须同时满足四个条件，即对防止或者补救严重损害仍有必要；有证据表明相关国内产业正在进行调整；已经履行有关对外通知、磋商的义务；延长后的措施不严于延长前的措施。

【学中做 6－1】　　　　对外贸易出口管制商品案

案例 1：石墨化石油焦出口案。

2025 年 1 月 16 日，天津新港海关对一家江西贸易公司作出行政处罚。该公司以一般贸易方式向天津新港海关申报出口 200 吨石墨化石油焦，但经查验，实货为人造石墨，应归入商品编号 3801100090（无出口退税，需《两用物项和技术出口许可证》），而该公司按照石墨化石油焦申报出口，并未取得《两用物项和技术出口许可证》。该公司未经许可擅自出口管制物项，涉案货物价值 940 108 元人民币。海关根据《出口管制法》第 34 条、《行政处罚法》第 32 条，对该公司科处罚金人民币 11 万元整。

案例 2：军品出口案。

2025 年 2 月 15 日，天津新港海关对一家石家庄贸易公司作出行政处罚。该公司向天津新港海关申报一般贸易出口项下背包 490 个、男士马甲 3 030 件、工具包 6 250 个，申报商品编码分别为 4202920000、6211339000、4202129000（出口退税率均为 13%，均无监管证件）。经查，这批货物为迷彩色的背包、男士马甲、工具包，应凭军品出口许可证出口，而该公司按照普通货物出口，并未取得军品出口许可证。针对该公司未经许可擅自出口军品的行为，海关根据《出口管制法》第 34 条、《行政处罚法》第 32 条第 5 项，对该公司科处罚金人民币 7 万元整。

案例 3：稀释剂出口案。

精析6-1

2025 年 3 月 27 日，佛山某公司以一般贸易方式向南沙海关申报出口稀释剂 16 002 千克，规格型号中申报甲苯含量为 100%。根据相关规定，甲苯含量超过 40%须提供两用物项和技术出口许可证件，而该公司无法提供，海关依据《海关行政处罚实施条例》第 14 条第 1 款对该公司科处罚款人民币 15 000 元。

案例4:黏合剂出口案。

2025年4月12日,吉安某有限公司以一般贸易方式向南沙海关申报出口黏合剂等货物一批至缅甸。经海关查验发现,该单申报四项货物均含有乙酸乙酯。向特定国家(地区)出口乙酸乙酯须提供《两用物项和技术进出口许可证》,而该公司并未取得该等许可证。海关依据《海关行政处罚实施条例》第15条(三)项对该公司科处罚款人民币28 000元。

请对上述案例进行简评?结合所学的知识为企业提出几点建议。

八、其他进出口许可管理制度

(一)固体废物进口管理

2020年11月25日,生态环境部、商务部、国家发改委、海关总署发布《关于全面禁止进口固体废物有关事项的公告》,自2021年1月1日起施行。相关内容如下:

(1)禁止以任何方式进口固体废物。禁止我国境外的固体废物进境倾倒、堆放、处置。

(2)生态环境部停止受理和审批限制进口类可用作原料的固体废物进口许可证的申请;2020年已发放的限制进口类可用作原料的固体废物进口许可证,应当在证书载明的2020年有效期内使用,逾期自行失效。

(3)海关特殊监管区域和保税监管场所[包括保税区、综合保税区等海关特殊监管区域和保税物流中心(A/B型)、保税仓库等保税监管场所]内单位产生的未复运出境的固体废物,按照国内固体废物相关规定进行管理。需出区进行贮存、利用或者处置的,应向所在地海关特殊监管区域和保税监管场所地方政府行政管理部门办理相关手续,海关不再验核相关批件。

(4)海关特殊监管区域和保税监管场所外开展保税维修和再制造业务单位生产作业过程中产生的未复运出境的固体废物,参照第(3)款规定执行。

(二)野生动植物种进出口管理

我国是《濒危野生动植物种国际贸易公约》的成员国。我国进出口管理的濒危物种包括该公约的成员国(地区)应履行保护义务的物种,以及为保护我国珍稀物种而自主保护的物种。

濒危物种进出口管理是依据《进出口野生动植物种商品目录》和"濒危野生动植物种国际贸易公约允许进出口证明书"(简称"公约证明")、"中华人民共和国濒危物种进出口管理办公室野生动植物允许进出口证明书"(简称"非公约证明")或"非《进出口野生动植物种商品目录》物种证明"(简称"物种证明")的形式,对该目录列明的依法受保护的珍贵、濒危野生动植物及其产品实施的进出口限制管理。

凡进出口列入《进出口野生动植物种商品目录》中的野生动植物或其产品,必须严格申报和审批,并在进出口报关前取得国家濒危物种进出口管理办公室或其授权的办事处签发的"公约证明""非公约证明"或"物种证明"后,向海关办理进出口手续。野生动植物种进出口管理的范围及报关规范见表6—13。

表6—13 野生动植物种进出口管理的范围及报关规范

项目 证件	管理范围划分	报关规范
非公约证明	列入《进出口野生动植物种商品目录》中属于我国自主规定管理的野生动植物及其产品	"一批一证"制
公约证明	列入《进出口野生动植物种商品目录》中属于《濒危野生动植物种国际贸易公约》成员国(地区)应履行保护义务的物种	"一批一证"制

续表

项目 证件	管理范围划分	报关规范
物种证明	对于进出口列入《进出口野生动植物种商品目录》中除适用"公约证明""非公约证明"物种以外的其他野生动植物及相关货物或物品和含野生动植物成分的纺织品，均须事先申领"物种证明"	1. 一次使用的"物种证明"有效期自签发之日起不得超过 6 个月 2. 多次使用的"物种证明"只适用于同一物种、同一货物类型、在同一报关口岸多次进出口的野生动植物。多次使用的"物种证明"有效期截止发证当年 12 月 31 日。持证者需于 1 月 31 日之前将上一年度使用多次"物种证明"进出口有关野生动植物标本的情况汇总上报给发证机关

同步案例 6—3　　杭州海关查获檀香紫檀制品

同步案例6-3

案例精析

某年 7 月 30 日，经浙江省林产品质量检测站鉴定，杭州海关此前在空港渠道查获的一件重 21.15 千克的木质工艺品为檀香紫檀制品。这是杭州海关近年来在杭州空港口岸查获的重量最大的一件紫檀制品。

这件紫檀制品是杭州海关隶属萧山机场海关关员在一名由柬埔寨入境的旅客行李箱内发现的。

杭州海关隶属萧山机场海关旅检一科关员高某介绍："以前我们也查获了不少檀香紫檀制品，但是像这种 20 多千克重的近年来还是第一次查获。"

请问：紫檀制品属于濒危物种吗？违反了什么规定？

（三）进出口药品管理

进出口药品管理是我国进出口许可管理制度的重要组成部分，属于国家限制进出口管理范畴，实行分类和目录管理。国家市场监督管理总局会同国务院商务主管部门对相关药品依法制定并调整管理目录，以签发许可证件的形式对其进出口加以管制。

药品必须经由国务院批准的允许其进口的口岸进口。进口药品须取得国务院药品监督管理部门核发的"进口药品注册证"（或者"医药产品注册证"），或者"进口药品批件"后，方可向货物到岸地口岸药品监督管理部门办理进口备案手续。对准予进口备案的，口岸药品监督管理部门发给"进口药品通关单"；进口单位持"进口药品通关单"向海关申报，海关凭口岸药品监督管理部门出具的"进口药品通关单"，办理进口药品的报关验放手续。目前，允许进口药品的口岸城市有北京、天津、上海、大连、青岛、成都、武汉、重庆、厦门、南京、杭州、宁波、福州、广州、深圳、珠海、海口、西安、南宁等。

1. 精神药品进出口管理

（1）管理范围。列入《精神药品品种目录》中的药品，包括精神药品及其标准品、对照品，如肾上腺素、咖啡因、去氧麻黄碱等的进出口。对于列入《精神药品品种目录》的药品可能存在的盐、脂、醚，虽未列入该目录，但仍属于精神药品管制范围。

（2）管理证件。精神药品进出口准许证仅限在该证注明的口岸海关使用，并实行"一批一证"制度。

2. 麻醉药品进出口管理

（1）管理范围。列入《麻醉药品品种目录》中的麻醉药品，包括鸦片类、可卡因类、大麻类、合成麻醉药类及其他易成瘾的药品、药用植物及其制剂。对于列入《麻醉药品品种目录》中的麻醉药品可能存在的盐、脂、醚，虽未列入该目录，但仍属于麻醉药品管制范围。

（2）管理证件。麻醉药品进出口准许证仅限在该证注明的口岸海关使用，并实行“一批一证”制度。

3.兴奋剂进出口管理

（1）管理范围。列入《兴奋剂目录》中的药品，包括蛋白同化制剂品种、肽类激素品种、麻醉药品品种、刺激剂（含精神药品）品种、药品类易制毒化学品品种、医疗用毒性药品品种、其他品种等。

（2）管理证件。对于《兴奋剂目录》中的“其他品种”，海关暂不按照兴奋剂实行管理。根据《蛋白同化制剂和肽类激素进出口管理办法》的相关规定，国家对进出口蛋白同化制剂和肽类激素分别实行“进口准许证”和“出口准许证”管理。

4.一般药品进出口管理

（1）管理范围。进口列入《进口药品目录》中的药品；进口列入《生物制品目录》中的商品；首次在我国境内销售的药品；进口暂未列入《进口药品目录》中的原料药的单位，必须遵守《药品进口管理办法》中的各项有关规定，主动到各口岸药品检验所报验。

（2）管理证件。申领进口药品通关单。进口药品通关单仅限在该单注明的口岸海关使用，并实行“一批一证”制度。2019 年 4 月 1 日起，在全国范围内推广实施“进口药品通关单”“药品进口准许证”“药品出口准许证”电子数据与进出口货物报关单电子数据的联网核查。药品监督管理部门根据相关法律法规的规定签发上述证件，将证件电子数据传输至海关，海关在通关环节进行比对核查，并按规定办理进出口手续。联网核查实施前已签发的证件，企业可凭纸质证件在有效期内向海关办理进出口手续。

（四）黄金制品进出口管理

根据《中华人民共和国中国人民银行法》《中华人民共和国海关法》《国务院对确需保留的行政审批项目设定行政许可的决定》，中国人民银行、海关总署制定了《黄金及黄金制品进出口管理办法》予以颁布，自 2015 年 4 月 1 日起施行，并于 2020 年 4 月 16 日进行了修改。

1.使用证件

黄金及黄金制品进出口准许证是《黄金及黄金制品进出口管理商品目录》中的货物合法进出口的证明文件。法人、其他组织以下列贸易方式进出口黄金及黄金制品的，应当办理《中国人民银行黄金及黄金制品进出口准许证》（以下简称《准许证》）：①一般贸易；②加工贸易转内销及境内购置黄金原料以加工贸易方式出口黄金制品的；③海关特殊监管区域、保税监管场所与境内区外之间进出口的。

中国人民银行、海关总署联合公告 2016 年第 9 号《关于黄金及黄金制品进出口准许证事宜》规定，黄金及黄金制品进出口业务频繁的法人可以按照《黄金及黄金制品进出口管理办法》的条件和审批流程，申请“非一批一证”《准许证》。

实行“非一批一证”的《准许证》可以在有效期内、不超过规定数量和批次报关使用。具体做法是，海关在《准许证》正本背面“海关验放签注栏”内逐笔签注核减进（出）口的数量，报关批次最多不超过 12 次。“非一批一证”《准许证》自签发之日起 6 个月内有效，逾期自行失效。

在“非一批一证”《准许证》允许进（出）口的数量、批次未使用完之前，海关留存每次已签注的“非一批一证”《准许证》复印件。“非一批一证”《准许证》允许进（出）口的数量、批次核扣完毕，由海关收存。“非一批一证”《准许证》未使用过或未使用完毕的，被许可人应在《准许证》有效期满后 10 个工作日内将证件交回核发机构。

实行“非一批一证”《准许证》管理试点海关为北京、上海、广州、南京、青岛、深圳、天津、成都、武汉、西安海关。

实行“非一批一证”《准许证》管理试点后，中国人民银行及其分支机构将对核发的《准许证》使用情况加强监督管理。“非一批一证”《准许证》的被许可人，应在“非一批一证”《准许证》有效期满后 10 个工作日内将黄金及黄金制品进出口情况（包括批次、验放日期、实际进出口数量等）报送中国人民银行及其分支机构。

进出口“其他金化合物（海关商品编号 2843300090）”“镶嵌钻石的黄金制首饰及其零件（海关商品编号 7113191100）”的，免予办理《准许证》。

个人、法人或者其他组织因公益事业捐赠进口黄金及黄金制品的，应当按照《黄金及黄金制品进出口管理办法》办理《准许证》。

个人携带黄金及黄金制品进出境的管理规定，由中国人民银行会同海关总署制定。

2. 主管及发证部门

中国人民银行是黄金及黄金制品进出口主管部门，对黄金及黄金制品进出口实行准许证制度。列入《黄金及黄金制品进出口管理商品目录》的黄金及黄金制品进口或出口通关时，应当向海关提交中国人民银行及其分支机构签发的《准许证》。中国人民银行会同海关总署制定、调整并公布《黄金及黄金制品进出口管理商品目录》。

3. 适用范围

《黄金及黄金制品进出口管理商品目录》中的黄金及其制品，主要包括：氰化金、氰化金钾（含金 40%）、非货币用金粉、非货币用未锻造金、非货币用半制成金、货币用未锻造金（包括镀铂的金）、其他黄金制首饰及其零件、其他贵金属制金器及零件、金币铸币、黄金表壳、黄金表带等。

4. 报关规范

提供有效的黄金及其制品进出口准许证。

（五）两用物项和技术进出口管制

知识链接6-1

中华人民共和国两用物项出口管制条例（2024年）

两用物项，是指既有民事用途，又有军事用途或者有助于提升军事潜力，特别是可以用于设计、开发、生产或者使用大规模杀伤性武器及其运载工具的货物、技术和服务，包括相关的技术资料等数据 。

两用物项和技术是指《中华人民共和国核出口管制条例》《中华人民共和国核两用品及相关技术出口管制条例》《中华人民共和国导弹及相关物项和技术出口管制条例》《中华人民共和国生物两用品及相关设备和技术出口管制条例》《中华人民共和国监控化学品管理条例》《中华人民共和国易制毒化学品管理条例》《有关化学品及相关设备和技术出口管制办法》所规定的相关物项及技术。

为便于对上述物项和技术的进出口管制，商务部和海关总署依据上述法规颁布了《两用物项和技术进出口许可证管理办法》，并联合发布《两用物项和技术进出口许可证管理目录》，规定对列入目录的物项及技术的出口统一实行两用物项和技术进出口许可证管理。商务部统一管理、指导全国各发证机构的两用物项和技术进出口许可证发证工作。商务部配额许可证事务局和受商务部委托的省级商务主管部门为两用物项和技术进出口许可证发证机构。两用物项和技术进出口前，进出口经营者应当向发证机关申领中华人民共和国两用物项和技术进口许可证或中华人民共和国两用物项和技术出口许可证（以下统称两用物项和技术进出口许可证），凭以向海关办理进出口通关手续。

以任何方式进口或出口，以及过境、转运、通运《两用物项和技术进出口许可证管理目录》中的两用物项和技术，均应申领两用物项和技术进口或出口许可证。

两用物项和技术进出口时，进出口经营者应当向海关出具两用物项和技术进出口许可证，依照《海关法》的有关规定，海关凭两用物项和技术进出口许可证接受申报并办理验放手续。

根据有关行政法规的规定，出口经营者知道或者应当知道，或者得到国务院相关行政主管部门通知，其拟出口的物项和技术存在被用于大规模杀伤性武器及其运载工具风险的，无论该物项和技术是否列入《两用物项和技术进出口许可证管理目录》，都应当申请出口许可，并按照《两用物项和技术进出口许可证管理办法》办理两用物项和技术出口许可证。

出口经营者在出口过程中，如发现拟出口的物项和技术存在被用于大规模杀伤性武器及其运载工具风险的，应及时向国务院相关行政主管部门报告，并积极配合采取措施中止合同的执行。

两用物项和技术的进出口经营者应当主动向海关出具两用物项和技术进出口许可证，进出口经营者未向海关出具两用物项和技术进出口许可证而产生的相关法律责任由进出口经营者自行承担。

海关有权对进出口经营者进口或者出口的商品是否属于两用物项和技术提出疑问，进出口经营者应按规定向相关行政主管部门申请进口或者出口许可，或者向商务主管部门申请办理不属于管制范围的相关证明。省级商务主管部门受理其申请，提出处理意见后报商务部审定。对进出口经营者未能出具两用物项和技术进口或者出口许可证或者商务部相关证明的，海关不予办理有关手续。

两用物项和技术进口许可证实行"非一批一证"制和"一证一关"制，同时在两用物项和技术进口许可证备注栏内打印"非一批一证"字样。

两用物项和技术出口许可证实行"一批一证"制和"一证一关"制。同一合同项下的同一商品如需分批办理出口许可证，出口经营者应在申领时提供相关行政主管部门签发的相应份数的两用物项和技术出口批准文件。同一次申领分批量最多不超过 12 批。

"非一批一证"制是指每证在有效期内可多次报关使用，但最多不超过 12 次，由海关在许可证背面"海关验放签注栏"内逐批核减数量。"一批一证"制是指每证只能报关使用一次。"一证一关"制是指每证只能在一个海关报关使用。

（六）音像制品进口管理

为了加强对音像制品进口的管理，促进国际文化交流，丰富人民群众的文化生活，我国颁布了《音像制品管理条例》、《音像制品进口管理办法》及其他有关规定，对音像制品实行进口许可管制，其归口管理部门为文化和旅游部。

音像制品成品进口业务由文化和旅游部指定的音像制品经营单位经营；未经文化和旅游部指定，任何单位或者个人不得从事音像制品成品进口业务。图书馆、音像资料馆、科研机构、学校等单位进口供研究、教学参考的音像制品成品，应当委托文化和旅游部指定的音像制品成品进口经营单位报文化和旅游部办理有关进口审批手续。

音像制品进口单位凭文化和旅游部进口音像制品批准文件到海关办理母带（母盘）或者音像制品成品的进口手续，海关凭有效的"中华人民共和国文化和旅游部进口音像制品批准单"办理验放手续；对随机器设备同时进口以及进口后随机器设备复出口的记录操作系统、设备说明、专用软件等内容的音像制品，海关凭进口单位提供的合同、发票等有效单证验放。

进口音像制品批准单是我国进出口许可管理制度中具有法律效力、用来证明对外贸易经营者经营音像制品合法进口的证明文件，是海关验放该类货物的重要依据。

（七）化学品首次进境及有毒化学品管理

为了保护人体健康和生态环境，加强化学品首次进口和有毒化学品进出口的环境管理，国家环境保护部（现为生态环境部）会同海关总署和商务部，根据《关于化学品国际贸易资料交流的伦敦准则》，联合制定了《化学品首次进口及有毒化学品进出口环境管理规定》，对首次进口化学品和进出口有毒化学品进行监督管理。生态环境部、商务部、海关总署依据相关政策和规定发布了《中国严格限制的有毒化学品名录》（2023 年）。凡进口或出口上述名录所列有毒化学品的，应按规定向生态环境部申请办理"有毒化学品进（出）口环境管理放行通知单"。进出口经营者应凭"有毒化学品进（出）口环境管理放行通知单"向海关办理进出口手续。

"有毒化学品"是指进入环境后通过环境蓄积、生物累积、生物转化或化学反应等方式损害健康和环境，或者通过接触对人体具有严重危害和具有潜在危险的化学品。

生态环境部在审批有毒化学品进出口申请时，对符合规定的发给准许进（出）口的有毒化学品进（出）口环境管理放行通知单。该证是对外贸易经营者经营列入《中国严格限制的有毒化学品名录》的化学品合法进出口的证明文件，是海关验放该类货物的重要依据。

“化学品首次进口”是指外商或其代理人向中国出口其未曾在中国登记过的化学品，即使同种化学品已由其他外商或其代理人在中国进行了登记，仍被视为化学品首次进口。

生态环境部在审批化学品首次进口环境管理登记申请时，对符合规定的，准予化学品环境管理登记并发给准许进口的化学品进口环境管理登记证。该证是用来证明对外贸易经营者经营属首次进口的化学品（不包括食品添加剂、医药、兽药、化妆品、放射性物质）已接受国家登记管理的证明文件，是海关验放该类货物的重要依据。

（八）进出口农药登记证明管理

根据世界海关组织关于 2007 年 1 月 1 日起实行新《商品名称及编码协调制度》的要求，农业部（现为农业农村部，下同）对进出口农药的商品编号及有关要求进行相应调整。《中华人民共和国进出口农药管理名录》由农业农村部和海关总署共同制定，并适时调整公布，自 2022 年 1 月 1 日起实施。自 2007 年 1 月 1 日起，农药进出口单位应按照新名录的商品编码向农业部申请《进出口农药登记证明》。

进出口农药登记证明是我国进出口许可管理制度中具有法律效力、用来证明对外贸易经营者经营所列入目录的农药合法进出口的证明文件，是海关验放该类货物的重要依据。

进出口农药登记证明实行“一批一证”制，证面内容不得更改，如需更改，须由农业部农药检定所换发新证。

对一些既可用作农药，也可用作工业原料的商品，如果企业以工业原料用途进出口，则企业不需办理进出口农药登记证明。对此类商品，进出口通关时海关不再验核进出口农药登记证明，改凭农业部向进出口企业出具的加盖“中华人民共和国农业部农药审批专用章”的“非农药登记管理证明”验放。

（九）兽药进口管理

2007 年 7 月 31 日农业部、海关总署令第 2 号公布《兽药进口管理办法》（2019 年 4 月 25 日农业农村部令 2019 年第 2 号、2022 年 1 月 7 日 农业农村部令 2022 年第 1 号修订）。《兽药进口管理办法》规定，进口单位向农业部、地方兽医行政管理部门申领“进口兽药通关单”，经审核批准后，农业部、地方兽医行政管理部门将签发的“进口兽药通关单”电子数据通过“兽药监管证件联网核查系统”传输至海关。报关企业按照海关通关作业无纸化改革的规定，可采用无纸方式向海关申报。海关通过联网核查方式验凭“进口兽药通关单”电子数据并办理报关手续。以无纸方式申报的企业可以免予交验纸质“进口兽药通关单”。实行“一单一关”制度，在 30 日有效期内只能一次性使用。

（十）进出境现钞管理

进出境现钞管理是指国家主管部门对进出境在流通中使用的人民币和外币（包括各种面额的纸币和硬币）实施的管理。为贯彻落实国务院印发的《优化口岸营商环境促进跨境贸易便利化工作方案》（国发〔2018〕37 号），创新监管方式，提高通关效率，国家外汇管理局会同海关总署联合制定了《调运外币现钞进出境管理规定》。

取得调运外币现钞进出境资格的境内商业银行、个人本外币兑换特许业务经营机构以及上述机构委托的报关企业，在海关部门办理调运外币现钞进出境相关手续时，无须再提供“调运外币现钞进出境证明文件”。填报进出口货物报关单时，应在“消费使用单位/生产销售单位”栏目内准确填写银行或兑换特许机构名称，在“商品编号”栏目内填写“9801309000”（流通中的外币现钞，包括纸币及硬币)。

思政吾身

弘扬社会主义法治精神

习近平总书记在党的二十大报告中强调:"弘扬社会主义法治精神,传承中华优秀传统法律文化,引导全体人民做社会主义法治的忠实崇尚者、自觉遵守者、坚定捍卫者。"

立善法于天下,则天下治;立善法于一国,则一国治。党的十八大以来,以习近平同志为核心的党中央大力推进全面依法治国,使中国法治建设迈向了良法善治的更高境界,习近平法治思想也在社会主义法治建设的伟大实践中应运而生。大学生是法治中国建设的重要力量,准确把握习近平法治思想,对于新时代卓越人才的培养和教育教学改革具有重要指导意义。德为法之魂、法为德之器。习近平总书记指出,"中国特色社会主义法治要坚持依法治国和以德治国相结合",要坚持立德树人,培养德法兼修的法治人才。

习近平总书记在党的二十大报告中强调,要"努力使尊法学法守法用法在全社会蔚然成风"。充分发挥社会环境对大学生法治教育的引导作用,就要形成尊法守法的良好社会风尚。不断增强法治观念,在宪法和法律规定的范围内实现知与行的统一,让守法成为一种素质,用法律保护自身的合法权益,打击违法犯罪活动,让用法成为一种习惯,最终实现尊法学法守法用法的充分融合。

尊法、学法、守法、用法是一个有机整体。从党的十二大报告提出"努力使每个公民都知法守法",到党的十七大报告提出"形成自觉学法守法用法的社会氛围",到党的十八大报告提出"增强全社会学法尊法守法用法意识",再到党的二十大报告提出"努力使尊法学法守法用法在全社会蔚然成风",可以看出全民普法的基本环节和主要任务在不断丰富发展,更加科学完善。尊法、学法、守法、用法是一个环环相扣的有机整体,其中,"尊法"是关键,解决的是"信"的问题;"学法"是基础,解决的是"知"的问题;"守法用法"是目的,"用法"也是广义上的法的遵守的一部分,解决的是"行"的问题。四者相辅相成、相得益彰而不能相互代替,共同促进全社会对法治的"知信行"合一。

应知考核

一、单项选择题

1. 我国调节合同当事人权益的法律是(　　)。

A.《合同法》　　B.《经济合同法》

C.《涉外经济合同法》　　D.《技术合同法》

2. 以下出口收汇核销手续应当到海关办理的是(　　)。

A."中国电子口岸"入网手续　　B. 出口收汇核销备案登记

C. 申领出口收汇核销单　　D. 办理出口收汇核销手续

3. 税务机关受理出口商出口货物退(免)税申报后,主要审核的凭证不包括(　　)。

A. 出口货物报关单(出口退税专用)　　B. 出口许可证

C. 出口销售发票　　D. 出口收汇核销单

4. 出口退税制度是指货物在报关出口后,凭有关凭证报送税务机关批准退还或免征已缴(　　)的制度。

A. 关税和所得税　　B. 增值税和所得税

C. 消费税和关税　　D. 消费税和增值税

5. 根据我国《民法典》的相关规定，（　　）有权签订对外贸易合同。

A. 自然人　　B. 法人

C. 法人与自然人　　D. 自然人或法人且需取得外贸经营权

6. 我国出入境检验检疫的主管部门是（　　）。

A. 国家质量监督检验检疫总局　　B. 海关

C. 市场监督管理局　　D. 税务局

7. 反补贴、反倾销是针对（　　）不公平贸易而采取的措施。

A. 进口产品激增的情况　　B. 价格歧视

C. 国别歧视　　D. 数量

8. 对于限制出口货物管理，国家规定有数量限制的出口货物，实行（　　）。

A. 许可证件管理　　B. 配额管理　　C. 自动出口管理　　D. 禁止出口管理

9. 任何单位以任何方式进出口列入《精神药品品种目录》的药品，均须取得（　　）核发的“精神药品进出口准许证”，准许证实行“一批一证”制度。

A. 国家食品药品监督管理总局　　B. 商务部

C. 卫生健康委员会　　D. 生态环境部

10. 下列进出口许可证中实行“非一批一证”管理的是（　　）。

A. 濒危野生动植物国际贸易公约允许进出口证明书

B. 精神药品进口准许证

C. 两用物项和技术出口许可证

D. 进口废物批准证书

二、多项选择题

1. 下列属于对外贸易管制目的的有（　　）。

A. 为了保护本国经济利益　　B. 推行本国的外交政策

C. 为了实现其国家职能　　D. 为了发展本国经济

2. 下列属于国家禁止出口的有（　　）。

A. 犀牛角、虎骨、麝香　　B. 硅砂、石英砂

C. 劳改产品、木炭　　D. 商业性出口的红豆杉

3. 下列选项实行“非一批一证”管理的是（　　）。

A. 两用物项和技术进口许可证　　B. 两用物项和技术出口许可证

C. 非公约证明　　D. 废物进口许可证

4. 我国对外贸易管制制度是由一系列管理制度构成的综合管理制度，其中包括（　　）。

A. 进出口许可制度　　B. 海关监管制度

C. 出入境检验检疫制度　　D. 出口退税制度

三、判断题

1. 合同当事人在按照约定履行义务的同时也有权按自己的意愿变更或者解除合同。（　　）

2. 承诺是希望与他人订立合同的意思表示。（　　）

3. 出口单位出口货物后，应在不迟于预计收汇日期起 30 天内，持核销单、报关单、核销专用联及其他规定的核销凭证，到外汇管理局进行出口收汇核销报告。（　　）

4. 对实行配额管理的限制出口货物，出口配额申请人应当在每年 11 月 1 日至 11 月 15 日提

出下一年度出口配额的申请。 ( )

5. 经营企业以加工贸易方式进出口的货物，不列入海关统计。 ( )
6. 进出口许可证的签发统一由海关总署负责，实行分级管理。 ( )
7. 进口废物批准证书实行“一批一证”管理。 ( )
8. 进口废物不能转关（废纸除外），只能在口岸海关办理申报进境手续。 ( )
9. 非物种证明按时效分为“当年使用”和“一次性使用”。 ( )
10. 我国对进出口药品实行分类和目录管理。 ( )

四、简述题

1. 简述合同有效成立的条件。
2. 简述加工贸易货物的备案。
3. 简述货物进出口许可管理制度。
4. 简述对外贸易救济制度。
5. 简述出口货物、劳务和跨境应税行为退（免）增值税的基本政策和形式。

应会考核

■ 观念应用

【背景资料】

买卖双方订有长期贸易协议，协议规定：“卖方必须在收到买方订单后 15 天内答复，若未答复则视已接受订单。”11 月 1 日卖方收到买方订购 2 000 件服装的订单，但直到 12 月 25 日卖方才通知买方不能供应 2 000 件服装，买方认为合同已经成立，要求供货。

【考核要求】

请分析：双方的合同是否成立？为什么？

■ 技能应用

辨识下列进出口商品是否属于管制商品（见表 6—14）。

表 6—14 商品列表

税则号	商品名称	进出口商品状态
51051000	粗疏羊毛	进口
11031100	小麦的粗粒及粗粉	进口
10064010	大米	出口
02022000	冻藏的去骨牛肉	出口
26090000	锡矿砂	出口
87112020	排气量为 120cc 的小马力摩托车	出口
27030000	原油	出口
25059000	天然砂	出口
61034200	棉制针织男长裤	出口
60052300	色织棉制经编织物	出口
29394100	麻黄碱	进口
51000010	牛黄	进口
31021000	尿素	进口
85238011	已录制的唱片	进口

【技能要求】

请查询上述商品分别属于哪一类进、出口管制商品，能否经营其进出口或需要向海关提供什么许可证件？

■ 案例分析

【分析情境】

甲公司（中国上海某公司）与乙公司（日本东京某株式会社）双方就服装的买卖进行贸易。甲公司按照装船出运到乙公司指定的目的港后，乙公司也如数收到甲公司所提供的货物。根据合同规定，乙公司应当以 T/T 的方式付款，但是，乙公司却没有及时支付有关的款项，甲公司几次发传真给乙公司，要求乙公司付款，乙公司保持沉默，既不付款，也不说明任何理由。在此前提下，甲公司再次发传真给乙公司，并明确表示，如果到 10 天还不付款，甲公司将根据合同的有关条款，追究乙公司的赔偿责任。此时，乙公司才做出反应，讲述不付款的理由是由于甲公司所提供的货物品质不符合要求，现在乙公司的下家提出该批货物品质存在严重质量问题，并要求乙公司承担赔偿责任。同时，乙公司表示，如果乙公司的下家通过法律手段要求乙公司承担赔偿责任，那么，该部分的赔款由甲公司来承担。

【情境思考】

结合上述案例，谈谈在外贸合同中应该注意的问题。

项目实训

【实训项目】

对外贸易管制。

【实训情境】

天津远洋进出口公司向美国某商行出口一批厚板材（商品编码 4407999099），合同号为 08—H—26—099，规格为 20 毫米×30 毫米×300 毫米，厚度大于 6 毫米，总数量 15 立方米，单价是每立方米 USD300.00，FOB 天津新港，2024 年 10 月装运，采用不可撤销即期信用证付款。根据上述条件填写出口许可证。企业代码：1201××××××。

【实训任务】

任务一：根据上述条件填写出口许可证（见表 6—15）。

表 6—15

中华人民共和国出口许可证

EXPORT LICENCE OF THE PEOPLE'S REPUBLIC OF CHINA

No. 628765

1. 出口商(Exporter)	3. 出口许可证号(Export Licence No.)
2. 发货人(Consignor)	4. 出口许可证有效期截止日期(Export Licence Expiry Date)
5. 贸易方式(Terms of Trade)	8. 出口最终目的国(Country/Region of Purchase)
6. 合同号(Contract No.)	9. 付款方式(Payment)

续表

7. 报关口岸(Place of Clearance)			10. 运输方式(Mode of Transport)		
11. 商品名称(Description of Goods)　商品编码(Code of Goods)					
12. 规格、等级(Specification)	13. 单位(Unit)	14. 数量(Quantity)	15. 单价(Unit Price)	16. 总价(Amount)	17. 总价折美元(Amount in USD)
18. 总计(Total)					
19. 备注(Supplementary Details)			20. 发证机关签章(Issuing Authority's Stamp & Signature) 21. 发证日期(Licence Date)		

任务二：向发证机关申领上述出口许可证时，应提交哪些材料？

任务三：发证机关在确认材料无误的前提下，需要多少个工作日才发证？

【实训要求】

1. 完成本业务操练时间以不超过15分钟为准。
2. 撰写《对外贸易管制》实训报告。

《对外贸易管制》实训报告		
项目实训班级：	项目小组：	项目组成员：
实训时间：　年　月　日	实训地点：	实训成绩：
实训目的：		
实训步骤：		
实训结果：		
实训感言：		
不足与今后改进：		
项目组长评定签字：		项目指导教师评定签字：

项目七　外贸跟单实务计算

● 知识目标

理解：海洋运输费用的相关理论及计算；保险费、佣金和利润的核算。

熟知：出口商品报价核算和进口商品成本的核算。

掌握：集装箱装箱量的计算。

● 技能目标

了解并掌握外贸跟单业务的相关计算，包括但不限于汇率换算、成本核算、对价格条款（如 FOB、CIF 等）的理解与应用、运输费用和保险费的计算等，旨在提高学生在国际贸易中的基本计算技能。

● 素质目标

能够运用外贸跟单相关知识，塑造职业素养，从而做到学思用贯通、知信行统一；具备熟练处理外贸合同中的外贸数据，准确无误地完成交易过程中的各项费用计算的能力，确保交易的顺利进行，同时提升风险评估和控制能力，为未来从事国际贸易工作奠定坚实的基础。

● 思政目标

要熟悉外贸跟单业务中的相关计算，为今后从事外贸跟单业务奠定基础；深刻理解不忘初心的核心要义和精神实质，塑造学生的品格、品行和品位，树立正确的世界观、人生观和价值观。具备外贸跟单业务人员的工作热情，丰富自己的创新动机、创新兴趣和创新意志，提升自己的实践应用能力。

● 知识精讲

任务一 集装箱装箱量计算

一、集装箱装箱量

计算集装箱装箱量，是一项较复杂的技术工作。科学的装箱方法可以降低运输成本。目前在计算集装箱装箱量时，有专门的集装箱装箱计算软件，对于不同规格的货物进行最科学的计算，以达到降低运输成本的目的。本书以纸箱为例，阐述跟单员计算集装箱装箱量的一般方法。

【提示】 在实务中，如果产品属于"泡货"，则集装箱装箱量只要按体积算即可；如果产品属于"沉货"或"重货"，则集装箱装箱量只要按重量算即可；如果介于这两者之间，则要按"做中学 7—1"和"做中学 7—2"中公式计算。（"泡货"适合选择 40 英尺的大柜，而"重货"适合选择 20 英尺的小柜）

跟单员需考虑纸箱在集装箱内有多种不同的放置方法，根据计算得出最佳装箱方案。

【做中学 7—1】 装箱条件：一批 T 恤产品出口，T 恤产品所用包装纸箱尺寸为长 580 毫米×宽 380 毫米×高 420 毫米，每箱毛重 20 千克，用 40 英尺钢质集装箱，箱内尺寸为长 12 050 毫米×宽 2 343 毫米×高 2 386 毫米，内容积 67.4 立方米，最大载重 27 380 千克，计算该集装箱最多可装多少个纸箱。

解析：

(1)按体积进行计算

纸箱放置方法一：

集装箱内尺寸为：长 12 050 毫米×宽 2 343 毫米×高 2 386 毫米

纸箱在集装箱内的对应位置为：长 580 毫米×宽 380 毫米×高 420 毫米

集装箱长、高、宽共可装箱量为：长 20.7 箱×宽 6.1 箱×高 5.6 箱

去纸箱误差，集装箱可装纸箱数为：长 20 箱×宽 6 箱×高 5 箱=600 箱

体积为 55.54 立方米。

纸箱放置方法二：

集装箱内尺寸为：长 12 050 毫米×宽 2 343 毫米×高 2 386 毫米

纸箱在集装箱内的对应位置变动为：宽 380 毫米×长 580 毫米×高 420 毫米

集装箱长、高、宽共可装箱量为：长 31.7 箱×宽 4.0 箱×高 5.6 箱

去纸箱误差，集装箱可装纸箱数为：长 31 箱×宽 4 箱×高 5 箱=620 箱

体积为 57.39 立方米。

纸箱放置方法三：

集装箱内尺寸为：长 12 050 毫米×宽 2 343 毫米×高 2 386 毫米

纸箱在集装箱内的对应位置变动为：高 420 毫米×长 580 毫米×宽 380 毫米

集装箱长、高、宽共可装箱量为：长 28.6 箱×宽 4 箱×高 6.2 箱

去纸箱误差，集装箱可装纸箱数为：长 28 箱×宽 4 箱×高 6 箱=672 箱

体积为 62.20 立方米。

通过人工简单地按体积计算，显然，方法三是最佳的计算装箱量方案。

(2)按重量进行计算

纸箱数量=27 380÷20=1 369 箱>672 箱

所以，这个集装箱最多可以装672箱纸箱。

【做中学7－2】 交易会等特殊场合快速估算集装箱可装纸箱数量方法。

公式：

（按体积算）可装纸箱数量Q_1＝集装箱内容积×0.9误差系数/（纸箱长×宽×高）

（按重量算）纸箱的数量Q_2≤集装箱的最大载重/每箱毛重

则集装箱装箱量为Q_1、Q_2两者中较小者。

装箱条件：一批塑料制品出口，塑料制品所用包装纸箱尺寸为长580毫米×宽380毫米×高420毫米，用40英尺钢质集装箱，箱内尺寸为长12 050毫米×宽2 343毫米×高2 386毫米，内容积为67.4立方米，最大载重为27 380千克，请计算该集装箱最多可装多少个纸箱。

计算：由于塑料制品属于"泡货"，因此只要按体积算即可。

67.4立方米×0.9/（0.58米×0.38米×0.42米）＝655箱（60.63立方米）

以上两种解法各有特点和适用范围，"做中学7－2"一般适用于交易会等场所，它是一种快速估算集装箱内可装纸箱数量的方法（也是估算运费的方法之一），而"做中学7－1"中的方法能比较精确确定纸箱在集装箱内放置方法，从而能够计算出集装箱内具体的纸箱数量。这里需要指出的是，所有纸箱的尺寸是规则的，并没有出现由于纸箱内装的货物太多而发生局部凸出的现象；同时，所装的纸箱尺寸是相同的。实际上，在集装箱仓库装箱时，还有许多装箱方法可供选择。

上述两种不同的实例解法给我们的启发：在合同和信用证中必须有"溢短装条款"，以便在实际装箱时能够"进退自如"。

职场指南7－1　　集装箱货物海洋运费核算

国际标准化组织为了统一集装箱的规格，推荐了3个系列13种规格的集装箱，而在国际货物运输中经常使用的是20英尺和40英尺集装箱，其型号和具体规格如下：

1A型：8′×8′×40′

外径：2 438×2 438×12 191毫米

内径：238×230×1 205厘米

1C型：8′×8′×20′

外径：2 438×2 438×6 058毫米

内径：238×234×590厘米

在进出口交易中，集装箱类型的选用，对于贸易商减少运费开支起着重要作用。货物外包装箱的尺码、重量、货物在集装箱内的配装、排放及堆叠都有一定的讲究，需要在实践中摸索。当然，这些也与货物的种类、特性以及客户的要求有关。这里，我们以一个理论算法来确定20英尺和40英尺集装箱装箱数量计算：20英尺集装箱的载重量为17 500千克，40英尺集装箱的载重量为24 500千克；20英尺集装箱的有效容积为25立方米，40英尺集装箱的有效容积为55立方米。

【做中学7－3】 某种货物装箱方式是8件装1纸箱，纸箱的尺寸是54厘米×44厘米×40厘米，毛重为每箱53千克，试计算该货物集装箱运输出口时的装箱数量。（根据20英尺、40英尺的重量和体积分别计算装箱的最大数量）

解析：如果按重量计算，每个20英尺集装箱可装数量为：

17 500÷53＝330.189（箱）

取整数为330箱，计2 640件。

每个40英尺集装箱可装数量为：

25 000÷53=471.698(箱)

取整数为 471 箱,计 3 768 件。

如果按体积计算,每个 20 英尺集装箱可装数量为:

25÷(0.54×0.44×0.4)=263.05(箱)

取整数为 263 箱,计 2 104 件。

每个 40 英尺集装箱可装数量为:

55÷(0.54×0.44×0.4)=578.704(箱)

取整数为 578 箱,计 4 624 件。

由上述计算不难看出,以重量计费的货物通常用 20 英尺集装箱更能节省运费,而以体积计费的货物则用 40 英尺集装箱更能节省运费。当然,运费的计算标准可以查货物等级表得到。

拓展阅读 7—1　　溢短装条款

在矿砂、化肥、粮食、食糖等大宗散装货物的交易中,由于受商品特性、货源变化、船舱容量、装载技术和包装等因素的影响,要求准确地按约定数量交货,有时存在一定困难。为了避免因实际交货不足或超过合同规定而引起的法律责任,方便合同的履行,对于一些数量难以严格限定的商品,通常是在合同中规定交货数量允许有一定范围的机动幅度,这种条款一般称为溢短装条款(More or Less Clause)。它一般包括机动幅度、机动幅度的选择权和计价方法。

在合同未明确规定数量机动幅度的情况下,卖方应严格按照合同中规定的数量履行交货义务。但如果采用信用证付款方式,根据《跟单信用证统一惯例》的规定,除非信用证中规定货物数量不得增减外,在支取金额不超过信用证金额的情况下,货物数量允许有 5%的机动幅度。但此规定对交货数量以包装单位或个数计数的商品不适用。按照《跟单信用证统一惯例》的上述解释,凡是散装货物的买卖,即使信用证中未规定数量机动幅度,但只要支取金额不超过信用证规定的金额且信用证中未规定数量不得增减,那么卖方交货的数量就可以与信用证规定的数量有不超过 5%的差异。如果是以包装单位或个数计数的商品交易,卖方交货的数量必须与合同规定的数量完全一致。

二、集装箱堆码与计数

在整箱货物的运输中,通常要对装箱数量进行科学的计算和精细堆码,可以提高运力,节省运费,同时对于确定一单货物的合理的合同数量和准确报价也有重要的参考作用。

一般情况下,业务员在展会上的参考报价是在估算装箱数量的前提下报出的,估算集装箱的装箱数量,可以快速计算价格。装箱数量的估算方法是按照集装箱的可载重量或容积除以单个包装的重量或体积简单获得的,对于金属件等重物用重量计算,轻泡物用体积和容积计算。集装箱的规格有:①20 英尺集装箱,也称 20 英尺货柜。它是国际上计算集装箱的标准单位,英文为 Twenty-Foot Equivalent Unit,简称“TEU”,规格为 8′×8′×20′,内径尺寸为 5.9 米×2.35 米×2.38 米,估算的载重量为:最大重量 20 吨,最大容积 31 立方米,一般可装 17.5 吨或 25 立方米的货物。②40 英尺集装箱:8′×8′×40′,内径 12.03 米×2.35 米×2.38 米,估算的载重量为:最大重量 30 吨,最大容积 67 立方米,一般可装 25 吨或 55 立方米的货物,一个 40 英尺集装箱相当于两个 TEU。

在实际业务中,集装箱装载数量与包装容器的长、宽、高之组合,以及多边是否受固定装放限制都有极大关系。一般有两种情况:一种是包装尺寸受产品特性、客户要求、打包机设备固定的限制。例如,清洁液必须竖立,那么包装箱高度即成固定。客户要求每箱装 240 千克就不能装 200 千克。另一种是包装箱尺寸可配合集装箱的规格,最大限度地装满集装箱。一般来说,对包装规格都是有限制的,但对竖立与否不作规定的包装,可先决定货柜的高度,再来改变宽与长的组合,因为装货柜时高对容积的影响最大。

【做中学 7—4】　有一中东客商向我方询购皮鞋，要求五层瓦楞纸箱包装，每箱装 12 双，每双装一纸盒，纸盒尺寸为 380 毫米×240 毫米×103 毫米，试计算纸箱外径尺寸。如果在广交会报价，估算一下 20 英尺货柜和 40 英尺货柜大概能装多少箱？如果国外客商订一个 20 英尺标准集装箱的货，请问具体能装下多少箱？

解析：

(1)按 12 双/箱的要求对货物进行排列，以确定箱型。根据件数排列规则，2 排×2 行×3 层＝12 双较为合理，由此得出纸箱内径(380×2)×(240×2)×(103×3)＝760×480×309 立方毫米，长、宽分别增加 40 毫米和 20 毫米得出大致的纸箱外径尺寸，即 780×500×309 立方毫米，则每箱 0.120 5 立方米。

(2)20 英尺集装箱可装 25 立方米÷0.120 5 立方米＝207 箱；40 英尺集装箱可装 55 立方米÷0.120 5 立方米＝456 箱。

(3)计算 20 英尺货柜详细堆码后的具体装箱数。

由于箱内有鞋盒支撑，横竖摆放均可，故在设计包装箱合理排满货柜时，可采取以下三种方法：

根据集装箱尺寸先确定 78 厘米为长时，因 20 英尺集装箱内径尺寸为 5.9 米×2.35 米×2.38 米

5.9÷0.78＝7.56

2.35÷0.5＝4.7

2.38÷0.35＝6.8

第一种摆放方式可装：7 层(H)×4 排(L)×6 行(W)＝168 箱

再确定另一边 50 厘米为长时：

5.9÷0.5＝11.8

2.38÷0.35＝6.8

2.35÷0.78＝3.0

第二种摆放方式可装：11 层(H)×6 排(L)×3 行(W)＝198 箱

再确定另一边 35 厘米为长时：

5.9÷0.35＝16.9

2.35÷0.78＝3.0

2.38÷0.5＝4.76

第三种摆放方式可装：16 层(H)×3 排(L)×4 行(W)＝192 箱

第二种方式堆码多，所以选第二种方式。共可装鞋数：

196×12＝2 352(双)

可见，估算的 207 箱不能放进，所以通常估算要有 10%的调整余地。

【学中做 7—1】　某外贸生产企业按合同如期完成链条生产订单后，跟单员赵刚使用以下资料预备订舱：每个木箱尺寸为 27 厘米×27 厘米×27 厘米，毛重为 35 千克，共有 1 060 箱。依据以上资料，赵刚应中选择何种规格(尺寸和载重)的集装箱最为经济？为什么？

精析7-1

任务二　海洋运输费用计算

海上货物运输，按照船舶的营运方式可分为班轮运输与租船运输。班轮运输是在一定航线上，在一定的停靠港口，定期开航的船舶运输，是国际海洋货物运输的主要方式，适用于零星成交、批次较多、到港分散的货物运输；租船运输是租船人向船东租赁船舶用于运输货物的业务，又分为定程租船与定期租船。外贸企业使用较多的租船方式是定程租船，主要用于运输批量较大的大宗初级产品，如粮食、油料、矿产品和工业原料等。依货物运输时选择的船舶的营运方式不同，运费相应地分为班轮运输费用、程租船运输费用和期租船租金三种。

一、班轮运输费用

班轮运输费用是班轮公司为运输货物而向货主收取的费用。班轮运费的计算又分为件杂货与集装箱的运费计算。

（一）件杂货运费计算

件杂货采用班轮运输，其运费包括货物从装运港至目的港的海上运费以及货物的装卸费和附加费用。班轮运费一般是按照班轮运价表（Liner's Freight Tariff）的规定计算的。不同的班轮公司或班轮公会有不同的班轮运价表。对于基本费率的规定，有的运价表是按每项货物列出其基本费率，这种运价表称为"单项费率运价表"；有的是将承运的货物分为若干等级（一般分为 20 个等级），每一个等级的货物有一个基本费率，称为"等级费率表"。在实际业务中，大多采用等级费率表。目前，我国所使用的运价表主要有："中远表"，主要适用于国轮和期租船的班轮运输；"中租表"，主要适用于外国班轮和侨资班轮运输；"班轮公司运价表"，主要适用于中外合资和外国班轮公司的轮船运输；"香港华夏公司对美运价表"，主要适用于对美国东、西海岸港口进出口货物运输。

班轮运费由基本运费和附加费用构成。

1. 基本运费

班轮运费由基本运费和附加费构成。基本运费的计算标准主要有以下几种：

（1）按货物的毛重，即以重量吨（Weight Ton）为计算单位计收。1 重量吨为 1 公吨或 1 长吨，视船公司是采用公制还是采用英制计量而定。按此方式计收运费者，班轮运价表中的货物名称后面均注有"W"字样。

（2）按货物的体积，即以尺码吨（Measurement Ton）为计算单位计收。1 尺码吨以 1 立方米或 40 立方英尺为计费单位，也视船公司是采用公制还是采用英制计量而定。按此方式计收运费者，运价表中均注有"M"字样。

以上计算运费的重量吨和尺码吨统称为运费吨（Freight Ton）。

（3）按货物重量或尺码从高计收，即在重量吨或尺码吨两种计算标准中选择其高者计收。运价表内用"W/M"表示。

（4）按货物的 FOB 价值的一定百分比计收，习惯上称从价运费。按此方式计收运费者，在运价表中注有"A. V. ""Val"或"Ad Val. "字样。

（5）按货物重量、尺码和价值三者中选择一种最高的运费计收，运价表中用"W/M or Ad Val. "表示。

（6）按货物重量和尺码两者中选择高者，再加上从价运费计收，运价表中以"W/M plus Ad Val. "表示。

（7）按每件货物作为一个计费单位收费。如活牲畜按"每头"（per Head）、车辆按"每辆"（per

Unit)收费。

(8)临时议定运价(Interim Agreed Tariff),即由货主和船公司临时协商议定。通常适用于承运粮食、豆类、矿石、煤炭等运量较大、货值较低、装卸容易、装卸速度快的农副产品和矿产品。临时议定运价的运费率一般均较低。

在实际业务中,基本运费的计算标准以按货物的毛重("W")或按货物的体积("M")或按重量、体积选择("W/M")三种方式居多。贵重物品如古玩、稀有金属、精密仪器等一般是按货物的 FOB 价值的一定百分比("A. V.")计收运费。

2. 附加费

班轮附加费的名目繁多,主要包括:

(1)燃油附加费(Bunker Surcharge),是指由于燃油价格上涨,船舶开支增加而向货主加收的费用。

(2)货币贬值附加费(Devaluation Surcharge),是指在货币贬值时,船方为了使实际收入不减少,按基本运价的一定百分比加收的附加费。

(3)转船附加费(Transshipment Surcharge),是指凡运往非基本港的货物,需转船运往目的港,船方因此收取的附加费。

(4)直航附加费(Direct Additional),是指当运往非基本港的货物达到一定的货量,船公司安排直航该港而不转船时所加收的附加费。

(5)超重附加费(Heavy Lift Additional)、超长附加费(Long Length Additional)和超大附加费(Surcharge of Bulky Cargo),是指货物的毛重、长度和体积超过运价表所规定的数值时,船方加收的附加费。

(6)港口附加费 (Port Additional or Port Surcharge),是指对有些港口由于设备条件差或装卸效率低以及其他原因,船方加收的附加费。

(7)港口拥挤附加费(Port Congestion Surcharge),是指有些港口由于拥挤,船舶停泊时间增加而加收的附加费。

(8)选港附加费(Optional Surcharge),是指货方托运时,尚不能确定具体卸货港,要求在预先提出的两个或两个以上港口中选择一港卸货,船方因此加收的附加费。

(9)变更卸货港附加费(Alteration of Destination Charge),是指货主要求改变货物原来规定的目的港,在有关当局(如海关)准许、船方又同意的情况下所加收的附加费。

(10)绕航附加费(Deviation Surcharge),是指由于正常航道受阻不能通行,船舶必须绕道才能将货物运至目的港时船方所加收的附加费。

班轮附加费通常以基本运费的一定百分比计收,也有以每运费吨若干金额计收的。

3. 运费的具体计算方法

班轮运费采用等级费率表的具体计算方法是:①根据货物的英文名称从货物分级表中查出有关货物的计费等级和计算标准;②从航线费率表中查出有关货物的基本费率;③查出各项需支付的附加费率,与基本费率相加,所得的总和就是有关货物的单位运费(每重量吨或每尺码吨的运费),再乘以计费重量吨或尺码吨即得到该批货物的运费总额。如果是从价运费,则按规定的百分比乘以货物的 FOB 价值即可。采用单项费率运价表运输时,按表列费率计算基本费率;采用临时议定运价的,需由货方和船方协商确定。

根据一般运价表的规定,不同货物混装在一个包装内,全部货物按费率中高者计收;同一提单内有两种以上不同计价标准的货物,托运时未分列货名和数量的,计收标准和运价全部按高者计收;对于无商业价值的样品或体积小于 0.2 立方米或重量小于 50 千克的货物,可要求船公司免费运送；另外，一般运价表中还有起码运费的规定，即每份提单最低必须收取若干运费。

【做中学 7—5】 某公司装运 50 箱农业机械到汉堡港，每箱毛重 120 千克，体积为 120 厘米×45 厘米×32 厘米。该货运费计算标准为 W/M，10 级，基本费率为 230 美元，另加燃油附加费 25%，港口拥挤费 15%，应付运费多少？要求写出计算公式及计算过程。

解析：根据求积载系数得出运费按 M 计算：

运费 $= f$(基本费率)$\times[1+\sum S$(附加费之和)$]\times Q$(总货运量)

$=230\times(1+25\%+15\%)\times0.173\times50$

$=2\ 785.3$(美元)

答：应付运费 2 785.3 美元。

【做中学 7—6】 某货物按运价表规定，以“W/M or Ad Val.”选择法计费，以 1 立方米体积或 1 公吨重量为 1 运费吨，由甲地至乙地的基本运费率为每运费吨 25 美元加 1.5%。现装运一批货物，体积为 4 立方米，毛重为 3.6 公吨，其 FOB 价值为 8 000 美元。求运费为多少？

解析：按三种标准试算如下：

“W”：25×3.6=90(美元)

“M”：25×4=100(美元)

“Ad Val.”：8 000×1.5%=120(美元)

三者比较，以“Ad Val.”计算的运费最高，所以，该批货物的运费为 120 美元。

试算时，也可以做 M/W 比较：4 立方米和 3.6 公吨比较，先淘汰“W”，然后做“M”和“Ad Val.”试算比较，这样可省略一次试算过程。

(二)集装箱运费计算

集装箱运输是以集装箱为运输单位进行运输的一种现代化的先进的运输方式，其运费的构成和计算方法与传统的运输方式不同。以海运为例，它包括内陆或装运港市内运输费、拼箱服务费、堆场服务费、海运运费、集装箱及其设备使用费等。

内陆运输费(Inland Transport Charge)或装运港市内运输费主要包括区域运费、无效拖运费、变更装箱地点费等。内陆或港口市内运输可以由承运人负责，也可以由货主自理。如由货主自理，有关费用的负担和支付按买卖合同规定，由发货人或收货人负责。在通常情况下，在出口地发生的费用由发货人负责，在进口地发生的费用由收货人负责。

拼箱服务费(LCL Service Charge)包括拼箱货在货运站至堆场之间空箱或重箱的运输、理货、货运站内的搬运、分票、堆存、装拆箱以及签发场站收据、装箱单制作等各项服务费用。

堆场服务费(Terminal Handling Charge)也称码头服务费，包括在装船港堆场接收来自货主或集装箱货运站的整箱货和堆存、搬运至装卸桥下的费用，以及在卸货港的从装卸桥下接收进口箱，将箱子搬运到堆场和在堆场的堆存费用。堆场服务费还包括在装卸港的有关单证费用。

集装箱及其他设备使用费(Fee for Use Container and Other Equipments)是指当货主使用由承运人提供的集装箱及底盘车等设备时发生的费用。它还包括集装箱从底盘车上吊上吊下的费用。

集装箱海运运费由船舶运费和有关杂费组成。目前，计收方法基本上有两种：一种是按每运费吨计收运费，计算方法与传统件杂货相同。拼箱货常采用这种方法。另一种是以每个集装箱作为计费单位，按包箱费率(Box-rate)计算运费。整箱货通常按一个货柜计收运费。

集装箱的包箱费率有三种规定方法：

(1)FAK 包箱费率(Freight for All Kinds)，即不分货物种类，也不计货量，只规定统一的每个集装箱收取的费率。

(2)FCS包箱费率(Freight for Class),即按不同货物等级制定的包箱费率。货物等级是1~20级,但级差较小。一般低价货费率高于传统运输费率,高价货费率则低于传统费率;同一等级货物,实重货运价高于体积货运价。

(3)FCB包箱费率(Freight for Class & Basis),即按不同货物等级或货物类别以及计算标准制定的费率。同一级费率因计算标准不同,费率也不同。如8~10级,CY/CY交接方式,20英尺集装箱货物如按重量计费费率为1 500美元,如按尺码计费费率则为1 450美元。

集装箱海运运费的具体计算方法:通过查货物等级表得出货物的等级,然后查费率表,按航线和货物等级查出整箱或拼箱的基本费率。另外,还要确定所运输货物是整箱货还是拼箱货。若为拼箱货,应先算出所装箱的确切数量,再按件杂货的计算方法查费率表计算;若为整箱货,直接按表中给出的单箱运费计算即可。当托运货物的数量部分装整箱,部分以拼箱方式运输时,需混合使用这两种计算方式。

集装箱整箱货量的计算方式有两种:一种是用集装箱的长、宽、高分别除以单件货物的长、宽、高,得出其中最大的货量 ;另一种是按经验值,仅考虑集装箱的有效容积。

二、程租船运输费用

程租船运输费用主要包括程租船运费、装卸费、速遣费和滞期费等。

(一)程租船运费

程租船运费是指货物从装运港至目的港的海上运费。其计算方式主要有两种:一种是按运费率(Rate of Freight)计算总运费,即规定每单位重量或单位体积的运费额,同时还要规定是按装船时的货物重量(Intaken Quantity)还是按卸船时的货物重量(Delivered Quantity)计算;另一种是整船包价(Lump Sum Freight),即规定整船运费,船东保证船舶能提供的载货重量和容积,不管租方实际装货多少,一律按照整船包价计收。

(二)程租船的装卸费

在程租船运输情况下,有关货物的装卸费用由租船人和船东协商确定后在程租船合同中作出具体规定。具体主要有以下四种:

1. 船方负担装货费和卸货费

船方负担装货费和卸货费又称为“班轮条件”(Gross Terms,Liner Terms或Berth Terms),即装卸费用采用班轮运输的做法,将货物的装卸费用包括在程租船运费内。货方即租船人负担运费,装卸费由船方负责支付。在此条件下,船货双方一般以船边划分费用。此种条件多用于木材和包装货物的运输。

2. 船方管装不管卸(Free Out,F. O.)

即船方负担装货费,但不负担卸货费。

3. 船方管卸不管装(Free In,F. I.)

即船方负担卸货费,而不负担装货费。

4. 船方装和卸均不管(Free In and Out,F. I. O.)

即船方既不负担装货费,也不负担卸货费。这种条件一般适用于散装货。采用这一方法的,必要时还需明确规定理舱费和平舱费由谁负担。

5. 船方不负担装货费、卸货费、理舱费和平舱费(FIOST,Free In and Out, Stowed and Trimmed)

这种条款通常适用于散装货物运输,特别是一些大宗散装货物,如煤炭、矿石、谷物等。因为这些货物在装卸、理舱和平舱过程中有其特殊性和复杂性，由租船人负责相关费用和操作更便于根据实际情况进行灵活安排和控制成本等。同时，在签订程租船合同时，双方会明确 FIOST 条款下租船人具体的责任范围和操作要求等，以避免在运输过程中因费用和责任划分不明确而产生纠纷。

【注意】在实际业务中，租船人需要充分考虑 FIOST 条款带来的成本和责任增加等因素，合理安排装卸、理舱和平舱等工作，并与船东密切配合，确保货物运输的顺利进行和各方利益的平衡。

（三）滞期费和速遣费

在程租船运输情况下，装卸货时间的长短会影响到船舶的使用周期和在港费用，直接关系到船方利益，因此，在程租船合同中，除需规定装卸货时间外，还需规定奖励和处罚措施，以督促租船人实现快装快卸。

如果租船人在规定的装卸期限内未能完成装卸作业，为了弥补船方的损失，租船人应向船方支付一定的罚款，这种罚款称为“滞期费”(Demurrage)；反之，如果租船人提前完成装卸作业，则对所节省的时间船方要向租船人支付一定的奖金，这种奖金称为“速遣费”(Dispatch Money)。后者一般为前者的 1/2。

三、期租船租金

在定期租船情况下，租船人为使用船舶而付给船舶所有人的费用称为租金(Rent)。租金率取决于船舶的装载能力和租期的长短，通常规定为按月每载重吨若干金额或整船每天若干金额。

任务三　进出口商品报价核算

一、出口价格及成本核算

出口商品对外报价需根据出口成本、国际市场价格水平，结合企业的经营意图等多方面因素综合考虑，以确定合理的价格。国际市场商品价格千变万化，但通常受商品所固有的价值的影响，所以出口企业的成本，即出口成本就成为报价的基础。

（一）出口成本构成

企业出口成本包括两部分，即商品本身的成本和商品装运出口前的费用(即国内总费用)。

1. 商品本身的成本

(1)生产成本：制造商生产某一产品所需的投入。

(2)加工成本：加工商对成品或半成品进行加工所需的成本。

(3)采购成本：贸易商向供应商采购的价格，也称进货成本。

2. 国内总费用

(1)国内运输费：出口货物在装运前所发生的境内运输费，通常有卡车运输费、内河运输费、路桥费、过境费及装卸费。

(2)包装费：通常包括在采购成本中，但如果客户对货物的包装有特殊的要求，由此产生的费用就要作为包装费另加。

(3)仓储费：需要提前采购或另外存仓的货物往往会发生仓储费用。

(4)认证费：出口商办理出口许可、配额、产地证明及其他证明所支付的费用。

(5)港区港杂费：出口货物在装运前在港区码头所需支付的各种费用。

(6)商检费：海关根据国家的有关规定或出口商的请求对货物进行检验所发生的费用。

(7)税费:国家对出口商品征收、代收或退还的有关税费,通常有出口关税、增值税等。

(8)贷款利息:自出口商向国内供应商购进货物至从国外买方收到货款期间由于资金的占用而造成的利息损失,也包括出口商给予买方延期付款的利息损失。

(9)业务费用:出口商在经营中发生的有关费用,如通信费、交通费、招待费、广告费等,又称经营管理费。

(10)银行费用:出口商委托银行向国外客户收取货款、进行资信调查等所支出的费用。

(二)出口盈亏核算

1.换汇成本的核算

换汇成本是指某出口商品换回一单位外汇所需的人民币成本。换言之,即用多少元人民币的"出口成本"可换回单位外币的"净收入外汇"。

其计算公式为:

出口换汇成本=出口商品总成本(人民币)÷出口销售外汇净收入(外币)

其中,出口商品总成本(退税后)=出口商品购进价(含增值税)+定额费用-出口退税额;出口销售外汇净收入为FOB净收入(扣除佣金、运费、保费等劳务费用后的外汇净收入)。

【做中学7-7】 某外贸公司出口某商品1 000箱,每箱收购价为100元人民币,国内费用为收购价的15%,出口后每箱可退税7元人民币,外销价为每箱19.00美元CFR曼谷,每箱应付海运运费1.20美元。试计算该商品的出口换汇成本。

解析:(1)出口成本=1 000×100×(1+15%)-1 000×7=108 000(元)

(2)出口销售外汇净收入=箱数×(每箱外销价-海运运费)

=1 000×(19.00-1.20)

=17 800(美元)

(3)出口换汇成本=出口总成本(人民币)÷出口外汇净收入(美元)

=108 000÷17 800

=6.067(元/美元)

即该商品的换汇成本为6.067元/美元。

2.盈亏率的计算

出口盈亏率是盈亏额与出口总成本的比率,用百分比表示,是衡量出口盈亏程度的一项重要指标。其计算公式为:

出口盈亏率=(盈亏额÷出口总成本)×100%

=[出口外汇净收入(外币折成本币)-出口总成本(本币)]

÷出口总成本(本币)×100%

【注意】若计算结果为正,则为盈利率;若为负,则为亏损率。

【做中学7-8】 某公司出口健身椅1 000只,每只17.30美元,总价为17 300美元,其中运费2 160美元,保险费112美元。总进价为人民币113 000元(含增值税,增值税税率为13%),费率定额为10%,出口退税率为9%,当时美元的买入价为8.30元人民币。问:出口商品盈亏率为多少?

解析:出口总成本=进货成本+(国内)定额费用-退税额

=113 000+113 000×10%-113 000÷(1+13%)×9%=115 300(元)

出口销售外汇净收入FOB=17 300-2 160-112=15 028(美元)

出口销售人民币净收入=15 028×8.30=124 732.4(元)

出口盈亏额＝出口销售人民币净收入－出口总成本＝124 732.4－115 300＝9 432.4(元)

出口盈亏率＝9 432.4÷115 300×100%＝8%

(三)外汇增值率的计算

外汇增值率又称创汇率,它直接反映以外汇购进原料(包括辅助原料),经加工成成品(包括未成品)出口的创汇效果。它与一般商品出口换汇的区别在于:必须先支出外汇,才能创收外汇,反映新创收的外汇与为创外汇而支出的外汇之间的比率。

计算公式为:

外汇增值率＝外汇增值额÷进口原料外汇支出×100%

＝[成品出口外汇净收入－进口原料外汇支出(CIF 价)]

÷进口原料外汇支出(CIF 价)×100%

【注意】若计算结果为正,则表示外汇增值;若为负,说明“倒贴外汇”。

【做中学 7－9】 若我方某公司以每公吨 252 美元 CIF 中国口岸进口盘条 1 000 公吨,加工成螺丝 100 万罗(Gross)出口,每罗 0.32 美元 CIF 卡拉奇纸箱装,每箱 250 罗,每箱 0.03 立方米,毛重 30 千克,海运运费 W/M10 级,每运费吨 80 美元,试计算外汇增值率。

解析:(1)进口原料外汇支出＝CIF 价×1 000

＝252×1 000＝252 000(美元)

因产品每箱的体积与毛重相等(积载系数＝1),所以运费为:

F＝0.03×80×1 000 000÷250＝9 600(美元)

(2)成品出口外汇净收入＝FOB 总值

＝CFR 总值－F

＝0.32×1 000 000－9 600

＝310 400(美元)

(3)外汇

增值率＝[成品出口外汇净收入－进口原料外汇支出(CIF 价)]÷进口原料外汇支出(CIF 价)×100%

＝(310 400－252 000)÷252 000×100%

＝23.17%

即外汇增值率为 23.17%。

(四)出口商品的价格构成

出口商品价格的构成包括出口成本、运费、保险费、佣金和利润。

1. 出口成本

出口成本包括商品本身的成本(采购成本)和货物直至装运出口前的所有费用,如前(国内总费用)所列,即:

出口成本＝采购成本＋国内总费用

2. 运费、保险费和佣金

运费:货物出口时支付的海运、陆运或空运费用。

保险费:出口商向保险公司购买保险或信用保险所支付的费用。

佣金:出口商向中间商支付的为介绍交易提供服务的酬金。

3. 利润

利润是进行交易的最终目的,是价格的重要组成部分,也是出口商最为关心的要素。

出口成本、运费和保险费及佣金构成了出口商的支出，预期利润为出口商的收益，因此出口商品的价格也可以说由出口总支出和利润两部分构成。即：

出口商品的价格＝出口总支出＋预期利润

二、出口成本核算

（一）出口商品成本核算

对从事贸易的出口商而言，商品成本即为采购成本，是贸易商向供货商购买货物的支出。一般来讲，供货商所报的价格就是贸易商的采购成本。然而，供货商报出的价格一般包含税收，即增值税。增值税是以商品进入流通环节所发生的增值额为课税对象而征收的一种流转税。由于出口商品是进入国外的流通领域，因此，许多国家为降低出口商品的成本，增强其产品在国际市场上的竞争力，往往对出口商品采取增值税税款全额或按一定比例退还的做法。在实施出口退税制度的情况下，出口商在核算价格时，为了增强其产品在售价上的竞争力，往往会将含税的采购成本中的出口退税部分予以扣除，从而得出实际购货成本。我国实行出口商品零税制，对不同的商品实施不同的退税率。

【做中学 7－10】　某出口公司采购一批足球，每只足球的购货成本是 165 元人民币，其中包括 13％的增值税。若足球出口可以有 8％的退税，求每只足球的实际购货成本。

解析：实际成本＝购货成本－出口退税额

购货成本＝净价（不含税价）＋增值税

＝净价＋净价×增值税税率

＝净价×（1＋增值税税率）

购货净价＝购货成本÷（1＋增值税税率）

出口退税额＝净价×出口退税率

＝购货成本÷（1＋增值税税率）×出口退税率

实际购货成本＝购货成本－出口退税额

＝购货成本－购货成本÷（1＋增值税税率）×出口退税率

＝购货成本×（1＋增值税税率－出口退税率）÷（1＋增值税税率）

所以每只足球的实际购货成本为：

实际购货成本＝165×（1＋13％－8％）÷（1＋13％）＝153.318 6≈153.32（元/只）

（二）单位出口商品国内总费用

出口货物涉及的各种国内费用在报价时大部分还没有发生，因此该费用的核算实际是一种估算。其方法有两种：

第一种方法是将货物装运前的各项费用根据以往的经验进行估算并叠加，然后除以出口商品数量获得单位商品装运前的费用，即：

单位出口商品国内总费用＝国内总费用÷出口商品数量

第二种方法是因为该类费用在货价中所占比重较低，而且项目繁杂而琐碎，贸易公司根据以往经营各种商品的经验，采用定额费用率的做法。所谓定额费用率，是指贸易公司在业务操作中对货物装运前发生的费用按公司年度支出规定一个百分比，一般为公司购货成本的 3％～10％。实际业务中，该费用率由贸易公司按不同的商品、交易额大小、竞争的激烈程度自行确定。

【做中学 7－11】　假设某进出口公司出口某冷冻水产品 17 吨，每吨的进货价格为 5 600 元，估计该批货物国内运杂费共计 1 200 元，出口商检费 300 元，报关费 100 元，港区港杂费 950 元，其他各种费用共计 1 500 元，银行手续费为 800 元，求该水产品的国内费用。

解析：上例已估算装运前的各项费用，故采用第一种方法：

每吨冷冻水产品国内总费用＝各项装运前费用之和÷出口数量

＝(1 200＋300＋100＋950＋1 500＋800)÷17

＝285.294 1(元/吨)

若采用第二种方法，假定定额费用率为进货价的 5.5%，则：

每吨货物国内总费用＝5 600×5.5%＝308(元/吨)

究竟采用哪一种方法确定单位产品国内总费用，应根据所获数据的准确性、价格的竞争性及定价策略等综合考虑决定。在实践中，因出口费用涉及项目繁杂，单位众多，各项费用不易精确估算，故而常采用定额费用率的方法加以核算。

三、出口报价核算及还价核算

(一)出口报价核算

在了解出口价格各要素核算方法及要点后，我们就可以着手进行出口报价的核算了。所谓出口报价，是出口商向国外客户出售某商品报出的价格。在计算价格时，首先需要明确价格的构成，即所报价格由哪些部分组成，其次需要清楚了解各组成部分的计算方法，也就是出口成本、各项费用以及利润的计算依据，最后将各部分加以合理的汇总即可。

实际业务中，经常报 FOB、CFR 和 CIF 价格，这三种价格的核算公式分别为：

1. FOB 价格核算

FOB 价＝出口成本＋预期利润＝实际购货成本＋单位产品国内总费用＋预期利润额

或：

FOB 价＝实际购货成本＋单位产品国内总费用＋预期利润额＋佣金

2. CFR 价格核算

CFR 价＝出口成本＋出口运费＋预期利润额

或：

CFR 价＝实际购货成本＋单位产品国内总费用＋单位产品出口运费＋预期利润额＋佣金

3. CIF 价格核算

CIF 价＝出口成本＋出口运费＋运输保险费＋预期利润额

或：

CIF 价＝实际购货成本＋单位产品国内总费用＋单位产品出口运费
＋运输保险费＋预期利润额＋佣金

【做中学 7—12】 某食品进出口公司收到日本商人求购 17 吨冷冻水产品(计 1 个 20 英尺集装箱)的询盘，经了解该级别水产品每吨的进货价格为 5 600 元人民币(含增值税，税率 13%)；出口包装费每吨 500 元；该批货物国内运杂费计 1 200 元；出口商检费 300 元；报关费 100 元；港区港杂费 950 元；其他各种费用共计 1 500 元。该食品进出口公司向银行贷款的年利率为 8%；预计贷款时间为 2 个月；银行手续费率为 0.5%(按成交价格计)，出口冷冻水产品的退税率为 3%。从装运港青岛至日本神户 1 个 20 英尺冷冻集装箱的包箱费是 2 200 美元，用户要求按成交价的 110%投保，保险费率 0.85%；日本商人要求在报价中包括 3%的佣金，若该食品进出口公司的预期利润率是 10%(以成交金额计)，当时人民币兑美元汇率为 6.30∶1，试报出每吨水产品出口的

FOB、CFR 和 CIF 价格。为保持数据的相对准确性，运算过程保留四位小数，最终报价保留两位小数。

解析：实际购货成本＝购货成本－出口退税额

＝购货成本×(1＋13%－退税率)÷(1＋13%)

＝5 600×(1＋13%－3%)÷(1＋13%)

＝5 600×1.1÷1.13

≈5 451.327 4(元/吨)

费用：

国内费用＝500＋(1 200＋300＋100＋950＋1 500)÷17＋5 600×8%÷6

≈812.902(元人民币/吨)(注：贷款利息通常根据进货成本核算)

银行手续费＝报价×0.5%

客户佣金＝报价×3%

出口运费＝2 200÷17≈129.411 8(美元/吨)≈815.294 3(元/吨)

出口保费＝CIF 价×110%×0.85%

利润＝报价×10%

1. FOB 报价

FOB＝实际购货成本＋国内费用＋佣金＋银行手续费＋预期利润额

＝5 451.327 4＋812.902＋报价×3%＋报价×0.5%＋报价×10%

FOB＝(5 451.327 4＋812.902)÷(1－3%－0.5%－10%)

＝6 264.229 4÷0.865

≈7 241.88(元/吨)

≈1 149.50(美元/吨)

2. CFR 报价

CFR＝实际购货成本＋国内费用＋出口运费＋佣金＋银行手续费＋预期利润额

＝5 451.327 4＋812.902＋815.294 3＋报价×3%＋报价×0.5%＋报价×10%

CFR＝(5 451.327 4＋812.902＋815.294 3)÷(1－3%－0.5%－10%)

＝7 079.523 7÷0.865

≈8 184.42(元/吨)

≈1 299.11(美元/吨)

3. CIF 报价

CIF＝实际购货成本＋国内费用＋出口运费＋佣金＋银行手续费＋出口保险费＋预期利润额

＝5 451.327 4＋812.902＋815.294 3＋报价×3%＋报价×0.5%＋报价×110%×0.85%＋报价×10%

CIF＝(5 451.327 4＋812.902＋815.294 3)÷(1－3%－0.5%－110%×0.85%－10%)

＝7 079.523 7÷0.855 65

≈8 273.85(元/吨)

≈1 313.31(美元/吨)

通过以上计算，17 吨冷冻水产品的出口报价如下：

US$ 1 149.50 PER METRIC TON FOBC 3 QINGDAO

US$ 1 299.11 PER METRIC TON CFRC 3 KOBE

US$ 1 313.31PER METRIC TON CIFC 3 KOBE

(二)还价核算

在进出口业务中,作为一个出口商,在对外报价后希望得到肯定的回复。然而,交易中很少会碰上不还价的对手,在激烈的市场竞争环境中,讨价还价常常是交易磋商中的主旋律。在进出口交易中,无论是出口商还是进口商,在收到对方的报价后立即接受成交,即一锤定音的情况很少见。那么,在收到对方还价后,进行还价核算,以便对还价做出合理反应。在还价核算方面,出口商可以采取以下几个方面的对策:

1.降低采购成本

采购成本在价格构成中所占比例最大,通过降低供货价格来调整报价,达到降低报价目的显得很重要。当然,降低采购价格不能一厢情愿,而需要与供货商进行磋商。

2.减少公司的利润以满足客户的降价要求

这虽然是最直接和最简便的方法,但它牺牲的是出口商自身的利润,因而往往是出口商最不愿意采取的对策。

3.努力说服客户接受原价,不做让步

追求利润是买卖双方经营的目标,利润太低,出口商自然不太愿意,但利润太高也会吓跑客户,失去成交的机会。因此,要详细了解客户的需求和市场的竞争状况,谨慎地采取这一对策。

4.减少运输费用和保险费支出

目前,经营外运和保险的公司较多,竞争激烈,经营灵活。通过谈判,运费和保险费也是可以调整的。另外,增加数量,也可以摊薄出口成本,使价格降下来。

总而言之,无论采用什么对策,正确的还价核算都是必要的。

在出口还价核算时,出口商首先考虑的是在客户还价后,自己是否还有利润、利润是多少。计算利润额时可以单一商品利润或一个品种、一个集装箱或整个订单的利润额为基础,即单价法和总价法。总价法比较直观且比较精确。除了计算利润额以外,有时出口商还会进行利润率的核算。核算利润率的主要目的是将经过还价后的利润和报价利润率进行比照。

【做中学7—13】 承"做中学7—12",当该进出口公司向日本商人报出冷冻水产品的价格后,随即收到日本商人的还价,每吨CIF神户的接受价是1 990美元,其中包括3%的佣金,请根据还价计算:

(1)如果接受还价,该进出口公司每出口一吨冷冻水产品可以获利多少元人民币?总利润额为多少?利润率为百分之几?(精确至元)

(2)如果该进出口公司10%的利润率不得减少,在其他国内费用保持不变的情况下,公司能够接受的供货价格应为每吨多少元人民币?

解析:有关数据如下:

报价数量:17吨(计1个20英尺集装箱)。

购货价格:每吨5 600元人民币(含增值税,税率13%),出口退税率为3%。

国内费用:运杂费共计1 200元,出口包装费每吨500元,出口商检费共300元,报关费共100元,港区港杂费共950元,其他各种费用共计1 500元。贷款年利率为8%,贷款时间2个月。银行手续费率为0.5%(按成交价格计)。

出口运费:2 200美元。

保险:按CIF价格的110%投保,保险费率0.85%。

佣金:3%。

预期利润:10%(以成交金额计)。

汇率：6.30 元人民币兑换 1 美元。

报价如下：

实际购货成本＝5 600－5 600÷(1＋13％)×3％

＝5 600－148.672 6＝5 451.327 4(元/吨)

国内费用＝500＋(1 200＋300＋100＋950＋1 500)÷17＋5 600×8％÷6

≈812.902(元人民币/吨)(注：贷款利息通常根据采购成本计算。)

银行手续费＝报价×0.5％

客户佣金＝报价×3％

出口运费＝2 200÷17≈129.411 8(美元/吨)≈815.294 3(元/吨)

出口保费＝CIF 报价×110％×0.85％

利润＝报价×10％

CIF＝实际购货成本＋国内费用＋出口运费＋客户佣金＋出口保险＋预期利润额

＝5 451.327 4＋812.902＋815.294 3＋报价×3％(佣金)＋报价×0.5％(银行手续费)＋报价×110％×0.85％(出口保险费)＋报价×10％(利润)

CIF＝(5 451.327 4＋812.902＋815.294 3)÷(1－3％－0.5％－110％×0.85％－10％)

＝7 079.523 7÷0.855 65

≈8 273.85(元/吨)

≈1 313.31(美元/吨)

还价核算：

(1)按照客户提出的价格 1 990 美元 CIFC3 神户，食品进出口公司可望获取的利润额、总利润额和利润率如下：

利润额＝销售收入－实际购货成本－国内费用－出口运费－银行手续费－保险费－佣金

＝1 990×6.3－5 451.327 4－812.902－815.294 3－1 990×6.3×(0.5％＋110％×0.85％＋3％)

＝5 457.476 3－556.016

＝4 901.460 3

≈4 901(元/吨)

总利润额＝4 901×17＝83 317(元)

利润率＝4 901÷83 317×100％≈5.88％

(2)如果该食品进出口公司 10％的销售利润保持不变的话，每吨冷冻水产品的国内采购价格为：

国内采购价格＝销售收入－销售利润－保险费－佣金－银行费用－国内费用－出口运费＋退税收入

＝[1 990×6.3×(1－10％－110％×0.85％－3％－0.5％)－812.902－815.294 3]÷[1＋(8％÷6)－(3％÷1.13)]

＝9 099.087 8÷0.986 8＝9 220.802 4≈9 221(元/吨)

这里需要注意的是：

国内费用中的银行利息＝采购价格×8％÷6

退税收入＝采购价格÷(1＋13％)×3％

任务四　进口成本核算

一、进口货物成本的计算公式

进口货物成本的计算公式如下：

FOB 进口货物成本＝FOB 进口合同价＋运费＋保险费＋进口国内总费用＋进口税费

CFR 进口货物成本＝CFR 进口合同价＋保险费＋进口国内总费用＋进口税费

CIF 进口货物成本＝CIF 进口合同价＋进口国内总费用＋进口税费

二、进口合同价格

进口合同价格在进口合同成立之前是一种估价，是买卖双方通过磋商可以取得一致意见的合同价格，有时也是进口方争取以此为基础进行交易的价格。在合同成立后，就是合同写明的商品价格。

三、进口国内总费用

进口国内总费用包括的内容有：①卸货费、驳船费、码头建设费、码头仓储费等；②进口商品的检验费和其他公证费用；③银行费用，如开证费及其他手续费；④报关提货费；⑤国内运费、仓租费；⑥从开证付款至收回货款之间所发生的利息支出；⑦其他费用。

在 FOB 条件下进口运输和保险由进口方办理，并支付运费和保费，其计算方法与出口中运输费和保险费的核算方法相同，但进口货物需要缴纳进口关税和海关代征的商品流转税，如增值税、消费税等。

四、货物进口关税的计算

海关在征收关税的工作中，要做到依税率计征，除了要对进出口货物进行税则归类，确定应按哪个税号的适用税率征税外，还要正确审定计征关税的计税价格。计税价格即海关完税价格，是海关计征关税的依据。

（一）进口货物完税价格

进口货物完税价格由海关以进口货物的成交价格为基础审核确定。一般包括货价、货物运抵中华人民共和国境内输入地点起卸前的运费和保费，通常以 CIF 价为基础。若在货物交易过程中，卖方付给我方正常的折扣，则应在成交价格中扣除。

进口货物采用 CFR 价格术语成交，应加保险费组成完税价格。其公式为：

完税价格＝CFR÷(1－保险费率)

进口货物采用 FOB 价格术语成交，应加保险费和运费组成完税价格。其公式为：

完税价格＝(FOB 价＋运费)÷(1－保险费率)

（二）进口货物应纳关税计算

完税价格确定后，查出适用的税率就可以直接进行计算了。其公式为：

应纳关税额＝应纳税进口货物数量×完税价格×适用关税税率

（三）应纳消费税的计算

从国外进口应税消费品，海关要征收消费税。消费税的计算方法有从价税和从量税两种。

1. 从价定率消费税征收

我国消费税采用价内税，即组成计税价格中包括消费税税额。因此，

单位货物应纳消费税税额＝组成计税价格×适用的消费税税率

组成计税价格＝关税完税价格＋关税＋消费税

其中，关税完税价格即上述进口货物完税价格。故公式可整理为：

组成计税价格＝[关税完税价格×(1＋适用的关税税率)]÷(1－适用的消费税税率)

2. 从量定额消费税征收

实行从量定额征收应纳消费税的，以海关核定的应税消费品进口数量为计税依据。其计算公式为：

应纳消费税税额＝应纳税进口数量×适用定额税率

(四)应纳增值税计算

增值税属于价外税，其大小由组成应纳增值税价格与适用的增值税税率计算所得，即：

应纳增值税税额＝组成计税价格×适用税率×应税进口数量

组成计税价格＝关税完税价格＋关税＋消费税

【做中学 7－14】 我国 A 公司进口雪茄烟 100 箱，每箱价格为人民币 1 500 元 FOB 伦敦，设每箱运费为人民币 100 元，保险费率为 1%，要求计算该批货物应纳关税税额、消费税税额、增值税税额。

解析：查海关税则，雪茄烟进口关税为 180%(2020 年 1 月 1 日起我国调整部分商品进口关税税率)，消费税税率为 36%(现行税率)，增值税税率为 13%(现行税率)。

进口关税完税价格＝(FOB 价＋运费)÷(1－保险费率)

＝(1 500＋100)÷(1－1%)

≈1 616.161 6(元)

应纳关税额＝应纳税进口货物数量×单位完税价格×适用税率

＝100×1 616.161 6×180%＝290 909.088(元)

组成消费税计税价格＝[关税完税价格×(1＋适用关税税率)]÷(1－适用消费税税率)

＝[1 616.161 6×(1＋180%)]÷(1－36%)

＝7 070.707(元)

应纳消费税税额＝组成消费税计税价格×适用消费税税率×应纳税进口货物数量

＝7 070.707×36%×100

＝254 545.452(元)

组成增值税计税价格＝关税完税价格＋关税＋消费税

＝[关税完税价格×(1＋适用关税税率)]÷(1－适用消费税税率)

＝[1 616.161 6×(1＋180%)]÷(1－36%)

＝7 070.707(元)

应纳增值税税额＝组成增值税计税价格×适用税率×应纳税进口货物数量

＝7 070.707×13%×100

＝91 919.191(元)

(五)进口总成本

将以上各项加总即得：

进口总成本＝FOB 合同价＋运费＋保险费＋进口货物国内总费用＋关税＋消费税＋增值税

＝CFR 合同价＋保险费＋进口货物国内总费用＋关税＋消费税＋增值税

＝CIF 合同价＋进口货物国内总费用＋关税＋消费税＋增值税

【做中学 7—15】 若在“做中学 7—14”中，国内总费用采用定额费用率的方法确定为合同价格的 3%，则：

CIF ＝FOB 合同价＋运费＋保险费

＝(FOB 合同价＋运费)÷(1－保险费率)

＝(1 500＋100)÷(1－1%)×100≈161 616.16(元)

进口货物国内总费用＝1 500×100×3%＝4 500(元)

进口货物总成本＝161 616.16＋4 500＋290 909.088＋254 545.452＋91 919.191

＝803 489.891(元)

若进口是通过中间商进行的，还要加上佣金。

任务五　保险费、佣金和利润核算

一、保险费核算

在出口交易中，在以 CIF(或 CIP)术语成交的情况下，出口方就需要进行保险费的核算。保险费是按照货物的保险金额乘以一定的百分比(保险费率)来计算的。有关公式如下：

保险费＝保险金额×保险费率

保险金额＝CIF(或 CIP)货价×(1＋保险加成率)

保险加成率也称投保加成率，由买卖合同确定，一般为 10%、20%或 30%，实践中使用最多的是 10%，一般不超过 30%。因此，保险费的计算公式为：

保险费＝CIF(或 CIP)货价×(1＋保险加成率)×保险费率

由于保险金额一般是以 CIF 或 CIP 价格为基础加成确定的，因此，在已知货价和运费(即 CFR 或 CPT 价)时，可按下列公式计算：

CIF(或 CIP)＝CFR(或 CPT)价÷[1－(1＋保险加成率)×保险费率]

【做中学 7—16】 向日本出口钢材，已知 CFR 价为每公吨 520 美元，现改报 CIF 价，投保一切险，保险加成率 10%，试计算 CIF 价和保险费。

解析：查一般货物费率表，得到日本的一切险费率为 0.25%。查表可知钢材为指明货物，钢材加费费率为 0.3%。其每公吨保险费计算如下：

实际保险费率＝0.25%＋0.3%＝0.55%

CIF＝520÷[1－(1＋10%)×0.55%]≈523.165 1(美元)

保险费＝保险金额×保险费率＝523.165 1×(1＋10%)×0.55%≈3.165 1(美元)

二、佣金核算

动漫视频

佣金

佣金(Commission)是买方或卖方付给中间商的报酬，包含佣金的价格称为含佣价。价格中不包括佣金则称为净价。

净价与含佣价之间的换算关系是：

净价＝含佣价－佣金

佣金＝含佣价×佣金率＝报价×佣金率

净价＝含佣价－含佣价×佣金率＝含佣价×(1－佣金率)

含佣价＝净价÷(1－佣金率)

具体到某一价格术语：

FOB 含佣价＝FOB 净价÷(1－佣金率)

CFR 含佣价＝CFR 净价÷(1－佣金率)

CIF 含佣价＝CIF 净价÷(1－佣金率)

三、利润核算

价格中所包含的利润大小往往根据商品、行业、市场需要以及企业的价格策略来决定，因此，它并没有一定的标准。利润作为进出口企业的收入，其核算方法由进出口企业决定。在实践中，进出口企业决定利润的方法有两种：一是根据以往经营的经验按某一固定的数额作为单位商品的利润；二是以一定的百分比作为经营的利润率来核算利润额。在用利润率来核算利润额时，应当注意计算的基数，可以用某一成本(生产成本、购货成本或出口成本)作为计算利润的基数，也可以用销售价格作为计算利润的基数。即：

利润额＝出口成本×利润率

或：　　利润额＝出口报价×利润率

【做中学 7－17】 某贸易公司单位产品的出口包括运费在内的总成本为 100 美元，假设预期利润率为 15%，要求计算出口价格和利润额。

解析：(1)以出口成本为计算利润的基数，那么：

出口价格＝出口成本＋利润额

　　　　＝出口成本＋出口成本×利润率

　　　　＝出口成本×(1＋利润率)

　　　　＝100×(1＋15%)＝115(美元)

利润额＝100×15%＝15(美元)

(2)以出口销售价格为计算利润的基数，那么：

出口价格＝出口成本＋利润率＝出口成本＋出口价格×利润率

出口价格－出口价格×利润率＝出口成本

出口价格×(1－利润率)＝出口成本

出口价格＝出口成本÷(1－利润率)

　　　　＝100÷(1－15%)≈117.65(美元)

利润额＝出口报价×利润率

　　　＝117.65×15%≈17.65(美元)

由此可见，计算利润的基础不同，出口报价和利润大小也不同。因此，进出口企业在进行价格核算时应特别注意本企业的利润核算依据，以免报价失误，造成损失。

思政吾身

践行初心使命，迈向高质量发展新征程

在从事外贸跟单业务时，要深刻理解“不忘初心，方得始终”，将其融入工作的各个环节。外贸跟单工作者应始终牢记自己的初心和使命，无论是在复杂的集装箱装箱量计算中，还是在海洋运输费用、进出口商品报价核算等工作中，都要保持对工作的热情和专注，确保每一个环节都准确无误，为客户提供优质的服务，为企业创造价值，这是对初心的坚守，也是对使命的践行。

二十大报告指出，高质量发展是全面建设社会主义现代化国家的首要任务。在外贸跟单实务

中，这意味着不能仅仅满足于传统的业务模式和计算方法，还要不断追求创新和进步。在集装箱装箱量计算方面，可以利用现代科技手段和专业软件，进行更科学、更精准的计算，以降低运输成本，提高运输效率，这是对高质量发展要求的积极响应。同时，要敢于创新工作方式和方法，不断优化业务流程，提高工作效率和质量，为外贸行业的高质量发展贡献力量。

习近平总书记在多个场合强调开放合作的重要性，中国积极推动构建开放型世界经济。作为外贸跟单人员，应具备广阔的国际视野，关注全球市场动态和国际贸易规则的变化。在进出口商品报价核算和成本核算中，要充分考虑国际市场价格水平、汇率波动等因素，灵活调整业务策略，以适应不断变化的国际市场环境。同时，要积极参与国际合作与竞争，与世界各地的客户建立良好的合作关系，推动国际贸易的繁荣发展，为构建开放型世界经济添砖加瓦。在外贸跟单业务中，涉及大量的资金往来、货物运输和合同履行等环节，存在着各种风险。外贸跟单人员要增强风险意识，提高风险防控能力，在业务操作过程中，严谨细致地做好各项工作，如准确核算成本、合理报价、谨慎签订合同等，确保交易的安全和顺利进行。同时，要勇于承担责任，在面对风险和问题时，积极主动地采取措施解决，维护企业和客户的利益，展现出应有的责任担当。

应知考核

一、单项选择题

1. 班轮运输的运费应该包括(　　)。

A. 装卸费，不计滞期费和速遣费　　B. 装卸费，计滞期费和速遣费

C. 卸货费和滞期费，不计速遣费　　D. 卸货费和速遣费，不计滞期费

2. 按照货物重量、体积或价值三者中较高的一种计收运费，运价表中应以(　　)表示。

A. M/W　　B. W/M or Ad Val.　　C. Ad Val.　　D. Open

3. 国际贸易中最主要的运输方式是(　　)。

A. 航空运输　　B. 铁路运输　　C. 海洋运输　　D. 公路运输

4. 对于成交量较小、批次较多、交接港口分散的货物运输比较适宜(　　)。

A. 班轮运输　　B. 租船运输　　C. 定期租船运输　　D. 定程租船运输

5. 滞期费是(　　)。

A. 买方向卖方收取的因卖方延期交货而造成损失的补偿费

B. 卖方向买方收取的因买方延期付款而造成损失的补偿费

C. 租船人未按约定日期完成装运，延误了船期而付给船方的罚款

D. 船方装卸太慢而向货方支付的赔偿费

6. 下列说法中，不属于班轮运输特点的是(　　)。

A. 具有定线、定港、定期和相对稳定的运费费率

B. 由船方负责对货物的装卸，运费中包括装卸费

C. 以运送大宗货物为主

D. 不规定滞期、速遣条款

7. 某商品每箱毛重 40 千克，体积 0.05 立方米。在运费表中的计费标准为 W/M，每运费吨基本运费率为 200 美元，另收燃油附加费 10%，则每箱运费为(　　)美元。

A. 10　　B. 11　　C. 220　　D. 8.8

8. 某出口商品每件净重 30 千克，毛重 34 千克，体积为每件 40 厘米×30 厘米×20 厘米，如果班轮运价计算标准为 W/M，船公司应按货物的(　　)计收班轮运费。

A. 净重　B. 毛重　C. 体积　D. 件数

9. 在定程租船方式下，我国对装卸费的收取采用较为普遍的办法是(　　)。

A. 船方不负担装卸费

B. 船方负担装卸费

C. 船方只负担装货费，而不负担卸货费

D. 船方只负担卸货费，而不负担装货费

10. 海运提单日期应理解为(　　)。

A. 货物开始装船的日期　B. 货物装船过程中任何一天

C. 货物装船完毕的日期　D. 签发运输合同的日期

二、多项选择题

1. 海洋运输中的船舶按其经营方式不同分为(　　)。

A. 班轮运输　B. 大陆桥运输　C. 集装箱运输　D. 租船运输

2. 班轮运费的基本构成包括(　　)。

A. 基本运费　B. 附加运费　C. 装卸费　D. 燃油费

3. 在国际贸易中，开展以集装箱运输为基础的国际多式联运，有利于(　　)。

A. 简化货运手续　B. 加快货运速度　C. 提高运输费用　D. 节省运杂费用

4. 在进出口业务中，不能作为物权凭证运输单据的有(　　)。

A. 铁路运单　B. 海运提单　C. 航空运单　D. 邮包收据

5. 定期租船下，租船人应负担(　　)。

A. 船员工资　B. 港口费　C. 装卸费　D. 船员伙食

三、判断题

1. 重量吨和尺码吨统称为运费吨。(　　)

2. 1 重量吨就是 1 公吨，1 尺码吨就是 1 立方米。(　　)

3. 海运提单如有三份正本，则凭其中任何一份即可在卸货港向船公司或船代理提货。(　　)

4. 按惯例，速遣费通常为滞期费的一半。(　　)

5. 记名提单和指示提单同样可以背书转让。(　　)

6. 清洁提单是指不载有任何批注的提单。(　　)

7. 货轮运费计收标准的“W/M Plus Ad Val.”是指计收运费时，应选三者中较高者计收。(　　)

8. 班轮运价表中第一级的货物其计收标准是最高的。(　　)

9. 使用班轮运输货物时，货方不再另行支付装卸费，船货双方也不计算滞期费、速遣费。(　　)

10. 海运提单的签发日期是指货物开始装船的日期。(　　)

四、简述题

1. 简述班轮运输费用的构成。

2. 简述程租船装卸费的四种计算方式。

3. 简述出口成本的构成。

4. 简述出口商品的价格构成。

5. 进口国内总费用包括哪些？

五、计算题

1. 我国某公司向澳大利亚出口商品 1 000 箱，经香港地区中转，用纸箱包装，每箱毛重 50 千克，体积为 0.06 立方米，运费计算标准 W/M10 级，基本运费为 400 元人民币，另收燃油附加费 29%，绕航附加费 18%，则应付多少人民币运费？（假设 100 港元=80 元人民币）

2. 我国某公司出口到 A 国商品 100 箱，每箱毛重 40 千克，体积为 40 厘米×30 厘米×20 厘米，其运费计算标准为 W10 级，基本费率为 80 美元，另收燃油附加费 15%，计算该批商品的运费。

3. 某商品每箱毛重 30 千克，体积 0.05 立方米，共出口 40 箱。原报价每箱 30 美元 FOB 上海。现客户要求改报 CFR ××港。经查该商品计费标准为 W/M，每运费吨费率为 200 美元，港口附加费 10%。我方现应如何报价？

4. 上海出口到巴西某商品 100 立方米，需经香港地区转船后运往目的港。假定该货物运费等级为 10 级，计费标准为 M，第一程每运费吨费率为 25 美元，第二程每运费吨费率为 140 美元，中转费每运费吨费率为 75 港元（假设 1 美元=7.8 港元），燃油附加费 10%。试计算该批商品的运费。

5. 深圳某公司对某外商出口茶叶 200 箱（每箱净重 30 千克），价格条款 CIF 伦敦每箱 50 英镑，向中国人民保险公司投保平安险，以 CIF 价格加成 10%作为投保金额，保险费率为 0.6%。试计算保险金额及保险费。

6. 某合约的 CIFC5%价值为 12 000 港元，按发票金额的 110%投保水渍险和战争险，总保险费率为 0.8%。试计算保险费。

7. 已知内地某商品出口报价 CIF 香港 2 000 港元，现港商要求改报 CIFC4%香港；并保持卖方净收入不变，应报价多少？

8. 某外贸公司出口木雕一个，收入外汇 6 000 美元，该木雕的进价为人民币 16 000 元，另外又支付商品流通费 1 400 元，税金 600 元。试计算该木雕的出口换汇成本和出口盈亏率（假设 1 美元=6.2 元人民币）。

9. 某出口企业出口一批商品，国内进货价共 10 000 元人民币，加工费支出 1 500 元人民币，商品流通费是 1 000 元人民币，税金支出为 100 元人民币，该批商品出口销售外汇净收入为 2 000 美元。如果外汇汇率为 1 美元=6.2 元人民币，试计算：

(1)该批商品的出口总成本是多少？

(2)该批商品的出口销售换汇成本是多少？

(3)该批商品的出口销售盈亏率是多少？

10. 某出口公司对外报某商品“每桶 150 美元 FOB 青岛”，国外要求改按 CIFC3 洛杉矶报价，已知每桶运费为 15 美元，加成率为 1.1，保险费率为 1%，问应报价多少？

应会考核

■ 观念应用

【背景资料】

天津进出口公司出口某商品 1 000 打，对外报价为每打 60 美元 FOBC 5%天津，外商要求将价格改报为每打 CIFC 5%悉尼。已知运费为每打 1 美元，保险费为 FOB 净价的 0.8%。

【考核要求】

(1)该商品每打 FOB 净价是多少？

(2)要维持出口销售外汇净收入不变,CIFC 5%应改报为多少?

(3)已知进货成本为200元人民币/打,每打的商品流通费为进货成本的4%,出口退税为30元人民币/打,该商品的出口销售盈亏率及换汇成本是多少?(假设1美元=7元人民币)

■ 技能应用

某轮船从广州港装载杂货——人造纤维,体积为20立方米、毛重为17.8吨,运往欧洲某港口,托运人要求选择卸货港Rotterdam或Hamburg,Rotterdam和Hamburg都是基本港口,基本运费率为USD800.0/FT,三个以内选卸港的附加费率为每运费吨加收USD3.0,W/M。

【技能要求】

(1)该托运人应支付多少运费(以美元计)?

(2)如果改用集装箱运输,运费的基本费率为USD1 100.0/TEU,货币附加费10%,燃油附加费10%。改用集装箱运输时,该托运人应支付多少运费(以美元计)?

(3)若不计杂货运输和集装箱运输两种运输方式的其他费用,托运人为节省运费考虑,是否应选择改用集装箱运输?

■ 案例分析

【分析情境】

有一批货物共1 000箱,自A国港口装运至B国某港口,承运人签发了"已装船清洁提单",但货运到目的港后,收货人发现下列情况:①少10箱货;②20箱包装严重破损,内部货物大部分散失;③50箱包装外表完好,箱内货物短少。

【情境思考】

试问上述三种情况是否应属承运人的责任?为什么?

项目实训

【实训项目】

外贸跟单业务相关计算。

【实训情境】

我国某进出口公司向国外某公司出口一批探测器,具体资料见表7—1。

表7—1　　探测器的出口资料

名　称	货　号	只/纸箱	每个纸箱毛重(KGS)	国内费用合计(元)
探测器	WK-566	6	20	6 000
纸箱尺码(厘米)	含税价格(元/只)	增值税率	退税率	银行买入价
36×40×50	60	13%	10%	1美元=6.38元人民币
订货数量	一切险费率	投保加成率	DALIAN到达DUBAI运费	毛利润率
380箱,可装1个20英尺集装箱	1%	10%	1个20英尺集装箱为USD1 500.00	15%

【实训任务】

根据实训情境，结合本项目内容，计算 FOB DALIAN、CFR DUBAI、CIF DUBAI 的价格。

【实训要求】

1. 完成本业务操练时间以不超过 15 分钟为准。
2. 撰写《外贸跟单业务相关计算》实训报告。

<table>
<tr><td colspan="3">《外贸跟单业务相关计算》实训报告</td></tr>
<tr><td>项目实训班级：</td><td>项目小组：</td><td>项目组成员：</td></tr>
<tr><td>实训时间：　　年　　月　　日</td><td>实训地点：</td><td>实训成绩：</td></tr>
<tr><td colspan="3">实训目的：</td></tr>
<tr><td colspan="3">实训步骤：</td></tr>
<tr><td colspan="3">实训结果：</td></tr>
<tr><td colspan="3">实训感言：</td></tr>
<tr><td colspan="3">不足与今后改进：</td></tr>
<tr><td colspan="2">项目组长评定签字：</td><td>项目指导教师评定签字：</td></tr>
</table>

附录

综合出口跟单操作

根据以下业务背景资料，回答相关问题。

广东远东电器制造有限公司(简称“远东电器”，下同)是一家从事电吹风生产的企业。2025 年 3 月，法国莱塞纳公司经过实地考察和筛选，有意从远东电器采购家用小型电吹风，并于 4 月 7 日向远东电器下达了采购单，同时随附了莱塞纳公司的相关要求。为了完成采购单上的订单任务，远东电器指派跟单员李羽具体负责跟单。请你以跟单员李羽的身份仔细阅读该订单，分析莱塞纳公司的具体要求，并一一落实，完成跟单任务。

LUCERNA TRADING CO. ,LTD.

20th Floor International Bldg. No. 341 Fuyuan Road, 125-Ka, Namdaeminoon Ro. , Chung-Ku 75011 Paris France

Tel:00331 43 57 0226　　Fax:00331 43 57 0287

PURCHASE ORDER

LUCERNA **Purchase order No:** LU09005　　**Refrence No. :** CB3788N21C

Date: 7th April, 2025　　**Signed at:** Fax

Supplier: FAREAST ELECTRIC CO. ,LTD
SHUNDE, GUANGDONG, CHINA　528301

Ship to: MARSEILLES, FRANCE

We plan to purchase the under-mentioned goods. All terms and conditions are as follows:

Model No.	Customer Item No.	Specification And Description	QTY	UNIT PRICE	Amount
			(PCS)	FOB Yantian	
MT201Y MT202Y MT203Y MT204Y	378 379 380 381		1 800 1 800 1 800 1 800	USD2. 90/PC USD2. 90/PC USD2. 90/PC USD2. 90/PC	USD5 220. 00 USD5 220. 00 USD5 220. 00 USD5 220. 00
		Electric Hair Dryer VOLTAGE: 220-240V POWER: 2 000W			
		Total	7 200	USD2. 90/PC	USD20 880. 00

TOTAL VALUE IN CAPITAL: SAY US DOLLARS TWENTY THOUSAND, EIGHT HUNDRED AND EIGHTY ONLY.

1. Shipment: BY SEA
2. Delivery time: 8th JUNE, 2025

3. Payment: 20% deposit remitted before 16th April, 2025, balance against B/L copy by fax.

4. Insurance: By LUCERNA

5. Discrepancy and Claim: In case of quality discrepancy, claim should be filed by the LUCERNA within 30 days after the arrival of the goods at port of destination, while for quantity discrepancy, claim should be filed by the LUCERNA within 15 days after the arrival of the goods at port of destination. It is understood that the Supplier shall not be liable for any discrepancy of the goods shipped due to causes for which the Insurance Company, Shipping Company, other transportation organization or Post Office are liable.

6. Please sign and return the Purchase Order to us by Fax before 15th April, 2025.

7. 5% more or less in quantity and amount will be allowed.

Signature by (the Supplier): ____________ Signature by (the buyer): ____________

LUCERNA **LUCERNA TRADING CO. ,LTD.**

DEAR SUPPLIER,

PLEASE FIND HEREAFTER ALL REQUIRED INFORMATION WE NEED TO START THE FOLLOW UP OF THE ORDER.

1. PAYMENT 支付(PRO-FORMA INVOICE AND BANKING DETAILS)

— Please send us by e-mail your pro-forma invoice with shipment date, volume, p/o no. , description, quantity, prices..., Name and address of Beneficiary & your Bank and Account Number.

— 20% as deposit in advance by T/T, shipment based on passing our QC inspection and balance against copy of B/L by fax.

2. INSPECTION 检验

—You must send us your "the progress of work book"(进度作业书)by e-mail so that we can make the inspection in your factory 7 days before shipment.

—If necessary we will ask you to send another set of samples to the laboratory in Hong Kong for initial testing. Please wait for our instructions.

检验员
03

—The checker number (depends on the supplier) must be stamped(盖章) on the hangtag(吊牌), not printed, please check the stamp sample beside, diameter(直径) of the circle must be 1 cm.

—The price on the hangtag must be <u>in bold face</u>(粗体字)and clearly read. Please send us the draft(草稿)for confirmation before production.

3. SAMPLES 样品

—The samples include pre-production sample, bulk production sample. Two pieces per model of pre-production samples will be sent us before production(one to Hong Kong office and the other to French office). One piece per model bulk production samples will be sent us before shipment.

—The bulk production sample that you send must be exactly the same as production.

—Sent by speed courier (DHL) to the following address(Important for sending to France, the final airport is Bordeaux Merignac Airport, not Paris Airport):

C. D. L
74 rue Sedaine
76011 Bergerac city
France

—The cost of speed courier will be paid by supplier.

—For both, please do not forget to enclose a detailed commercial invoice indicating "samples with no commercial value".

4. CERTIFICATES 认证

—Please send us as soon as possible all the certificates of CE & ROHS, all certificates must be dated less than 2 years.

5. MARKS(MAIN & SIDE)唛头

The side and main marks have to be printed on each outer/export carton containing the goods that you are going to ship.

—main marks printed in black ink to be fixed on two sides, including LUCERNA, destination, P. O. no. , model no. , quantity of carton, carton no..

—side marks printed in black ink to be fixed on two sides, including G. W. , N. W, carton size and original of goods.

6. PACKING 包装与装箱

—1 PC per polybag and inner box, 12 PCS/CTN, standard export carton must be strong.

— shipped by 1×40′ container .

— The recycle mark must be printed in black ink on all the inner & outer cartons and polybags.

— 1 hangtag per electric hair dryer.

7. SHIPPING DOCUMENTS 装运单据

—Within 2 days after shipment date, please send invoice, packing list and B/L via e-mail or fax to international department of LUCERNA.

(一)审核采购单

1. 根据上述采购单,请将下列句子译成中文:

① Please send us as soon as possible all the certificates of CE & ROHS, all certificates must be dated less than 2 years.

② The recycle mark must be printed in black ink on all the inner & outer cartons and polybags.

③ 5% more or less in quantity and amount will be allowed.

2. 请写出"ROHS"的全称。该指令是针对国际市场中哪个市场?是否具有强制性?

3. 根据该采购单和来函,法国客商是否需要对其采购的电吹风进行测试?(请具体说明)

(二)样品跟单

1. 根据采购单和来函,外贸跟单员李羽应该分别在何时寄出何种样品?请分别列明。

2. 根据采购单和来函，外贸跟单员李羽需要寄送的样品数量分别是多少？应该选择哪家国际快递公司寄送才符合采购商的要求？该快递费用由谁承担？

3. 外贸跟单员李羽在填写快递单据时，必须要加注什么英文信息才符合法国客商的要求？请具体写出该信息的中文概念。

4. 如果接到法国客商的样品测试要求，该样品应该寄往哪里？

（三）辅料跟单

1. 根据法国客商的订单数量（不考虑溢短装数量），配套的辅料需要外购。如果这些辅料的损耗率为1%，请分别计算具体的采购数量，并填入以下表格的相应空格中。

辅料名称	运算算式	数　量
塑料袋		
内盒		
外箱		
吊牌		
…	…	…

2. 远东电器完成吊牌设计草稿后，应该怎样操作才符合法国客商的要求？（中英文回答均可）

3. 根据法国客商的有关集装箱要求，应该选择哪一种尺寸的集装箱？如果该订单项下的纸箱尺寸为50厘米×33厘米×58厘米，则依所选定的集装箱最多可以装入多少个纸箱？合计多少个电吹风？（附：40′集装箱的内容积为55立方米，20′集装箱的内容积为25立方米。）

（四）包装跟单

1. 请代外贸跟单员李羽设计"唛头"，并按法国客商的要求填入下列方框中。

Shiping Mark:	Side Mark:

2. 外贸跟单员李羽为了证明所采购的纸箱达到了我国出口标准和法国客商的"Standard Export Carton Must Be Strong"要求，可以采用什么简易方法予以检验？（请具体说明过程）

（五）生产跟单

1. 填写"进度作业书"

根据法国客商的要求，外贸跟单员李羽设计制作了一份进度作业书，并通过电子邮件发给法国客商。如果该电吹风产品的生产时间为一个月（自所有合格辅料到达工厂仓库之日起算）。请你结合该订单的出运时间和法国客商"客检"时间要求，帮助李羽逐项填写所需的项目内容（见下表）。

远东电器制造有限公司

进度作业书

采购商：法国 LUCERNA　　　　客商订单号：LU09005
编　号：214562　　　　日　　期：4月16日

品名		数量（个）	时间		
			入库	客检	船期
辅料部分	塑料袋	*******	*******	*******	*******
	内盒	*******	*******	*******	*******
	外箱	*******	*******	*******	*******
	吊牌	*******	*******	*******	*******
	—	*******	*******	*******	*******
成品部分	MT201Y	1 800	A	E	6月8日
	MT202Y	1 800	B	F	6月8日
	MT203Y	1 800	C	G	6月8日
	MT204Y	1 800	D	H	6月8日

A ____________　　E ____________
B ____________　　F ____________
C ____________　　G ____________
D ____________　　H ____________

2. 外贸跟单员李羽在跟单过程中，发现产品合格吊牌上盖有检验员自己的检验章，这样做是否符合法国客商的要求？为什么？

3. 在现有生产条件下，远东电器不能在合同规定的时间内完成生产任务，可以采取哪些措施予以补救？请具体列明（至少三种）。

4. 生产任务完成并检验合格后，按照我国的出口惯例，外贸跟单员李羽还必须经过哪些步骤才能将货物装船？另外，按法国客商的要求，货物装船后，在什么时间内必须向法国客商传真或电邮哪些文件？

5. 外贸跟单员李羽根据法国客商的要求，比照我国 GB/T2828 标准，设计了一份简易的抽样量表（该量表得到了法国客商的确认）。请根据该抽样量表，结合本订单中各款的电吹风数量，设计简要的检查步骤，并作一简要说明。

订单批量（台）N	样本大小（个）抽取量 n	合格判定数（个）A_c	不合格判定数（个）R_e
91～150	20	1	2
151～280	32	2	3
281～500	50	3	4
501～1 200	80	5	6
1 201～3 200	125	7	8
3 201～10 000	200	10	11
10 001～35 000	315	14	15

综合进口跟单操作

根据以下业务背景资料，回答相关问题。

北京佳美印刷有限公司（以下简称“中方”）为了进一步增强企业的竞争力，拟进口德国四色对开海德堡印刷机一台。经过洽谈，与德国海德堡印刷机械有限公司（以下简称“德方”）签订合同。合同规定即期付款信用证支付，装船日期为5月10日前，德方派人负责技术安装，中方在收到德方装船通知后的两周内必须完成设备的基础设施（如预埋水、电等管道和预建机座设施）建设。同时，还在合同中规定从设备安装使用之日起一年内出现的故障由德方负责免费维修。

（一）进口环节跟单

1. 如果海德堡印刷机到达天津新港是在6月12日（周二），同日运输工具向海关进境申报，请问中方应该在什么时候向海关报关才能免于海关的处罚？如果中方在7月2日报关，将受到怎样的处罚？（已知该台设备货值CIF天津新港USD1 100 000.00，假设汇率为美元：人民币＝1：7.00）

2. 如果中方委托天津宏发报关行向海关办理印刷机入境申报手续，中方必须递交哪些基本单证？

3. 假设该设备用木质材料包装入境，则在报关、报检时必须递交一张什么证书？

（二）安装和后期跟单

1. 该设备涉及“预建机座”“机械”“电气”部分的安装，你作为外贸跟单员替中方写出正确的安装顺序过程。

2. 德方如期在7月15日完成设备的调试并与中方签字交接。中方在7月18日投入使用，设备运行后的次年7月16日出现故障。请问该设备是否在德方的保修期内？为什么？

综合计算、案例操作

一、计算题

1. 某普通货物订单项下的纸箱尺寸为40厘米×40厘米×38厘米，每箱毛重为35千克，共880箱。如果你是外贸跟单员，在办理海运订舱手续时，应该选择何种类型的多少个集装箱才能符合运输的要求？

2. 天津嘉美进出口公司与日本三友商社进行商务洽谈，在拟定出口合同保险条款时，日方要求按发票金额的130%投保一切险，超出中方提出的按发票金额110%投保的提议。假设合同金额为CIF大阪USD15 000.00，保险费率为0.3%，如按日方要求则中方需多付出多少美元的保险费？

二、案例分析题

1. 2025年2月8日，山东美凤进出口公司与比利时客商签订圣诞树销售合同，合同规定的数量为18 000棵圣诞树，分两次均匀出运，不允许溢短装，装箱率为10棵/箱。2025年6月10日在集装箱装箱过程中，跟单员苏林清点不慎，漏装了2箱。当时他认为，反正还有第二次出口，只要届时在集装箱装箱中补足（假定第二次装运中可以容纳）即可，于是就按900箱/9 000棵圣诞树报关出口。

请你运用已学过的知识加以分析，跟单员苏林的行为属于什么行为？并分析可能会产生的后果。

2. 某港商拟采购上海沪江自行车公司生产的型号为HJ-12的折叠式自行车，数量为10 000辆。该港商要求上海沪江自行车公司必须按下列要求制作样品供法兰克福博览会参展之用，样品制作费和邮寄费由港商预付：

(1)样品及包装上不能出现“Made in China”字样；

(2)样品必须在2025年4月30日前寄达英国的最终客户；

(3)样品加贴“PHILLIP”商标；

(4)样品数量为10辆。

如果你是跟单员，是否可以按港商的要求操作？请简述理由。

参考文献

[1]中国贸易学会商务专业培训考试办公室.外贸跟单理论与实务[M].北京:中国商务出版社,2015.

[2]中国贸易学会商务专业培训考试办公室.外贸跟单员岗位专业培训考试大纲及复习指南[M].北京:中国商务出版社,2015.

[3]全国外经贸单证专业培训考试办公室.国际商务单证理论与实务[M].北京:中国商务出版社,2017.

[4]李贺.报检与报关实务[M].6版.上海:上海财经大学出版社,2025.

[5]李贺.国际货物运输与保险[M].5版.上海:上海财经大学出版社,2024.

[6]罗艳.外贸跟单实务[M].2版.北京:中国海关出版社,2019.

[7]符胜利.外贸与业务跟单精细化操作手册——外贸与业务跟单实操细节[M].广州:广东经济出版社,2017.

[8]范越龙.外贸跟单操作[M].2版.北京:中国人民大学出版社,2019.

[9]李贺.国际货运代理[M].2版.上海:上海财经大学出版社,2023.

[10]李贺.国际贸易理论与实务[M].3版.上海:上海财经大学出版社,2024.

[11]李贺.外贸单证实务[M].4版.上海:上海财经大学出版社,2023.

[12]李贺.国际贸易实务[M].3版.上海:上海财经大学出版社,2024.

[13]许丽洁.外贸跟单业务从入门到精通[M].北京:人民邮电出版社,2020.

[14]徐佩文.外贸跟单实务[M].大连:东北财经大学出版社,2021.

[15]李贺.报关实务[M].2版.上海:上海财经大学出版社,2025.

[16]李贺.税法[M].3版.上海:上海财经大学出版社,2023.